Religion und Aufklärung

Band 7

herausgegeben von der

Forschungsstätte
der Evangelischen Studiengemeinschaft
Heidelberg

Dietrich Korsch, Enno Rudolph (Hrsg.)

Die Prägnanz der Religion in der Kultur

Ernst Cassirer und die Theologie

Mohr Siebeck

Die Deutsche Bibliothek – CIP-Einheitsaufnahme

Die Prägnanz der Religion in der Kultur: Ernst Cassirer und die
Theologie / Hrsg.: Dietrich Korsch; Enno Rudolph.
- Tübingen: Mohr Siebeck, 2000
  (Religion und Aufklärung; Bd. 7)
  ISBN 3-16-147303-5

© 2000 J.C.B. Mohr (Paul Siebeck) Tübingen

Das Buch wurde von Müller + Bass in Tübingen auf alterungsbeständigem Werk-
druckpapier der Papierfabrik Niefern gedruckt.

ISSN 1436-2600

Inhaltsverzeichnis

Vorwort

Ernst Cassirer ist zu einer Schlüsselgestalt kulturwissenschaftlicher Diskurse geworden. Daß sein Werk aus unterschiedlichen Perspektiven als Referenzpunkt angesehen wird, hat entscheidend mit Cassirers Begriff der symbolischen Form zu tun, der unterschiedliche Felder der Kultur zu strukturieren und miteinander zu verknüpfen erlaubt. Die symbolischen Formen im Verständnis Cassirers versammeln auf neuartige Weise Leistungen in sich, die einmal dem transzendentalen Subjekt zugeschrieben wurden, nämlich inhaltsreiche Synthesen der Wirklichkeitserkenntnis vorzunehmen. Mit Hilfe des Symbolbegriffs kann der Versuch unternommen werden, von der Sprache über den Mythos, die Religion und die Kunst eine Brücke zur modernen (Natur-) Wissenschaft zu schlagen. Immer, wenn auch in unterschiedlicher innerer Konstellation und mit verschiedenem Aussehen, ist es dabei um dieselbe Figur zu tun, nämlich wie sich Sinnlichkeit und Sinn ineinanderfügen.

Zu dieser Schlüsselgestalt ist Ernst Cassirer erst spät geworden. Die Verzögerung der Rezeption seines Werkes hat mit seinem Schicksal zu tun, als deutscher, jüdischer Emigrant leben und arbeiten zu müssen. Daß seine Arbeiten aber gegenwärtig so große Resonanz finden, hängt wiederum mit der Lage der Kultur in der Gegenwart zusammen; es ist der Kulturtheorie nämlich die Aussicht vergangen, einen äußerlich umfassenden, auf überschaubare Allgemeinheiten hinauslaufenden Kulturbegriff statuieren zu können. Auf die innere Vollzugsförmigkeit kultureller Deutungsprozesse kommt es statt dessen an.

In diesem Entwicklungsprozeß der Kultur findet auch die Theologie wieder zum Kulturproblem zurück, von dem sie sich eine Weile, jedenfalls in bestimmten theologischen Traditionen, meinte dispensieren zu können. Und zwar gerade darum, weil ihr der maßgebliche Kommentar zur Kultur so wenig mehr zu Gebote steht wie ihr ein Rückzug aus der umstrittenen Wirklichkeit der Religion noch erlaubt ist. Eine Position jenseits des – sei es normativen, sei es eskapistischen – Dogmatismus ins

Auge zu fassen, dazu kann Cassirers zugleich beschreibungsstarke wie kategorial verfaßte Kulturphilosophie animieren.

Allerdings zeigen sich dann auch Schwierigkeiten der Cassirerschen Theoriebildung selbst. Denn keineswegs ist der Aufbauvorgang der symbolischen Formen so selbstverständlich, wie Cassirer anzunehmen scheint. Das dokumentiert – nicht zufällig – das Verhältnis von Kunst und Religion. Kunst läßt sich ohne weiteres in das Schema der Symbolbildung aufnehmen; die Religion aber haftet immer noch am Mythos, aus dem sie herkommt, hat also ihre Erdenschwere aus vergangener Zeit noch nicht abgelegt; und fraglich scheint, ob ihr das je gelingt. Wenn aber diese Offenheit bleibt, dann ist auch Cassirers Konzept einer die Kultur durchziehenden Symbolhaftigkeit so offen wie das Geschick der Religion in der Kultur. Auf diesen für die Theologie wie für die Kulturphilosophie bedeutsamen Sachverhalt macht der Titel dieses Bandes aufmerksam.

In ihm diskutieren Theologen und Philosophen auf kontroverse Weise Perspektiven der Kulturtheorie Cassirers und ihrer Beziehung zur Religion. Am Anfang stehen vier Rekonstruktions- und Diskussionsansätze, die sich mit dem Ort und der Strukturbestimmung von Religion bei Cassirer beschäftigen. Daraus ergeben sich systematische Fragen nach der Leistungsfähigkeit und inneren Schlüssigkeit des Symbolbegriffs und historische Fragen nach Entstehungs-, Deutungs- und Erschließungsbedingungen der Kulturphilosophie Ernst Cassirers. Den Abschluß bildet ein Versuch, Cassirers Philosophie für die theologische Debatte selbst fruchtbar zu machen.

Die Beiträge gehen in ihrem Kernbestand auf ein Symposion zurück, das im März 1998 in Zell an der Pram (Oberösterreich) gehalten wurde. Es verdankte seine Lebendigkeit und Wahrnehmungsbreite, wie die Texte zeigen, nicht zuletzt dem Engagement jüngerer Gelehrter. Das Symposion ist vom Bayerischen Ministerium für Wissenschaft und Kunst sowie von der Kulturstiftung der Sparkasse Passau gefördert worden. Die Drucklegung hat die Universität Passau ermöglicht. Dafür sei ein herzlicher Dank ausgesprochen. Die Mühe, nicht nur die verschiedenen Manuskripte zu vereinheitlichen, sondern auch das Sachregister und den Satz zu erstellen, hat mit Tatkraft und hoher Kompetenz Herr Dr. Philipp Stoellger übernommen. An weiteren Korrekturarbeiten haben sich Cornelia Richter und Markus Manzek beteiligt, beim Namensregister hat Johann Philipp Zöllner geholfen. Dafür sind wir ganz ausgesprochen dankbar. Herr Verleger Georg Siebeck und das Kuratorium der FEST haben es

ermöglicht, daß dieser Band im Kontext von »Theologie und Aufklärung« erscheinen kann. Auch ihnen sind wir dankbar verbunden.

Marburg und Heidelberg

Dietrich Korsch und Enno Rudolph

Cornelia Richter

Symbol - Mythos - Religion
Zur Funktion der Religion in der Philosophie Ernst Cassirers

I. Ist Religion eine symbolische Form?

Bekanntlich hat Ernst Cassirer seine Arbeit mit philosophischen Untersuchungen zu Descartes, Leibniz und Kant, immer vor der Folie der antiken
Philosophie, sowie mit der mehrbändigen Philosophiegeschichte über
»Das Erkenntnisproblem in der Philosophie und Wissenschaft der neueren
Zeit« begonnen. In Vorrede und Einleitung des ersten Bandes (1906) hat
er dabei ein Programm skizziert, das bereits als frühe Formel einer Philosophie der symbolischen Formen angesehen werden kann: »So einseitig es
wäre, den Ertrag der modernen philosophischen Arbeit lediglich im logischen Gebiete aufsuchen zu wollen: so deutlich läßt sich doch erkennen,
daß die verschiedenen geistigen Kulturmächte, die zu dem endgültigen
Ergebnis zusammenwirken, erst kraft des *theoretischen Selbstbewußtseins*, das
sie erringen, ihre volle Wirkung entfalten können und daß sie damit mittelbar zugleich die allgemeine Aufgabe und das Ideal des *Wissens* fortschreitend umgestalten.«[1] In diesem Sinne kann die Philosophiegeschichte
»keine Sammlung bedeuten«, sondern »will eine *Methode* sein, durch die
wir sie [die einzelnen Tatsachen der Geschichte, C.R.] verstehen lernen«[2].
Denn die Geschichte liegt nicht in fertigen Tatsachen vor uns, die wir mit
fertigen Begriffen erfassen können. Vielmehr *ist* die Geistesgeschichte nur
das, »was wir kraft gedanklicher Synthesen aus ihr *machen*«[3]. Cassirer hat
damit zwei Aspekte benannt, die für seine Theorie bis 1945 grundlegend

---

[1] EP I, Vorrede, V.

[2] EP I, Vorrede, VIII.

[3] EP I, Einleitung, 15. Wie viele andere Textbelege, dokumentiert auch dieser die enge
Verbindung mit Hegel: »Denn die wahre Geschichte, die Geschichte als Selbstentfaltung
der Vernunft, ist kein bloßes Beisammen von Fakten, die am Faden der Zeit aufgereiht
werden. Sie bewegt sich im Rhythmus bestimmter Formen, die eine innere Richtung auf-

sind: Die Kulturgeschichte beruht auf dem Grundproblem der Objektivierung, wobei sich der Prozeß der Objektivierung durch die Gesamtheit
der symbolischen Formen vollzieht, die gerade nicht eine vorgegebene
Wirklichkeit auf verschiedene Art und Weise erfassen, sondern sie allererst
bilden.

Hinter diesen Formulierungen steht zunächst einmal die Philosophie
Kants, deren Prämissen der Neukantianer Cassirer nie völlig verlassen hat.
Die gesamte Philosophie der symbolischen Formen ist von dem Grundgedanken der Kopernikanischen Wende durchzogen, daß die Erkenntnis
die Wirklichkeit erst konstituiert. Nicht der vorgegebene Gegenstand
prägt sich auf geheimnisvolle Weise der Wahrnehmung ein, sondern die
Spontaneität des Verstandes wie auch der Einbildungskraft ist aktiv-pro-
duktiv auf den Gegenstand gerichtet, der so erst als solcher bestimmt
wird. Diese Einsicht dient Cassirer als methodische Konstante, die sowohl
in der speziellen inhaltlichen Durchführung als auch auf einer Metaebene
dominierend ist. Denn die Gesamtkonzeption der Philosophie der symbolischen Formen beruht auf der Suche nach den Bedingungen der Möglichkeiten der geistigen Gestaltung der Welt im weitesten Sinn. Sie forscht
nach der »*systematischen* ›Form‹ (...), nach den Prinzipien, Grundsätzen,
Axiomen, die sie ›konstituieren‹«[4] und ist darin »reine ›Kontemplation‹,
nicht einer *Einzelform*, sondern der Allheit, des *Kosmos der reinen Formen*«[5].
Diese Gedanken stammen aus dem um 1938 geschriebenen unvollende-
ten Entwurf zu einem vierten Band der »Philosophie der symbolischen
Formen« und sind gerade deshalb so bezeichnend einmal für die Verhältnisbestimmung zwischen Cassirer und Kant, zum anderen für Cassirers
Weg über Kant hinaus.

Denn in der Zwischenzeit hatte es den Anschein, als ob sich Cassirer
mehr und mehr von Kant entfernt hätte. Es ist vor allem die Beschränkung auf die naturwissenschaftlich ausgerichtete Logik, die Cassirers Widerspruch hervorruft, da sie das Weltganze nicht adäquat erfassen kann.
Einen Ausweg findet er in der Philosophie Hegels, für den die Totalität
des geistigen Lebens nur in seinen konkreten Formen zugänglich ist. Die
Verbindung zu Kant, und damit zu Cassirers eigenem Denken, besteht
darin, daß auch Hegel das Problem der Objektivierung verfolgt, das nämlich immer dann gegeben ist, wenn »das Einzelbewußtsein sich in irgend-

---

einander haben. Diese Beziehung aufzuweisen und sie in ihrer Notwendigkeit zu erkennen, ist das Thema von Hegels ›Phänomenologie des Geistes‹« (ECN 2, 20f), und, so
möchte man hinzufügen, von Cassirers »Philosophie der symbolischen Formen«.

    [4] ECN 1, BPh, 193.
    [5] ECN 1, BPh, 194f.

einer Form durch ein Allgemeines bestimmt und gebunden weiß«[6]. Es
wäre allerdings ein falsch verstandener Begriff der Objektivierung, wenn
darunter der Bezug auf ein fertig vorgegebenes Sein verstanden würde.
Vielmehr gilt auch hier, daß sich Gegenstand und Begriff erst entwickeln,
erst im Werden sind. Diese Bewegung des Werdens zeichnet Hegel in der
»Phänomenologie des Geistes« als eine spiralförmige Bewegung von der
Ebene des sinnlichen Bewußtseins bis zu der des absoluten Wissens nach.
Cassirers Kritik an Hegel ist 1919 noch ähnlich der an Kant. Trotz des Bezugs auf die konkrete kulturelle Vielfalt sei die gesamte Philosophie Hegels doch durch die dialektische Methode und damit durch den logischen
Begriff geprägt, der damit »das eigentliche substantielle Element des Geistes selbst«[7] ist. In den Studien »Zur Logik der Kulturwissenschaften« von
1942 trifft Cassirer Hegel wesentlich tiefer, indem er ihm vorwirft, daß
das von Hegel postulierte Werden kein wirkliches Werden sei, sondern
nur dem vom Philosophen vorgeschriebenen Gang notwendig folge.[8]
Dies sei ein Resultat der bloß postulierten Eigenständigkeit der Natur, die
tatsächlich der Idee nur als ihr Anderes und damit scheinbar Selbständiges
gegenübersteht.[9] Allerdings bleibt Cassirer auch dann noch von Hegels
»Versuch, das Ganze des Wissens zu umfassen und kraft eines beherr-
schenden Gedankens zu organisieren«[10], tief beeindruckt. Die »begriffene
Geschichte« Hegels ist auch eines seiner Ziele.[11]

In dem Vortrag »Der Begriff der symbolischen Form im Aufbau der
Geisteswissenschaften« von 1921 hat sich Cassirer explizit diesem Ziel ge-
nähert, indem er sich der »Aufgabe einer *allgemeinen Systematik der symbolischen Formen*«[12] gestellt hat. Eine Voraussetzung dafür ist, »daß die Einheit
eines geistigen Gebietes niemals vom Gegenstand her, sondern nur von
der Funktion her, die ihm zugrunde liegt, zu bestimmen und zu sichern
ist«.[13] Deshalb definiert Cassirer in einem ersten Schritt den Begriff der
symbolischen Form als eine »Energie des Geistes (...), durch welche ein

---

[6] EP III, 293.

[7] PsF I, 15.

[8] LKW, 12.

[9] LKW, 35.

[10] Ebd.

[11] Die geistige Nähe zu Hegel zeigt sich auch in dem folgenden auf diesen bezogenen
Zitat, das für Cassirer selber gelten könnte: »Jetzt gilt es für ihn, das Ganze des bisher Er-
reichten zusammenzufassen: nachdem der vollkommene Überblick über die Vorbedingun-
gen, die in der Geschichte der Philosophie und in der zeitgenössischen Spekulation liegen,
erreicht ist, setzt der positive Aufbau des Systems der Philosophie des Geistes ein.« (EP III,
302).

[12] WWS, 174.

[13] Ebd.

geistiger Bedeutungsgehalt an ein konkretes sinnliches Zeichen geknüpft und diesem Zeichen innerlich zugeeignet wird«[14]. In einem zweiten Schritt geht er der Frage nach, inwieweit Sprache, Mythos und Kunst »als *Ganzes* den allgemeinen Charakter symbolischer Gestaltung in sich tragen«[15]. Alle drei sind eine jeweils besondere symbolische Form, durch die die Inhalte der Welt erzeugt und gestaltet werden. Insofern liegen sie gleichberechtigt nebeneinander, verbunden durch die allen gemeinsame Funktion des Symbolisierens. Diese Parallelität wird nun von einer dreifachen Stufenfolge gekreuzt: Jede einzelne symbolische Form durchläuft die drei Ebenen von der Mimesis über die Analogie zum Symbol. Auf der ersten Stufe wird das Zeichen dem Bezeichneten möglichst genau nachgeahmt und als ihm entsprechend interpretiert, auf der zweiten Stufe erhält das Zeichen eine Bedeutung, die auf das Bezeichnete verweist, und auf der dritten Stufe verselbständigt sich schließlich die Bedeutung gegenüber dem Bezeichneten; in Kurzfassung: Indifferenz - Dialektik - Differenz. Es ist für die Interpretation von Cassirers Philosophie der symbolischen Formen von Bedeutung, dieses Stufenprinzip in allen seinen weiteren Schriften gleichsam im Hinterkopf mitzulesen. Denn nur in dem Vortrag von 1921 wird es so explizit, noch vor der Behandlung der einzelnen symbolischen Formen, genannt.

Im zweiten Abschnitt des Vortrags widmet sich Cassirer nun den einzelnen Formwelten. Dabei möchte er sie »innerhalb dieser Typik«[16] auf ihre je eigenen Züge hin untersuchen und in ein Verhältnis setzen. Er beginnt mit der mythischen Welt, die er sogleich mit der religiösen zu verbinden sucht. Während sich das mythische Denken nicht von einer dinglich-gegebenen Wirklichkeit entfernen kann, weil es nicht zwischen Bild und Sache zu unterscheiden vermag, gelingt dem religiösen Denken die Trennung von Bild und Sache. Das Bild ist nicht mehr ein Materielles, sondern bekommt eine eigene geistige Bedeutung, mittels derer es wiederum auf die Sache bezogen bleibt. Die höchste Stufe des Symbols wird nicht erreicht. Wie in vielen seiner weiteren Schriften macht Cassirer den Übergang vom mythischen zum religiösen Denken am Bilderverbot des israelitischen Prophetismus fest. Die Religion erhebt sich darin über die mimetische Verfassung des Mythos, sie vermag jedoch nicht, über die ana-

---

[14] WWS, 175. Gleich zu Beginn der Erörterung des Symbolbegriffs ist mit Moxter (103) daran zu erinnern, daß ein Symbol nicht aus einer Bild- und einer Sachhälfte im Sinne von zwei Teilen besteht (*M. Moxter*, Kultur als Lebenswelt. Studien zum Problem einer Kulturtheologie bei Tillich, Cassirer und Barth, unveröff. MS der Habilitationsschrift, Frankfurt 1998, erscheint demnächst bei Mohr/Siebeck in Tübingen).

[15] WWS, 174.

[16] WWS, 187.

logische Ebene hinaus zu gelangen: »... es liegt in der Natur des Religiösen begründet, daß dieser Kampf der Motive in ihm selbst nicht zum Abschluß geführt werden kann; denn eben dieser Widerstreit: dieser ständige
Versuch, sich vom bloß Bildhaften zu lösen und die ständige Notwendigkeit, zu ihm zurückzukehren, bildet ein Grundmoment des religiösen
Prozesses selbst, wie er sich in der Geschichte vollzieht.«[17] Dieser Abschluß kann erst in der Sphäre der Kunst erreicht werden. Das ästhetische
Weltbild vollzieht die völlige Trennung von Bild und Sache so, daß ihr
Verhältnis im Gleichgewicht ist. Die Kunst »versenkt sich in die reine
Form des Bildes selbst und beharrt in ihr«[18]. Das gelingt ihr, obwohl sie
auf all ihren Stufen vom Mythos durchdrungen ist. Denn das Entschei-
dende ist, daß sich zwar die Inhalte gegenseitig beeinflussen, aber die
Form eine unterschiedliche ist. Ähnlich verläuft die Entwicklung der
Sprache. Sie beginnt mit der einfachen lautlichen Nachahmung, der die
Bildung von Lauten mit einer speziellen Bedeutung für einen speziellen
Vorgang folgt, und die schließlich allein die sprachliche Bedeutung festhält. Auch in ihr wird also die höchste Stufe des symbolischen Ausdrucks
erreicht. Die wahre Vollkommenheit findet Cassirer allerdings dort, wo
Sprache und Kunst eine Allianz eingehen, nämlich in der Lyrik. »Aber
wenn nun die Sprache nicht nur als reiner Begriffsausdruck, im Sinne objektiver Bestimmung und objektiver Mitteilung, gebraucht wird, sondern
wenn sie sich gleichsam in die Innerlichkeit des Subjekts, von der sie ausgegangen war, wieder zurückwendet, um zum reinen Spiegel dieser Innerlichkeit zu werden: so tritt nun mit einem Schlage ein ganz neues Verhältnis ein. Denn in der Sprache der Dichtung ist nichts mehr bloß abstrakter Begriffsausdruck, sondern jedes Wort hat hier zugleich seinen eigenen Klang- und Gefühlswert.«[19] Nun stehen einander Sinnliches und
Geistiges nicht mehr gegenüber, sondern verbinden sich zu einer vollendeten Einheit. Eine letzte Verhältnisbestimmung nimmt Cassirer für das
mythische und das im Text unvermittelt eingeführte wissenschaftliche
Denken vor. Beide operieren mit Kategorien, allen voran der Kategorie
der Kausalität. Waren Mythos und Kunst durch die Inhalte verbunden,
aber durch die Form getrennt, so sind Mythos und Wissenschaft durch die
Form verbunden, aber durch ihre Richtung und Gestaltung getrennt. Das
mythische Denken orientiert sich am sinnlich Gegebenen, das wissenschaftliche an den durch die Analyse gewonnenen Verhältnissen. An der
näheren Bestimmung wird deutlich, daß Cassirer an dieser Stelle den Ter-

---

[17] WWS, 189.
[18] WWS, 190.
[19] WWS, 191.

minus ›Form‹ doppelt belegt: einmal meint er die kategoriale Form der Kausalität, das andere Mal die Stufen der Typik. Diese kleine begriffliche Unschärfe ist nur ein Indiz dafür, wie schwer es Cassirer fällt, eine genaue Definition und Differenzierung der Typik und ihrer Konkretionen einzuführen. Eine gravierendere Schwierigkeit liegt in der doppelten Verwendung des Begriffs ›Mythos‹, der einmal die konkrete symbolische Form, das andere Mal die erste Stufe der Typik bezeichnet.

So lassen sich aus Cassirers Vortrag die folgenden zwei Thesen herausstreichen. Erstens, es gibt eine Kraft des Bewußtseins, die einer eigenen Typik unterliegt. Zweitens, diese Kraft äußert sich in der Produktion der symbolischen Formen. Die Typik besteht aus den drei hierarchischen Stufen von Mimesis, Analogie und Symbol. Die symbolischen Formen hingegen liegen auf einer Ebene, weil sie sich parallel als verschiedene geistige Sphären entwickeln. Dieses Konzept wird allerdings nicht eingehalten: De facto konstruiert Cassirer auch eine Hierarchie der Konkretionen, indem Sprache und Kunst die dritte Ebene des Symbols erreichen, dies dem Mythos aber versagt bleibt, und umgekehrt die Kunst erst auf der Stufe der Analogie auftritt. Cassirer hat Erkenntnistheorie und Kulturphilosophie zu verbinden gesucht, indem er die Frage nach den Bedingungen der Erkenntnis auf die kulturelle Mannigfaltigkeit angewendet hat. Das Resultat ist ein abstraktes analytisches Schema, dem die Daten in einem zweiten Schritt eingeordnet werden. Cassirer bezieht sich in keinem der Bände der »Philosophie der symbolischen Formen«, auch nicht in den aus dem Nachlaß veröffentlichten Teilen, jemals wieder auf diesen Vortrag. Daß das nicht mit der Bescheidenheit des Autors zu tun hat, läßt sich leicht daran zeigen, daß er in der »Philosophie der symbolischen Formen«, wie auch in seinen anderen Schriften, mehrmals auf andere seiner Werke verweist.[20] Warum also hier nicht? Der Grund liegt meines Erachtens darin, daß die Verbindung von Erkenntnis- und Kulturtheorie methodisch noch unausgereift, weil ungleichgewichtig zu Lasten der Kulturtheorie ist. Die konstruierte Hierarchie der Typik erweist sich in dieser Form als untauglich[21], da sie die Hierarchisierung der symbolischen Formen zwangsläufig nach sich zieht. Die Konsequenzen zeigen sich in der

---

[20] Im Vordergrund stehen dabei »Sprache und Mythos« (1925) und »Substanzbegriff und Funktionsbegriff« (1910).

[21] Ähnlich *Knoppe*, der ein »ursprünglich synthetische(s) In- und Miteinander dieser drei Grundfunktionen« (134) betont, das dann »die Vorstellung eines genetischen Entwicklungszusammenhangs zu diesen drei Grundformen symbolischer Formung« (ebd.) ausschließe (*Th. Knoppe*, Die theoretische Philosophie Ernst Cassirers. Zu den Grundlagen transzendentaler Wissenschafts- und Kulturtheorie, Hamburg 1992).

Durchführung, der »Philosophie der symbolischen Formen« und dem Aufsatz »Sprache und Mythos« von 1925.

Bereits in der Einleitung zum ersten Band der »Philosophie der symbolischen Formen« betont Cassirer das gleichberechtigte Verhältnis der symbolischen Formen sowohl untereinander als auch hinsichtlich ihrer Betrachtung durch die Philosophie. Wenn sie nur jeweils eine einzige von ihnen behandelt, so ergibt dies ein eingeschränktes Bild und eine verzerrte Wirklichkeit, für deren Verständnis es wesentlich ist, daß die symbolischen Formen gerade nicht voneinander getrennt auftreten, sondern ineinander verzahnt und konstitutiv aufeinander bezogen sind. Es muß der Philosophie daher gelingen, »einen Standpunkt zu finden, der *über* all diesen Formen und der doch andererseits nicht schlechthin jenseits von ihnen liegt (...). Dann erstünde eine philosophische Systematik des Geistes, in der jede besondere Form ihren Sinn rein durch die *Stelle*, an der sie steht, erhalten würde (...)«[22]. Cassirer geht es nicht um eine Auflistung mythischer Bilder, Geschichten oder Traditionen, sondern um die Struktur, die ihnen zugrunde liegt. Und zwar die Struktur der Deutung der Welt, sowohl hinsichtlich der einzelnen symbolischen *Formen* als auch und vor allem hinsichtlich derjenigen Struktur, die sie erst als *symbolische* Formen qualifiziert. Denn es gibt keine vorgegebene Welt, die der Mensch erfaßt und deutet, sondern er erfaßt überhaupt nur gedeutete Welt. Das Deuten vollzieht sich prinzipiell durch die sogenannte »natürliche Symbolik«[23], jener Grundfunktion des Bedeutens, die schon vor der Setzung eines Zeichens (sozusagen vor jeder künstlichen Symbolik) vorhanden ist[24], und konkret eben durch das Medium des Symbols, denn die geistigen Formen können ihre Auffassungsweise der Welt nur dadurch zur Geltung bringen, »daß sie für sie gleichsam ein bestimmtes sinnliches Substrat erschaffen«[25]. Der Symbolbegriff soll, so formuliert Cassirer schließlich im dritten Band, »das Ganze jener Phänomene (...) umfassen, in denen überhaupt eine wie immer geartete ›Sinnerfüllung‹ des Sinnlichen sich darstellt; – in denen ein Sinnliches, in der Art seines Daseins und So-Seins, sich zugleich als Besonderung und Verkörperung, als Manifestation und Inkarnation eines Sinnes darstellt«[26]. Deshalb spricht Cassirer

---

[22] PsF I, 14.

[23] PsF I, 41.

[24] Vgl. die ausführliche Darstellung der Forschungsdiskussion bei *M. Bongardt*, Die Fraglichkeit der Offenbarung. Ernst Cassirers Philosophie als Orientierung im Dialog der Religionen, unveröff. MS der Habilitationsschrift, Münster 1998, hier: 129ff, sowie die eingehende Analyse von *O. Schwemmer*, Ernst Cassirer. Ein Philosoph der europäischen Moderne, Berlin 1997, hier: 51ff.

[25] PsF I, 18.

von den geistigen Formen als von symbolischen Formen, aber eben vor
dem Hintergrund, daß es notwendig ist, alle symbolischen Formen in ihrer Mannigfaltigkeit zu betrachten. In diesem Sinne wird ihm die »Kritik
der Vernunft (...) zur Kritik der Kultur«[27].

Es ist nicht möglich, in der »Philosophie der symbolischen Formen«
eine eindeutige Auflistung der symbolischen Formen zu finden.[28] Zwar
werden Sprache und Mythos durchgängig genannt, aber Religion, Kunst,
Wissenschaft und Technik nur wahlweise, und überdies wird die Religion
meist dem Mythos subsumiert. Für die »Philosophie der symbolischen
Formen« halte ich an der Trias der symbolischen Formen aus Mythos,
Sprache und Kunst fest, weil sie in jedem Fall die grundlegenden und alle
anderen symbolischen Formen durchziehenden Formen sind.[29] Aber auch
hierfür müssen die oft wiederholten Aussagen Cassirers berücksichtigt
werden, daß der Mythos sozusagen der Urgrund aller symbolischer Formen ist.[30] Abgesehen von seiner *zusätzlichen* Sonderstellung gilt aber für
alle symbolischen Formen, daß sie nebeneinander und nicht nacheinander auftreten. Diese These Cassirers läßt sich in allen drei Bänden der
»Philosophie der symbolischen Formen« belegen. Die Gleichzeitigkeit der
symbolischen Formen ist nicht nur de facto existent, sondern auch *konsti-*
tutiv für das Verstehen der Welt. Am deutlichsten wird das an dem Verhältnis der Sprache zu den anderen symbolischen Formen, da sie in jeder von
ihnen in Anspruch genommen wird. Cassirer fragt nicht, und kann dies
aus methodischen Gründen auch nicht tun, *warum* es die Mannigfaltigkeit
der symbolischen Formen gibt, sondern er geht davon aus, *daß* es sie gibt.
Die symbolischen Formen laufen auf doppelte Weise parallel. Sowohl historisch als auch strukturell können sie nebeneinander auftreten, und sie
tun dies auch.

Diese Parallelität wird nun aber, wie bereits oben gezeigt, von einer
Hierarchie durchkreuzt, denn jede einzelne symbolische Form durchläuft
verschiedene Stufen oder Phasen. So unklar Cassirer hinsichtlich Anzahl

---

[26] PsF III, 109.

[27] PsF I, 11.

[28] Diese Ansicht vertreten auch *Bongardt* (66, 186), *Th. Stark,* Symbol, Bedeutung, Transzendenz. Der Religionsbegriff in der Kulturphilosophie Ernst Cassirers, Würzburg 1997
(672) und *Moxter* (83) mit dem Hinweis, daß eine Eindeutigkeit weder intendiert noch der
Konzeption entsprechend sei. *Schwemmer* sieht in »Mythos, Religion, Kunst, Technik,
Sprache, Sittlichkeit, Recht und Erkenntnis« (61) die umfassendste, mit Cassirer noch
mögliche Aufzählung der symbolischen Formen. Ihm verdanken wir auch das Bild der
Rosette (40f) zur Verdeutlichung des Verhältnisses vom Mythos zu den anderen symbolischen Formen.

[29] Vgl. dazu z.B.: ECN 1, ZMsF, 6, 48.

[30] WWS, 112: »Mutterboden des Mythos«.

und Benennung der symbolischen Formen verfährt, so wenig deutlich
äußert er sich hinsichtlich der Hierarchie. Die Stufentheorie aus dem
Vortrag von 1921 kommt zwar explizit in der »Philosophie der symbolischen Formen« nicht mehr vor, aber das bedeutet nicht, daß die Stufen
selber wegfallen würden, allerdings werden sie nur im ersten Band über
die Sprache ihrem Entwurf entsprechend durchgeführt. Cassirer stellt
zwar fest, daß die Stufen eine »funktionale Gesetzlichkeit« darstellen, die
»in anderen Gebieten, wie in dem der Kunst oder der Erkenntnis, ihr
ganz bestimmtes und charakteristisches Gegenbild« finden.[31] Tatsächlich
gilt dies aber nur noch für die Erkenntnis in Band III. Sie bewegt sich
vom Ausdruck über die Darstellung zur Bedeutung. Der Mythos in Band
II hingegen kennt keine so klare Dreistufigkeit. Er unterliegt zum einen
der unscharf abgegrenzten Entwicklung von Magie, Mythos und Religion, zum anderen vor allem einer sogenannten Ur-Teilung, dem Grundgegensatz des Heiligen und des Profanen. Darüber hinaus ist festzuhalten,
daß Cassirer für keine der symbolischen Formen eine einheitliche Terminologie der Stufen verwendet. Vielmehr lassen sich mehrere Modelle aus
den drei Bänden herauslesen.

Die Komplexität wird noch einmal gesteigert, indem Cassirer die Parallelität der symbolischen Formen und die Hierarchie der Typik mit einer
dritten Unterscheidungsebene kreuzt[32], die er als »eine Reihe bestimmter
Grundrelationen«[33] bezeichnet. Dabei handelt es sich um »eigentümliche
und selbständige ›Weisen‹ der Verknüpfung«[34] von sinnlichem Inhalt und
allgemeiner geistiger Bedeutung[35], nämlich um Raum, Zeit, Zahl und
Ich, sowie um das Verhältnis von Ding und Eigenschaft. Das durch diese
dreifache Kreuzung entstandene Raster läßt die argumentative Differenzierung der Ebenen durch alle drei Bände hindurch nur schwer nachvollziehen und sorgt für immanente Widersprüche. Die Ursache liegt meines
Erachtens in dem schwierigen und langwierigen methodischen Reflexionsprozeß, der zu Beginn Cassirers Loslösung von Kant, später seine
Konsolidierung auf einer eigenständigen, von Kant getragenen und durch
viele andere Positionen angereicherten philosophischen Denkweise dokumentiert. Zusammenfassend läßt sich die »Philosophie der symbolischen Formen« als komplexes System folgender Ebenen verstehen: Der

---

[31] PsF I, 139.
[32] *Moxter* (83ff) unterscheidet nur zwei Motive, nämlich Typologie und Totalität, ebenso
Bongardt (183), wohingegen *Schwemmer* (59f) die Differenzierung in Grundrelationen zumindest näher an das Verhältnis von Parallelität und Hierarchie heranrückt.
[33] PsF I, 28.
[34] Ebd.
[35] PsF I, 27.

konstitutiven Parallelität und wechselseitigen Durchdringung der symbolischen Formen Sprache, Kunst und Wissenschaft wird eine dreistufige Typik eingezeichnet, die im wesentlichen über Indifferenz - Dialektik - Differenz oder Ausdruck - Darstellung - Bedeutung verläuft. Ihnen ist die symbolische Form des Mythos vorgelagert, der durch die Differenz von heilig - profan bestimmt ist. In jeder symbolischen Form finden sich schließlich die Grundrelationen Raum, Zeit, Zahl, Ich, Ding und Eigenschaft, die auf jeweils spezifische Art behandelt werden. Die Verwirrung ist um so größer, wenn nur die ersten drei Bände der »Philosophie der symbolischen Formen« gelesen werden. Denn dann spitzt sich, nach der Vorgabe von 1921, das Rätsel auf die die Forschung provozierende Frage zu, weshalb Cassirer ausgerechnet die Erkenntnis, nicht aber die Kunst im letzten Band behandelt.

Eine mögliche Antwort liegt im posthum erschienen Schlußkapitel von Band III mit dem Titel »Zur Metaphysik der symbolischen Formen«, wo Cassirer die in der Einleitung[36] geforderte Systematik der symbolischen Formen herzustellen versucht. Entgegen der Vorstellung einer Unmittelbarkeit des Lebens, der die Mittelbarkeit des Denkens gegenübersteht, wie sie zum Beispiel Simmel verficht, tritt Cassirer für die Vermittlung von Leben und Denken ein. In der Verbindung von Leben und Form zeigt sich, daß jedes Werden ein »Werden *zur* Form«[37] ist. Damit besteht die Dialektik von Leben und Form nicht zwischen Relaten des Seienden, sondern zwischen Relaten von Funktionen. In diesem Sinne kann der Geist als »Wille zur *Gestaltung*«, als Wille zur »*Formung* der Welt«, und letztlich als »Denken des Denkens« bestimmt werden, wenn er sich selbstreflexiv betrachtet.[38] Es gehört also zum Wesen des Menschen, »der Form fähig«[39] zu sein, wobei die traditionelle Trennung von Natur und Geist zugunsten der konstitutiven Verbindung von Vitalem und Geistigem überwunden wird. Der Geist bewegt sich daher immer in der Doppelheit des Bezugs auf objektive Sachverhalte und der Fähigkeit zur Abstraktion im Bemühen, das Gleichgewicht zwischen Produktion und Abstraktion zu halten. In dem Maße, in dem dies gelingt, bildet sich Selbstbewußtsein aus.

Die Welt des Menschen wird konstituiert durch den Intellekt als »zentrale(m) Einheitspunkt für *alle* Arten und Richtungen der geistigen Formgebung«, und zwar als »in sich geschlossenes Kraftfeld«, in dem die diver-

---

[36] PsF I, 14.
[37] ECN 1, ZMsF, 15.
[38] ECN 1, ZMsF, 27f.
[39] ECN 1, ZMsF, 44.

gierenden Einzelkräfte »auf eine gemeinsame Mitte bezogen« sind.[40] Allerdings läßt sich diese Mitte, die gesuchte Synthese der symbolischen Formen nicht mit *einem* Begriff bezeichnen, da sie ebenfalls der dynamischen Dialektik von Leben und Geist unterliegt, nämlich der Spannung von Gegenstands-Bewußtsein und Selbst-Bewußtsein.

Das Ziel der Philosophie der symbolischen Formen besteht in der Erkenntnis des allgemeinen Strukturprinzips der symbolischen Formen, dem Grundverhältnis von Selbst und Gegenstand, und der Systematik der symbolischen Formen, in denen sich dieses Grundverhältnis in verschiedenen Phasen entwickelt. Dies gelingt nur, indem sie sich über die Ebenen von Gefühl und reiner Gegenständlichkeit hinaus zu einer funktionalen Auffassung hin bewegt, in der sie die »theoretischen Grundmittel der Objektivierung nicht nur zu gebrauchen, sondern (...) in ihrer eigentümlichen Funktion zu verstehen und ihnen ihre (...) Autonomie zuzugestehen«[41] vermag. Denn erst wenn das Prinzip der geistig-kulturellen Phänomene durchschaut ist, können sie »als reine Lebenserscheinungen«[42] gedeutet werden. Erst in dieser Vollendung des Aufbaus der geistigen Welt, die nur durch die »Transzendenz«[43] der Kategorien von Ding und Person möglich ist, erreicht der Mensch das Gebiet der Freiheit.

Weil Cassirer diesen höchsten Punkt der erkenntnistheoretisch motivierten Systematik intendiert, der über allen symbolischen Formen steht, kann nicht der Kunst das letzte Kapitel gewidmet sein. Denn sie ist eine symbolische Form neben anderen, mit allen verbunden und doch über sie hinaus.[44] Sie emanzipiert sich aus ihrer engen Verbindung mit dem Mythos zu jener mit der Sprache, und entwickelt sich an ihrer Seite von der Wahrnehmung zum wahren »Sehen«[45]. In diesem Sinne ist sie, wie die Sprache auch, ein »Grundmittel der Objektivation«[46], ein »Prinzip der Produktion der Wirklichkeit«[47].

Den argumentativen Übergang zu den im Nachlaß erschienenen Schriften enthält der Aufsatz »Sprache und Mythos. Ein Beitrag zum Pro-

---

[40] ECN 1, ZMsF, 58.
[41] ECN 1, ZMsF, 95.
[42] ECN 1, ZMsF, 107.
[43] ECN 1, ZMsF, 108.
[44] Auch *Moxter* (115f) präferiert aufgrund der Gleichrangigkeit der symbolischen Formen diese Interpretation. Seine Argumentation steht allerdings im Zusammenhang mit dem Verhältnis von Religion und Kunst.
[45] ECN 1, ZMsF, 78.
[46] ECN 1, ZMsF, 81.
[47] ECN 1, ZMsF, 79. Vgl. dazu die leider sehr knappe, aber übersichtliche Untersuchung von *Th. Vogl*, Die Geburt der Humanität. Zur Kulturbedeutung der Religion bei Ernst Cassirer, Hamburg 1999, hier: 150-159.

blem der Götternamen« von 1925. Dort werden Sprache, Kunst und Mythos als »Urphänomene des Geistes«[48] bezeichnet, die sich zwar nachwei-
sen, nicht aber erklären lassen. Cassirer betont damit die Unmöglichkeit,
hinter die symbolischen Formen zurückzugehen[49], um die Frage nach
dem Warum ihres Auftretens zu beantworten. Die einzige mögliche Differenzierung in dieser Richtung scheint darin zu bestehen, den Mythos
als ursprünglichstes Phänomen zu betrachten, aus dem sich dann die anderen symbolischen Formen nach und nach herauslösen, wobei Cassirer
die Differenzierung sofort wieder unterläuft, indem er der Sprache einen
besonderen Stellenwert neben dem Mythos einräumt.[50] Sie sind durch die
gestaltende Funktion, »die Form des *metaphorischen Denkens*«[51], nicht
durch ihre Inhalte verbunden.

Dennoch, der Begriff des Urphänomens und die Einsicht in die Unhintergehbarkeit der symbolischen Formen sind die neuen Kristallisati-
onspunkte, auf die Cassirer im Nachlaß den Schwerpunkt legt. Sie er-
leichtern nun gleichsam von hinten her die Deutung des bisherigen Vor-
gehens Cassirers. In dem fragmentarischen Text »Über Basisphänomene«
bezieht Cassirer zwei ihn vorrangig bestimmende Denkweisen auf seine
eigene: »Wie können wir der Goethischen Forderung der ›Urphaenome-
ne‹ und der Cartesisch-Kantischen Forderung der ›Reflexion‹ im Aufbau
der Erkenntnis und im Aufbau der Philosophie Genüge leisten - wie läßt
sich jene Form der Gewißheit, der ›Unmittelbarkeit‹, die Goethe den Ur-
phaenomenen zuerkennt, aufrecht erhalten - und nichtsdestoweniger das
unantastbare Recht des ›Denkens‹ wahren, das alles vor seinen Richter-
stuhl ziehen, prüfen und beglaubigen will (...)?«[52] Cassirer ist davon überzeugt, daß sowohl die Basisphänomene Ich, Wirken und Werk, oder: Ich,
Du und Es, oder: Selbst, Anderes und Welt als auch die symbolischen Formen in ihrer Faktizität aufgezeigt und in ihrem wechselseitigen Verhältnis
bestimmt, aber nicht mehr historisch-genetisch erklärt werden können:
»Wir können nicht den Finger auf die Stelle legen, an der die Sprache
oder der Mythos, die Kunst oder die Erkenntnis ›wird‹. Denn sie alle kennen wir immer nur in ihrem reinen *Sein*.«[53] Dennoch bleibt die Philosophie der symbolischen Formen nicht bei einer Bestandsaufnahme stehen,

---

[48] WWS, 82.
[49] PsF I, 51.
[50] An anderer Stelle erhält auch die Erkenntnis diesen Wert, da ohne das Streben nach
Wissen eine Entwicklung nicht möglich wäre.
[51] WWS, 145.
[52] ECN 1, BPh, 130.
[53] ECN 1, ZMsF, 36.

sondern untersucht die »Dynamik der Sinngebung, (...) das Rätsel der Form-Werdung als solcher«.[54] Hatten sich die ersten drei Bände mit der Analyse der unterschiedlichen Arten der Weltgestaltung beschäftigt, so ist es nun die Aufgabe der Synthese, die gelöst werden muß. Sie bringt ein weiteres Problem mit sich: Ob die Synthese der symbolischen Formen nicht doch den Blick öffnet auf die Unmittelbarkeit des Lebens, das von Cassirer selbst als Urphänomen anerkannt wird.[55] Ein »Urphänomen« ist, nach Goethe, ein Faktum, über dessen Faktizität hinaus nichts weiter gesagt werden kann.[56] Der Rückgang in das wahre Sein, in das Leben an sich ist eine immer wiederkehrende Forderung der Vertreter der Lebensphilosophie, von denen sich Cassirer ebenso wiederkehrend in einer Mischung aus Faszination und Abscheu abgrenzt. Das Faszinierende mag unter anderem dadurch verstärkt sein, daß Goethe selbst an dieser jenseitigen Dimension festhält. Dennoch zeigt sich für Cassirer je länger je mehr die Unmöglichkeit dieses Postulats, weshalb sich das Schlußkapitel des dritten Bandes »Zur Metaphysik der symbolischen Formen« fast ausschließlich diesem Thema zuwendet. Das also ist die grundlegende Einsicht, mit der Cassirer die »Philosophie der symbolischen Formen« gedanklich abschließt: Der Mensch als das der Form fähige Wesen ist auf die geistige Gestaltung in den symbolischen Formen von Sprache, Mythos, Kunst, Technik, Religion und Erkenntnis angewiesen, da jede Art der Wirklichkeitsdeutung, selbst die scheinbar reine Intuition, eine geprägte Form ist. Er bewegt sich dabei vor allem in dem Gegensatz zwischen Ich und Welt, Ich und Gegenstand, Ich und personalem Sein. Aber er besitzt auch die Fähigkeit, diese Ebene selbstreflexiv zu überschreiten, da der Geist als das Denken des Denkens in der Lage ist, sich selbst zum Gegenstand zu machen. Diesen Schritt beschreibt Cassirer allerdings als das Verlassen des »festen Grund und Boden(s) des spezifisch-*menschlichen* Daseins«, um in das »Gebiet der Freiheit« zu gelangen: »Die eigentliche und höchste Leistung jeder ›symbolischen Form‹ besteht darin, daß sie, mit ihren Mitteln und in der ihr gemäßen und eigentümlichen Richtung, an diesem Ziele: an dem Übergang vom Reich der ›Natur‹ in das der ›Freiheit‹ mitarbeitet.«[57]

---

[54] ECN 1, ZMsF, 4.
[55] ECN 1, SB, 263.
[56] ECN 1, BPh, 137, u.a.
[57] ECN 1, ZMsF, 108f.

II. Die Unüberwindlichkeit des Mythos

In den 1942 publizierten Studien »Zur Logik der Kulturwissenschaften«
kehrt Cassirer gewissermaßen an den Anfang seines Denkens zurück,
wenn auch auf einer höheren Ebene. Wieder ist es die Frage nach Aufgabe
und Ziel der Philosophie der symbolischen Formen, die ihn bewegt. Fast
scheint es, als habe er selber die Notwendigkeit verspürt, die unvollendet
gebliebene »Philosophie der symbolischen Formen« logisch zu begründen, vielleicht sogar, sie zu legitimieren.

Die Philosophie hat ihre Aufgabe und Fähigkeit darin, das Problem der
Objektivität zu erkennen, auch wenn sie es als Teil des Ganzen der symbolischen Formen nicht allein zu lösen vermag. Ihr Ziel ist es, die systematische Einheit der symbolischen Formen zu erkennen, basierend auf
der Einsicht, daß es keine Trennung zwischen Faktischem und Theoreti-
schem und also auch nicht zwischen Faktizität und Geltung geben kann.
In diesem Sinne meint Cassirer, mit der Philosophie der symbolischen
Formen Anspruch auf Universalität erheben zu können, weil sie in der
Lage ist, die Funktion der Gesamtheit der symbolischen Formen zu
durchschauen und so zu einer Antwort auf die Frage nach dem Wesen des
Menschen beizutragen. Wie jedes andere Lebewesen ist der Mensch zwischen seiner Merkwelt und seiner Wirkwelt eingeschlossen. Cassirer
schätzt diese Theorie Uexkülls[58], geht aber mit Hegel sogleich darüber
hinaus, indem er den Prozeß der Bewußtwerdung des Menschen als den
entscheidenden Schritt über die Grenze zwischen Mensch und Tier hinaus versteht: »Die Bewußt-Werdung ist der Anfang und das Ende, ist das
A und O der Freiheit«[59]. Die symbolischen Formen sind die Medien dieses Befreiungsprozesses kraft der in ihnen sich verwirklichenden Funktion
des Symbolisierens. Indem sich das Verhältnis zwischen Ich- und Dingwelt und Ich- und Personenwelt, also zwischen Ich, Es und Du immer
erst konstituiert und nie bereits vorgegeben ist, kann die Kultur erst aus
der Verbindung der drei Dimensionen des physischen Daseins, des gegenständlich Dargestellten und des persönlich Ausgedrückten bestehen: »Dieses Erscheinen eines ›Sinnes‹, der nicht vom Physischen abgelöst ist, sondern an ihm und in ihm verkörpert ist, ist das gemeinsame Moment aller
jener Inhalte, die wir mit dem Namen ›Kultur‹ bezeichnen«[60].

Cassirer sieht sich in der Durchführung mit dem Problem konfrontiert,
auf keine erprobte Methode zurückgreifen zu können. Er kann zwar auf
dem Material der Sprach-, Religions-, Kunst- und Wissenschaftsge-

---

[58] Cassirer bezieht sich v.a. auf: *J. v. Uexküll*, Theoretische Biologie, 2., gänzlich neu be-
arbeitete Auflage, Berlin 1928.
[59] LKW, 25.
[60] LKW, 43.

schichte aufbauen, aber diese Disziplinen zeigen nicht den Weg, wie man zu dem inneren Gesetz des Aufbaus der einzelnen symbolischen Formen gelangen kann. Um statt bloßer Abstraktion »echte *Konstitution*«[61] leisten zu können, muß Cassirer eine eigene Methodik ausbilden. Er findet sie über den Weg der Abgrenzung: Weder das Verfahren einer Abbildtheorie noch das einer Lebensphilosophie ist tauglich, da in beiden Fällen nicht berücksichtigt wird, daß die Wirklichkeit nur als gedeutete, bereits geprägte dem Menschen zugänglich ist. Vielmehr muß das Problem der Bedingungen der Möglichkeit von Erkenntnis behandelt werden, aber so, daß es, mit Hegel, »von dem Boden der reinen Erkenntnis auf denjenigen des konkreten geistigen *Lebens*, in der Totalität seiner Äußerungen, versetzt«[62] wird. Nur dann ist es möglich, das innere Gesetz der symbolischen Formen »an den Erscheinungen selbst auf(zu)zeigen und es von ihnen zu ›abstrahieren‹«[63]. Hegels dialektische Methode in der »Phänomenologie des Geistes« dient Cassirer insofern als Folie, als in ihr die Entwicklung des Geistes als ein Prozeß dargestellt wird, in dem das Ganze des Geistes nicht einfach gegeben ist, sondern nur in seinem Werden sichtbar wird. Die Dialektik besteht darin, daß sich »im Werden des Begriffs (...) das Werden des Gegenstandes« ausdrückt[64], was dazu führt, daß die Gegensätze, die Descartes und Fichte noch als absolute Gegensätze verstanden haben, »nur subjektive Gegensätze, d.h. daß sie notwendige Momente einer Entwicklung, einer dialektischen Bewegung sind«[65]. Aber, so kritisiert Cassirer, Hegel vermische dabei die Ebenen, denn Inhalt und Methode bestimmten sich jeweils gegenseitig in der Art, daß das Ergebnis enthält, was er methodisch zuvor hineingelegt hat. Hegel beweise die Selbstverwirklichung der Vernunft in der Geschichte nur so, »daß er die Vernunft in die Geschichte hineinlegt, daß er sie schon in ihrer Idee impliziert sein läßt«[66]. Damit unterliege er letzten Endes selber einer metaphysischen Hypostasierung eines Prinzips, wenn auch nicht in der Weise wie andere Spielarten der Metaphysik, die zwar eine begriffliche Universalität fordern, aber den Gegensatz als solchen nicht begreifen.[67]

An diesem Punkt setzt nun Cassirer an, indem er darauf dringt, die Gegensätze als solche zu verstehen und damit eine Perspektive einzuneh-

---

[61] ECN 1, BPh, 164.
[62] EP III, 291.
[63] PsF I, 12.
[64] EP III, 306.
[65] ECN 2, 20.
[66] ECN 2, 23.
[67] Cassirer orientiert sich an Hegel nicht in derselben positiven Weise wie an Kant, sondern in Form der Abgrenzung von ihm. Sein Verhältnis zu Hegel und Husserl wird klar gezeigt von *Moxter* (87).

men, die über den Relaten steht. Dies gilt sowohl für die Dialektik von Systematik und Historie als auch für jene von Erkenntnis und Gegenstand. Beide sind notwendig aufeinander angewiesen, da eine unzureichende Erfassung der Formen die Phänomene verkennt, wie umgekehrt die Sinngehalte nicht gewürdigt werden können, wenn sie einem theoretischen Vorurteil unterliegen.[68] Nur wenn verstanden wird, daß sich das Bewußtsein über die reine Beziehung von Darstellendem und Dargestelltem[69] entwickelt, wird der Versuch aufgegeben, es als Absolutes zu setzen. Von dieser Voraussetzung aus wird auch deutlich, in welchem Sinn Cassirer von der »Materialität« der Welt sprechen kann, auf die sich die symbolischen Formen beziehen. Sie darf nicht als reales Sein verstanden werden, sondern als »Grenzbegriff«, der dazu dient, bestimmte Beziehungen in der Welt der reinen Formphänomene aufzuweisen.[70] Die einzige und eigentliche Realität, von der Cassirer sprechen kann, ist das »Subjekt, das aller dieser Ansichten fähig ist«[71]. Denn, und damit schließt sich der Kreis wieder zu Hegel, »Objektivität gibt es für den Geist nicht in der Form der bloßen Dinglichkeit, sondern nur in der Form einer allgemeinen Bindung, kraft deren er sich als Glied einer umfassenden, lebendigen Gesamtheit«[72], der Kultur, weiß.

Wenn Cassirer diese Definition von Kultur formuliert, so ergibt sich daraus die Frage nach dem Verhältnis einer Kulturwissenschaft zu einer Philosophie der symbolischen Formen. Sie läßt sich anhand dreier »Arbeitsschritte« beantworten. Zunächst muß sich die Forschung in einer »Werk-Analyse (...) einen Überblick über die Werke der Sprache, der Kunst, der Religion« verschaffen, um dann mittels einer Hermeneutik zu »verstehen, was sie uns zu sagen haben«[73]. In dem zweiten Schritt einer Form-Analyse wird geklärt, was die jeweilige symbolische Form bedeutet und welche Funktion sie erfüllt. Der dritte Schritt ist schließlich die »Akt-Analyse« als Frage »nach den seelischen *Prozessen*«, nach der »Eigenart des ›Symbolbewußtseins‹«[74]. Während die Kulturwissenschaft alle drei Teile umfaßt, ist die Philosophie der symbolischen Formen auf den zweiten Teil beschränkt: In ihm würde man zu einer Kulturtheorie gelangen, »die letzten Endes ihren Abschluß in einer ›Philosophie der symbolischen Formen‹ suchen muß - mag dieser Abschluß auch als ein ›unendlich-fer-

---

[68] PsF III, 87.
[69] PsF III, 236.
[70] WWS, 213.
[71] ECN 1, PsF IV, 230.
[72] EP III, 325.
[73] LKW, 97.
[74] LKW, 98.

ner Punkt« erscheinen, dem wir uns nur asymptotisch annähern können«.[75] Aber selbst mittels der Kulturwissenschaft ist es dem Menschen
versagt, den Übergang von Natur zu Kultur kausal erklären zu können.
Die Erkenntnis des Wesens des Menschen können Empirie und Philosophie »nur dadurch gewinnen, daß sie den Menschen in der Kultur und im
Spiegel seiner Kultur erblicken; aber sie können diesen Spiegel nicht um-
wenden, um zu sehen, was hinter ihm liegt«[76].

Genau dieser Sachverhalt ist es, der angesichts der Vorgänge in der Welt
auch die Einsicht in die von Simmel so formulierte »Tragödie der Kultur«[77] mit sich bringt. Die vielfältigen Erscheinungen der Kultur stärken
den Menschen nicht mit dem Gefühl seiner Macht, sondern verleihen
ihm eher die »Gewißheit seiner geistigen Ohnmacht«[78]. Cassirer teilt 1942
diese Einschätzung nicht. Denn sie beruht auf der irrigen Annahme, daß
dem Ich eine ursprüngliche Realität zukomme. Das Ich ist aber gerade
nicht gegeben, sondern muß sich erst in der Auseinandersetzung mit der
Welt konstituieren und schließlich seinen Widerpart an und seinen Übergang zu einem anderen Ich, dem Du, finden. Denn »der Lebensprozeß
der Kultur besteht eben darin, daß sie in der Schaffung derartiger Vermittlungen und Übergänge unerschöpflich ist«.[79] Dabei befindet sich der
Mensch in dem ewigen Kreislauf von Erhaltung und Erneuerung, der
sich allerdings zunehmend in einem nur labilen Gleichgewicht befindet.
Denn mit dem Wachstum der Kultur wird »der Ausschlag des Pendels immer weiter: die Amplitude der Schwingung wächst mehr und mehr. Die
inneren Spannungen und Gegensätze gewinnen damit eine immer stärke-
re Intensität«[80]. Und dennoch spricht Cassirer nicht von einer Tragödie
der Kultur, da es in diesem ewigen Schöpfungsprozeß keinen absoluten
Sieg und keine absolute Niederlage gibt.

Cassirers letztes Werk »Der Mythus des Staates« von 1945 hingegen
scheint auf den ersten Blick eine eigene Art von Tragödie zu beinhalten.[81]

---

[75] LKW, 97.
[76] LKW, 102.
[77] LKW, 105.
[78] Ebd.
[79] LKW, 110.
[80] LKW, 123.
[81] Wird der Akzent auf das ebenfalls in den Staaten verfaßte Spätwerk »Essay on Man«
gelegt, so ergibt sich freilich ein anderes Bild. Cassirer erscheint dann, wie von *Moxter* beschrieben, als Vertreter des humanistischen Ideals der Selbstbefreiung des Menschen (125),
wobei er aber, so kritisiert *Moxter* (105f), ein implizit normatives Kulturverständnis vertritt, das die gesamte Philosophie der symbolischen Formen geprägt habe. Obwohl der
letztgenannte Zusammenhang von Moxter so deutlich anhand von EoM belegt werden
kann, vertrete ich, dank eines Hinweises von Schwemmer die biographischen Umstände

Denn in ihm läßt Cassirer den Mythos in all seiner Urkraft auferstehen, ungebändigt und unbesiegt, weil er sich der Zähmung durch die Vernunft entzieht. Er ist wesentlich Ausdruck des Gefühls, orientiert an einer »grundsätzlichen Identität des Lebens«[82], die immer dann gesucht wird, wenn die Normalität des Lebens im Chaos versinkt und nicht mehr der täglichen Routine unterliegt: »In allen kritischen Augenblicken des sozialen Lebens des Menschen sind die rationalen Kräfte, die dem Wiedererwachen der alten mythischen Vorstellungen Widerstand leisten, ihrer selbst nicht mehr sicher. In diesen Momenten ist die Zeit für den Mythus wieder gekommen. Denn der Mythus ist nicht wirklich besiegt und unterdrückt worden. Er ist immer da, versteckt im Dunkel und auf seine Stunde und Gelegenheit wartend.«[83] Wird dies von willigen Helfern geschickt gefördert, so entsteht eine völlige Umwertung der Werte, eine Neuformulierung der Sprache, eine gänzlich andere Lebensatmosphäre. Es ist ein schleichender Prozeß, der auch intelligente und aufrichtige Menschen mit sich zieht, die ansonsten durchaus die Schwierigkeit der Forderung nach ethischer Freiheit im Sinne Kants, die eben nie gegeben, sondern immer nur aufgegeben ist, auf sich zu nehmen versuchen. Es ist aber auch »die schwierigste Aufgabe, die der Mensch sich stellen kann. (...) Diesen Befehl zu erfüllen wird besonders schwer in Zeiten einer strengen und gefährlichen sozialen Krisis, wenn der Zusammenbruch des ganzen öffentlichen Lebens bevorzustehen scheint. Zu solchen Zeiten beginnt das Individuum, ein tiefes Mißtrauen gegen seine eigenen Kräfte zu fühlen.«[84] Cassirers eigene Worte dokumentieren die Hoffnungslosigkeit, die er argumentativ auch für die Situation der Philosophie geltend macht. Sie ist außerstande, die Macht des Mythos zu brechen. Ihre einzige Möglichkeit besteht darin, die Strukturen der Destruktion zu durchschauen: »Um einen Feind zu bekämpfen, muß man ihn kennen. (...) Ihn zu kennen bedeutet nicht nur, seine Fehler und Schwächen zu kennen; es bedeutet, seine Stärke zu kennen. Wir alle sind dafür verantwortlich, seine Stärke unterschätzt zu haben.«[85]

Angesichts dieser Worte scheint die Philosophie der symbolischen Formen dem Verdikt der Absurdität zu unterliegen. Läßt sich überhaupt noch von einer Systematik des Geistes, einem Schöpfungsprozeß der Kultur

---

der Publikation von EoM betreffend, die Auffassung, daß EoM nicht denselben Stellenwert hat wie »Der Mythus des Staates«, und darüber hinaus nicht in einem so engen Verweisfeld mit LKW und ECN steht.

[82] MS, 53.
[83] MS, 364.
[84] MS, 376.
[85] MS, 388.

oder dem Erreichen höherer Stufen der Gestaltung reden? Wie verhält es sich nun mit dem Fortschritt des Menschen von der Stufe der Mimesis über die Analogie zum Symbol? Wie mit der Überwindung der mythischen Unmittelbarkeit zu der reinen Bedeutung der wissenschaftlichen Erkenntnis? Ist Cassirer der Illusion einer sich durchsetzenden Vernunft unterlegen? Die Antwort ist: nein.[86] Cassirers letztes Buch ist der Abschluß eines Denkprozesses, der sich unter der Textoberfläche schon lange bemerkbar gemacht hat. Es mag so sein, wie er selbst 1945 sagt, daß er zu lange die Augen vor der Realität verschlossen hat und deshalb die Macht der Destruktion erst dann in ihrer vollen Auswirkung erkannt hat, als es zu spät war; aber das ist eine Frage an die Erforschung seiner Biographie. Im vorliegenden Zusammenhang geht es darum, die Indizien für diesen Prozeß in seinem Denken aufzuzeigen. Vorbereitet wurde »Der Mythus des Staates« durch Cassirers immer deutlichere Betonung des Mythos als Urgrund der anderen symbolischen Formen, aus dem sie nicht nur alle erwachsen und sich per Mutation weiterentwickeln, sondern mit dem sie auch immer verbunden bleiben. Hinter diesen letzten Grund aller symbolischen Formen kann in keiner Weise mehr kausal zurück geschlossen werden. Cassirer schärft zunehmend die Einsicht in die Unhintergehbarkeit der symbolischen Formen ein, die damit auch unsteuerbar sind. Zwar ist der Mensch, der allmählich in den Blickpunkt des Interesses rückt als das zur Form fähige Wesen, der Schöpfer der symbolischen Formen, aber das bedeutet nicht notwendig, daß er um seine Fähigkeit auch weiß. Die Einsicht in die Schwierigkeit, die letzte Form der Transzendenz und damit die Freiheit zu erreichen, hat Cassirer seit 1928 zunehmend mehr betont.

Exkurs: Zur jüngsten Rezeption von Cassirers Theorie des mythisch-religiösen Bewußtseins

Innerhalb der sogenannten Cassirer-Renaissance der letzten Jahre hat sich das Interesse unter anderem auf Cassirers Verständnis des mythisch-religiösen Bewußtseins konzentriert. In jüngster Zeit sind einige Monographien erschienen bzw. im Erscheinen begriffen, die der Frage nach der Kultur-

---

[86] Obwohl *Schwemmer* Cassirer ein tiefes Vertrauen in die Vernunft des Menschen zuspricht, benennt er dennoch die Probleme einer ›Dialektik der Aufklärung‹: Ihm geht es um die Betonung der Aufgabe der Philosophie, die nach Cassirer darin besteht, das Vertrauen in die Kraft der Vernunft zu stärken (161ff). Nur wenn die Vernunft pervertiert und dem Mythos zur Durchsetzung verholfen wird, kommt es zu der in MS geschilderten Situation. Der Primat der Erkenntnis wird von *Knoppe* besonders scharf betont, der für die PsF von einem »methodische(n) Primat des Faktums Wissenschaft« (160) spricht.

bedeutung der Religion gewidmet sind. Die umfassendste Darstellung
von Cassirers Philosophie findet sich bei Thomas Stark (s. Anm. 28), der
auf der methodischen Basis der Kulturphilosophie Cassirers einen eigenständigen religionsphilosophischen Entwurf versucht. Im Ausgang von
Cassirer zeige sich die Unersetzlichkeit der Religion in der Kultur, aber
nicht im Sinne eines abstrakten Prinzips, sondern nur als konkrete symbolische Form im Sinne eines einheitsstiftenden Prinzips. Die Trennung
von Sakralem und Profanem bedeute für das Subjekt das Initium in die
geistige Welt, weshalb, so schließt Stark, die dem Sakralen adäquate Haltung die Ehrfurcht sei. Die Arbeit von Thomas Vogl (s. Anm. 47) verläuft,
obwohl ähnlich im Thema, in anderer Richtung. Ihm geht es um eine
Untersuchung der Konkretion und Normativität kultureller Phänomene
bei Cassirer unter besonderer Berücksichtigung der Religion. In seiner
knappen, aber kritischen Darstellung stellt Vogl die These auf, daß Cassirers Religionstheorie der Spannung zwischen dem normativen und deskriptiven Anspruch seiner Philosophie entspreche. Zwar konzediere Cassirer der Religion die Funktion der Befreiung vom mythischen Bewußtsein, jedoch sei sein Religionsverständnis zugleich in hohem Maße defizitär, worin der Grund für seine Überschätzung der Kunst gegenüber der
Religion liege. Als Gewinn schätzt Vogl die hohe Plausibilität von Cassirers Bestimmung der Individuen als solchen, die in keinen Funktionszu-
sammenhängen vollständig aufgehen.

Die Untersuchungen von Moxter und Bongardt orientieren sich im
Rahmen eines über Cassirer hinausgehenden eigenständigen Entwurfs an
dessen Philosophie, ohne ihn theologisch vereinnahmen und instrumen-
talisieren zu wollen. Michael Moxter (s. Anm. 14) geht von Cassirers
These der Mehrdimensionalität der Kultur aus, die es ermögliche, die
Religion als eigene symbolische Sphäre zu verstehen. Ihr komme eine
hohe Bedeutung hinsichtlich der kulturellen Entwicklung zu, weil in ihr
nicht nur das Zeichen als Zeichen, sondern auch der Konflikt zwischen
Zeichen und Bezeichnetem, wie er für jede symbolische Form gelte, gewußt werde. Erst mit diesem Wissen sei die Erkenntnis möglich, daß
Transzendenz immer auf die Vermittlung des Zeichengebrauchs angewiesen sei. In diesem Sinne habe die Religion eine hohe Bedeutung für die
Kultur, die auf die Bildung von Kontinuität angelegt sei. Michael Bongardt (s. Anm. 24) sucht für den Dialog der Religionen nach einer Möglichkeit, wie Pluralität anerkannt werden könne, ohne in Beliebigkeit zu
verfallen. Mit Cassirer lasse sich das Bekenntnis zu Jesus Christus als Verknüpfung von geistigem Gehalt und sinnlichem Zeichen als symbolische
Form verstehen. Ähnlich wie Moxter setzt auch Bongardt den Akzent auf
das Moment der Einsicht, daß das Verstehen der vorgegebenen Formun-

gen selbst wiederum ein Akt eigenständiger Formung und damit immer
ein Stück Realisierung sei. Insofern sei das christliche Bekenntnis eine der
Formen, deren Konkretion die symbolische Form der Religion, wie sie
Cassirer beschrieben habe, erst wirklich werden lasse.

Die kurz skizzierten Entwürfe sind exemplarisch für den derzeitigen
Stand der Cassirer-Forschung. Da das Werk Cassirers, abgesehen von den
Nachlaßbänden, dank der zahlreichen Literatur inzwischen als bekannt
vorausgesetzt werden darf, verlagert sich die Interpretation sozusagen von
der Rekonstruktion zur Problemanalyse. Erst auf dieser Basis zeigen sich
die vielfältigen Perspektiven, die Cassirers Philosophie eröffnet.

III. Religion als Umgang mit dem Mythos

Gerade aus Cassirers Theorie läßt sich ein Weg finden, der Irrationalität
und Unmittelbarkeit des Mythos zu begegnen. Die Philosophie der symbolischen Formen enthält ihn auf zweifache Weise: Einmal, indem sie die
Entwicklung der symbolischen Formen aus dem mythischen Urgrund
heraus nachzeichnet, zum anderen, weil sie selber die Prämisse und die
Kriterien dieser Dokumentation enthält.

Im Gefüge der symbolischen Formen kommt dem Mythos deshalb eine
entscheidende Rolle zu, weil in ihm eine erste Grundunterscheidung gezogen wird, die alle nachfolgenden erst ermöglicht. Gemeint ist die Differenz zwischen Heiligem und Profanem, die nicht auf bestimmte Objekte bezogen ist, sondern eine »ideelle Bezogenheit«[87] auf *etwas*, das das mythische Bewußtsein ergreift, seine Aufmerksamkeit auf sich zieht und es
qualitativ anders wahrnehmen läßt. Diese Unterscheidung ist somit die
erste Durchbrechung des »Einerlei und (der) Gleichartigkeit der Bewußtseinsinhalte«[88], indem das Geschehen einen anderen Gehalt gewinnt. Man
könnte sogar so weit gehen zu sagen, das Geschehen bekommt nicht nur
einen *anderen*, sondern *überhaupt* erst einen Gehalt. Dann würde Cassirer
mit dem Vollzug dieser Unterscheidung die Grenze zwischen Tier und
Mensch markieren.[89] Gegenüber der primitivsten mythischen Stufe der
Magie, in der das Einzelne pars pro toto genommen wird, strebt das »eigentlich«[90] mythische Bewußtsein bereits nach der universellen Ordnung

---

[87] PsF II, 95.
[88] Ebd.
[89] Vgl. dazu PsF II, 99.
[90] Der Mythos durchläuft eine Entwicklung vom magischen zum religiösen Bewußtsein,
aber er ist nicht in drei klar voneinander getrennte Stufen unterteilt. Cassirer spricht sowohl von der Magie, dem Mythos und der Religion, kann sie aber auch alle drei unter
dem mythisch-religiösen Bewußtsein zusammenfassen.

des Ganzen. Das mythische Grundgefühl der Identität kann sich nur dann bilden, wenn sich das ungeschiedene Sein zu konkreten Einzelgestalten verdichtet, die wiederum in eine größere Ordnung eingepaßt werden. Ein wesentlicher Bestandteil dieses Prozesses ist die Ausbildung von Ausdrucks- und Sondergöttern, bis hin zu den persönlichen Göttern der mythisch-religiösen Übergangsphase aus den relativ ungeschiedenen Kräften der magischen Stufe. Aber neben der Trennung von heilig und profan ist der Mythos zugleich durch die Indifferenz von Wissen und Gegenstand, Bild und Sache charakterisiert, deren Grundkategorie das Sein ist. Alles was ist, ist, denn die Kategorie des Ideellen fehlt.

In dem Maße, in dem sich das Bewußtsein allmählich von der Dingwelt löst, geht das mythische Kernbewußtsein in das mythisch-religiöse Bewußtsein über. Hinsichtlich ihrer Inhalte bleiben Mythos und Religion einander eng verbunden, nicht aber hinsichtlich ihrer Form. Denn die Religion »führt geradezu den Gegensatz zwischen ›Bedeutung‹ und ›Dasein‹ erst in das Gebiet des Mythos ein«[91], sie bedient sich der Differenz von Idealem und Realem, indem sie die sinnlichen Bilder als solche weiß. Die Konsequenz ist die Ausbildung des Selbstbewußtseins, und damit des Bewußtseins, »sich selbst als tätiges Subjekt vom bloßen *Inhalt* des Tuns und von dessen dinglichem *Ertrag* loszulösen«[92]. So ist die Religion diejenige symbolische Form, die den Schritt über den Mythos hinaus ermöglicht, gerade weil sie sich aus ihm heraus entwickelt.[93] Auf der mythisch-religiösen Ebene wird die Fähigkeit zur Differenzierung von Realem und Idealem, und damit die Entwicklung des Gegenstandsbewußtseins, in Wechselwirkung mit den symbolischen Formen Sprache und Kunst gefestigt und ausgebaut. Die Religion kann dabei sogar die Stufe der reinen Bedeutung erreichen, wenn sie zur Gänze auf das Bild verzichtet und eine neue Sinngebung in der Konzentration auf das ethische Bewußtsein vornimmt.[94] Allerdings behaftet Cassirer die Religion mit einer spezifischen Schwierigkeit. Es gelingt ihr nicht, sich vollständig von der Macht des Mythos zu lösen: »Aber es liegt in der Natur des Religiösen begründet, daß dieser Kampf der Motive in ihm selbst nicht zum Abschluß geführt werden kann; denn eben dieser Widerstreit: dieser ständige Versuch, sich

---

[91] PsF II, 286.

[92] PsF II, 253.

[93] Vgl. die Würdigung der Religion als symbolische Form bei *Moxter* (83). *Bongardt* (226) hingegen vertritt die These, daß die Überwindung des Mythos durch die Ethik geschehe. Die Hervorhebung der Religion hält er, in einer kritischen Auseinandersetzung v.a. mit *Stark* (294f), für problematisch, weil auch die übrigen symbolischen Formen Strategien zur Überwindung des Mythos ausgebildet hätten.

[94] Cassirer ordnet diese Phase religionsgeschichtlich dem Monotheismus zu.

vom bloß Bildhaften zu lösen und die ständige Notwendigkeit, zu ihm zurückzukehren, bildet ein Grundmoment des religiösen Prozesses selbst, wie er sich in der Geschichte vollzieht«[95]. Das Grundproblem der Religion liegt für Cassirer darin, daß sie am »Problem der Existenz« hängt, da sie auch auf der höchsten ihr möglichen Stufe der Vergeistigung immer nach der »Wirklichkeit ihrer Gegenstände« fragt.[96]

Blickt man von dieser Dokumentation auf die der Philosophie der symbolischen Formen zugrundeliegende theoretische Konzeption, so erscheint Cassirers Beurteilung der Religion zunächst in einem eigenartigen Licht. Denn die gesamte Philosophie der symbolischen Formen beruht auf der Einsicht der wechselseitigen Konstitution von Realem und Idealem, Gegenstand und Erkenntnis, Sache und Bild. Gerade weil das Bewußtsein nicht von einer vorgegebenen Wirklichkeit ausgehen kann, sondern die Wirklichkeit nur als geprägte Wirklichkeit zugänglich ist, kann das Bewußtsein das Problem der Existenz in dieser Hinsicht nicht überwinden. In der Durchführung der Philosophie der symbolischen Formen folgt Cassirer dieser Einsicht auch methodisch, indem er die Gesetzlichkeiten der symbolischen Formen im Ausgang von dem Material der historisch und phänomenologisch arbeitenden Disziplinen im Sinne einer Phänomenologie entwickelt. Nur, und dieser Einwand muß *mit* Cassirer sofort geäußert werden, liegt die Schwierigkeit auf einer anderen Ebene. Das Festhalten an der Kategorie des Seins wird auf der theoretischen Ebene dann zum Problem, wenn es nicht *als* Kategorie verstanden wird. Nicht der Ausgang von der Erfahrung ist zu kritisieren, sondern die fehlende Distanz zu ihr. Es geht um den Grad der Bewußtwerdung der eigenen geistigen Tätigkeit, nicht um eine idealistische Konstruktion der Welt.[97]

Auf der Ebene der wissenschaftlichen Erkenntnis wird dies insofern verwirklicht, als auch sie nicht eine ideelle Welt im luftleeren Raum entwirft, sondern sich mit derselben Widerständigkeit der Wirklichkeit auseinandersetzt wie das mythische Bewußtsein.[98] Nur die Art und Weise der Formung ist eine andere, da sie sich auf der Stufe der reinen Bedeutung be-

---

[95] WWS, 189.

[96] PsF II, 311. *Moxter* weist sehr treffend darauf hin, daß die Religion gerade keine »Entmythologisierung« (114) sei, sondern das religiöse Bewußtsein ein »vollzugsbestimmtes Differenzbewußtsein« und nicht ein »Bewußtsein der ontischen Differenz von Diesseits und Jenseits« (114). Eine Pointe von Cassirers Verständnis der Religion als symbolischer Form liege genau darin, »sie als Vollzug des Menschen zu betrachten« (86).

[97] So auch *Bongardt* (76, Anm. 70).

[98] Mythos und Wissenschaft dürfen gerade nicht, wie *Stark* schreibt, als »Fiktionen angesehen« (683) werden.

wegt, die von der Differenz von Bild und Sache bestimmt ist: Das Bild
wird (ausschließlich) als Bild gewußt. In diesem Sinne steht die theoretische Erkenntnis über der Religion, da ihr der höchste Schritt der Objektivierung gelingt. Und dennoch ist die Sphäre der reinen Bedeutung ein
für Störungen anfälliges Terrain. Denn wenn das Bild als Bild gewußt, die
Differenz von Zeichen und Bezeichnetem gezogen wird, droht die Bewegung der wechselseitigen Bezogenheit, die auch zwischen zwei Differenten, wenn sie als Differente gewußt werden, gegeben sein kann, der
selbstgenügsamen Ruhe eines absoluten Geistes zu unterliegen. Gerade
dann, wenn, wie Cassirer sagt, das Pendel weiter ausschlägt und die Intensität der Spannungen zunimmt, fällt die Flucht in den Begriff leichter als
das Aushalten der Gegensätze. Ermöglicht wird diese Konsequenz durch
Cassirers Postulat der endgültigen Trennung von Mythos und Wissenschaft. Indem das Bewußtsein die Ebene der reinen Bedeutung einnimmt,
hat es die Verbindung mit dem mythischen Denken hinter sich gelassen.
Diese These ist für die immanente Theoriekonzeption Cassirers aus zwei
Gründen schwierig: Einmal deshalb, weil er auch dem wissenschaftlichen
Denken mythische Reste in der Behandlung der Grundrelationen zuschreibt. Zum anderen, weil der Mythos die einzige symbolische Form
ist, die durch die Wissenschaft der Negation anheimfällt. Für alle anderen
symbolischen Formen gilt, daß sie zwar überwunden werden, ihr eigen-
ständiges Recht aber behalten. Den Hintergrund für dieses Dilemma bildet wohl einmal mehr Cassirers begriffliche Unschärfe. Er läßt sich unter
Umständen auch so interpretieren, daß nicht die symbolische Form ›Mythos‹ wegfallen soll, sondern die gleichlautende mythische Stufe der Typik.[99] Denn die symbolischen Formen selber treten immer parallel auf,
auch wenn sie der internen Entwicklung per Mutation unterliegen. Eine
aus dem Geflecht der symbolischen Formen herausgelöste Form wäre nur
ein leeres Konstrukt, weshalb Cassirer immer auf die Übergänge und An-
schlußstellen zu den anderen Formen verweist.

Aber auch mit dieser Interpretation wird das Problem nicht gelöst.
Denn durch die Trennung vom mythischen Denken hat sich die Wissenschaft zu weit von der Unmittelbarkeit entfernt als daß sie sie noch verstehen, geschweige denn wertschätzen könnte. Sie bewegt sich auf der Ebene der Abstraktion, die damit verarmt und wirklichkeitsfern ist. Und wie
sich in »Der Mythus des Staates« zeigt, wird auch sie gleichsam extern von
der mythisch geprägten Existenz eingeholt. Cassirer hat diese Gefahr gesehen und benannt: Auf der Stufe der reinen Bedeutung und absoluten

---

[99] Dieselbe Unschärfe gilt auch für den Symbolbegriff als »das« Symbol und als dritte
Stufe der Typik. Eine genaue Begriffsdifferenzierung findet sich u.a. bei *Bongardt* (82).

Differenz entfernt sich der Mensch von seiner spezifisch menschlichen Bestimmung, denn der dynamische Prozeß des Lebens erstarrt, kommt zum Stillstand. Und selbst in der positivsten Wendung dieses Sachverhalts verschwindet das Problem nicht. Denn sogar die Lyrik, die auf dieser höchsten Ebene den Zusammenhang mit dem Mythos aufrecht erhält, ist als eine »Welt des Scheines und des Spiels«[100] eine Sphäre, in der der Mythos »alle Wirklichkeit und Wirksamkeit von sich geworfen«[101] hat, was aber nur für dasjenige Bewußtsein gilt, das sich auf der Stufe der Lyrik befindet. Aufgrund ihrer Distanz zum Mythos haben Philosophie und Wissenschaft letztlich nur eine Möglichkeit: Sie müssen die »Quelle zu verstopfen suchen, aus der der Mythos sich ständig nährt, indem sie der Ausdruckswahrnehmung jegliches Eigenrecht bestreiten. Die Wissenschaft baut eine Welt auf, in der zunächst an die Stelle der Ausdrucksqualitäten, der ›Charaktere‹ des Vertrauten oder Furchtbaren, des Freundlichen oder Schrecklichen, die reinen *Sinnesqualitäten* der Farbe, des Tones usf. getreten sind. Und auch diese letzteren müssen immer weiter reduziert werden. Sie sind nur ›sekundäre‹ Eigenschaften, denen die primären, die rein-quantitativen Bestimmungen zugrunde liegen. Diese letzteren bilden all das, was für die Erkenntnis als objektive Wirklichkeit zurückbleibt.«[102] Eine symbolische Form, die den genannten Problemen nicht unterliegt, muß sich daher zwischen einer (primitiv-) realistischen und einer idealistischen Deutung der Wirklichkeit bewegen. Sie darf weder der Indifferenz von Realem und Idealem in der bloßen Unmittelbarkeit einer scheinbar für sich existierenden Wirklichkeit noch der absoluten Differenz von Realem und Idealem in einer abstrakten Geistigkeit anheim fallen. Vielmehr muß sie sowohl einen Zugang zur mythischen Indifferenz als auch die Möglichkeit der Differenz der reinen Bedeutung auf der Ebene der Dialektik beider Relate vereinen. In diesem Sinne läßt sich mit Cassirer daran festhalten, daß das Absolute »immer nur das vollständige, das durchgeführte und systematisch überschaute Relative«[103] ist. Das gilt sogar für die von ihm so heftig kritisierte Metaphysik, die immer auf die Erfahrung bezogen bleibt, auch wenn sie schließlich den Fehler begeht, ein Moment der Erfahrung absolut zu setzen. Die immerwährende Aufgabe besteht demnach in der Bewegung von Analyse und Synthese, Trennung und Wiedervereinigung – der eigentlichen Funktion des Symbolischen. Es kann also nicht darum gehen, ein Element im Sinne einer festen Größe zu finden, das alle anderen symbolischen Formen und Funktionen in

---

[100] WWS, 157.
[101] Ebd.
[102] LKW, 40f.
[103] ECN 1, SB, 265.

sich beschließt und damit überragt, sondern darum, eine Vollzugsform zu finden, in der die Spannung so gehalten werden, daß kein Moment hypostasiert werden kann. In den späten Studien »Zur Logik der Kulturwissenschaften« betont Cassirer diese Aufgabe für Kunst und Religion im Zusammenhang mit deren beider Schwierigkeit, die Fülle des Inneren adäquat in ein Äußeres zu verwandeln: »Es ist das Schicksal, und es ist in gewissem Sinn die immanente Tragik jeder geistigen Form, daß sie diese innere Spannung nicht zu überwinden vermag. Mit der Auflösung der Spannung wäre auch das Leben des Geistigen erloschen; denn dieses besteht eben darin, das Geeinte zu trennen, um dafür um so sicherer das Getrennte vereinigen zu können.«[104]

Die Philosophie der symbolischen Formen selber ist eine Art der Verwirklichung dieser Spannung, die Religion als symbolische Form eine andere.[105] Cassirer hat ihr diese Fähigkeit zugeschrieben, obwohl er ein Religionsverständnis vertritt, das in hohem Maße defizitär ist.[106] Denn wenn er davon spricht, daß das Religion und Mythos verbindende Ele-

---

[104] LKW, 55.

[105] *Moxter* (115f) schreibt der Religion, allerdings bezüglich ihres Verhältnisses zur Kunst, einen ähnlich hohen Stellenwert zu. Er findet »eine zweite Lesart, nach der die Religion auf eigene Weise ein Problem verarbeitet, das nur ihr angehört und das in der ästhetischen Sphäre gerade nur ›beschwichtigt‹ wird. Die ästhetische Form ist nach dieser Lesart eher Stillstellung als Lösung des Konflikts ...« (115). Der von Moxter gleich mitgelieferte Einwand, Cassirer unterscheide das mythisch-religiöse Bewußtsein noch vom religionsphilosophischen Bewußtsein (116) trifft zu, unterliegt m. E. aber gerade der Kritik an Cassirer. *Stark* hebt die Bedeutung der Religion besonders hervor, indem er für den Fall der Überwindung der Religion erst recht die Rückkehr des Mythos ermöglicht sieht, weil mit dem Aufgeben des Bezugs »einer Kultur auf ein (...) transzendentes Absolutes« (116) die »Verabsolutierung immanenter und kontingenter Gegebenheiten« (ebd.) erleichtert werde. Zwar kann man m. E. der Religion eine entscheidende Funktion hinsichtlich des Umgangs mit dem Mythos zugestehen, aber die Begründung dafür darf nicht in dem ihr zugeschriebenen Festhalten an einem, gar ontologisch gedachten, transzendenten Absoluten bestehen, sondern allenfalls in ihrer dialektischen Struktur. Vorbereitet wird diese Interpretation Cassirers durch Starks Kritik an der PsF, in der Cassirer zwar »die objektive Struktur des Geistig-Subjektiven, nicht aber die objektive Struktur des Vorgeistig-Außersubjektiven« (129) untersuche, was letztlich dazu führe, daß er »eine vom Geist unabhängige Wirklichkeit« (130), die Kant noch als ›Ding an sich‹ vertreten habe, nur noch als »Trugbild des Denkens« (ebd.) verstehen könne. Womit Stark eine Interpretation vertritt, der Cassirer gerade entgegen wirken wollte.

[106] Besonders *Vogl* weist auf Cassirers unzureichendes, da historisch enggeführtes Religionsverständnis hin (158, 173-177). Ich halte die Kritik für berechtigt, meine aber damit nicht den entscheidenden Punkt getroffen zu sehen, da sich eine Engführung über Cassirer hinaus leicht erweitern läßt. Schwieriger finde ich die Lösung des strukturellen Problems, wie ich es oben angedeutet habe.

[107] PsF II, 95.

ment ein »eigentümlicher Zug zur ›Transzendenz‹«[107] ist, unterstellt er dabei ein ontologisches Transzendentes. Diese Vorstellung verfällt aber auch innerhalb des religiösen Diskurses der Kritik. Ein reflektiertes religiöses Selbstverständnis vertritt eher jene Position, die von Cassirer unter der philosophischen Kategorie, die vor allem von der Religionsphilosophie seit dem 18. Jahrhundert ausgearbeitet wurde, eingeordnet wird: »Die religionsphilosophische Ansicht denkt die Einheit zwischen Gott und Mensch nicht sowohl als substantielle, als vielmehr als echte *synthetische* Einheit: als Einheit des Verschiedenen. Für sie bleibt daher die Sonderung ein notwendiges Moment, eine Bedingung für den Vollzug der Einheit selbst.«[108] Cassirer untermalt dies ausgerechnet mit Schleiermacher, für den gilt: »Hier stehen wir am Gegenpol jener ursprünglichen Auffassung, nach der das Symbolische ein objektiv-Reales, ein unmittelbar-Gottgewirktes, ein Mysterium bedeutete. Denn die religiöse Bedeutsamkeit eines Geschehens hängt jetzt nicht mehr von seinem Inhalt, sondern rein von seiner Form ab: nicht was es ist und woher es unmittelbar stammt, sondern der geistige Aspekt, unter den es tritt, die ›Beziehung‹ auf das Universum, die es im religiösen Gefühl und im religiösen Gedanken erhält, gibt ihm seinen Charakter als Symbol.«[109]

Die Philosophie der symbolischen Formen hat ihren Anteil am Aufbau der Kulturwissenschaft tatsächlich erfüllt. Im Zuge einer Form-Analyse hat sie Status und Funktion der symbolischen Formen beleuchtet und ihr verbindendes Prinzip, das Symbolisieren, benannt. Durch ihre Einbindung in den großen Komplex der Kulturwissenschaft ist sie letztlich selbst eine Kulturtheorie. Ihr Verfahren aber bleibt das einer Phänomenologie der Erkenntnis, sowohl hinsichtlich ihrer Methode als auch hinsichtlich ihres Ergebnisses: Die Einsicht in die Bedingungen der Möglichkeiten der geistigen Gestaltung der Welt. In diesem Sinn ist Cassirers Philosophie der symbolischen Formen eine Erkenntnistheorie *als* Kulturtheorie.[110] Zugleich hat er die Voraussetzungen gelegt für den dritten Schritt einer Kulturwissenschaft, die Akt-Analyse, die nach dem spezifischen Charakter des Symbolbewußtseins selber fragt — eine Frage, die sich gerade angesichts der von Cassirer geschilderten prekären Situation in »Der Mythus des Staates« notwendig stellt. Es ist Cassirer zwar gelungen, die einzelnen symbolischen Formen in ihren charakteristischen Zügen herauszuarbeiten und auf der formalen Ebene ihre verbindende Funktion zu benennen.

---

[108] PsF II, 300.

[109] PsF II, 310.

[110] Auch *Bongardt* nennt die Objektivierungsproblematik als Hauptziel Cassirers und betont die durchgängige transzendentalphilosophische Argumentation (124ff).

Aber die intendierte Systematik des Geistes ist nicht stringent durchgeführt, was nicht zuletzt an der defizitären Bestimmung von Bewußtsein,
Geist und Subjekt liegt, um nur einzelne Beispiele zu nennen.[111] Darüber
hinaus fehlt[112] die Reflexion des Verhältnisses von Einzelbewußtsein und
System der symbolischen Formen, da sich das symbolisierende Bewußtsein zwar einerseits selber in allen symbolischen Formen bewegt, andererseits diese ihm als erst zu bewältigendes Anderes entgegentreten. Eine
mögliche Lösung dieses Problems bietet der Ansatz Schleiermachers, da er
die geforderte Analyse des Symbolbewußtseins explizit zum Thema gemacht hat, und dieses zugleich in das komplexe Gefüge der kulturellen
Dimension eingestellt hat.[113] Die Konzentration auf das religiöse Bewußtsein darf nicht zu einer Hypostasierung der Religion als symbolischer Su-
perform führen. Vielmehr hat sie zu zeigen, ob die Religion nicht diejenige symbolische Form ist, die in der Dialektik von Analyse und Synthese
sich als dasjenige Element im System der symbolischen Formen erweist,
das die Dynamik des Lebens aufrecht erhält.

---

[111] Vgl. dazu die erhellenden Passagen bei *Bongardt* (140ff, 152).

[112] *Bongardt* mahnt zu Recht, daß Cassirer die Einheit der symbolischen Formen nicht in
die Subjektivität verlege (186f), eröffnet aber zugleich eine Perspektive für die Behandlung
des Subjektivitätsproblems (188).

[113] Diese These bedarf der genauen Prüfung, denn es ist der Einwand *Moxters* ernst zu
nehmen, daß der Bezug auf Schleiermacher problematisch ist (128); gerade Moxters Hinweis auf den Vollzugscharakter der Religion jedoch läßt mir dieses Vorhaben sinnvoll erscheinen.

Jürgen Hädrich

Religionstheorie und Religionskritik in der Kulturphilosophie Ernst Cassirers

Eine Religionsphilosophie hat Cassirer, anders als andere Neukantianer[1], nicht geschrieben. Doch finden sich in seiner »Philosophie der symbolischen Formen« einige religionstheoretische Aspekte, die zunächst nur als Nebenprodukte seiner Theorie des Mythos erscheinen. Diese möchte ich im folgenden in den Blick nehmen, weil sich an ihnen zweierlei ablesen läßt: Zum einen, daß bei Cassirer eine Würdigung der Religion innerhalb der Kultur und eine subtile Differenzierung zwischen Mythos und Religion erfolgt, obwohl die Religion stets etwas im Schatten des Mythos zu stehen scheint. Denn als Erzeugnis des Geistes eignet ihr eine Eigenständigkeit, die sie mit anderen symbolischen Formen teilt, und eine Zuständigkeit, die ihre Unersetzbarkeit und prinzipielle Unablösbarkeit durch andere symbolische Formen herausstreicht. Zum anderen läßt sich ablesen, daß Cassirers Religionstheorie eine implizite Kritik der Religion enthält, die ihrerseits zwei Aspekte umfaßt: eine radikale Kritik des Dogmatismus und Offenbarungspositivismus, insofern sie Religion als eine Hervorbringung des Geistes betrachtet, die den Bereich des Gefühls bedient; außerdem eine fundamentale Infragestellung der Unerschütterbar-

---

[1] Vgl. *H.-L. Ollig*, Das Problem der Religion und die Philosophie des Neukantianismus, in: *E. W. Orth/H. Holzhey* (Hg.), Neukantianismus. Perspektiven und Probleme, Würzburg 1994, 113-135. So sehr Cassirer mit seiner Kulturphilosophie nicht mit dem Neukantianismus zu identifizieren ist, so wenig wird man seine Fundierung im neukantianischen Umfeld gänzlich abstreiten können. Sichtbar wird sie in der nie aufgegebenen Ausrichtung an Kant, in der Suche nach der Einheit in der Vielheit, die sich als das Charakteristikum des Neukantianismus ausmachen läßt (vgl. *E. W. Orth*, Die Einheit des Neukantianismus, in: *Ders./H. Holzhey*, Neukantianismus. Perspektiven und Probleme, Würzburg 1994, 13-30), sowie vor allem in der Erhebung der »Erkenntnistheorie zum Leitfaden einer geschichtstheoretischen Reflexion« (*H. Blumenberg*, Wirklichkeiten, in denen wir leben, Stuttgart 1981, 164).

keit der Religion, die eng an die Frage geknüpft ist, in welchem Verhältnis die einzelnen symbolischen Formen zueinander stehen. Diese Frage,
die ins Innerste der Kulturtheorie Cassirers führt, macht zugleich deren
Problematik deutlich. Sie findet ihren Ausdruck in dem Dilemma, daß
eine Gleich*zeitigkeit* und Gleich*gültigkeit* der symbolischen Formen ange-
nommen werden muß, und daß dennoch nicht vermieden werden kann,
einen Fortgang der Kultur und damit einen Verlust der Plausibilität derjenigen symbolischen Formen einzugestehen, die im Prozeß der Objektivierung des Geistes nicht ein so hohes Abstraktions- und Differenzie-
rungsniveau wie andere erreicht haben. Auf die Religion gewendet bedeutet das, daß sie in dem ständigen Abgrenzungskampf, den sie mit den
anderen symbolischen Formen führen muß, zu erliegen droht, und in
dem Prozeß der Abstraktionszunahme, der die Kulturentwicklung kennzeichnet, einen Raum einnimmt, der hinter dem der Wissenschaft zu-
rücksteht. Daß einerseits der Religion ein Zuständigkeitsbereich zukommt, der von der Wissenschaft nicht übernommen werden kann, andererseits jedoch ein Rückgang hinter das von der Wissenschaft Erreichte
nicht mehr möglich ist, macht deutlich, daß es eine gewisse *Tragik in der
Kultur* gibt. Diese wird potenziert durch die Rolle der Philosophie. Die
Philosophie ist nach Cassirer, ohne selbst symbolische Form zu sein, in
theoretischer Hinsicht die Instanz der Bewußtwerdung der zunehmenden
Abstraktion in der Geschichte und weist eine Rückkehr ins »Paradies der
Unmittelbarkeit« (PsF III, 48) als unmöglich aus. In praktischer Hinsicht
greift sie in den Zuständigkeitsbereich der Religion aus und versteht es,
auf dem der Religion ureigensten Gebiet, d.h. bei der Frage nach Sterben
und Tod, das zu leisten, was die Religion – ebenso wie der Mythos –
nicht zu leisten in der Lage ist, nämlich den Menschen das *Sterben* zu lehren.

Beide benannten Tendenzen der Religionskritik, denen jede Agressivi-
tät und Abrechnungsmentalität, wie sie noch bei Nietzsche zu finden
sind, fehlt, sind von Cassirer weder explizit formuliert noch in ihren Konsequenzen reflektiert worden. Sie ergeben sich vielmehr – vermutlich
völlig unbeabsichtigt – aus der inneren Problematik seiner Kulturtheorie
und müssen im Zusammenhang mit ihr gesehen werden.

I. Religionstheorie als Teil der Kulturtheorie

In seiner Kulturtheorie, deren Grundlegung in den »Prolegomena zu einer künftigen Kulturphilosophie« (WWS, 229), also in der »Philosophie
der symbolischen Formen« erfolgt ist, versucht Cassirer die Vermittlung
zweier ungleicher Positionen wie der Kants und der Hegels und nimmt

vor allem eine Abgrenzung zur positivistischen Lehre Comtes vor. Das positivistische Dreiphasengesetz geht von einer unumkehrbaren Entwicklung aus vom Mythisch-Religiösen, bzw. vom Theologischen, in dem subjektive Wünsche und Vorstellungen des Menschen zu Dämonen oder Götterwesen gemacht werden, zum Metaphysischen, in dem diese Wesen zu abstrakten Begriffen umgeformt werden, bis hin zur Wissenschaft, in der es zu einer klaren Trennung von »innen« und »außen« und implizit auch zu einer Bescheidung mit den Tatsachen der inneren und äußeren Erfahrung gekommen ist. Doch überführt sich die positivistische Position in den Augen Cassirers nicht nur durch die methodische Inkonsequenz, sich durch einen mythisch-religiösen Oberbau abzuschließen, sondern sie vermag mit ihrer Theorie der Einschnitte, nach der Überhänge nicht mehr möglich sind, nicht zu erklären, wie sich mythische Reminiszenzen nicht nur in alltäglichen Vorstellungen konservieren konnten, sondern auch in der Wissenschaft bewahrt wurden.

Statt dieser Sichtweise soll, zunächst an Kants »Kritik der Vernunft« anknüpfend, d.h. in der Übernahme der transzendentalen Methode, als deren Erweiterung und Überbietung eine »Kritik der Kultur« (PsF I, 11) entstehen, die, indem sie nach der *Bedingung der Möglichkeit der Zugangsweise zur Welt* (›Weltverstehen‹) fragt, die »eigentliche und vollständige Bewährung« der »Grundthese des Idealismus« (ebd.) darstellt. Diese »vollständige Bewährung« kann nach Cassirers Auffassung nur gelingen, wenn Kants transzendentale Methode nicht nur auf den engen Bereich der Erkenntnis beschränkt bleibt, sondern auf alle Hervorbringungen des Geistes ausgeweitet wird. Dabei müßten nicht nur die Vielgestaltigkeit der Spontaneität des Geistes und ihre Ausdrucksformen in den Blick genommen, sondern es müsse auch eine »allgemeine Charakteristik« erstellt, »eine Grammatik der symbolischen Funktion als solcher« (PsF I, 19) geschrieben werden, die sowohl die Besonderheiten der einzelnen Geistobjektivationen würdige als auch ihren »gemeinsamen ideellen Gehalt« (PsF I, 16) zur Erfahrung zu bringen versuche. Diese ›allgemeine Charakteristik‹ könne nur aufgestellt werden, wenn die Entwicklung bzw. der »Fortgang« des Geistes »abgeschritten wird«. Denn nur so sei es möglich, die konkrete Totalität des Geistes zu erfassen. Andererseits könne sich dieses »Ausmessen« nicht damit begnügen, die verschiedenen Gestaltungsweisen des Geistes einfach aufzuzählen. Denn eine solche Aufzählung würde in die Geschichte der symbolischen Formen münden, die in Entsprechung zu ihrem jeweiligen Gegenstand Sprach-, Mythen-, Religions-, Kunst- oder Wissenschaftsgeschichte wäre. Statt dessen sollten einerseits die Strukturgesetzmäßigkeiten, die allen symbolischen Formen gemeinsam sind, herausgearbeitet, und andererseits die *ideelle Dynamik* beschrieben

werden, in der sich die einzelnen Formen nicht in ruhigem Nebeneinander, sondern in ständiger Überwiegungstendenz befinden. Auf diese Weise »erstünde eine philosophische Systematik des Geistes, in der jede besondere Form ihren Sinn rein durch die *Stelle*, an der sie steht, erhalten
würde, in der ihr Gehalt und ihre Bedeutung durch den Reichtum und
die Eigenart der Beziehungen und Verflechtungen bezeichnet würde, in
welchen sie mit anderen geistigen Energien und schließlich mit deren
Allheit steht.« (PsF I, 14)

Trotz der starken Anleihen bei Hegel, die hier unverkennbar sind, verfällt Cassirer meines Erachtens nicht in einen Hegelianismus, der eine
Entwicklung von symbolischen Formen annimmt, die in ihrem Streben
zum Allgemeinen einen Abbau von Unterschieden bedeutet. Denn ›gab‹
es bei Kant noch keine Geschichte, und ›fand‹ sich diese reichlich bei Hegel, allerdings als erstarrende Geschichte, kennt Cassirer keinen teleologischen Zwang – wohl aber eine intentionale Notwendigkeit. Aus diesem
Grund würde ich Cassirer stärker in der Nähe Husserls als in der Hegels
sehen.[2] Denn eine normative Teleologie liegt ihm völlig fern. Gleichzeitig
jedoch scheint bei ihm die kulturelle Entwicklung nicht ein Zufallspro-
dukt, sondern in der Urdynamik des Mythos und damit letztlich im Geist
selbst grundgelegt zu sein. Mit Rückgriff auf Husserls Intentionalitätsleh-
re, die Cassirer bereitwillig aufgenommen hatte (vgl. PsF II, 16), erfolgte
die Hervorhebung der »inneren Dynamik«, die sich als Motor nicht nur
der einzelnen symbolischen Formen erwies, sondern als Charakteristikum
des Geistes überhaupt auch den Anstoß für den Fortgang des Kulturprozesses gab. Eben dieser Vermittlungsversuch zwischen dem Apriorismus
Kants und Hegels Lehre von der Geschichtlichkeit des Geistes über den
Weg des Intentionalitätsgedankens ist es, dem sich Cassirers Kulturtheorie
verdankt, durch den sie aber auch gleichzeitig gesprengt zu werden droht.
Denn anders als Hegel, der die einzelnen Erscheinungsweisen des Geistes
als Ermöglichungshilfen für die Rückkehr zu sich selbst betrachtet, hebt
Cassirer gerade die absolute Eigenständigkeit und den nicht funktionali-
sierbaren Eigenwert der einzelnen symbolischen Formen hervor. Doch
gerade der Eigenwert und die Idee seiner fortwährenden Gültigkeit sind
es, die durch den Gedanken des Stufengangs, den Cassirer nicht aus seiner
Theorie eliminieren kann, existentiell gefährdet sind. Insofern Cassirers
Philosophie der symbolischen Formen die Dynamik des Geistes, die zu
einer Dialektik tendiert, verfolgt, und weil sie die Besonderheiten der

---

[2] Damit soll allerdings nicht gesagt sein, daß Cassirer sich vornehmlich an Husserl orientierte. Es ist für die Philosophie Cassirers bezeichnend, daß in ihr eine Vielzahl von Positionen Aufnahme gefunden haben, jedoch stets in einer zum Teil nicht unerheblichen Verschiebung.

Geisterzeugnisse herauszustellen versucht, läßt sie sich als betrachtendes Verstehen einer mehrdimensionalen Konfigurationsdynamik von Weltzuwendungen des Geistes bezeichnen. Die Zusammenführung beider Aspekte jedoch vermochte sie nicht zu leisten.[3]

Den Kern der Philosophie Cassirers bildet seine Symboltheorie, die »Wahrnehmung«[4] nicht lediglich als ein Erleiden bzw. ein Ergriffenwerden zu verstehen gibt, sondern als einen Akt der Spontaneität des Geistes (vgl. PsF III, 88), bei dem äußere »Eindrücke« zu einem Ausdruck von Innerem umgebildet werden, mit dem Fremdes und Bedrohliches in Vertrautes verwandelt wird. Symbolisierungsfähigkeit ist der »Wahrnehmung« demnach insofern zu bescheinigen, als sich ein Ausdrucksphänomen nicht aus etwas ihm Transzendenten ableiten läßt, »da es doch vielmehr ein Vehikel ist, das uns zu jeglicher Art von ›Transzendenz‹ erst *hinleitet*« (PsF III, 108). Mit dieser Vorstellung von der Symbolisierungsleistung des Menschen versucht Cassirer, »das Ganze der Phänomene zu umfassen, in denen überhaupt eine wie immer geartete ›Sinnerfüllung‹, in der Art seines Daseins und So-Seins, sich zugleich als Besonderung und Verkörperung, als Manifestation und Inkarnation eines Sinnes darstellt« (PsF III, 109). Diese Erfüllung des Sinnlichen (das Sicht-, Hör-, Tastbare, vgl. PsF I, 42) mit Sinn vollzieht sich im Ausdruck, in dem das Sinnliche mit einer Bedeutung, mit einem Geistgehalt versehen wird. Und diese Aktivität des Bewußtseins nennt Cassirer »symbolische Prägnanz«. »Unter ›symbolischer Prägnanz‹ soll also die Art verstanden werden, in der ein Wahrnehmungserlebnis, als ›sinnliches‹ Erlebnis, zugleich einen bestimmten nichtanschaulichen ›Sinn‹ in sich faßt und ihn zur unmittelbaren konkreten Darstellung bringt«. (PsF III, 235) In dieser Aktivität des Bewußtseins, in der Symbolisierung, werden die Kategorien des Raumes und der Zeit,

---

[3] Der sich in diesem Zusammenhang aufdrängende und äußerst reizvolle Blick auf die Weiterführung und Erweiterung des Cassirerschen Ansatzes bei Blumenberg und die eventuelle Lösung seiner Probleme durch die systematische Einziehung der Lebenswelt muß hier ausbleiben. Es sei jedoch auf den äußerst klärenden und klaren Aufsatz von *Ph. Stoellger*, Von Cassirer zu Blumenberg. Zur Fortschreibung der Philosophie symbolischer Formen als Kulturphänomenologie geschichtlicher Lebenswelten, in: Loccumer Protokolle 39/98, 108-149, verwiesen.

[4] Die Verwendung von Anführungszeichen erfolgt bei Cassirer mit solcher Häufigkeit, daß man sie in der Methode begründet sehen muß. Zwar mag eine böswillige Lesart darin die Unfähigkeit der Loslösung von der Sprache der Metaphysik und damit von der Metaphysik selbst erkennen und eine eher pragmatische die Schwierigkeit der Erfindung unbelasteter Begriffe beklagen; eine wohlwollende Leseweise wird darin jedoch eine gewisse methodische Strenge erkennen: Es werden verschiedene Termini aus unterschiedlichen Bereichen gebraucht, allerdings stets mit einer Bedeutungsverschiebung, die äußerst klein sein kann – eben eine Markierung.

der Substantialität und der Kausalität (»natürliche Symbolik«) mit Vorstellungen und Bedeutungen verknüpft. Auf dieser natürlichen Symbolik erst kann die »künstliche« aufruhen, wie sie in den »symbolischen Formen« angewendet wird. Diese lassen sich demnach als Rahmen des Verstehens und (damit) der Sinngebung ausmachen, innerhalb derer im Modus des Zugangs Zeichen zu Symbolen werden, d.h. Bedeutung erfahren.[5] Und diese Bedeutung des Zeichens hängt von der Art des Zugangs (mythisch, religiös, wissenschaftlich, künstlerisch) ab. Das bedeutet jedoch auch, daß es »nackte« Zeichen nicht gibt, sondern nur immer schon zu Symbolen umgewandelte Zeichen.[6]

Indem in Cassirers Theorie die symbolischen Formen als Manifestationen, als »Selbstoffenbarungen« des Geistes angesehen werden, mittels derer Sinnstiftungen erfolgen, kann seines Erachtens eine Schwierigkeit der dogmatischen Metaphysik, die Kluft zwischen Intelligiblem und Sinnlichem, überwunden werden. Denn das Symbolische gehört nach Cassirers Theorie »niemals dem ›Diesseits‹ oder ›Jenseits‹, dem Gebiet der ›Immanenz‹ oder der ›Transzendenz‹ an: sondern sein Wert besteht eben darin, daß es diese Gegensätze, die einer metaphysischen Zweiweltentheorie entstammen, überwindet. Es ist nicht das Eine oder das Andere, sondern es stellt das ›Eine im Anderen‹ und das ›Andere im Einen‹ dar« (PsF III, 447). »Das Symbolische ist […] Immanenz und Transzendenz in Einem: sofern in ihm ein prinzipiell überanschaulicher Gehalt in anschaulicher Form sich äußert.« (PsF III, 450) Eine strikte Trennung zwischen der Passivität des Sinnlich-Rezeptiven und der Aktivität des Geistig-Expressiven kann es nach Cassirer nicht geben, denn die Funktion(-sweise) des Geistes läßt sich nur im Sinnlichen ablesen.

Mythos, Sprache, Religion, Kunst und Wissenschaft sind somit Funktionen, durch die sich eine Gestaltung des Seins vollzieht, und befinden

---

[5] Dem Symbol eignet nach Cassirer gleichzeitig etwas Universales und Einzelnes, denn es spielt die Rolle eines Ordnungsprinzips von Zeichen, die losgelöst von der Funktion, die sie innerhalb einer Serie einnehmen, keine Bedeutung haben (vgl. PsF I, 46). Damit ist der Begriff des Symbols als Weiterentwicklung des Funktionsbegriffs zu sehen.

[6] Diese Zusammenhänge versucht Cassirer mit dem Linienzugbeispiel zu verdeutlichen (vgl. PsF III, 233f). Ein Linienzug kann entweder als »graphische Darstellung einer trigonometrischen Funktion« oder als »mythisches Wahrzeichen« oder als »ästhetisches Ornament« betrachet werden. Daran läßt sich nach Cassirer eine Unterscheidung festmachen, die das Verhältnis von natürlicher und künstlicher Symbolik aufnimmt: die von »Qualität« und »Modalität«. »Qualität« bezeichnet demnach die Beziehungsform, in der ein Komplex von Eindrücken steht (das Nebeneinander des Raumes und das Nacheinander der Zeit) und »Modalität« die Art der Anschauung, das Ordnungsmuster, dem die Eindrücke unterzogen werden; also auch ein Nebeneinander, jedoch im Sinne der ästhetischen, mathematischen oder mythischen Zugangsweise (vgl. PsF I, 30).

sich in ständiger Beziehung zueinander, in einem Verweisungszusammenhang, ohne jedoch ineinander aufzugehen. Denn sie bilden je eigene Ordnungsgefüge, denen die Tendenz, »Wirklichkeit« zu strukturieren, gemeinsam ist, und die sich im Prozeß der Objektivierung des Geistes voneinander abgrenzen. Sie sind gewissermaßen autonom (ohne dabei offene Ränder zu entbehren), befinden sich aber in einer Dynamik, in der Umstrukturierungen vorgenommen werden, d.h. Zeichen eine andere Bedeutung erfahren.

Um nun angeben zu können, in welcher Weise die Religion mit den anderen symbolischen Formen in Beziehung steht, muß man zunächst beachten, welche Entwicklungsstadien des Geistes Cassirer ausmacht. Mit starker Ausrichtung an der Sprachtheorie Herders und W. v. Humboldts kann er drei Stufen in der Entwicklung der Sprachformen unterscheiden: eine *mimische* oder onomatopoetische, die dadurch charakterisiert ist, daß zwischen Zeichen und Bezeichnetem noch keine wahrhafte Differenz besteht; eine *analogische*, in der vor allem im Grundphänomen des Sprechens eine Entfernung und wachsende Spannung einsetzt und der Laut keine einzelne Qualität des Gegenstandes mehr in sich festhält; und eine *symbolische*, in der die Funktion der Bedeutung besonders hervortritt. Die Sprache versucht hier nicht mehr, ein unmittelbares oder mittelbares Abbild der Dinge zu bieten, um sich mit ihnen zu identifizieren, sondern indem der Ausdruck von jeder Ähnlichkeit absieht, hat er in dieser Entfernung und Abkehr einen neuen geistigen Gehalt gewonnen und ist zu einem spezifischen Sinn durchgedrungen. Er ist Symbol geworden.[7]

Neben dieser synchronen Entwicklung, die Cassirer bei allen symbolischen Formen diagnostizieren kann, gibt es auch noch eine diachrone, die den Gang der Kulturgeschichte angibt und somit die Abhängigkeitsverhältnisse der symbolischen Formen anzeigt. Sie bewegt sich von der *Ausdrucksfunktion*, in der der Mythos (sowie die Religion und die Kunst) der Welt mit Bildern begegnet, über die *Darstellungsfunktion*, die der Sprache zukommt zu der *Bedeutungsfunktion*, wie sie sich in der symbolischen Zugangsweise der Wissenschaft manifestiert. Beide Entwicklungsarten greifen ineinander und haben ihren Grund in der Urdynamik des Mythos. Der Mythos erscheint als Grundform, aus der alle anderen sich entwickelt haben. Von der Wissenschaft – gewissermaßen dem Endpunkt dieser Entwicklung – mag der Mythos zwar nur als eine »Objektivität niederer Ordnung« angesehen werden, und seine Welt als eine Welt bloßer

---

[7] Das zeigt sich am deutlichsten bei wissenschaftlichen Zeichensystemen. So stellt eine chemische Formel »den besonderen Körper in einen außerordentlich reichen und fein gegliederten Beziehungskomplex ein, von dem die Wahrnehmung als solche überhaupt noch nichts weiß« (PsF I, 45).

Vorstellungen erscheinen. Allerdings wird auch die wissenschaftliche Erkenntnis nicht geringe Schwierigkeiten haben, dies von sich selbst abzu-
weisen. Denn die Begriffe, mit denen sie operiert, »die Begriffe des Raumes und der Zeit, der Masse und der Kraft, des materiellen Punktes und
der Energie, des Atoms oder des Äthers sind freie ›Scheinbilder‹, die die
Erkenntnis entwirft, um die Welt der sinnlichen Erfahrung zu beherr-
schen und als gesetzlich-geordnete Welt zu übersehen, denen aber in den
sinnlichen Daten selbst unmittelbar nichts entspricht« (PsF I, 17).

Auch die Religion hat in Cassirers Theorie ihr Fundament im Mythos.
Ihre Existenz bedeutet allerdings nur eine Ausdifferenzierung innerhalb
der Ausdrucksfunktion, bei der sie in einem Spannungsverhältnis, in einer
Dynamik, zwischen zwei anderen symbolischen Formen erscheint. Unter
dem Aspekt der Strukturgesetzmäßigkeit betrachtet, speist sich die »Identität« der Religion aus der nicht zur Ruhe kommenden Abgrenzung vom
Mythos einerseits und aus der Gefahr, von der Kunst absorbiert zu werden andererseits, so daß sie von höchster Fragilität gekennzeichnet ist.
Diese Fragilität wird noch unterstrichen von einer großen Ähnlichkeit
mit dem Mythos auf der inhaltlichen Ebene: Den Kern beider symbolischer Formen bildet die Ur-Teilung von Heiligem und Profanem.

II. Die Religion zwischen Mythos und Kunst

Die Frage nach dem Specificum der Religion gegenüber dem Mythos
macht zunächst den Blick auf die mythische Art des Verhaltens zur Welt
nötig, das als präreflexives, nicht jedoch als prälogisches, auch eine Entwicklung vom Natur- zum Kulturmythos durchgemacht hat. Ein Vergleich des Mythos mit dem theoretischen Wissen macht deutlich, daß der
Anschauungsform des Mythos jede Unterscheidung zwischen der Welt der
Wahrheit und der des Scheins fehlt. Es gibt nur eine direkte Berührung
mit Raum und Zeit, die den einzelnen in ein Netz von Metaphern verstrickt sein läßt. Die *Denkform* des Mythos kann keine Scheidung von
Grund, Folge und Wertigkeiten vornehmen, so daß der mythische
Mensch nicht einem fertigen Objekt gegenüber steht, sondern potentiell
von jedem Gegenstand ergriffen und überwältigt wird. In der *Lebensform*
des Mythos gelangt die subjektive Wirklichkeit zur Deutlichkeit, d.h. der
Gedanke eines Ich, »das selbst nicht mehr dingartig und durch keine Analogie des Dinglichen bestimmbar ist, sondern *für* welches vielmehr alles
Objektive, als bloße ›Erscheinung‹, vorhanden ist« (PsF II, 207). Im Mythos, der als geistige Form alles andere als eine »gegensatzlose Einheit«
(PsF II, 281) bildet, schließen sich also die einzelnen Stufen seiner Entwicklung nicht einfach aneinander an, sondern treten sich in scharfer Ge-

gensätzlichkeit gegenüber. Und von der Umbildung der Inhalte wird auch die Funktion der mythischen Gehalte ergriffen und umgewandelt. Doch bei aller Wende- und Rückkehrbewegung kann der Mythos stets nur in sich selbst verbleiben, weil sein einziger Äußerungsmodus allein in der Bildwelt besteht, die er nicht verlassen kann. Damit ist der Mythos bestimmt von einer Unruhe, von einer »*inneren* Bewegtheit« (PsF II, 283), die sich in einem ständigen Hinausdrängen über die eigene (Bild-)Welt Ausdruck verschafft. Diese Dynamik, die in gleichem Maße für den Mythos wie auch für die anderen symbolischen Formen konstitutiv ist, erweist sich als selbstzerstörerisch, denn obwohl sie die Selbstbehauptung ausmacht, ist in ihr die Selbstvernichtung schon grundgelegt.

Eben dies ist die Geburtsstunde der Religion, die mit unterschiedlichen Formen die unterschiedlichen Erscheinungsweisen des Mythos zurückdrängt. Sie ist, mag sie sich unter dem Aspekt des Inhalts vom Mythos kaum unterscheiden lassen (vgl. PsF II, 285), in Hinsicht auf die Form mit ihm nicht mehr zu vergleichen. Denn was in der Religion seinen Vollzug findet, ist eine veränderte Stellungnahme zur mythischen Bildwelt. Die Religion hält sich zwar auch im Bereich der Bilder und Zeichen auf, ist aber dadurch ausgezeichnet, daß sie darum *weiß*, daß sie sich der Bilder und Zeichen bedient (vgl. PsF II, 285f). Sie handhabt sie als Ausdrucksmittel, die hinter dem bestimmten Sinn, den sie bezeichnen, stets etwas zurückbleiben und lediglich auf ihn hinweisen, ohne ihn jemals vollständig zu erfassen und auszuschöpfen. Die Urbilder werden zu Abbildern, zu Gleichnissen für etwas Ideelles.

Diese Loslösung vom Bilddenken des Mythos hin zum Sinndenken, das gleichwohl mit dem Abstraktionsniveau der theoretischen Erkenntnis nicht gleichzusetzen ist, weil auch bei der Religion »die Anschauung der Wirklichkeit in die mythische Vorstellungs-, Gefühls- und Glaubenswelt noch wie eingeschmolzen ist« (PsF II, 286), läßt sich als das Konstitutivum von Religion als eigenständiger Zugangsweise zur Welt überhaupt ausmachen. Bei dieser neuen Stellung, die das Bewußtsein in bezug auf die mythische Sichtweise gewinnt, kann ein Rückwirken auf die Gesamtansicht des Daseins nicht ausbleiben: »Die Idealität des Religiösen setzt […] nicht nur das Ganze der mythischen Gestaltungen und Kräfte zu einem Sein niederer Ordnung herab, sondern sie richtet diese Form der Negation auch gegen die Elemente des sinnlich-natürlichen Daseins selbst« (ebd.). Die Religion läßt sich somit als Kritik des Mythos verstehen, als eine Kritik jedoch, die das, was sie kritisiert, erst kritisieren kann, nachdem sie ihm eine Position zugewiesen hat, in die es sich nicht selbst bringen konnte. Sie trägt (zusammen mit der Kunst) dazu bei, die Energien des Mythos, wenn nicht ganz zurückzudrängen, so doch zumindest in

Schach zu halten oder zu kanalisieren (vgl. PsF II, XI). Indem die Religion an die Stelle der mythischen Urbilder Sinnbilder setzt, zeichnet sie sich durch eine Zunahme an Distanz aus. Überdies kommt ihr eine Zuständigkeit zu, die sich von der der Wissenschaft, die »uns ein Universum von Gesetzen und Prinzipien« zeigt, und von der der Kunst, die »uns das Universum der lebendigen Formen« öffnet, unterscheidet: der Bereich des Gefühls. Denn die Religion beginnt »mit dem Gewahrwerden der Universalität und grundsätzlichen Identität des Lebens« (MS, 53). Besonders akzentuiert findet Cassirer das Gefühl in Schleiermachers Religionsphilosophie, die das Einzelne als einen Teil des Ganzen, das Beschränkte als eine Darstellung des Unendlichen zur Würdigung bringt. Damit ist aber für Cassirer ein Punkt erreicht, der »jener ursprünglichen Auffassung, nach der das Symbolische ein objektiv-Reales, ein unmittelbar-Gottgewirktes, ein Mysterium bedeutete« (PsF II, 310), diametral entgegensteht. »Denn die religiöse Bedeutsamkeit eines Geschehens hängt jetzt nicht mehr von seinem Inhalt, sondern rein von seiner Form ab: nicht was es ist und woher es unmittelbar stammt, sondern der geistige Aspekt, unter den es tritt, die ›Beziehung‹ auf das Universum, die es im religiösen Gefühl und im religiösen Gedanken enthält, gibt ihm seinen Charakter als Symbol.« (ebd.) Es darf daher als das religionstheoretische Verdienst Cassirers angesehen werden, die Nichtsubstituierbarkeit der Religion durch die Wissenschaft oder durch die Kunst aufgezeigt zu haben. Denn nach Cassirers Theorie »gehört jegliche Gestalt, durch die das geistige Bewußtsein überhaupt hindurchgeht, in gleicher Weise auch zu seinem bleibenden Bestand. Das Hinausgehen über eine bestimmte Form ist selbst nur dadurch möglich, daß diese Form nicht schlechthin versinkt, nicht völlig ausgetilgt wird, sondern daß sie in der Kontinuität des Bewußtseinsganzen stehen bleibt und in ihr bewahrt bleibt.« (PsF III, 92)

Ist also das Verhältnis zum Mythos bestimmt durch den Gegensatz Unmittelbarkeit-Abständigkeit, bzw. Nähe-Distanz, so begegnet die Religion der Kunst in dem Gegensatz Existenz-Scheinbild bzw. Realität-Phantasie und läßt dieses Verhältnis höchst problematisch erscheinen, weil sie sich gerade hier aufzulösen droht. Die Kunst nämlich überläßt sich zunächst der reinen Betrachtung. In dieser »Form des Schauens im Unterschied und Gegensatz zu allen Formen des Wirkens« (PsF II, 311) »bekennen sich« die Bilder »der empirisch-realen Wirklichkeit der Dinge gegenüber als ›Schein‹: aber dieser Schein hat seine eigene Wahrheit, weil er seine eigene Gesetzlichkeit besitzt. In dem Rückgang auf diese Gesetzlichkeit ersteht zugleich eine neue Freiheit des Bewußtseins: das Bild wirkt jetzt nicht mehr als ein Selbständig-Dingliches auf den Geist zurück, sondern es ist für ihn zum reinen Ausdruck der eigenen schöpferischen Kraft geworden« (ebd.). Diesen Gestaltungsaspekt der Kunst hat der späte Cassirer noch etwas deutlicher hervorgehoben. Die Kunst ist das »Ergebnis eines Aktes der Verdichtung und Zusammenfassung« (WM, 182; vgl. VdM 221), ist »Konkretionsprozeß«, in dem die »erlebten Gestalten [...] in sinnlich wahrnehmbaren Sinnbildern ausgedrückt« (WM, 183) werden. Die Kunst bietet die »Anschauung der Formen der Objekte und Sachverhalte« (ebd.), zeigt aber nicht die schon bekannte Welt, »sondern entdeckt reale Gestalten und Naturformen« (ebd.). Die Religion hingegen muß zwar, anders als der Mythos, im Bild nicht mehr substantielle Wirklichkeit erkennen. Aber gerade dadurch findet sie sich in verstärkter Weise auf das Problem der Existenz verwiesen. Denn es macht ihre Schwierigkeit aus, die Frage nach der Wirklichkeit ihrer Sinnbilder zu beantworten. Am Christentum findet Cassirer diese Schwierigkeit am deutlichsten illustriert in dem Stufengang, den es genommen hat. Als Religion, in der es für Cassirer kaum ein Symbol gibt, das sich nicht auch in seinen mythisch-heidnischen Parallelen ausfindig machen ließe, hatte sich das Christentum von dem heidnischen Ursinn seiner Symbole zugunsten eines rein geistigen Sinnes mittels des Dogmas zu befreien versucht. Doch hatte gerade auch das Dogma eine Kritik erfahren, die es ebenfalls dem Bereich des Bildhaften zurechnete. Sie erfolgte von seiten der Mystik, deren Selbstverständnis es war, den »reinen Sinn« der Religion zu gewinnen, und die die Erlösung nur denken konnte durch den kontemplativen Rückzug des Ich in sich selbst, in einer Vereinigung mit der Gottheit, die allerdings nur unter Ausschluß der Vermittlung des Bildlichen zu erfolgen vermochte.

III. Die symbolischen Formen und die Philosophie
oder die Tragik in der Kultur

Der Gedanke eines Fortgangs, der Cassirers Philosophie der symbolischen Formen auch bestimmt, hat die Kulturerscheinungen als Ergebnisse der Gestaltungskraft und des Sinnverstehens, in denen der Geist in zunehmender Diversifikation zum Bewußtsein seiner selbst kommt, zu verstehen gegeben. Daher ist es nach Cassirer die Aufgabe der Philosophie als »höchste Einheitsinstanz« (PsF I, 14), »all diesen Richtungen gegenüber« zu treten (PsF I, 12) und »einen Standpunkt zu finden, der *über* all diesen Formen und der doch andererseits nicht schlechthin jenseits von ihnen liegt: – einen Standpunkt, der es ermöglichte, das Ganze derselben mit einem Blicke zu umfassen und der in diesem Blicke doch nichts anderes sichtbar zu machen versuchte, als das rein immanente Verhältnis, das alle diese Formen zueinander [...] haben« (PsF I, 14). Einen Metadiskurs könnte man daher die Philosophie in Cassirers Verständnis nennen. Doch weil sie sich selbst nicht jenseits der Kultur aufhält[8], sondern sich in die Dynamik der Formen begeben muß, will sie das »einigende Band« zwischen den symbolischen Formen aufzeigen, sollte man vielleicht eher von Interdiskurs sprechen, dem methodisch notwendig kein fester Ort zukommen kann.[9]

Der alles umfassende Blick der Philosophie wird in Cassirers Verständnis gewahr, »daß alle diese Akte des Ausdrückens, des Darstellens und des Bedeutens, sich selber nicht unmittelbar gegenwärtig sind, sondern daß sie sich nirgends anders als im Ganzen ihrer *Leistung* sichtbar werden können. Sie *sind* nur, indem sie sich betätigen, und indem sie in ihrer Tat von sich selbst Kunde geben. Sie blicken ursprünglich nicht auf sich selbst zurück, sondern sie blicken auf das Werk hin, das sie zu vollziehen, auf das Sein, dessen geistige Form sie aufzubauen haben« (PsF III, 118). Damit ist aber deutlich, daß die *Gestaltung*, durch die der Geist zum Bewußtsein seiner selbst kommt, und die *Reflexion* dieses Gestaltungsweges bzw. das *Wissen* darum, auseinander getreten sind. Die Philosophie verfolgt in Abständigkeit die Entwicklung des Geistes, sie ist Kultur in ihrer Selbstbeschau.[10] Selbstverständlich ist sie in ihrer Reflexion auch Tat und selbstverständlich hat sie auch eine Entwicklung durchgemacht (sie hat sich von einer bestimmten Perspektive [logisch, ästhetisch, religiös] zur Ortlosigkeit befreit), aber sie scheint nach Cassirers Auffassung nicht selbst *Gestaltung* zu

---

[8] Ebenso ist eine Gegenüberstellung von Religion und Kultur, wie sie H.-L. Ollig, der R. Schaefflers Interpretationsansatz aufnimmt, vorzuschweben scheint (vgl. *H.-L. Ollig*, Das Problem der Religion und die Philosophie des Neukantianismus, in: *E. W. Orth/H. Holzhey* [Hg.], Neukantianismus, s. Anm. 1, 113-135), undenkbar. Religion läßt sich nicht gegen Kultur abgrenzen, weil sie ein *Modus* der Kultur ist. Das Problem von Säkularisierung und Fundamentalisierung von Religion ließe sich mit Cassirer nur in der Weise thematisieren, daß in der Säkularisierung eine Tendenz zum wissenschaftlichen Weltverständnis hin zu beobachten wäre und im Fundamentalismus eine zum mythischen Denken – dabei immer vorausgesetzt, daß das nur Zuschreibungen von außen wären; das jeweilige Selbstverständnis wäre das der Liberalität bzw. der Rechtgläubigkeit.

[9] Vgl. zu diesem Zusammenhang die Cassirer weiterführenden Gedanken von *O. Schwemmer*, Die Vielfalt der symbolischen Welten und die Einheit des Geistes. Zu Ernst Cassirers ›Philosophie der symbolischen Formen‹, in: Ernst Cassirer. Werk und Wirkung. Kultur und Philosophie, hg. v. *D. Frede/R. Schmücker*, Darmstadt 1997, 1-57. Unter Bezugnahme auf die Überlegungen, die Cassirer im nachgelassenen Manuskript zum 4. Band der Philosophie der symbolischen Formen zu den »Basisphänomenen« (Selbstbewußtsein, Wirken nach außen, Werk) angestellt hat, imaginiert Schwemmer eine »Philosophie des Weges: eines Weges, auf dem der geistige Wechsel die Denk- und Lebensformen zugleich umfaßte und der jedenfalls nicht mit einem festen Resultat enden könnte« (55).

[10] Eine verblüffende These für die Nichtbehandlung der Moral und das Fehlen einer Ethik bei Cassirer bietet *B. Recki*, Kultur ohne Moral? Warum Ernst Cassirer trotz der Einsicht in den Primat der praktischen Vernunft keine Ethik schreiben konnte, in: Ernst Cassirer, s. Anm. 9, 58-78.

sein. Möglicherweise redet bei diesem Verständnis von Philosophie Husserl mit seiner Trennung von Akt der Bedeutung und Reflexion über die Bedeutung mit: »Vollziehen wir einen Akt und leben wir gleichsam in ihm, so meinen wir natürlich seinen Gegenstand und nicht seine Bedeutung. Wenn wir z.B. eine Aussage machen, so urteilen wir über die betreffende Sache und nicht über die Bedeutung des Aussagesatzes, über das Urteil im logischen Sinne. Dieses wird uns erst gegenständlich in einem reflexiven Denkakt, in dem wir nicht bloß auf die vollzogene Aussage zurückblicken, sondern die erforderliche Abstraktion (oder besser gesagt Ideation) vollziehen. Diese logische Reflexion ist nicht etwa ein Aktus, der unter künstlichen Bedingungen, also ganz ausnahmsweise statthat; sondern er ist ein normales Bestandstück des *logischen* Denkens.«[11]

Entsprechend dieser Reflexionstätigkeit wäre für die Philosophie eine gewisse Kontrollfunktion gegenüber dem Mythos vorstellbar. Und in der Tat scheint Cassirer das in der »Philosophie der symbolischen Formen« vorgeschwebt zu haben. Denn hier sieht er die »echte Überwindung« des Mythos in »seiner Erkenntnis und Anerkenntnis«: »nur durch die Analyse seiner geistigen Struktur läßt sich nach der einen Seite sein eigentümlicher Sinn, nach der anderen seine Grenze bestimmen« (PsF II, XII). Doch angesichts des Rückfalls in die Mythologie, wie er im Nationalsozialismus stattgefunden hat und der nur möglich war aufgrund falschen Symbolisierens, d.h. aufgrund des Verstehens sprachlicher Ausdrücke unter Absehung ihres semantischen Sinnes, so daß eine magische Wirkung entsteht, muß Cassirer erkennen, daß der Mythos »nicht wirklich besiegt und unterdrückt« ist. »Er ist immer da, versteckt im Dunkel und auf seine Stunde und Gelegenheit wartend. Diese Stunde kommt, sobald die anderen bindenden Kräfte im sozialen Leben des Menschen aus dem einen oder anderen Grunde ihre Kraft verlieren und nicht länger imstande sind, die dämonischen mythischen Kräfte zu bekämpfen« (MS, 364).

Dieses ›Versagen‹ gegenüber dem Mythos ließe sich in gewisser Hinsicht und in Abwandlung von Georg Simmels Rede von der »Tragödie der Kultur« als Tragik *in* der Kultur fassen, als Eingeständnis einer nicht vollständigen Gewalt des Geistes über seine Hervorbringungen. Die Akzentuierung der Diskrepanz zwischen der Gesetzmäßigkeit des Geistes und der seiner Gebilde ist bei Simmel erfolgt. Für ihn ist es »ein ebenso geheimnisvolles wie unbezweifelbares Faktum, daß an ein materielles Gebilde ein geistiger Sinn, objektiv und für jedes Bewußtsein reproduzier-

---

[11] E. *Husserl*, Logische Untersuchungen, 2. Bd., 1. Teil, hg. v. *U. Panzer*, Husserliana, XIX/1, Den Haag 1984, 108f.

bar, gebunden sein kann, den kein Bewußtsein hineingelegt hat, sondern der an der reinen, eigensten Tatsächlichkeit dieser Form haftet«.[12]

Die optimistische Geistphilosophie Cassirers, die zwar nicht eine kontinuierliche moralische Verbesserung der Menschheit annimmt, sondern nur einen harmonischen Fortgang der Kulturentwicklung, kann diese Sicht nicht teilen. Sie muß zwar eine gewisse »Dramatik« (vgl. LKW, 109) konzedieren, sie jedoch als unerläßlich für die Entstehung von Kulturformen und das Bestehen von Kultur überhaupt ansehen. Aber eine Gegenüberstellung ausmachen zu wollen zwischen einem sich kontinuierlich selbstentäußernden Ich und den Inhalten seiner Hervorbringungen, die als ihm von außen entgegentretend vorgestellt werden, bedeutet nach Cassirer eine Verzeichnung. Denn die Werke der Kultur sind nichts Starres, »das in dieser Starrheit die freie Bewegung des Geistes einengt und hemmt. Ihr Gehalt besteht für uns nur dadurch, daß es [das Werk] ständig von neuem angeeignet und dadurch stets aufs neue geschaffen wird« (LKW, 111). Dieses Verständnis von Kultur zeigt aber wenig Verständnis für das Individuum. Denn auch die Neuaneignung von Kulturwerken möchte Cassirer am deutlichsten nicht beim Individuum, sondern bei der »Epoche« sehen. Es ist wohl die (methodische) Verabsolutierung des Allgemeinen, die zur Ausblendung des *Individuums* führt. Aber möglicherweise liegt gerade in der Schmerzfähigkeit und Verlustempfindlichkeit des Individuums der Motor der Kultur. Der unabweisbare eigene Tod macht zu schaffen, nicht der Untergang der Menschheit.

Nimmt man nun die Religion in den Blick und trägt dem Rechnung, daß bei Cassirer die Philosophie, die nicht selbst symbolische Form ist, als Reflexionsinstanz den Verlauf der Entwicklung der Kultur von der Anschauung zur Bedeutung zu Bewußtsein bringt, deutet sich an, daß die Religion zwar als ein Aspekt des Gesamtbewußtseins nicht »überwunden« werden kann. Sie hat jedoch im Zuge der zunehmenden Abstraktion und des zunehmenden Wissens von dieser Abstraktion ihre *Plausibilität* verloren. Ihre *anthropologische* Bedeutung kann sie nicht verlieren, *ontologische* Relevanz kommt ihr jedoch nicht mehr zu. Am deutlichsten zeigt sich das in ihrem Umgang mit dem Tod. Ähnlich wie der Mythos, dem »der Tod nirgends eine Vernichtung des Daseins, sondern nur der Übergang in eine andere Daseins*form*« (PsF II, 191) war, hat auch die Religion eine »Metamorphose der Furcht«, des »universale[n] biologische[n] Instinkt[es]« (MS, 66), vollzogen. Damit hat sie es aber verhindert, daß die Auflösung der

---

[12] Vgl. *G. Simmel*, Der Begriff und die Tragödie der Kultur, in: *Ders.*, Philosophische Kultur. Gesammelte Essays, Leipzig ²1919, jetzt in: *G. Simmel*, Gesamtausgabe Bd. 14, Frankfurt a.M. 1996, 407.

persönlichen Existenz als ein unvermeidliches Naturphänomen hingenommen wird. Sie vermochte nicht zu leisten, was seit jeher das Bestreben der Philosophie war: eine *Sterbenslehre* zu sein. So schließt Cassirer den Kreis zurück zur griechischen Philosophie, die – ohnehin verwunderlich (vgl. MS, 58) – den Sprung aus dem Mythos in Übergehung der Religion direkt in die Philosophie geschafft hat.

Die Tatsache, daß zwar einerseits die Wissenschaft »immer Abstraktion und deshalb Entleerung und Verarmung der Wirklichkeit« (WM, 184) ist, und andererseits die Religion mit ihrer Sprache in der Lage ist, »derart feine und schwebende Übergänge des religiösen Realitätsbewußtseins kenntlich zu machen« und somit ein »eigentümliches Mittel« besitzt, »das der Begriffssprache der Logik und der reinen theoretischen Erkenntnis versagt ist« (PsF II, 291), indiziert einen weiteren, gewichtigen Aspekt einer Tragik *in* der Kultur. Er besteht darin, daß die wissenschaftliche Betrachtungsweise sich trotz ihrer »Armut« als die bestimmende erweist und andere Weltzuwendungen in ihrer Gültigkeit herabsetzt. So spiegelt sich die Tragik in der Kultur in dem nicht zur Auflösung gebrachten Widerstreit von diachronem und synchronem Modell der Kulturauffassung in Cassirers Theorie wider und hat – unter dem Aspekt der Religion betrachtet – zur impliziten Konsequenz, daß die Religion eine nicht unerhebliche Kritik erfährt – nicht in bezug auf ihre Zuständigkeit, sondern in Hinsicht auf ihre Plausibilität: Sie hat sie eingebüßt.

Wilhelm Lütterfelds

Erfüllte und unerfüllbare »symbolische Formen«
Menschlicher Leib und christlicher Gott

In seiner »Philosophie der symbolischen Formen« sucht Cassirer eine universale Theorie über jene Art und Weise auszubilden, in der die Wirklichkeit dem Menschen, das Objekt dem Subjekt, die Welt dem Ich gegeben und erschlossen ist. Für Cassirer sind es die »symbolischen Formen«, die eine derartige »Vermittlung« von Welt und Mensch leisten. Sie stellen das »Medium« dar, das zwar »zwischen« Mensch und Welt tritt, das aber umgekehrt die Welt dem Menschen auch erst erschließt und sie zu einem »symbolischen Universum« macht.[1] Alle kulturellen Gehalte - wie etwa Sprache, Mythos, Religion, Kunst, Wissenschaft - sind »symbolische Formen«, vor allem aber das epistemische Fundament dieser Vermittlung, nämlich die Wahrnehmung und ihre Bewußtseinsinhalte.

Bewußte Wahrnehmungsinhalte sind zum einen selber eine sinnliche Wirklichkeit; zum anderen haben sie einen zeichenhaften Symbolcharakter, indem sie nicht nur eine andere Wirklichkeit, als sie selber sind, repräsentieren und zum Ausdruck bringen, sondern dies auch nur derart tun, daß sie dieser Wirklichkeit mit Hilfe des konkreten sinnlichen Wahrnehmungsinhaltes die Form eines »geistige[n] Inhalt[es]« geben, daß sie ihr einen »geistige[n] Bedeutungsgehalt« aufprägen, sie in ein »geistiges Sein« umwandeln[2], in den Kontext einer »Sinnfunktion[...]« stellen[3], sie mit der Struktur einer »geistige[n] ›Artikulation‹« versehen[4] oder ihr auch einen »Richtungscharakter« beilegen, wodurch sie auf das holistische Gefüge eines Sinnganzen verweisen.[5] Basale »symbolische Formen« des Wahrnehmungsinhaltes sind etwa die Ordnungsrahmen von Raum und Zeit oder

---

[1] *E. Cassirer*, Wesen und Wirkung des Symbolbegriffs, Darmstadt 1965, 176; *Ders.*, Versuch über den Menschen, Hamburg 1996, 50.

[2] WWS, 175f.

[3] PsF III, 222.

[4] PsF III, 235.

[5] PsF III, 236.

die kategorialen Begriffe Ding und Eigenschaft sowie Ursache und Wirkung. Demgegenüber liegt die symbolische Formfunktion der Sprache
darin, daß ein »sinnlich anschaulicher Inhalt« irgendeines Zeichens nicht
in seiner eigenen Realität aufgefaßt wird, sondern als »Repräsentant[...]‹
eines anderen« gilt[6], indem dieser Inhalt - wie etwa im Falle des Namens -
angibt, wie dieses andere heißt[7], oder indem dieses andere nicht nur die
»Form des anschaulich-kompakten Ausdrucks« erhält, sondern darüber
hinaus auch die »Form des begrifflich-analytischen Ausdrucks«[8]. Wahr-
nehmungsbewußtsein und Sprache sind als derartige »symbolische Formen« die elementaren Typen der Vermittlung von Mensch und Welt. Als
höherstufige Vermittlungsweisen gelten alle Formen kultureller Wirklichkeit, insbesondere die des Mythos, der Kunst, der Religion und der Wissenschaft. Der Ursprung all derartiger »symbolischer Formen« ist nach
Cassirer eine »Energie des Geistes«[9] oder auch des »Bewußtsein[s]«[10], die
in einem »Wunder« aus sich heraus all die genannten »symbolische[n]
Formen« erzeugt[11], indem sie konkreten sinnlichen Inhalten die »symbolische« Relation aufprägt oder diese sinnlichen Inhalte in eine »symbolische« Beziehung zur Wirklichkeit stellt.[12]

---

[6] PsF III, 131.
[7] PsF III, 132.
[8] WWS, 197.
[9] WWS, 175.
[10] PsF III, 370.
[11] WWS, 177.
[12] PsF III, 117, 377. Cassirers These von der »symbolischen Form« als Vermittlungsin-
stanz zwischen Subjekt und Objekt, Mensch und Welt, Ich und Wirklichkeit impliziert die
These des Kultur-Monismus, derart, daß Kultur ein gegensatzloser Begriff ist, so daß z. B.
die begriffliche Trennung von Kultur und Natur nicht mehr haltbar ist. Denn alle Natur ist
nur über die »symbolischen Formen« der anschaulichen Inhalte, über einen Gegenstandsbezug inmitten eines Bedeutungsganzen gegeben. Natürlich stellt sich dann auch für den
monistischen Kulturbegriff das kantische Problem von kulturtranszendentem Ansich und
kultureller Erscheinung. Wenn schließlich »symbolische Formen« die Beziehung des Menschen zur gesamten Wirklichkeit ermöglichen, so daß der Mensch zurecht »animal symbolicum« heißen kann (E. Cassirer, Versuch über den Menschen, 47ff), dann gilt dies natürlich nicht nur für die seitens Cassirer immer wieder herausgestellten kulturellen Gehalte
von Mythos, Religion, Sprache, Wissenschaft, Kunst usw., sondern für jede Art von Wirklichkeit, unabhängig davon, mit welchen »symbolischen Formen« auf sie vom Menschen
Bezug genommen wird, also etwa auch für die Welt der Technik und ihre Produkte, für das
Wirklichkeitssegment der Ökonomie, für soziale und politische Gebilde, für die Phänomene des Konsums und der Freizeit, der Arbeitswelt, Informations- und Urlaubswelt usw.
Erforderlich für das Verstehen der Wirklichkeit ist dann eine Art kulturelle Hermeneutik,
deren zentrale Funktion die Erschließung des Sinns für die Wirklichkeit ist, wie er sich in
der differenzierten Vielfalt der kulturellen »symbolischen Formen« darstellt.

I. Einige Einwände

Die transzendentale Herkunft dieser Konzeption der »symbolischen Formen« ist unverkennbar. Entsprechend unterliegen sie auch ähnlicher Kritik. Cassirer macht sich selber den (generell gegen jede idealistische Theorie der Vermittlung von Mensch und Welt gerichteten) Einwand, daß die »Gesamtheit der symbolischen Formen« den Menschen keineswegs »zum hüllenlosen Sein« gelangen läßt, ihm keineswegs die »unsagbare Fülle des Lebens« selbst erschließt, sondern den Geist doch nur »in ... sich« selber einschließt, in seine eigene »Schranke« verbannt und den Wirklichkeitsbezug des Menschen einer »ständige[n] Verarmung« ausliefert. Doch ohne die vermittelnde Zwischenwelt der »symbolischen Formen« - so die Metakritik Cassirers - fiele der Mensch in die »Enge und Dumpfheit des sinnlichen Bewußtseins« zurück. Deshalb kann es nicht darum gehen, sich zunehmend »allen sinnlich-symbolischen Inhalts als eines bewußten Accidens« zu entledigen[13], sondern diesen Inhalt immer mehr in die Welt der geistigen Bedeutungsgehalte zu integrieren, bis hin zu abstrakten Sinnformen wissenschaftlicher Theorie.

Unverkennbar ist Cassirers Begriff der »symbolischen Formen« - als kulturphilosophische Transformation des kantischen Erscheinungsbegriffs - durch alle Aporien desselben gekennzeichnet. So etwa auch durch die Aporie, daß die Anschauungsformen und Kategorien zwar unsere Erkenntnis von Wirklichkeit ermöglichen, daß sie aber zugleich wegen ihrer Subjektivität eine An-sich-Erkenntnis der Welt unmöglich machen, Erkenntnis der Wirklichkeit also nur in Form einer Selbsterkenntnis des Geistes zulassen. Wenn Cassirer betont, daß in der »symbolische[n] Relation« von Begriffen das Bewußtsein keineswegs den Gegenständen gegenüberstehe, aber auch nicht über sich selbst hinausgreife und auf Gegenstände transzendiere und erst recht nicht in einer kausalen Verknüpfung mit dem Gegenstand stehe, sondern sich in der Relation einer »Repräsentation«[14] auf ihn beziehe, so wird dadurch das Problem ja nicht gelöst, sondern nur verschärft. Denn die symbolische Relation der Repräsentation entspringt einer Leistung des menschlichen Geistes und einer Konstitution seines Bewußtseins. Und die dadurch erzeugten Gehalte sind geistiger Art, solche der Bedeutung, des Sinns, der Funktion, der Beziehung und Relation - alles Gehalte, für die es ja gerade höchst fragwürdig ist, ob sie auch solche der nichtgeistigen, dem Bewußtsein gegenüberstehenden

---

[13] WWS, 198-200.
[14] PsF III, 370.

Wirklichkeit sind. Denn wenn dies der Fall wäre, wozu müßten der Geist und das Bewußtsein diese Gehalte kraft ihrer Energie allererst erzeugen? Auch gehört zum Begriff der Repräsentation bzw. des Bewußtseins das Wissen um die Differenz zwischen dem repräsentierten sachlichen Gehalt und der Wirklichkeit, die durch ihn repräsentiert wird. Deswegen können bewußte Repräsentationen überhaupt wahr oder falsch sein, und zwar nicht nur im Sinne bloßer repräsentationsimmanenter Kohärenz. Dann ist aber alle Repräsentation auf eine ihr transzendente Wirklichkeit bezogen, auch wenn diese als solche wiederum Bewußtseinsinhalt ist (eine Dialektik, die vor allem an »Gott« als »symbolischer Form« greifbar wird). Deshalb kann eine (symbolische) Repräsentationstheorie des Bewußtseins weder auf den Begriff transzendentaler Gegenstände verzichten noch auf den einer kausalen Abhängigkeit des Bewußtseins von diesen Gegenständen (Kants kausale Affektion). Ohne derartiges gäbe es nur eine seinslose, wirklichkeitsarme, nicht erfahrungsoffene und in sich eingeschlossene Welt »geistiger Bedeutungsgehalte«.

Wenn ferner menschliches Bewußtsein immer schon in einer »symbolischen Beziehung« zur Wirklichkeit steht, die Welt als geistige Bedeutung also ein unhintergehbares Apriori ist, dann kann es unmöglich das kontingente Bewußtsein der einzelnen Person sein, das die Welt der »symbolischen Formen« erzeugt. Und auch deren Erzeugung ist kein bewußter, psychologisch beschreibbarer Akt, worin seitens eines Bewußtseins eine noch bedeutungsfreie Realität durch die »symbolische Form« erst konkretisiert würde. Einen derartigen Form-Materie-Dualismus samt Konzeption »bedeutungsverleihender Akte« (Husserl) lehnt Cassirer bekanntlich radikal ab. Aber dafür stellt sich die idealismusgenerierende Frage, welcher »Geist« bzw. welches »Bewußtsein« es ist, das die »Welt der symbolischen Formen« erzeugt. Aus all dem geht hervor, daß Cassirers Konzeption »symbolischer Formen« das Realismus-Idealismus-Problem nicht auflöst, sondern indirekt und im Rahmen symbolischer Kulturkritik neu formuliert.[15]

II. Die transzendentale Struktur der »symbolischen Form«

Analysiert man die Struktur der »symbolischen Form«, so wird die Abhängigkeit von Kant erst recht eklatant. Denn diese Struktur entspricht in all ihren wesentlichen Zügen jener der kantischen Kategorien. Dies läßt

---

[15] Vgl. etwa *Cassirers* Nachlaß-Bemerkungen zur »Weltanschauung des ›symbolischen Idealismus‹« und zum »letzte[n] Identitätspunkt« von Gegenstand und symbolischer Funktion, dem »Urphaenomen des Lebens« in: *Ders.,* Zur Metaphysik der symbolischen Formen, hg. von *J. M. Krois,* Hamburg 1995, 261ff (= ECN 1).

sich sehr schön an einem zentralen Moment des Begriffs der »symbolischen Form« erläutern, nämlich am Begriff der »symbolischen Prägnanz«[16]. Cassirer führt diesen Begriff im Anschluß an jene radikale »methodische Korrektur« ein, die von der Transzendentalphilosophie Kants sowie von der Philosophie der Intentionalität eines Brentano und Husserl an den Theorien des Sensualismus und Positivismus vorgenommen wurden. Derartige Theorien verfehlen die eigentliche Phänomenologie der Wahrnehmung, sofern sie Erfahrung im Sinne einer Zusammensetzungstheorie erklären möchten, wobei sie von »einzelnen sinnlichen Tatbeständen« ausgehen. Doch jeder Versuch, sich auf etwas scheinbar primär Gegebenes, auf sinnliche Tatsachen zu beziehen, scheitert, sofern darin der »›Symbolwert‹ der Wahrnehmung« völlig übergangen wird, der bereits mit jedem einzelnen sinnlichen Wahrnehmungsinhalt gegeben ist. Jeder derartige Inhalt steht a priori unter der fundamentalen Voraussetzung, innerhalb der synthetischen »Sinnverbände« eines Wahrnehmungsganzen aufzutreten und auf das »Ganze des Bewußtseins« oder auf die »Welt der Erfahrung« zu verweisen. Damit wird jener Inhalt in den holistischen Zusammenhang eines Bedeutungs-Ganzen eingeordnet, dem jeder Wahrnehmungsinhalt kraft der ihm immanenten Formen in geringerer oder reicherer Weise angehört. In Kants Sprache ist dieser geistige Ordnungszusammenhang das Apriori oder die Möglichkeitsbedingung allen sinnlichen Inhaltes.

Wenn Cassirer seinen Begriff der »symbolischen Form« bzw. dessen Kernstück, die »symbolische Prägnanz« derart in den Kontext der Transzendentalphilososophie stellt, dann läßt sich die Struktur dieses Schlüsseltheorems der Philosophie Cassirers auch nur präzise aufhellen, wenn man die Struktur des kantischen Apriori der Erfahrungsinhalte zugrundelegt. Was bedeutet es also für den Begriff der »symbolischen Prägnanz«, wenn darin die »Art verstanden werden [soll], in der ein Wahrnehmungserlebnis, als ›sinnliches‹ Erlebnis, zugleich einen bestimmten nicht-anschaulichen ›Sinn‹ in sich faßt und ihn zur unmittelbaren konkreten Darstellung bringt?«[17] Wie kann man genauerhin diese »Art« mit Hilfe kantischer Einsichten präzisieren, also die »Art« konkretisieren, wie in einem Wahrnehmungsinhalt nichtanschaulicher Sinn enthalten ist und darin unmittelbar und konkret dargestellt wird? Von welcher Struktur sind derartige geistige Bedeutungsgehalte innerhalb eines Wahrnehmungsinhaltes, und was wird in ihnen dargestellt?

---

[16] PsF III, 222ff.
[17] PsF III, 235.

Kants apriorische Formen, die reinen Verstandesbegriffe oder Kategori-
en, strukturieren allen sinnlichen Inhalt unserer Erfahrung in zweifacher
Weise: Zum einen synthetisieren sie ihn zur Einheit eines Objekts, indem
sie ihn in Relation zu einem möglichen »Ich denke [ihn]« stellen. Und
zum anderen situieren derartige Verstandesbegriffe diesen Inhalt mit Hilfe
von Verknüpfungsregeln in ein Beziehungsgefüge mit anderen gegenständlichen Erfahrungsinhalten, etwa in den Ordnungszusammenhang
von Ding und Eigenschaften, von Ursache und Wirkung oder auch in die
Relation der Wechselwirkung sowie in das damit eröffnete Ordnungsgefüge der Naturgesetze. Kants Begriff der transzendentalen Form der Erfahrung hat insofern eine dualistische Struktur: Die kategorialen Formen
synthetisieren a priori den Wahrnehmungsinhalt in die begriffliche Einheit eines Objekts für ein »Ich denke«, und zugleich stellen sie ihn in den
holistischen, gesetzmäßigen Zusammenhang einer Erfahrungswelt.

Es ist nun diese duale Struktur, die offensichtlich auch Cassirers Begriff
der »symbolischen Prägnanz« kennzeichnet bzw. jenen »geistigen Bedeutungsgehalt« und »Sinn«, der durch die wunderbare »Energie« des Geistes
oder des Bewußtseins zur »Form« eines sinnlichen Wahrnehmungsinhaltes
wird und der in ihm seinen Ausdruck und seine Darstellung findet. Denn
zum einen (1) soll durch den »Sinn« der »symbolischen Prägnanz« alle
Wahrnehmung eine immanente Gliederung erhalten, eine »Art von geistiger ›Artikulation‹«, wodurch der Wahrnehmungsinhalt in ein holistisches Sinngefüge eingeordnet, wodurch er »ideell[…]« verwoben und auf
ein »charakteristisches Sinn-Ganzes« bezogen wird, so daß jede Wahrnehmung in Folge ihres derartigen »Richtungscharakters« über sich auf das
holistische Sinngefüge hinausweist.[18] Dabei ist diese Beziehung des einzelnen Wahrnehmungsinhaltes zum Sinn-Ganzen der Erfahrung weder eine
bloß summative Verknüpfung noch gar die Beziehung eines Urteils- oder
Schlußzusammenhanges. Vielmehr ist sie »symbolisch«, weil der einzelne
Wahrnehmungsinhalt auf das Sinn-Ganze verweist, es repräsentiert oder
darstellt, und zwar vermittels seiner Form, die ihm die Allgemeinheit eines ganzen, geistigen Bedeutungsgehaltes verleiht. Auch ist diese »symbolische Form« des Wahrnehmungsinhaltes, die an ihm »unmittelbar« und
»konkret« zur Darstellung kommt, begrifflich ununterscheidbar mit diesem verknüpft, so daß die symbolische Einordnung des Wahrnehmungsinhaltes in das Sinn-Ganze einer Erfahrungswelt kraft seiner Form kein
bewußter Akt einer Synthesis eines sinnlichen Mannigfaltigen mit Hilfe
formaler begrifflicher Elemente sein kann - ein Produktionsdualismus der
Erfahrungskonstitution, den Cassirer entschieden ablehnt. Denn aus »be-

---

[18] PsF III, 235f.

deutungsfremdem Dasein« kann niemals so etwas wie »Bedeutung« entstehen, daraus kann nie ein »Sinn« hervorgehen, so daß das Dasein eines
reinen Empfindungsstoffes für Cassirer »eine bloße Fiktion«, »ein bloßes
Kunstprodukt des psychologischen Denkens« ist. Der Begriff einer Enti-
tät, die ohne jeden Bezug zu einem möglichen Bewußtsein vorliegt, ist
deshalb der Begriff von »nichts«[19]. Durch »Prägnanz« ist schließlich die
»symbolische Form« eines einzelnen Wahrnehmungsinhaltes deshalb gekennzeichnet, weil die in ihr zum Ausdruck kommende »geistige ›Artikulation‹« diesen Inhalt eindeutig und unmißverständlich einem bestimmten
holistischen Sinngefüge zuordnet, derart, daß diese Form dem Inhalt eine
eindeutige »Stelle im Ganzen des Bewußtseins und der gegenständlichen
Erfahrung« gibt.[20]

Doch dies ist nur die eine Darstellungsleistung der »symbolischen
Form« bzw. ihres »geistigen Bedeutungsgehaltes« und »Sinnes« im Wahrnehmungsinhalt. Cassirer stellt sie freilich derart in den Vordergrund, daß
– innerhalb einer transzendentalen Konzeption der »symbolischen Formen« – die zweite Seite (2) derselben zurücktritt, was auch in den Darstellungen der Interpretationsliteratur der Fall ist.[21] Freilich hebt Cassirer
immer wieder heraus, daß die Grundstruktur des Wahrnehmungsbe-
wußtseins eine »reine Beziehung« ist, die allen Wahrnehmungsinhalt unmittelbar in das Bedeutungs-Ganze der Erfahrung einordnet. Aber im
gleichen Atemzug kennzeichnet er diese Beziehung dann auch als eine
solche »vom ›Darstellenden‹ zum ›Dargestellten‹, und von diesem wieder
zu jenem zurück«[22]. Durch diese (gegenläufige) Darstellungsrelation wird
der einzelne Wahrnehmungsinhalt jedoch nicht auf ein holistisches Sinngefüge bezogen, sondern auf einen durch den Darstellungsinhalt repräsentierten, in ihm zum Ausdruck kommenden Gegenstand. Dieses Struk-

---

[19] PsF III, 227.

[20] PsF III, 225.

[21] PsF III, 236. Vgl. z.B. P. Dubach, »Symbolische Prägnanz« - Schlüsselbegriff in Ernst
Cassirers Philosophie der symbolischen Formen?, in: Cassirer-Forschungen, Bd. 1 (1995),
47-84, bes. 69ff; J.M. Krois, Cassirer. Symbolic Forms and History, New Heaven 1997, 50-
57; Ders., Problematik, Eigenart und Aktualität der Cassirerschen Philosophie der symboli-
schen Formen, in: Über Ernst Cassirers Philosophie der symbolischen Formen, hg. v. H.-
J. Braun/H. Holzey/E.W. Orth, Frankfurt/Main 1988, 15-44, bes. 22ff; E.W. Orth, Der
Begriff der Kulturphilosophie bei Ernst Cassirer, in: Kultur - Bestimmungen des 20. Jahrhunderts, hg. v. H. Brackert, F. Wefelmeyer, Frankfurt/Main 1990, 156-191, bes. 164ff;
Ders., Von der Erkenntnistheorie zur Kulturphilosophie, Würzburg 1996, 81ff; H. Paetzold,
Die Realität der symbolischen Formen, Darmstadt 1994, Xf, 22ff, 54ff; O. Schwemmer,
Ernst Cassirer, Berlin 1997, 69-125; J. Seidengart, Das Empirische und das Rationale als
transzendentale Korrelation, in: Dialektik 1995/1, 133-144.

[22] PsF III, 236

turmoment des Subjekt-Objekt-Bezuges der »symbolischen Form« bzw. ihres Sinn- und Bedeutungsgehaltes ist aber der Kern der transzendentalen Konzeption von begrifflichen Formen, die nicht nur sinnliches Mannigfaltiges zur bestimmten inhaltlichen Einheit einer Sache verknüpfen, und zwar holistisch im Kontext eines Erfahrungsganzen, sondern die in diesem sinnlichen Mannigfaltigen überhaupt erst den Bezug eines Objekts für ein mögliches »Ich denke« synthetisch herstellen.

Beide Formen der Synthesis bzw. des »Sinnes« der »symbolischen Form« im Wahrnehmungsinhalt sind nicht nur nicht aufeinander rückführbar, weil sie unlöslich nur miteinander als dualistische transzendentale Struktur der »Form« vorliegen. Sondern die im »Sinn« der »symbolischen Form« hergestellte, darstellende Beziehung des Wahrnehmungsinhaltes zu einem Objekt ist auch die transzendentale Voraussetzung dafür, daß dieses Objekt darüber hinaus »eine Stelle im Ganzen des Bewußtseins und der gegenständlichen Erfahrung« erhalten kann. Die Subjekt-Objekt-Beziehung im einzelnen Wahrnehmungsinhalt liegt gleichsam als Möglichkeitsbedingung der Beziehung dieses Wahrnehmungsinhaltes zu »Sinnverbänden« eines Wahrnehmungsganzen zugrunde.

Diese transzendentale Strukturambivalenz kennzeichnet nun die Bedeutung aller Schlüsseltheoreme von Cassirers Philosophie, die der »symbolischen Form« und ihres »Sinnes« bzw. des »geistigen Bedeutungsgehaltes« ebenso wie die des »Symbols« und seiner Funktion der »Darstellung« oder auch »Repräsentation«, ferner des »Bildes« und des »Zeichens«. Nur auf diese Weise leistet die »symbolische Form« mit ihrer »symbolischen Prägnanz« eine »adäquate Vermittlung«[23] zwischen Mensch und Welt, zwischen Bewußtsein und Sein, zwischen Geist und Leben.

Wenn deshalb die Herstellung des Gegenstandsbezuges vermittels der »symbolischen Form« im Wahrnehmungsinhalt auch nicht identisch damit ist, daß ein im Wahrnehmungsinhalt repräsentierter Gegenstand holistisch in ein Sinn-Ganzes einer empirischen Welt eingeordnet wird, so hängen doch Objektqualität und Bezogenheit auf ein charakteristisches Sinn-Ganzes begrifflich und unlösbar zusammen. Demnach kann ein anschaulicher Gehalt nur derart Gegenstand für das Subjekt sein, daß er auf ein Sinn-Ganzes bezogen ist, und diese Beziehung gehört konstitutiv zur Bedeutung dessen hinzu, was »Gegenstand«, aber auch was »Subjekt« heißt, so daß die Genese der »symbolischen Form« samt ihrem »Sinn« jeder einzelnen Subjekt-Objekt-Relation vorausliegt. Man kann folglich auf einen Gegenstand in der repräsentierenden »symbolischen Form« eines Wahrnehmungsinhaltes nur derart Bezug nehmen, daß man auf die gesamte

---

[23] WWS, 176.

Sinnordnung einer Wahrnehmungswelt Bezug nimmt, in die er eingebettet ist. Entsprechend bedeutet die Einheit eines wahrnehmbaren Gegenstandes nie nur, daß er als etwas Gegenständliches und Bestimmtes von allem anderen unterschieden und abgrenzbar ist, sondern immer auch, daß er auf die Einheit eines bestimmten Bedeutungs-Ganzen oder Sinnfeldes verweist. Der im Sinn »symbolischer Form« repräsentierte Gegenstand ist dann niemals nur ein konstanter, substantieller Träger von Eigenschaften oder ein bleibender Wahrnehmungsgehalt im Wechsel anschaulicher Bestimmungen oder eine einzelne raum-zeitliche Erscheinung samt begrifflichen Formen innerhalb einer gegenstandsneutralen Erfahrungswelt und eines dem Gegenstand gleichsam gleichgültigen empirischen Sinn-Ganzen. Sondern der mittels der »symbolischen Form« dargestellte Gegenstand ist immer auch die Einheit einer symbolischen Relation, die zwischen ihm und dem Sinn-Ganzen einer empirischen Welt besteht: Ein derartiger Gegenstand ist - neben seiner Objektivität - der »funktionale« Zusammenhang zwischen beiden.[24] An die Stelle der traditionellen Substanz-Relation in der Konzeption von Gegenständen tritt damit die Funktion und deren entsprechende Einheitsstruktur.

III. Symbolische Identität

Dies wird aus der Konzeption der symbolischen Identität von Gegenständen deutlich. Wenn nämlich der Gegenstand ursprünglich nicht mittels einer »symbolischen Form« samt ihrer dualistischen Struktur dargestellt würde, müßte es möglich sein, die Identität eines anschaulichen Gegenstandes unabhängig von allen holistischen (empirischen) Kontexten anzugeben, indem man den Gegenstand in seinen unterschiedlichen Vorkommnissen lediglich über seine konstant und invariant bleibenden allgemeinen Eigenschaften als denselben identifiziert. Genau dieser Rückgriff auf eine allgemeine Vorstellung von ihm, die nicht wiederum ein einzelnes Vorkommnis von ihm wäre, ist jedoch nicht möglich. Dies geht zunächst aus Cassirers berühmtem Linienbeispiel hervor.[25] Denn ein Linienzug wird immer in einem bestimmten Sinn-Kontext wahrgenommen, im geometrischen Kontext als Figur, im psychischen Kontext als Ausdruck von Ruhe und Ausgeglichenheit, im religiösen Kontext als mythisches Symbol. Zwar wird darin notwendig unterstellt, daß es sich um »densel-

---

[24] Vgl. etwa PsF I, 24; Zweiter Teil, 17f; Dritter Teil, 48f, 131f, 236, 370, 374, 377; ferner: WWS, 213, sowie natürlich: Substanzbegriff und Funktionsbegriff, Darmstadt 1994; vgl. dazu auch: E. Rudolph, Von der Substanz zur Funktion, in: Dialektik 1995/1, 85-95.
[25] Vgl. PsF III, 232ff.

ben« Linienzug in den divergierenden Beschreibungen handelt. Aber es
gibt keine angebbaren anschaulichen, ja selbst begrifflichen Eigenschaften, die in all derartigen Beschreibungen konstant und invariant blieben
und somit die Identität des Gegenstandes garantierten. Wenn dennoch
darin von »demselben« Linienzug gesprochen wird, so bedeutet diese
Identität nach Cassirer lediglich so etwas wie ein bloß gedanklicher Einheitspunkt. Dieser läßt sich konkret nur funktional interpretieren. Und
zwar im Hinblick auf die Struktur des holistischen Sinngefüges, in das
»derselbe« Gegenstand eingebettet ist, indem er darin in unterschiedlicher, aber geordneter Weise vorkommt.

Diese funktionale Struktur kennzeichnet die Identität aller anschaulichen
und nicht-anschaulichen Objekte, also auch die Bedeutung von »derselben« Melodie« in ihren unterschiedlichen Aufführungen oder die Bedeutung von »derselben« Farbe Grün in allen Grünschattierungen. Daß es
sich in allen Fällen ihrer Vorkommnisse innerhalb eines Sinn-Ganzen jeweils um ein und dasselbe Objekt oder Phänomen handelt, ist zunächst
die gedankliche Konstruktion einer Einheit, die für die vielen, voneinander divergierenden Beschreibungen »eines« Gegenstandes im Rahmen eines gleichen Kontextes geltend gemacht werden kann. Doch darüber hinaus läßt sich diese gedankliche Einheit auch konkret, d. h. funktional beschreiben. Und zwar derart, daß die »Reihe« der Beschreibungen der unterschiedlichen Vorkommnisse von einer Melodie oder von Grün innerhalb eines Sinnganzen, die sich alle auf »dasselbe« beziehen, eine gewisse
»immanente Gliederung« aufweist, eine »Ordnung«, die die unterschiedlichen Beschreibungen und Ansichten verknüpft, und zwar im Sinne einer
»Abteilung und Gliederung« der Reihe, ihrer »Akzentuierung und Artikulation«. In derartigen funktionalen Strukturen wird für Cassirer die
bloß gedankliche Identität eines Gegenstandes in dessen unterschiedlichen und divergierenden Erfahrungen auch konkret über den Zusammenhang der miteinander verknüpften Ansichten und Beschreibungen
»desselben« Gegenstandes faßbar.[26]

So kann sich die »Reihe« der fraglichen Beschreibungen »desselben Phänomens« z. B. um eine bestimmte einzelne Beschreibung zentrieren, die
der Maßstab für die Reihenbildung ist, indem die anderen Beschreibungen mit ihr verglichen werden, und die das Maß der Übereinstimmung
und die Art der Reihenbildung angibt. Und dies ist dann die Art und
Weise, in der in den unterschiedlichen Beschreibungen und Ansichten
von »ein- und demselben Gegenstand«, von dessen anschaulicher Identität
gesprochen werden kann. Diese Identität ist insofern symbolisch, als der
durch einen Wahrnehmungsinhalt repräsentierte Gegenstand eine »Form«

---

[26] PsF III, 134f, 148, 234f.

aufweist, die ihn in eine irgendwie geordnete »Reihe« von weiteren Beschreibungen einfügt, die sich wiederum alle auf diesen »selben« Gegenstand beziehen, ohne daß dessen Identität jedoch durch konstante, anschauliche Merkmale konkretisierbar wäre, weil sie nur in einer bestimmten Ordnung der »Reihe« greifbar ist. Dem entspricht natürlich auch ein
Konzept der »symbolischen Verschiedenheit« von Gegenständen - in dem
Sinne, daß deren Beschreibungen unterschiedlichen »Reihen« samt An-
ordnungen und Akzentuierungen angehören. Und wenn schließlich vom
»selben« Linienzug in völlig verschiedenen Sinn-Kontexten als geometri-
scher Figur, als religiösem Symbol oder als psychischem Ausdrucksmittel
gesprochen wird, so ist dessen Identität nur derart anschaulich greifbar,
daß diese verschiedenen Beschreibungen zu einer einzigen, in einer bestimmten Weise geordneten Reihe von Beschreibungen gehören.

Allerdings führt auch diese Konzeption »symbolischer Identität« in die
traditionellen Aporien. Die bloße Ordnung einer Beschreibungsreihe
reicht nicht aus, um darin von der Wahrnehmung und Beschreibung »ein
und desselben« sprechen zu können. Dazu sind vielmehr gewisse reihen-
invariante, anschauliche Inhalte und Bestimmungen notwendig, die eine
Gleichheit (oder zumindest Ähnlichkeit) untereinander aufweisen. Doch
derartige gleiche Inhalte lassen sich nur immanent, d. h. aus den einzelnen divergierenden Beschreibungen heraus angeben, so daß sie niemals als
beschreibungsübergreifende Faktoren konstatierbar wären. Identität ist
deshalb in der Tat zum einen eine bloß gedankliche Konstruktion: Daß es
»derselbe« Linienzug ist, der in unterschiedlichen Sinnkontexten vorliegt,
bedeutet keinen in den einzelnen Sinnkontexten angebbaren, übergrei-
fenden identischen Sinn von »Linie«. Vielmehr ist es bloß eine begriffliche
Identitäts-Behauptung. Zum anderen setzt jedoch die Einordnung von
verschiedenen Beschreibungen einer Sache zu einer geordneten »Reihe«
voraus, daß diese Sache auch in ihren verschiedenen Vorkommnissen eine
beschreibbare Identität besitzt. Andernfalls gäbe es keinen Grund, von
unterschiedlichen Vorkommnissen »derselben« zu sprechen und diese zu
einer bestimmten »Reihe« anzuordnen.[27]

Das Konzept »symbolischer Identität« bestimmt auch Cassirers Versuch,
den traditionellen Dualismus von Form und Materie (im Sinne divergen-

---

[27] In einem ähnlichen Beispiel (wie in Cassirers »Linienzug«), nämlich an der Figur des
Hasen-Enten-Kopfes, konstatiert Wittgenstein dieselbe aporetische Identität - wir sehen
dasselbe einmal so und einmal anders (ein und dieselbe Figur als Hasen- und als Entenkopf), und zwar innerhalb einer Wahrnehmungsreihe von Kippbildern; und wir sehen völlig Verschiedenes, sofern die fragliche »identische« Figur entweder nur als Hasen- oder aber
nur als Entenkopf vorliegt. Darüber hinaus ist beides der Fall. Cassirers »symbolische Identität« ist gleichfalls durch diesen Widerspruch gekennzeichnet.

ter Formen und einer identischen Materie) beizubehalten, ohne ihn im
Sinne eines radikalen Dualismus selbständiger Faktoren akzeptieren zu
müssen, was Cassirer Kant vorhält, ohne aber auch beide Faktoren ineinander übergehen zu lassen und in ihrem Unterschied aufzuheben. Wenn
insofern z. B. die Farbe Rot in unterschiedlichen Formen vorkommt,
wobei die Farb-Materie, das Rot, dieselbe bleibt, dann bedeutet diese
Identität von Rot nicht eine sich invariant und konstant durchhaltende
Farb-Materie in allen formal verschiedenen Einzelvorkommnissen. Sondern es ist die »Ordnung« der Reihe der Einzelvorkommnisse von Rot,
woran die materielle Identität von Rot greifbar wird, nämlich derart, daß
bestimmte Farbvorkommnisse um ein bestimmtes Farbmuster Rot ange-
ordnet werden.

Dies gilt generell für die materielle Identität aller empirischen, aber
auch nichtempirischen Objekte in ihren der »Form« nach variierenden
Vorkommnissen. Trotz der aporetischen Struktur der »symbolischen Identität« scheint Cassirers Konzeption dabei ein zentrales Problem der Identi-
tätswahrnehmung und -beschreibung zu erfassen, nämlich daß in variierenden Wahrnehmungen und ihren Beschreibungen die Identität eines
Objektbezuges unterstellt ist, und daß diese Identität dennoch nicht an
kontinuierlichen, konstanten Bestimmungen greifbar wird, sondern nur
daran, daß die Wahrnehmungen und ihre Beschreibungen zu ein und derselben »Reihe« (und nicht zu verschiedenen) gehören, die wiederum eine
bestimmte Ordnung, Gliederung und Akzentuierung aufweist. Entsprechend repräsentiert ein (sprachlicher) Wahrnehmungsinhalt mittels seiner
»symbolischen Form« nur derart einen Gegenstand, daß er ihn antizipie-
rend in eine geordnete »Reihe« von möglichen anderen Wahrnehmungs-
kontexten stellt und derart implizit dessen Identität vorwegnimmt. Demgegenüber ist jener Begriff von »Gegenstand«, der ihn im Sinne einer einzelnen Substanz interpretiert, die aus dem Sinn-Ganzen der empirischen
Welt herauslösbar ist und deren Identität in der Vielzahl ihrer Aspekte,
Ansichten und Beschreibungen über eine Konstanz von Eigenschaften
gesichert werden soll, nicht in der Lage, das Phänomen der Identität hinreichend zu erfassen. Denn es gibt in der sinnlichen Wahrnehmung keine
Eigenschaft, die als dieselbe in verschiedenen Vorkommnissen faßbar ist -
und umgekehrt, die Identität ein und desselben Allgemeinen in verschiedenen Phänomenen ist rein gedanklich, also anschaulich nicht konstatierbar. Dies leistet nur die antisubstantielle, funktionale Auffassung der Identität im Zusammenhang mit der »symbolischen Form«.

IV. Divergierende strukturelle Typen »symbolischer Formen«

Geht man von der skizzierten transzendentalen Struktur der »symbolischen Form« aus, also davon, daß mittels der »symbolischen Form« eines Wahrnehmungsinhaltes derart repräsentierend auf die Wirklichkeit Bezug genommen wird, daß diese ebenso zur Einheit eines Gegenstandes verknüpft wird wie mit einem umfassenden geistigen Sinn-Ganzen, dann ist die »symbolische Form« eine Möglichkeitsbedingung des objektiven, holistischen Weltbezuges. Möglichkeitsbedingungen haben jedoch aufgrund ihres transzendentalen Charakters die Eigenart, daß sie selber nicht zum wahrgenommenen, dargestellten und repräsentierten sachlichen Gehalt einer Weltbeschreibung gehören können. Jedes sinnliche Erlebnis einer Wahrnehmung stellt in konkreter Unmittelbarkeit einen Gegenstand im nichtsinnlichen Kontext eines Sinn-Ganzen dar, ohne daß es selber samt der Art seiner »symbolischen Form« zum gegenständlichen Gehalt seiner Darstellung gehören könnte.

Wenn nun die »symbolische Form« die Möglichkeitsbedingung dafür ist, mittels eines sinnlichen Inhaltes einen Gegenstand innerhalb eines geistigen Bedeutungsgefüges darzustellen, dann ist für sie nicht die Verknüpfung von Darstellendem und Dargestelltem, von Bild und Abgebildetem, von Repräsentierendem und Repräsentiertem ursprünglich, sondern die Struktur von Möglichkeitsbedingung und Wirklichkeit. Als »Musterbild für eine rein symbolische Relation«[28] kann nun nur jene Beziehung gelten, in der ein anschaulicher Inhalt etwas derart symbolisch repräsentiert, daß beides, Möglichkeitsbedingung und Wirklichkeit, darin in gewisser Weise ununterscheidbar ist und daß dennoch eine »symbolische Relation« zwischen beiden besteht. Und zwar so, daß diese Relation notwendig erfüllt ist, daß also beides, symbolisierende Form und Symbolisiertes, nur zusammen und in eins wirklich sind. Demgegenüber wäre jene »symbolische Form« sekundär, in der zwar mittels eines sinnlichen Inhaltes etwas anderes als Gegenstand in einem Sinngefüge repräsentiert würde, ohne daß diese Repräsentation jedoch auch a priori erfüllt und notwendig wahr wäre, d. h. von vornherein Wirklichkeit darstellt, also dies nicht nur mit Wahrheitsanspruch behauptete zu tun. Das konträre Gegenstück zu ersterem und radikal »defizient« wäre schließlich jene »symbolische Form«, die zwar an einem anschaulichen Inhalt etwas anderes symbolisch repräsentiert, ohne daß jedoch irgendeine Möglichkeit bestünde, das derart inhaltlich Repräsentierte und in einem Sinn-Kontext Dargestellte auf eine ihm entsprechende Wirklichkeit überhaupt zu beziehen und für die

---

[28] PsF III, 117.

symbolische Repräsentation eine Erfüllung ihrer Wahrheitsbedingungen zu beanspruchen. Die Möglichkeitsbedingung dieser »symbolischen Form« hätte a priori keine adäquate Wirklichkeit für die Ausübung ihrer Funktion.

Menschlicher Leib und christlicher Gott (in allen Formen anschaulicher und nichtanschaulicher wie auch sprachlicher Darstellung) sind die Paradigmen dieser konträren Varianten der Struktur »symbolischer Formen«. Und zwischen beiden liegt jenes weite kulturelle Feld der »symbolischen Formen«, worin zwar anschauliche Gehalte über ihre »symbolische Form« etwas anderes als sie selbst darstellen, und zwar innerhalb eines geistigen Bedeutungsganzen. Jedoch ist die symbolische Beziehung darin kontingent, so daß beide Faktoren, Repräsentierendes und Repräsentiertes, nicht notwendig als ursprüngliche Einheit auftreten, weshalb sie immer auch unabhängig voneinander sind, ohne daß jedoch andererseits für sie nicht einmal eine Referenz-Wirklichkeit angebbar wäre. Derartige »symbolische Formen« können ihren Darstellungsanspruch zu Recht und zu Unrecht erheben, so daß sie falsch sein können und ihr Repräsentations-Objekt ebensowenig existiert wie der es umfassende Sinn-Kontext. Die Möglichkeitsbedingung der »symbolischen Form« sichert in dieser Variante zwar deren Objektivitäts- und Wahrheitsanspruch, kann aber diesen selber nicht einlösen. Prototyp dieser »symbolischen Form« ist etwa die wissenschaftliche und alltägliche Erkenntnis der physischen Welt, das Wissen um moralische Standards und Normen oder auch alle anderen kognitiven Elemente, soziale Strukturen und wirtschaftliche Operationen.

V. Menschlicher Leib - eine a priori erfüllte »symbolische Form« und das Versagen moderner Leib-Seele-Konzepte

Warum ist nun für Cassirer das Verhältnis von Leib und Seele ein »Musterbild für eine rein symbolische Relation«[29]? Und von welcher Art ist die Struktur dieser Einheit von Leib und Seele, wenn darin der Leib als »symbolische Form« der Seele gilt (aber nicht umgekehrt)? In seiner Theorie des Fremdseelischen macht Cassirer gegen die Theorien des Einfühlens, des Übertragens und der Analogieschlüsse geltend, daß die Wahrnehmung des Anderen »reine Ausdruckswahrnehmung« ist, wobei darin »Inneres und Äußeres in Einem« vorliegen.[30] Das Wissen von Fremdseelischem kommt insofern nicht dadurch zustande, daß zunächst von einem Fremdkörper eine Dingwahrnehmung vorliegt, die dann durch projektive Vor-

---

[29] Ebd.
[30] PsF III, 93, 99.

gänge des Übertragens von Eigenseelischem, der Einfühlung oder auch
der Analogieschlüsse quasi »beseelt« würde. Während die »symbolische
Form« im Falle der Dingwahrnehmung den traditionellen erkenntnistheoretischen Dualismus von »Hüben« und »Drüben«, von »Diesseits« und
»Jenseits«, von Gegenstand und Erkenntnis durch die »symbolische Relation« zwar überwindet[31], dabei aber unaufhebbar in der Differenz von
wahr und falsch verbleibt, ist alles Fremdseelische im symbolischen Ausdruck des Leibes, in dessen Gesten, seiner Physiognomie und Sprache, in
der Tat ursprünglich und wirklich gegeben.

Ist im Sinne einer Du-Evidenz die Ausdruckswahrnehmung das Primäre, dann besteht das Problem nicht darin, wie aus dem rein Äußeren eines
körperlichen Verhaltens ein Zugang zum Inneren einer Person möglich
ist. Sondern die Problematik liegt umgekehrt darin, wie die ursprüngliche
Einheit von Innen und Außen in der leiblichen Erscheinung der Seele
sich immer mehr verobjektivieren und verdinglichen, also zu einem Phänomen der repräsentierenden Darstellung und ihres entsprechenden symbolischen Formbegriffes werden konnte. Denn daß eine leibliche Erscheinung »symbolische Form« ist, bedeutet, daß sie »Ausdruck« ist und
daß in ihr ein »innerlich-Beseeltes« unmittelbar erfaßt und erkannt wird.[32]
Daß der Leib Symbol der Seele ist, installiert zwischen beiden nicht eine
repräsentierende, intentionale und darstellende Differenz, sondern bedeutet eine Art von »Verkörperung«, »Manifestation« und »Inkarnation« des
Seelischen im Leib.[33] Für die Struktur des Leibes als »symbolische Form«
der Seele besagt dies zunächst nur, daß es sich dabei um etwas absolut
Einfaches handeln muß, was dennoch in sich differenziert oder ein »Lebendiges« ist.[34] Kann man aber auf beide Phänomene nicht isoliert und
getrennt begrifflich und sprachlich Bezug nehmen, weil das Verhältnis von
Leib und Seele durch ein »wechselseitige[s] Verwoben-Sein[…] und Ver-
schränkt-Sein[…]« bestimmt ist, durch ein »In-Einander«[35], dann ist die
Leib-Seele-Relation in der Tat ein Gebilde »sui generis«. Das Ursprüngliche ist nicht das »Innen und Außen« von Leib und Seele, die es nachträglich miteinander zu verknüpfen gilt, sondern ein »sinnerfülltes Ganzes«[36].
Und die »symbolische Form« des Leibes ist derart mit dem von ihr Repräsentierten, der Seele, verknüpft, daß es die Seele nur in leiblicher

---

[31] PsF III, 370.
[32] PsF III, 108.
[33] PsF III, 109.
[34] Ebd.
[35] PsF III, 116
[36] PsF III, 117.

»Darstellung« gibt - wie umgekehrt der Leib nur als eine »symbolische Form« der Seele existiert, die a priori erfüllt ist.[37]

Wenn Leib und Seele in »symbolischer Relation« zueinander stehen, also keine metaphysischen Entitäten sind, dann sind alle Versuche a priori zum Scheitern verurteilt, durch eine Metaphysik das Leib-Seele-Problem aufzulösen. Etwa indem man eine Art kategorialer Einheit des »Durcheinander-Bestimmtseins« zu konstruieren versucht und darin das Leib-Seele-Verhältnis mit Hilfe der Begriffe von Grund und Folge, von Ursache und Wirkung, von Bedingung und Bedingtem, von Ding und Eigenschaft usw. bestimmen möchte; entsprechend ist in der Wahrnehmung des Fremdseelischen die »Sprache der reinen Ausdrucksfunktion«[38] nicht die Sprache der Substanz- und Kausalbegriffe. Damit sind nach Cassirer alle heute diskutierten Theorien des Leib-Seele-Problems, wie solche der Wechselwirkung, des psycho-physischen Parallelismus, der materiellen oder nicht materiellen Identität, des Epiphänomenalismus, der Supervenienz und Emergenz von vorneherein gegenstandslos, weil sie das Leib-Seele-Phänomen aufgrund des cartesianischen Ausgangsdualismus verfehlen. Dies gilt auch für die metaphysische These eines unaufhebbaren »hiatus irrationalis« zwischen Leib und Seele oder für die Annahme eines »unerkennbaren transzendenten Urgrunds« als der gemeinsamen Wurzel, als des »realen Dritten« von Leib und Seele.[39] Wird das Leibliche als »reines Ausdrucksphänomen« des Seelischen aufgefaßt und besteht zwischen beiden eine »symbolische Relation«[40], dann liegt das Phänomen dieser ursprünglichen Einheit von Leib und Seele vor aller Metaphysik und ihres begrifflich-dualistischen Instrumentariums, wie aber auch schon vor allem mythischen Weltbild mit seinen rudimentären Formen eines Dualismus.

VI. »Symbolische Form« als transzendentale Einheit von Leib und Seele

Die Kernfrage ist natürlich die nach der Struktur der ursprünglichen Einheit von Leib und Seele, genauerhin nach der Struktur der »symbolischen Form« des Leibes als Erscheinung und Ausdruck der Seele, sowie nach der Struktur der »symbolischen Prägnanz« dieser Form. Denn diese Struktur

---

[37] In Ergänzung zu Cassirers Konzeption wäre insofern auch die Seele als »symbolische Form« des Leibes aufzufassen. Denn man kann auch auf den Leib immer nur durch die »symbolische Form« eines seelischen Zustandes Bezug nehmen, der im Leib zum Ausdruck kommt. Vgl. PsF III, 121.

[38] PsF III, 111, 116.

[39] PsF III, 113f.

[40] PsF III, 117.

muß verständlich machen und rechtfertigen, warum die Relation von Leib und Seele das »Musterbild« für symbolische Beziehungen ist; und vor allem auch, warum alle anderen »symbolischen Formen«, so etwa auch die der Dingwahrnehmung, sekundär sind, so daß die »symbolische Funktion der ›Darstellung‹ und die der ›Bedeutung‹«, wie sie in der »Darstellung« der Seele durch den Leib vorliegt bzw. in dem leiblichen »Bedeuten« der Seele, die bleibende Basis aller anderen »symbolischen Formen« und des durch sie vermittelten Wirklichkeitsbezuges ausmacht, also auch aller »Anschauung einer gegliederten Wirklichkeit«.[41] Was kann es also heißen, den Leib als ursprüngliche und fundamentale »symbolische Form« aufzufassen, so daß in seiner Ausdruckswahrnehmung unmittelbar und konkret der nichtanschauliche Sinn der Seele greifbar wird?

Die ursprüngliche Einheit von Leib und Seele schließt jede nachträgliche Verknüpfung beider aus, in welchen Relationsformen diese Verknüpfung auch immer vorgenommen wird. Aber daß der Leib »Ausdrucksfunktion« der Seele ist[42], bedeutet auch nicht, daß beide ununterscheidbar sind und in ein Identitätsverhältnis überführt werden könnten; etwa derart, daß der Leib ebenso Leib-Seele ist wie die Seele Seele-Leib. Diese Kritik Marc-Wogaus verfehlt nach Cassirer das Phänomen der ursprünglichen Einheit von Leib und Seele, weil sie es mit Hilfe der Identitätslogik interpretiert. Damit läßt sich jedoch das Einheitsverhältnis der »Korrelation« von Leib und Seele nicht erfassen.[43]

Diese Auskunft Cassirers ist natürlich ihrerseits völlig unzureichend. Denn im Verhältnis einer »Korrelation« werden Leib und Seele nach wie vor als (real) unterschiedene Faktoren aufgefaßt. Unzureichend ist darüber hinaus ein weiterer Erklärungsvorschlag Cassirers; nämlich daß es sich beim Physischen und Psychischen um zwei »Momente« handelt, um »zwei[…] Gesichtspunkte, zwei[…] ›modi cognoscendi‹« eines ursprünglichen Phänomens, dagegen nicht um eine Unterscheidung »für sich bestehender Elemente«[44]. Denn in der unmittelbaren Ausdruckswahrnehmung soll ja etwas erfaßt werden, das eine Einheit ist von Leib und Seele. Aber Leib und Seele können darin nicht verschiedene »Aspekte« oder »Gesichtspunkte« unterschiedlicher Erkenntnis- und Zugangsweisen sein. Denn was wäre jenes »Phänomen«, wovon das Physische und das Psychische nur Momente, Gesichtspunkte und Aspekte sind? Eine Geste, eine Physiognomie oder ein sprachliches Zeichen - können sie als Ausdrucks-

---

[41] PsF III, 118.
[42] WWS, 220.
[43] Ebd.
[44] WWS, 221f.

Phänomene der Seele gelten, derart, daß beides, Physisches und Psychisches, lediglich zwei Momente oder Erkenntnisaspekte darstellen, wenn nichts anderes (Drittes) zur Verfügung steht, als diese beiden Faktoren? Zudem, die Seele ist kein »Aspekt« des Leibes und der Leib kein »Gesichtspunkt« oder »Moment« der Seele - wie sich überhaupt für derartige Modelle der Verknüpfung die Frage stellt, ob sie nicht der Struktur der »symbolischen Form« völlig zuwider laufen.

Wenn in der Tat »Schamröte« weder »nackte Identität« von Scham und Röte besagt, noch eine lediglich summative Verknüpfung von verschiedenen Faktoren sein kann, sondern wenn es sich bei der »Schamröte« um ein »Ineinander« beider Faktoren handelt, wobei dieses »Ineinander« die Struktur der »symbolischen Prägnanz« ausmacht[45], dann ist zur Aufklärung der Struktur dieses »Ineinander« weder der Rückgriff auf ein Korrelationsverhältnis hilfreich noch auf das Modell von Momenten, Gesichtspunkten, Aspekten oder Erkenntnismodi. Cassirer gibt nur negativ bzw. unzureichend Auskunft darüber, von welcher Struktur die Einheit von Leib und Seele in der Verknüpfung ihrer »symbolischen Form« des leiblichen Ausdrucks ist, wenn er das Identitätsverhältnis ebenso zurückweist wie die Einheit eines Aggregates samt unterschiedlichen Typen der Verknüpfung, aber auch wenn er das Aspekt-Modell zu Hilfe zieht.

Dies gilt auch für Cassirers Vorschlag, das korrelative Verhältnis von Leib und Seele im Sinne einer »implizite[n] Definition« aufzufassen.[46] Selbst wenn »Leib« und »Seele« nur in einem generellen Zusammenhang miteinander und in wechselseitiger Abhängigkeit voneinander Sinn und Bedeutung erhalten, also nur im Hinblick auf ein »Gesamtsystem« und ihren »ganz bestimmte[n] Platz« darin bestimmbar sind[47], so daß sie keine »An-sich-Bedeutung« besitzen, die im Sinne klassischer Definition mit Hilfe von genus proximum und differentia specifica bestimmt werden kann, so ist gegenüber dieser Verknüpfungsvariante von Leib und Seele kritisch geltend zu machen, daß sich darin zwar beide begrifflich nur aus einer ursprünglichen, nicht nachträglichen und umfassenden, einheitlichen Ordnung und Wechselbestimmung her präzisieren lassen. Aber beide bleiben darin dennoch voneinander unterschiedene gegenständliche Faktoren mit jeweils typischen Eigenschaften. Denn auch ihre begriffliche Abhängigkeit von- und Zuordnung zueinander ist darin (wie die des »In-Einander« und »wechselseitigen Verwoben-Seins und Verschränkt-Seins«) etwas Drit-

---

[45] WWS, 223.
[46] WWS, 225.
[47] WWS, 226.

tes, worin beide miteinander zwar a priori verknüpft sind - aber nicht in der Weise einer »symbolischen Form«.

Was ist der Grund dafür, daß Cassirer kein zufriedenstellendes begriffliches Modell zur Verfügung hat, um die Struktur des Leibes als »symbolische Form« der Seele zu erklären? Möglicherweise kann er dies deshalb nicht, weil er trotz seines theoriegeschichtlichen Anknüpfungs- und Ausgangspunktes an und von Kant sein Konzept der »symbolischen Form« nicht im Kern transzendental versteht: Cassirer erläutert deren Bedeutung zwar am »Musterbild« des Leibes, aber er tut dies mit Hilfe der Dingsprache und nicht in der Sprache der Möglichkeitsbedingung. Er spricht über Leib und Seele und über ihre ursprüngliche Einheit wie über gegenständliche Faktoren und Phänomene samt relationalen und nichtrelationalen Bestimmungen. In der Dingsprache läßt sich jedoch die »ursprüngliche Einheit« von Leib und Seele nicht von sekundären gegenständlichen Einheitstypen hinreichend und zufriedenstellend abgrenzen. Man muß gleichsam die ganze »Betrachtungsweise drehen« (Wittgenstein), um die Einheitsstruktur treffend bestimmen zu können, die den leiblichen Ausdruck in seiner »symbolischen Prägnanz« mit internen seelischen Zuständen verknüpft.

Denn in der »symbolischen Form« ist der Leib derart mit der Seele verknüpft, daß er sie im transzendentalen Sinne und nicht in der Weise der semiotischen Differenz »darstellt«, »ausdrückt«, »bedeutet« und »symbolisiert«: Der Leib und sein leiblicher Ausdruck ist als »symbolische Form« die Möglichkeitsbedingung der Wahrnehmung des Fremdseelischen. Darin wird ein fremder seelischer Zustand in der Form seiner leiblichen Repräsentation erfaßt, also nicht selber erlebt, ohne daß jedoch diese Form eigens Inhalt einer gesonderten Leib-Wahrnehmung wäre. Entsprechend gibt es keine Wahrnehmung eines fremden Leibes, worin dieser nicht repräsentierende Möglichkeitsbedingung des Fremdseelischen wäre - selbst im Falle einer Verstellung oder eines »Superspartaners«, der alle seine Emotionen radikal unterdrückt und nicht zeigt, ist dies nicht der Fall. Andernfalls wäre der Leib ein toter Körper. Insofern ist die »symbolische Form« des Leibes a priori erfüllt. Umgekehrt, ein fremder seelischer Zustand ist nur als leiblich repräsentierter wahrnehmbar, so daß diese Erfahrungsweise des Fremdseelischen keineswegs sekundär ist. Ist ferner der fremde Leib als »symbolische Form« der Seele die Möglichkeitsbedingung ihrer Wahrnehmung, dann kann es keine kognitive Zuwendung zu einem anderen Menschen geben, die nicht über diese »symbolische Form« liefe. Schließlich ist diese transzendentale Struktur der Erfahrung des Fremdseelischen nicht Wahrnehmungsinhalt, sondern Thema einer Reflexion auf die Bedingungen, unter denen eine derartige Wahrnehmung überhaupt möglich ist. Und zu diesen Bedingungen gehört eben auch die symbolische Funktion des fremden Leibes.[48]

Es ist demnach die transzendentale Struktur der »symbolischen Form« des Leibes, welche die Art der »Korrelation« von Leib und Seele bestimmt. Eine derartige symbolische Beziehung ist in der Tat eine Verknüpfung zweier Faktoren zu einer »ursprünglichen Einheit«, die »sui generis« ist und kategorial verschieden von allen gegenständlichen Verknüpfungen dinglicher und quasi dinglicher Faktoren, und sei diese Verknüpfung noch so stark, wie etwa im Falle des korrelativen »Ineinander« oder einer nur »implizit« möglichen Bestimmung. Entsprechend ist der Unterschied innerhalb einer »symbolischen Beziehung« zwischen ihren verschiedenen Faktoren völlig anderen Typs als der über Inhalte und Merkmale vorgenommene Unterschied zweier gegenständlich aufgefaßter Faktoren.

Diese Struktur der Einheit von Leib und Seele scheint Cassirer trotz seines Ausgangs von der Transzendentalphilosophie nicht hinreichend berücksichtigt zu haben, was seine unzureichenden Versuche, die Einheit von Leib und Seele begrifflich zu fassen, erklären könnte. Das Konzept der »symbolischen Form« impliziert eine transzendentale Art der Verknüpfung wie auch Unterscheidung zweier Größen, die nur in der kantischen Betrachtungsweise der »Kopernikanischen Wende« in den Blick kommt und die von jeder ontologischen Betrachtungsweise innerhalb der Dingsprache scharf zu unterscheiden ist.

Für die Wahrnehmung einer Schamröte (oder einer sprachlichen Gefühlsäußerung wie »Ich freue mich«) bedeutet dies, daß darin weder zunächst lediglich eine rote Gesichtsfarbe wahrgenommen wird, um daraus auf den entsprechenden inneren Zustand der Scham zu schließen. Noch bedeutet es, daß die Wahrnehmung der roten Gesichtsfarbe bereits das Erfassen des fremden Gefühls ist. Das »Ineinander« von Röte und Scham ist weder das einer Aggregat-Verknüpfung noch das einer »nackten Identität«. Wenn die Gesichtsröte die »symbolische Form« einer Scham ist, dann heißt dies schließlich auch nicht, daß die Gesichtsröte die Scham in der Weise repräsentiert, abbildet und darstellt, daß man im Symbol der Gesichtsröte nicht wirklich auf fremde Scham Bezug nehmen würde, sondern nur auf ein Zeichen und Bild von ihr, auf einen sie lediglich leiblich repräsentierenden Gehalt, während die Wirklichkeit der Scham von ihrer leiblichen Repräsentation verschieden wäre oder gar nur im fremden Er-

---

[48] Auch das Erleben und Erfahren des eigenen seelischen Zustandes ist nicht frei von der »symbolischen Form« des eigenen Leibes. Denn auch Eigenseelisches ist nur über so etwas wie eine - allerdings interne - Leiberfahrung repräsentiert.

leben vorläge. Im Gegenteil, der Leib repräsentiert in seiner »symbolischen Form« einen seelischen Zustand derart, daß die Wirklichkeit der leiblichen Repräsentation die Wirklichkeit des seelischen Zustandes bedeutet und ist, ohne daß eine intentionale Differenz der Repräsentation dazwischen läge: Der Leib repräsentiert die Seele als deren »Ausdruck«, und dies gilt auch für den sprachlichen »Ausdruck« eines Gefühls wie der Freude. Ist der leibliche Ausdruck eine Möglichkeitsbedingung der Erfahrung des Fremdseelischen, dann sind leibliche Phänomene wie etwa Gesichtsröte oder sprachliche Laute nur unthematisch als Möglichkeitsbedingung miterfahren und nie als gesonderte Phänomene greifbar.

Im Gegensatz zur »symbolischen Form« des leiblichen »Ausdrucks« sind alle anderen Typen der »symbolischen Form« wie solche der Abbildung, der Darstellung und Repräsentation durch eine intentionale Differenz gekennzeichnet. Und zwar derart, daß die Wirklichkeit des Dargestellten und Repräsentierten mit der Realität des Darstellenden und Repräsentierenden nicht a priori zusammenfällt, sondern nur über die repräsentierende intentionale Beziehung gegeben ist. Deswegen können sie für sich nicht beanspruchen, zugleich »Ausdruck« des Symbolisierten zu sein, wie es die (fremde) Seele in der »symbolischen Form« des Leibes ist. Derartige intentionale Darstellungs- und Repräsentationsbeziehungen sind deshalb sekundäre »symbolische Formen«. Selbst im Falle der Täuschung und der Verstellung sowie in der Situation des Sich-etwas-nicht-anmerken-Lassens ist die Wirklichkeit des leiblichen Ausdrucks unlösbar mit der Realität eines seelischen Befindens verknüpft, wenn auch mit einem anderen als vorgegeben und ausgedrückt. Alle anderen Typen »symbolischer Formen« wie Sprache, Mythos, Religion, Wissenschaft und natürlich ebenso »triviale« Phänomene der Kultur wie erst recht die Wahrnehmung der gegenständlichen Welt repräsentieren als sinnliche Gehalte symbolhaft eine gegenständliche Realität, wobei sie diese in einen nichtanschaulichen, geistigen Bedeutungsgehalt bzw. in ein Sinn-Ganzes stellen, ohne daß sie jedoch infolge ihrer intentionalen Differenz von Darstellendem und Dargestelltem, Zeichen und Bezeichnetem bereits durch ihre eigene Realität die Wirklichkeit des Repräsentierten garantierten, eben weil sie diese nicht »ausdrücken«, was jedoch für ästhetische Formen von Abbildungen in Kunstwerken nicht gilt. Im Gegenteil, alle derartigen Verknüpfungen sind kontingent - oder sie beziehen sich wie im Falle der »symbolischen Form« von Kunstwerken auf eine werkimmanente Schein-Realität.

Allerdings ist auch die a priori erfüllte »symbolische Form« des fremden Leibes als Ausdruck des Fremdseelischen unaufhebbar defizient. Und zwar insofern, als das darin unmittelbar gegebene Innere der anderen Person nicht deren eigenes Erleben ist, sondern dessen Wirklichkeit für Andere: Fremder leiblicher Ausdruck von Seelischem wird nur mittels einer intentionalen Wahrnehmung erfaßt. Bestenfalls kann deshalb das »Musterbild« der »symbolischen Formen« nur der eigene leibliche Ausdruck des selbst erlebten Inneren sein, mag dieser Ausdruck nun (intern-) sprachlich oder nichtsprachlich sein. Doch dann würde der über andere Typen von »symbolischen Formen« laufende Zugang zur ich-fremden, externen Welt und erst recht zum Welttranszendenten an einem »Musterbild« gemessen, das völlig inadäquat oder radikal subjekt-zentrisch ist. Will man diese Konsequenz vermeiden, ist eine andere Konzeption eines »Musterbildes« der »symbolischen Form« zu wählen als der eigene Leib.

Wenn der leibliche Ausdruck die Möglichkeitsbedingung des empirischen Gegebenseins eines seelischen Zustandes ist, dann besteht ein kategorialer Unterschied zwischen der Gesichtsröte sowie der in ihr zum Ausdruck kommenden Scham (bzw. dem sprachlichen Ausdruck eines Gefühlserlebnisses) und einer Aussage mit Behauptungscharakter (und Wahrheitsanspruch) über diesen inneren Zustand. Denn die »Einheit«, in der Innen und Außen darin miteinander verknüpft sind, ist derart »ursprünglich«, daß alle gegenständliche Unterscheidung von Innen und Außen sekundär ist, nachträglich vorgenommen wird und dabei permanent der Gefahr unterliegt, in einer Dingsprache Innen und Außen als gesonderte Entitäten zu beschreiben, zu unterscheiden und aufeinander zu beziehen, so daß deren transzendentale Differenz zu einer ontischen verfälscht wird. Dies gilt selbst noch für das alte metaphysische Konzept der Seele als »forma corporis«, obwohl Cassirer auf es zustimmend Bezug nimmt. Denn auch ein metaphysischer Dualismus von Seelen-Form und Körper-Materie ist vor-transzendental oder gegenständlich. Und es wundert dann nicht, wenn keine metaphysische (und erst recht empirische) Theorie in der Lage ist, eine von vorneherein verfälschte, nämlich ontische Differenz von Innen und Außen auf eine zufriedenstellende, hinreichende Einheit hin zu konzipieren.[49]

---

[49] Dies bedeutet nicht, daß die leibliche Ausdruckswahrnehmung ohne intentionale Struktur ist. Denn jede Wahrnehmung ist auf einen Gegenstand gerichtet, die Dingwahrnehmung ebenso wie die Ausdruckswahrnehmung. Insofern kann es keine Wahrnehmung geben, worin die »wahrgenommene Welt jeglicher gegenständlicher Gliederung entbehrt« (*Dubach*, s. Anm. 21, 61, vgl. 55). Deswegen gehört auch die Wahrnehmung eines leiblichen Ausdrucks von Seelischem zu einer gegenständlich gegliederten Welt - der Welt der psychischen Zustände und Erlebnisse. Das Moment der objektivierenden Intentionalität kann die Ausdruckswahrnehmung nicht von der Dingwahrnehmung unterscheiden. Andererseits besitzt der leibliche Ausdruck von Seelischem in der Tat »keine ... darstellende, repräsentierende Funktion« (*Dubach*, 60). Dies widerspricht jedoch keineswegs Vorherigem. Denn darin geht es um die Struktur der Wahrnehmung des Dinges sowie des Ausdrucks und nicht um dessen Struktur.

Wenn darüber hinaus der leibliche Ausdruck das »Musterbild« einer symbolischen Relation ist, dann prägt er auch den Grundcharakter von Darstellung und Repräsentation. Besitzt entsprechend die Ausdruckswahrnehmung gegenüber der Dingwahrnehmung den »Primat« (*Dubach*, 61) und ist sie die Basis für alle anderen »symbolischen Formen«, also auch für alle »Anschauung einer gegliederten Wirklichkeit« (PsF III, 118), dann durchzieht der Typ der symbolischen Beziehung, wie er im leiblichen Ausdruck von Innerem vorkommt, auch alle anderen »symbolischen Formen«. Dies bedeutet, daß auch in Anschauung und Wahrnehmung, in Sprache, Mythos, Kunst, Religion und Wissenschaft jene ursprüngliche transzendentale Einheit von Symbol und Symbolisiertem, Darstellendem und Dargestelltem, Zeichen und Bezeichnetem zumindest als Grund mit vorliegt, wie sie in der »symbolischen Form« des leiblichen Ausdrucks existiert, worin das Verhältnis des Subjekts zu seiner Welt als ursprünglich erfüllt, als unlösbar und unhintergehbar existent gilt. Entsprechend kann die Wahrnehmung von Ausdrücken nicht bloß rezeptiv sein (*Dubach*, 65), sondern sie muß in Folge ihrer symbolischen Relation gleichfalls einer Energie des Geistes entspringen.

Dies ist nun durchaus verträglich damit, daß Cassirer die Ausdrucksfunktion auch dem »tierischen Bewußtsein« zuschreibt - denn die symbolische Relation ist bereits in ihrem einfachen Ausdrucks-»Muster« eine Intelligenzleistung, und diese ist auch Tieren nicht abzusprechen. Insofern ist zwar die »Darstellungs- und Bedeutungsfunktion« »das entscheidende Differenzspezifikum« für »symbolische Bewußtseinsleistungen« (Ebd., sowie *E. Cassirer*, Versuch über den Menschen, 58f, 63) und damit der Schlüsselbegriff der menschlichen Kultur. Aber die symbolische Relation liegt bereits, ja primär im leiblichen Ausdruck des tierischen Inneren vor. Dies läßt sich in Übereinstimmung bringen mit der These Cassirers, daß die Ausdruckswahrnehmung überkulturell ist, vormythisch und vorlogisch (*Dubach*, 65). Für einen damit auch gegebenen evolutionär-schöpferischen Übergang der »symbolischen Formen« von der Ausdrucksfunktion hin zu abstrakten Bewußtseinsleistungen und deren symbolischen Relationen spricht nicht zuletzt, daß Cassirer eine »symbolische Prägnanz« der Ausdruckswahrnehmung erwähnt. Der evolutionäre Schritt im Übergang vom tierischen zum menschlichen Bewußtsein liegt in dem Spezifikum des letzteren - nämlich in jenem Typ der »symbolischen Form«, der durch die intentionale Differenz des Darstellens, Bezeichnens und Bedeutens gekennzeichnet ist. Wie gesagt, diese These einer gewissen Kontinuität zwischen tierischem und menschlichem Bewußtsein samt ihren entsprechenden symbolischen Funktionen widerspricht nicht dem Sachverhalt, daß im Falle der Ausdruckswahrnehmung der Rezipierende passiv ist, und zwar insofern, als der Ausdrucksvorgang selber seiner Verfügungsmacht entzogen ist, weil es ja die wahrgenommene Person ist, die in ihrem Gesicht z.B. Schamröte zeigt. Denn auch diese Erfahrung des Gesichtes muß vom Rezipienten mit Hilfe der »symbolischen Form« seines Wahrnehmungsinhaltes und des fremden leiblichen Ausdrucks interpretiert werden, was ja auch für die Wahrnehmungsfähigkeit der Tiere gelten müßte. Nur so wird der leibliche Ausdruck überhaupt erst in den Kontext des Fremdseelischen gestellt, der wiederum ein nichtanschauliches Sinn-Ganzes ist, und zwar derart, daß auf eine einzelne Gesichtswahrnehmung »gegenständlich« Bezug genommen wird. Ohne Aktivität der sinngebenden und bedeutungsgebenden Intelligenz kommt keine Ausdruckswahrnehmung zustande, aber ohne Bewußtseinsleistung bereits nicht einmal der leibliche Ausdruck des Seelischen.

VII. »Christlicher Gott« als unerfüllbare »symbolische Form«

Für den gesamten Bezug des Subjekts zur Welt, wie differenziert er auch immer über die »symbolischen Formen« der Kulturleistungen aufgegliedert wird, ist die symbolische Relation des »Ausdrucks« fundamental. In der Typologie der »symbolischen Formen« scheint nun der christliche Gott als anschaulicher, begrifflicher oder auch sprachlicher Gehalt für Cassirer das konträre Gegenstück zum leiblichen Ausdruck, dem »Musterbild« symbolischer Beziehungen, zu sein.

Denn die »symbolische Form« der Religion ist durch eine Struktur bestimmt, die paradoxerweise ihre Symbolfunktion permanent außer Kraft setzt - und genau darin liegt die Eigenart der religiösen »symbolischen Form«. An den sinnlichen Gehalten religiöser Phänomene, an ihren Vorstellungsinhalten und Seinsbezügen sprachlicher und nichtsprachlicher Art wird nämlich eine gegenständliche Wirklichkeit derart greifbar, daß sie zwar in den Raum eines nichtanschaulichen Sinns und geistigen Bedeutungsgehaltes, in ein Sinn-Ganzes gestellt wird. Aber die darin repräsentierte religiöse Bedeutsamkeit liegt nicht im dargestellten Vorstellungsinhalt und ausgesagten Wirklichkeitsgehalt, sondern im formalen Verweis auf »Transzendenz«, auf »Anderes« und »Jenseitiges« von allem inhaltlichen, bildlichen und wirklichen Gehalt. Der religiöse Sinn ist die Form der Beziehung aller inhaltlichen religiösen Phänomene auf die Unendlichkeit, ist das Hinausstreben über die Bilderwelt der anschaulichen, aber selbst auch der nichtanschaulichen begrifflichen Bedeutungsgehalte.[50]

Dieser Gegensatz und diese Spannung zwischen dem »reine[n] religiöse[n] Sinngehalt« und seinem bildlichen Ausdruck, der selbst noch in abstrakten gedanklichen Formulierungen von Dogmen steckt[51], ist prägend für die religiöse Bedeutsamkeit, für die religiösen Sinngehalte und - generell - für das religiöse Bewußtsein. Von Ausmaß, Radikalität und Bewußtheit dieses Gegensatzes hängt der Wert der Religion und ihrer Wahrheit ab. Andererseits ist Religion freilich nur in ihrer Verhaftung mit dem Sinnlichen, mit Bildern, Dingen und anschaulicher Wirklichkeit wirksam und wirklich.[52] Der beständige Umschlag religiöser Sinn- und Wahrheitsgehalte in eine bildliche, dingliche Wirklichkeit von Gegenständen und deren »Existenz«[53] läßt sich demnach nicht nur aufgrund der Struktur religiöser »symbolischer Formen« nicht außer Kraft setzen, sondern er resultiert auch aus der Art der Wirklichkeit und Wirksamkeit religiöser Phäno-

---

[50] PsF II, 301, 310f.
[51] PsF II, 297.
[52] PsF II, 310.
[53] PsF II, 311.

mene. Deswegen stellen alle christlichen Dogmen, worin rein religiöse Sinngehalte in Form von »Vorstellungs- und Seinsgehalt[en]« ausgesprochen werden[54], selbst notwendige »symbolische Formen« der religiösen Überzeugung dar, obwohl ihre unaufhebbare semantische und referentielle Inadäquatheit bewußt ist. Nicht zufällig finden sich alle Züge »der christlichen Glaubens- und Vorstellungswelt« und ihrer Dogmen denn auch in Parallelen der mythischen Bilderwelt wieder.[55]

Es ist das »Ineinander und Gegeneinander« von bildlichem, dinglichem Bedeutungs-Gehalt und der in derartigen Symbolen zugleich zum Ausdruck gebrachten Transzendenz aller anschaulichen und geistigen Wirklichkeit, bzw. der Beziehung auf das Unendliche, das schlechthin Andere und Jenseitige – es ist dieses In- und Gegeneinander, deren konfliktäre Struktur, Spannung und Gegensatz typisch ist für die Religion als »symbolische Form«[56]. Zu dieser Struktur gehört auch, daß es undenkbar ist, daß dieser Konflikt gleichsam in einem Gleichgewichtszustand irgendwie auflösbar würde, aber umgekehrt auch, daß man darauf verzichten könnte, eine Auflösung, ein Gleichgewicht oder gar eine Versöhnung zu suchen. Das Wissen um das religiöse Symbol »als Ausdrucksmittel« und das Wissen um die Tatsache, daß der darin repräsentierte oder symbolisierte Sinn prinzipiell defizient ist, weil er an anschauliche und geistige Sachgehalte und Bildgestalten rückgebunden bleibt[57], kennzeichnet religiöses Bewußtsein[58], ohne daß dieser Gegensatz auflösbar wäre, aber auch ohne daß er akzeptiert werden könnte, wobei Cassirer keine Aussagen darüber macht, warum er nicht auflösbar ist.

Diese »Dialektik« von symbolischem Aussage- und Bedeutungsgehalt und seiner eigenen semantischen und referentiellen Selbstnegation prägt selbst noch die radikalsten Formen der Auflösungsversuche des strukturellen Konflikts im religiösen Bewußtsein, etwa auch jene einer »negativen Theologie« mit ihrem Rückgang auf die »Gestalt der Gestaltlosigkeit« oder auch auf Formen des religiösen Bewußtseins mit seiner nichthistorischen Menschwerdung Gottes im einzelnen religiösen Bewußtsein.[59] In die Struktur der »symbolischen Formen« des religiösen Bewußtseins ist das radikale Moment einer Selbstnegation eingeschrieben, und genau dies macht die Eigenart und den radikalen Unterschied der religiösen »symbolischen Form« gegenüber allen anderen aus. Es ist eine Art prinzipielle

---

[54] PsF II, 297.
[55] PsF II, 296.
[56] PsF II, 310f.
[57] PsF II, 286.
[58] PsF II, 306.
[59] PsF II, 299.

Unerfüllbarkeit derselben, die die religiöse »symbolische Form« kennzeichnet und die sie gleichsam zum konträren Gegenstück, zur Wahrnehmung des leiblichen Ausdrucks von Seelischem macht. Denn darin ist der
symbolische Gehalt notwendig und immer erfüllt. Demgegenüber ist die
»symbolische Form« des religiösen Bewußtseins eine Möglichkeitsbedingung der Darstellung und Repräsentation der Transzendenz, die die Erfüllung dieser symbolisierenden Funktion selber unmöglich macht - und
genau darin liegt der Aussagegehalt der spezifischen religiösen Symbole.
    Wenn man mit Cassirer dann nach wie vor daran festhält, daß der
menschliche Leib das »Musterbild« der »symbolischen Formen« ist, dann
müssen die »symbolischen Formen« des religiösen Bewußtseins als absolut
defizient gelten - es sei denn, man gibt Cassirers leibliche Subjektzentrik
des Begriffs der »symbolischen Formen« auf und wählt als deren »Musterbild« von vornherein die dialektische Variante mit der Struktur ihrer
gleichzeitigen Erfülltheit und Unerfüllbarkeit »symbolischer Formen«. Sie
wäre dann freilich ebenso in der Ausdrucksfunktion des menschlichen
Leibes nachzuweisen wie auch in allen Formen symbolischer Repräsentation der externen physischen Welt.
    Auch in Cassirers widersprüchlicher »Harmonie-Aussage« spiegelt sich
diese »Dialektik« der religiösen »symbolischen Formen« wider; nämlich in
der Aussage, daß es einerseits keine »vollständig[e]« »Versöhnung« und
Auflösung der Konfliktstruktur der religiösen »symbolischen Form«, kein
»völlige[s] Gleichgewicht« von »Sinn« und »Bild« geben kann[60] - denn dies
setzt ja voraus, daß es irgendeine Art partieller Auflösung sowie ein teil-
weises Gleichgewicht zwischen beiden dennoch gibt; und daß andererseits eine Auflösung der Konfliktstruktur prinzipiell unmöglich ist, also
nicht einmal partiell gelingen kann, sofern ja gerade in der Unauflösbar-
keit und Nichtharmonisierbarkeit des Konfliktes bzw. in der prinzipiellen
Unerfüllbarkeit die Eigenart der religiösen »symbolischen Form« liegt. Insofern können auch die traditionellen theologischen Paradigmata der
Konfliktlösung schon gar nicht als hinreichend angesehen werden. So
etwa das Prinzip der Analogie des bildlichen Gehaltes der »symbolischen
Formen« und ihres schlechthin bildtranszendenten Sinnes oder das Prinzip der größeren Unähnlichkeit in der Ähnlichkeit zwischen beiden und
selbst noch jeder Versuch einer »negativen Theologie« mit ihrem radikal
negativen Gottesbegriff etwa der Mystik. Denn auch dies geschieht noch
durch die »Vermittlung« der »sinnlichen Bild- und Vorstellungswelt« des
»individuellen Ich« und seines Bewußtseins, das selbst in seinem mysti-

---

[60] PsF II, 301, 311.

schen Erlöschen in Gott noch seine »individuelle Form« wahrt.[61] Deshalb
bezieht es sich gleichsam wider Willen auch in all seinen negativen Begriffen von Gott - mit Hegel gesprochen - immer zugleich auf sich selber,
und d.h. unvermeidlich auf Nichttranszendentes. Und selbst noch in der
religionsphilosophischen platonischen »Einheit der ideellen Schau« - einer
»neuen Denkform« - mit ihrem »Guten ... ›jenseits des Seins‹« bleibt die
»unaufhebliche Korrelation von Verknüpfung und Trennung« in der »Einheit des Verschiedenen« von »Gott und Mensch« bestehen[62], so daß philosophische Konzepte des Transzendenten nur scheinbar den religiös-mysti-
schen überlegen sind. Erst recht läßt sich diese »Dialektik« nicht in existentielle Formen des Daseins oder radikale moralische Lebensvollzüge
auflösen. Denn dies käme einer völligen Negation religiöser »symbolischer Formen« gleich.

In all diesen Fällen ist die »Dialektik« des religiösen Bewußtseins unauf-
gelöst bzw. ignoriert. Denn so sehr in der »symbolischen Form« eines religiösen Gehaltes (auf anschauliche oder rein geistige Art) die Verwiesen-
heit auf einen schlechthin symbol-transzendenten Sinn liegt, so daß alle
darstellende Symbolfunktion des religiösen Bewußtseins ohne Legitimation ist, so sehr gehört eben dieses Wissen noch zum sachlichen Gehalt der
religiösen Symbole - was alle Versuche wiederum rechtfertigt, die von der
Annahme ausgehen, daß die prinzipielle Defizienz der religiösen »symbolischen Formen« dennoch einmal theoretisch behoben werden könnte,
also zumindest partiell gelingt. Dasjenige, was es an der »symbolischen
Form« religiöser Gehalte möglich macht, auf einen welttranszendenten
Sinn Bezug zu nehmen, nämlich die Einbettung eines intentionalen
Wirklichkeitsbezuges in das Sinn-Ganze religiöser Bedeutsamkeit, verhindert zugleich eine Realisierung dieses Bezuges und eine Darstellung des
transzendenten Sinns. Denn jede Form des Verweisens, des Bezuges und
des Sich-Ausrichtens auf Welttranszendenz kann für ein Subjekt nur an
einem gegenständlichen, dinglichen und sachlichen Gehalt seines Bewußtseins ihre symbolische Funktion ausüben. Ein derartiger Gehalt ist
jedoch endlich, weltlich und der Inhalt einer zumindest möglicherweise
erfüllten »symbolischen Form« (etwa dogmatischer Aussagen), was dem
Gedanken der prinzipiellen Symboltranszendenz des Absoluten radikal
widerspricht.

Wenn darüber hinaus auch die »symbolischen Formen« des religiösen
Bewußtseins samt ihrer »symbolischen Prägnanz« Produkte des menschlichen Geistes und Konstitutionsleistungen seines Bewußtseins sind, dann

---

[61] PsF II, 298f.
[62] PsF II, 298ff.

widerspricht dies erst recht eklatant jenem Sinn, den religiöse Gehalte haben, sofern sie gerade das absolut Andere, Jenseitige, Transzendente des menschlichen Geistes intendieren. Es ist die Bedeutung von »Transzendenz«, die jeder Form einer - produktiven oder konstitutiven - Abhängigkeit derselben vom menschlichen Geist und seinen »symbolischen Formen« entgegensteht. Sofern freilich dieser Sachverhalt wiederum zum Bedeutungsgehalt religiöser »symbolischer Formen« gehört, und zwar essentiell als deren Unerfüllbarkeit, impliziert die symbolische Relation zum Transzendenten ihre eigene Selbstnegation und Selbstaffirmation - die Basis aller »Dialektik« des religiösen Bewußtseins und seiner »symbolischen Prägnanz« sowie des religiösen Sinn-Ganzen und Bedeutungsgehaltes.

Enno Rudolph

Die sprachliche Kohärenz des symbolischen Universums.

Der Weg zur ungeschriebenen Religionsphilosophie
Ernst Cassirers[1]

Die Religion zählt zwar nach Cassirers eigenem Bekunden zum Kernbestand der symbolischen Formen in der Morphogenese unserer Kultur,
doch hat er ihr - ebenso wie der Kunst - keine eigene Abhandlung gewidmet. Die Rekonstruktion einer Philosophie der symbolischen Form
der Religion im Sinne Cassirers gleicht einer Divination. Im folgenden
sollen daher allenfalls Anregungen und rudimentäre Wegbeschreibungen
für eine solche Rekonstruktion gegeben werden, indem der Versuch unternommen wird, über den Weg einer kontextbezogenen Kommentie-
rung der symbolischen Form der Erkenntnis (I.), sodann der Interdependenz zwischen den symbolischen Formen des Mythos und der Sprache
(II.) am Ende eine Perspektive auf Cassirers Religionsverständnis zu wer-
fen. Es geht bei diesem Vorgehen keineswegs um eine Rekapitulation der
entsprechenden drei Abhandlungen über Sprache, Mythos und Erkenntnis, sondern vielmehr um eine Kontextualisierung derselben in Auseinandersetzung mit einer Reihe von Erläuterungen, die Cassirer selbst gegeben hat.

I. Von der Form der Erkenntnis zur wissenschaftlichen Symbolik

Bekanntlich wird Ernst Cassirer ungebrochen und unverdrossen zu den
Schulhäuptern des Neukantianusmus gezählt, eine Zurechnung, die sich

---

[1] Die beiden Abschnitte I und II dieses Beitrages stellen die vollkommen revidierte Fassung eines Beitrages dar, den der *Vf.* unter dem Titel »Sprache zwischen Mythos und Erkenntnis. Zu Cassirers Diagnose des Tragik-sprechenden Fortschritts« veröffentlicht hat,
in: *E. Rudolph/H. Wismann* (Hg.), Sagen, was die Zeit ist. Analysen zur Zeitlichkeit der
Sprache, Stuttgart 1992, 79ff.

zäh gegen Infragestellungen behauptet, die Cassirer selbst vorgenommen hat.[2] Die Schwierigkeit einer selbstverständlichen Zuordnung Cassirers zum Neukantianismus wird noch gesteigert durch den Befund, daß diese Strömung keineswegs so homogen gewesen ist, wie sie insbesondere von ihren Gegnern - allen voran Martin Heidegger - profiliert wurde.[3] Allein zwischen den beiden großen Hauptrichtungen des Neukantianismus, der Marburger und der südwestdeutschen Schule, liegen Differenzen wie zwischen Konkurrenten. So wurde Hermann Cohen und Paul Natorp von anderen Neukantianern Abweichlertum vorgeworfen, ein Vorwurf, dem Natorp entgegnete, daß es nie die Absicht der Marburger Schule gewesen sei, am orthodoxen Kantianismus festzuhalten: »Der Schritt zurück zu Kant sei im Gegenteil nur getan worden, um ein tieferes Verständnis der ursprünglichen Ideen des Philosophen von Königsberg zu gewinnen, sie weiter zu entwickeln und mit den Errungenschaften der modernen Naturwissenschaften zu vereinbaren. Letzten Endes kommt es darauf an, den Geist Kants, nicht aber einzelne seiner Gedanken zu bewahren. Ein schlechter Schüler Kants sei - wie Natorp sagte - derjenige, der den Sinn der kritischen Philosophie des Meisters anders verstünde.«[4]

Mit Hermann Cohens Schriften hatte sich Cassirer bereits intensiv beschäftigt, bevor er nach Marburg kam, wo er schnell von Cohen in dessen engsten Kreis aufgenommen wurde. Cassirer kam nach Marburg als profilierter Leibniz-Forscher, der in Fortsetzung seines Versuchs, Leibniz wissenschaftsphilosophisch zu aktualisieren, mit seinem ersten großen Werk über »Substanzbegriff und Funktionsbegriff« bereits den Rahmen für eine selbständige philosophische Grundlegung der Naturwissenschaften unabhängig vom inneren Diskurs des Neukantianismus festgelegt hatte - ein Rahmen, der über die folgenden Jahrzehnte Verbindlichkeit behielt.[5] Von Cohen empfing Cassirer wohl den entscheidenden Impuls, sich mit der Durchführung der selbstkritischen Grenzziehung für den menschlichen Verstand nicht zufrieden zu geben, wie sie sonst in den Schulen des Neukantianismus mehr oder weniger selbstverständlich vertreten wurde. An-

---

[2] Cf. dazu *E. Cassirer*, Was ist »Subjektivismus«?, in: *Ders.*, Erkenntnis, Begriff, Kultur, Hamburg 1933, 201f; s. auch Cassirers Reaktion auf Martin Heideggers Kritik am Neukantianismus während der Davoser Disputation, in: *M. Heidegger*, Kant und das Problem der Metaphysik, Martin Heidegger Gesamtausgabe I, Bd. 3, Frankfurt 1991, 274ff.

[3] Cf. *M. Heidegger* während der Davoser Disputation, in: ebd., 275.

[4] *W. H. Werkmeister*, Cassirers Verhältnis zur neukantischen Philosophie, in: *P. A. Schilpp* (Hg.), Ernst Cassirer, Stuttgart/Berlin/Köln/Mainz 1966, 532.

[5] Cf. dazu vom *Vf.*, Von der Substanz zur Funktion. Leibnizrezeption als Kant-Kritik bei Ernst Cassirer, in: *H.-J. Sandkühler/E. Rudolph* (Hg.), Symbolische Formen, mögliche Welten - Ernst Cassirer, in: Dialektik - Enzyklopädische Zeitschrift für Philosophie und Wissenschaften, Hamburg, Heft 1, 1995, 85ff.

ders aber als in der Schule Hegels, die ebenfalls an der Kantischen Tugend der Selbstbescheidung des menschlichen Erkenntnisvermögens Ärgernis nahm, um die kognitive Dimension des Bewußtseins wieder zu entgrenzen, blieben sowohl Cohen als auch Cassirer mit freilich unterschiedlicher Verbindlichkeit an Kants kritischer Festlegung auf die Grenzen und Schranken menschlicher Erkenntnis orientiert. Allerdings galt dem einen diese Festlegung eher als verbindlicher Terminus a quo (Cohen), während der andere sie allenfalls eher als Terminus ante quem non beurteilte (Cassirer). Cassirer ging es dabei besonders darum, einen für die modernen Naturwissenschaften akzeptablen Begriff des Wissens zu entwickeln, der zur Zugrundlegung einer Theorie der Gegenstandswelt und der sie strukturierenden Gesetze taugt. Die nachkantischen idealistischen Philosophien des Wissens erhoben hingegen in nicht unpathetischer Manier zwar einen ähnlichen Anspruch, blieben wissenschaftsgeschichtlich aber einflußlos. Die Kantische Prämisse von der Endlichkeit des menschlichen Verstandes wurde von beiden - Cohen und Cassirer - nie aufgegeben, sondern neu begründet. Und in der Form der Neubegründung trifft Cassirer seine originäre wissenschaftsphilosophische und erkenntnistheoretische Entscheidung. Das »Ding an sich« - für Hegel schlagendes Indiz eines Selbsttäuschungsmanövers Kantischer Bewußtseinsphilosophie - bewertet Cassirer als Rudiment eines metaphysischen Dualismus, der bei Kant zur problematischen Diastase zwischen der Form (des Denkens) und der Materie (sinnlich gegebener Welt) führt. Wer diesen Dualismus vermeiden will, bricht mit der cartesischen Erbschaft in Kants Philosophie. Will er gleichwohl nicht zur Schlußfolgerung auf die Vorgabe eines absoluten Wissens im Sinne Hegels genötigt werden, so muß er zwischen Kants Dualismus und Hegels Monismus einen *dritten Weg* suchen, von dem zweifelhaft bleibt, inwieweit er überhaupt mit Kant beschritten und von welchem Punkt an er nur noch gegen Kant verfolgt werden kann.

Als hilfreich für die Beantwortung dieser Frage erweist sich der Befund, daß Cassirer von einer spezifischen Auslegung des Kantischen Formbegriffs ausgeht, um so gleichsam loyal vom transzendentalen Formalismus zur Theorie einer Formgeschichte der Erkenntnis im engeren und der Kultur im weiteren Sinne zu gelangen. Die Funktion der Formen, die bei Kant die Bedingung der Möglichkeit für empirische Erkenntnis bilden - die Kategorien des Verstandes und die Anschauungsformen - werden Cassirer zufolge fehlgedeutet, wenn man sie wie »Hüllen« der mentalen Tätigkeit des Subjekts versteht. Eine solche Beurteilung führt unausweichlich zu der prekären Schlußfolgerung, die Funktion und die Kompetenz dieser Formen nur daran zu messen, »was sie an Dasein«, sei es innerem oder äußerem Dasein, in sich schließen, statt nach ihrer authentischen

»Kraft und Geschlossenheit« zu fragen.[6] Zwar gelte, so räumt Cassirer ein, daß die Formen tatsächlich »zwischen uns und die Gegenstandswelt treten«. Aber sie bezeichnen damit nicht nur negativ die Entfernung, in welche der Gegenstand für uns rückt, sondern sie schaffen die einzig mögliche adäquate Vermittlung und das Medium, durch welches uns irgendwelches »geistiges Sein« erst faßbar und verständlich wird.[7]

Cassirers Interesse gilt dem Erweis der Authentizität und Independenz dieses Mediums. Folglich kann er kein »metalogisches Rudiment« (Adorno) - ein »Ding an sich« - akzeptieren, das diesem Medium die ontologische Legitimation vermittelt, die Realität der Welt angemessen zu begreifen. Cassirer argumentiert gegen die prekäre Voraussetzung eines »intelligiblen Grundes« der Erscheinungswelt, und damit bricht er mit einer Grundvoraussetzung der Erkenntnistheorie Kants. Die programmatische Zielsetzung, den traditionellen metaphysischen Dualismus zwischen Ich und Welt durch eine Theorie der Formen des Erkennens als authentische Medien der Wirklichkeit abzulösen, verurteilt Cassirers Dualismuskritik zum Erfolg. Gerade deshalb verschärft sich allerdings die Erläuterungsbedürftigkeit der Rede vom »geistigen Sein«. Wird die Destruktion des metaphysischen Dualismus nur über den Weg eines geist-metaphysischen Monismus vollzogen, der sich von Hegels kantkritischer Integrativität des absoluten Geistes am Ende unwesentlich unterscheidet?

Cassirers erkenntnistheoretische Alternative führt zu einer Entscheidung, die ihn gleich weit von Kant und Hegel entfernt, indem er die Formen des Wissens so verstanden wissen will, daß sie sich als das »Allgemeine« mit dem »Besonderen« der sinnlichen Vielfalt in einer »geistigen Mitte« treffen und sich mit diesem Besonderen zu einer »wahrhaft« konkreten Einheit durchdringen: »Dieser Prozeß stellt sich uns überall dort dar, wo das Bewußtsein sich nicht damit begnügt, einen sinnlichen Inhalt einfach zu haben, sondern wo es ihn aus sich heraus erzeugt. Die Kraft dieser Erzeugung ist es, die den bloßen Empfindungs- und Wahrnehmungsinhalt zum symbolischen Inhalt gestaltet.«[8] An der so vorgenommenen Verwendung des Prädikates »symbolisch« läßt sich Cassirers originäres Symbolverständnis ebenso ablesen wie dessen Bedeutung für die Konsistenz des dritten Weges der Erkenntnistheorie nach Kant und Hegel. *Symbole sind Synthesen aus Sinn und sinnlichem Träger von Sinn.* Das Zusammenwirken von Empfindungsgehalten einerseits und Erkenntnisformen andererseits repräsentiert exakt, was die traditionelle Metaphysik mit unterschiedli-

---

[6] E. *Cassirer*, Der Begriff der symbolischen Form im Aufbau der Geisteswissenschaften (abgek. BFS), in: *Ders.*, Wesen und Wirkung des Symbolbegriffs, Darmstadt [7]1983, 176.
[7] Ebd.
[8] BSF, 177.

chen Methoden des Transzendierens wohl suchte, ohne allerdings zur
»konkreten Einheit« von Wahrnehmungsinhalt und Erkenntnisform gelangen zu können. Das symbolisch Erzeugte und dadurch erschöpfend repräsentierte Sein der Welt löst den klassischen metaphysischen Dualismus
ab. *Der Symbolismus tritt an die Stelle des Dualismus.* Den Charakter des
Symbols als Synthese von Sinn und sinnlichem Zeichen erläutert Cassirer
prägnant mit Hilfe seines Bildbegriffes: Im Symbol habe »das Bild aufgehört, ein bloß von außen Empfangenes zu sein; es ist zu einem von innen
her Gebildeten geworden, in dem ein Grundprinzip freien Willens waltet.
Dies ist die Leistung, die wir in den einzelnen »symbolischen Formen«,
die wir in der Sprache, im Mythos, in der Kunst sich vollziehen sehen.
Jede dieser Formen nimmt vom Sinnlichen nicht nur ihren Ausgang, sondern sie bleibt auch ständig im Kreise des Sinnlichen beschlossen. Sie
wendet sich nicht *gegen* das sinnliche Material, sondern lebt und schafft in
ihm selbst. Und damit vereinen sich Gegensätze, die der abstrakten metaphysischen Betrachtung als unvereinbar erscheinen mußten.«[9] Der »scharfe Schnitt«, der bei Kant die Erkenntnis von den »Dingen an sich« ein für
allemal loslöse, sei nur ein anderer Ausdruck für die Tatsache, daß die Formen nunmehr »ihren festen Grund in sich selber gefunden haben«.[10]

Cassirer beansprucht für die Formen der Erkenntnis also eine höhere
Kompetenz, als Kant sie ihnen selbst auf Grund der aporetischen Externi-
tät des »Dinges an sich« zuzusprechen vermochte: Sie bilden Wirklichkeit;
sie bilden sie nicht nur nach. Cassirer sucht eine Position jenseits des Uni-
versalienstreites. Das »Ding an sich« deutet er nicht als heikles Indiz eines
in Kants Nominalismus theoretisch unbewältigten Realismus, sondern als
Limes des Erkenntnishorizontes, als Index der Endlichkeit des Subjekts.
Diese erkenntnistheoretische Neuorientierung hat formulierbare Folgen
für die Definition eines Gegenstandes im Sinne der Physik, Folgen, die
Cassirer direkt beim Namen nennt: »Was in Wahrheit den Inhalt unseres
empirischen Wissens ausmacht, ist vielmehr der Inbegriff der Beobachtungen, die wir zu bestimmten Ordnungen zusammenfassen, und die wir,
dieser Ordnung gemäß, durch theoretische Gesetzesbegriffe darstellen
können. Soweit die Herrschaft dieser Begriffe reicht, soweit reicht unser
objektives Wissen. Es gibt Gegenständlichkeit oder objektive Wirklichkeit, weil und sofern es Gesetzlichkeit gibt - nicht umgekehrt.«[11] Der Verzicht auf eine begriffsunabhängige Naturgesetzlichkeit wird endgültig zur
Tugend erklärt. Die zitierte Bemerkung versteht sich darüber hinaus als

---

[9] BSF, 177f.
[10] BSF, 186.
[11] *E. Cassirer*, Determinismus und Indeterminismus in der modernen Physik, in: *Ders.*,
Zur modernen Physik, Darmstadt [5]1980, 279.

Vorschlag zu einer Theorie objektiver Realität, wie sie für die Naturwissenschaft nützlich und wie sie durch die moderne Physik aus Cassirers Sicht bestätigt wurde.[12] Den wesentlichen Effekt des physikalischen Paradigmenwechsels von der klassischen zur modernen Physik sieht Cassirer in der faktisch vollzogenen Neubestimmung des physikalischen Objektbegriffs, welche sich dadurch eingestellt habe, daß eine Umkehrung des Verhältnisses zwischen Gesetzesbegriff und Gegenstandsbegriff vollzogen wurde. Gemäß dem »naiven Realismus« war der Gesetzesbegriff dem Gegenstandsbegriff nachgeordnet. Jetzt - so Cassirer - sei er ihm »vorgeordnet«[13], und zwar - so müssen wir ergänzen - nicht zögernd und unter Vorbehalt (des Dinges an sich), sondern konsequent und kompromißlos.

Cassirer nimmt den Formalismus der Kantischen Erkenntnistheorie gleichsam beim Wort, indem er die Formen des Wissens als authentische Garanten von Objektivität deutet. Er gelangt so zu einem Verständnis von Objektivität, das den physik-theoretischen Universalienstreit beilegt: »Statt zu klagen, daß wir das ›Innere der Natur‹ nicht einsehen, müssen wir uns klar machen, daß es kein anderes ›Innere‹ für uns gibt, als dasjenige, das sich uns durch Beobachtungen und Zergliederung der Erscheinungen erschließt.«[14] Der Verzicht auf die Möglichkeit, Ort und Impuls eines Elektrons gleichermaßen distinkt zu messen, wird bei Cassirer als Vorzug und nicht als ein Mangel gewertet, weil dieser Verzicht dazu nötigt, physikalisches Sein und meßbare Eigenschaften empirischer Gegenstände miteinander zu identifizieren und damit einzuräumen, daß die Definition des physikalischen Gegenstandes die Welt der Physik konstituiert. »Zudem nötigt dieser Verzicht dazu, die Realität eines Elektrons auf nichts anderes zu gründen, als auf die Gesetze, die wir über die Strahlung dieses Elementarteilchens je aufstellen können.«[15] Außerhalb der Gesetze gibt es keine Objektivität, die wir nach Cassirer zu erforschen hätten.

Gegen die Position eines »naiven Realismus« scheint Cassirer auf den ersten Blick eine naiv idealistische Position einzunehmen, sofern er postuliert, daß wir überhaupt keine Gegenstände im strengen Sinne erkennen, sondern daß wir »gegenständlich« erkennen.[16] Genau besehen aber markiert diese Formulierung eine Position jenseits der Alternative Realismus-Idealismus. Sie besteht darin, dem Erkennen von sich aus eine gegenstandskonstituierende Funktion zuzuweisen, und das nicht nur dadurch und nicht erst dann, wenn die Formen des Wissens ihren Stoff »ge-

---

[12] AaO., 277.
[13] AaO., 278.
[14] AaO., 283.
[15] Ebd.
[16] AaO., 286.

liefert« bekommen, um ihn zum Objekt zu organisieren. Vielmehr deutet
Cassirer den Erkenntnisprozeß als zielgerichtet auf einen »terminus ad
quem«[17], womit der Gegenstand gemeint ist, mit dem der Erkenntnisprozeß im Sinne des naiven Realismus als dessen Terminus »a quo« ansetzte.
Bei Cassirer ist der Fluchtpunkt Limes. Der Gehalt an intrinsischer Realität, den der Realismus verteidigen möchte, wird bei Cassirer auf diesen
residualen »terminus ad quem« reduziert. Anders als im transzendentalen
Idealismus denkt Cassirer die Formen des Wissens als zeitlos stabil und
»rein«. Da sie von der konkreten Einheit mit dem Besonderen nicht zu
abstrahieren sind, erfüllen sie im strengen Sinn den Anspruch des Prädi-
kats »synthetisch«. »Aller geistige Inhalt ist für uns notwendig ... an die
Form der *Zeit* gebunden. Er ist nur, sofern er sich in der Zeit erzeugt,
und er scheint sich nicht anders erzeugen zu können, als dadurch, daß er
sogleich wieder verschwindet, um der Erzeugung eines anderen neuen
Raum zu geben. So steht alles Bewußtsein unter dem Heraklitischen Gesetz des Werdens. Die Dinge der Natur in ihrem objektiv-realen Dasein
mögen allenfalls einen festen ›Bestand‹, eine relative Dauer aufweisen:
dem Bewußtsein ist ein solcher durch seine eigenste Natur versagt. Es besitzt kein anderes Sein als das der freien Tätigkeit, als das Sein des Prozesses. Und in diesem Prozeß kehren niemals wahrhaft identische Bestand-
teile wieder.«[18]

II. Von der mythischen zur nach-mythischen Symbolik

Cassirer verdeutlicht die Leistungsfähigkeit seines Symbolbegriffs u.a.
auch durch einen Vergleich zwischen mythischer und sprachlicher Symbolik. Spezifisch für das mythische Denken sei die Unfreiheit des Gedankens gegenüber der Anschauung, die Unfähigkeit, Denken und Wahrnehmung kritisch zu unterscheiden. Das mythische Bewußtsein sei von der
Anschauung »gebannt«: Das mythische Bewußtsein »hat den Gegenstand
nur, indem es von ihm überwältigt wird.«[19] Hinzu kommt die für die
Ausbildung des mythischen Bewußtseins charakteristische Tendenz, jeweils einzelne gegebene Erscheinungen - insbesondere furchterregende
Phänomene - zu dämonisieren in der Absicht, auf diese Weise die Be-
drohlichkeit der Umwelt zu bändigen und sich die umgebende Wirklichkeit zu organisieren. Es kommt dabei zu einer Vielfalt unterschiedlicher
Kausaldeutungen, die einer Vielfalt unterschiedlicher Zuständigkeiten für
die gemachten Erfahrungen entsprechen. Der Polytheismus der Mythen

---

[17] AaO., 279.
[18] BSF, 176.
[19] PSF II, 96.

findet darin seine Erklärung. Der Mythos sondert das Einzelne durch diese Bewältigungsmethode aus seinen gegebenen Zusammenhängen aus, er löst es damit aus seinem Kontext, was zu dem für Cassirer mythostypischen Resultat führt, daß das mythische Denken keinen »Kontext der Erfahrung«[20] etwa im Sinne Kants kenne. Mit »Kontext« meint Cassirer eine vermöge diskursiver Reflexivität und entsprechender Abstraktionsfähigkeit entstehende Strukturierung der Gegenstandswelt, die herzustellen überhaupt nur durch bewußte Objektivierungsleistungen des Verstandes möglich ist. Die sinnfällige Vielfalt dämonisch gedeuteter Wirkungen entspricht einerseits einer Vielfalt von Namensgebungen, welche für die Pluralität der Götterwelt als Ursachenkomplex steht, wie auch für die Komplexität lebendiger Erfahrungen überhaupt. Gleichzeitig vollzieht sich mit der Benennung der dämonischen Ursachen, der mythischen Götter, eine »substantielle Verfestigung des Wortes«[21], durch die sich im Laufe der Zeit der erste Schritt zur Dominanz der uns scheinbar vertrauten abstrahierenden Tendenz der Sprache vollzieht, und d.h. aber auch zur Dominanz einer spezifischen Wirklichkeitsentfremdung der Sprache gegenüber der (wenn auch ambivalenten) Anschaulichkeit mythischer Erfahrungsweisen. In der Herausbildung einer sprachlichen Ausdrucksweise, die sich in der Schöpfung »anonymer« Benennungen des Göttlichen niederschlägt, weil sie auf eine Universalisierbarkeit des Gottesbegriffes abzielt, sieht Cassirer einen Kulminationspunkt des formgeschichtlichen Wandlungsprozesses kulturschöpferischer Tätigkeit des Menschen. Das religionsmorphologische Modell dieses Stadiums ist der Monotheismus, den Cassirer sprachlich konsequent formuliert findet in der »Selbstvorstellungsformel« Jahwes: »Ich bin, der ich bin« (Ex 3,15). Diese Formel zeigt nach Cassirer darüberhinaus, daß die Sprache selbst den Weg freimacht, an dessen Ziel ihre eigene Überwindung steht.[22] Dieses Ziel manifestiert sich etwa in der schlechthin anschauungslosen Rede von »Ich« und »Sein«, für die kennzeichnend ist, daß sie sich jeder Prädikation entziehen. Das »ich bin« Jahwes hat alle Namensprädikationen verdrängt und ist ebenso unüberschreibbar abstrakt, wie das »Sein«, das nach Kant bekanntlich »kein reales Prädikat ... von irgend etwas, was zu dem Begriffe eines Dinges hinzukommen könne«[23], sein kann.

Selbstvorstellungsformel Jahwes und Ontologiekritik Kants konvergieren also bemerkenswerter Weise darin, daß sie der mythischen Auffassung

---

[20] E. *Cassirer*, Sprache und Mythos. Ein Beitrag zum Problem der Götternamen (abgek. SM), in: *Ders.*, Wesen und Wirkung des Symbolbegriffs, 123.

[21] AaO., 124.

[22] AaO., 141.

[23] KrV B, 626.

gleichermaßen diametral und programmatisch entgegengesetzt sind. Für das mythische Bewußtsein gilt nach Cassirer, daß das Sein zum »Prädikat der Prädikate« wird, was so zu verstehen wäre, daß die Copula hier »fast durchweg auf eine sinnlich-konkrete Grundbedeutung« zurückgeht, also ursprünglich die einzelne bestimmte Erscheinungsweise eines auf Gott zurückgeführten Dinges oder Ereignisses bezeichnet. »Erst mit der Umformung der objektiven Existenz in das persönliche Sein ist das Göttliche wahrhaft in die Sphäre des ›Unbedingten‹ hinaufgehoben.«[24] Der Vorgang, den Cassirer als Prozeß vom Mythos zum Logos nachzeichnet, läßt sich mythologiegeschichtlich als die Ablösung der Göttervielfalt - gerade auch derjenigen in ihrer vollends ephemeren Gestalt (der »Augenblicksgötter« Hermann Useners) - durch den Monotheismus in seiner abstraktesten Gestalt zur Darstellung bringen.

Über den Weg der von Cassirer an diesem Prozeß diagnostizierten tendenziellen Überwindung anschaulicher Prädikation hat sich für den Preis bildlicher Symbole eine metasprachliche symbolische Form eigener Art entwickelt, nämlich die der Erkenntnis in dem unter I. entwickelten Sinne, Erkenntnis verstanden als Symbolisierung von Bedeutungen. Symbolische Formen können also konfligieren, ohne sich freilich auszuschließen oder ultimativ ablösen zu müssen. Insofern sie alle den Sinn von Wirklichkeit bilden, sind sie als Formen der Synthesenbildung aus Sinn und Sinnlichkeit funktional miteinander vergleichbar und ergänzen einander überdies. Weder Mythos noch Erkenntnis zeigen bloß auf Wirkliches, sondern indem sie den Sinn von Wirklichkeit bilden, transformieren sie die erfahrbare Welt in Kultur. *Kultur* ist die in Kraft poietischer Freiheit erzeugte Symbolwelt.

Im Blick auf die Unterscheidung zwischen Mythos und Sprache läßt sich hier eine deutliche, wenngleich implizit gebliebene Sprachkritik Cassirers erkennen. Deren Akzent läge auf der These, daß Sprache ihre eigene Aufgabe als Sinnschöpferin mißversteht, wenn sie sich dualistisch zu der von ihr erfaßten Wirklichkeit verhält. Sie scheiterte damit an ihrem Gegenstand. Die damit indirekt geäußerte Forderung nach permanenter Steigerung sprachschöpferischer Kreativität mildert Cassirer allerdings durch seine skeptische Beurteilung der Kompetenz der Sprache, nur eine »Abbreviatur der Wirklichkeit«[25] zu sein. So gesehen erweist Cassirer sich als ein skeptischer Sprachphilosoph.

Diese Beurteilung wird bestätigt durch Cassirers linguistische These von einer gemeinsamen »Wurzel« für Sprache und Mythos. Schon die primi-

---

[24] SM, 139.
[25] SM, 78.

tivste sprachliche Äußerung erfordere nämlich die »Umsetzung« (»meta-basis«) eines bestimmten Anschauungs- oder Gefühlsgehaltes in den Laut, das heißt in ein dem Inhalt selbst fremdes, ja disparates Medium. Und ebenso entstehe auch jede mythische Gestalt erst kraft einer Umformung: ein bestimmter Eindruck werde der Sphäre des Gewöhnlichen, der All-täglichkeit, des Profanen enthoben und in den Kreis des »Heiligen«, des mythisch-religiös »Bedeutsamen« gerückt. Es handelt sich dabei nicht um eine bloße Übertragung im Sinne einer Umstellung oder Vertauschung, »die mit dem Wortschatz der Sprache schon als einem fertigen Material schaltet«[26], sondern um eine echte »metabasis« in dem Sinne, daß auch die Gattung, in die der Übergang erfolgt, erst erschaffen wird.

In einem Falle sind es die Worte, im anderen Falle die Götter: in beiden Fällen sind es Benennungen. Es ist dieser Vorgang - der Vorgang der Neu-schöpfung einer Gattung, in die hinein die Übertragung erfolgt -, der Cassirer veranlaßt, von einer gemeinsamen metaphorischen Wurzel von Mythos auf Sprache, von einer »radikalen« Metaphorik zu sprechen.[27] In beiden Fällen, dem der Metapher und dem der mythischen Symbolisie-rung -, handelt es sich um eine »Intensivierung der Sinnesanschauung«, wie sie nach Cassirer ursprünglich jeder sprachlichen Formung zugrunde-liegt.[28] An der »umsetzenden« Funktion der Sprache, wie sie sich am Transfer von Anschauungsgehalt in den Laut manifestiert, läßt sich ihre Herkunft aus diesem radikal metaphorischen Vorgang und damit ihre Ge-meinsamkeit mit dem Grundzug mythischer Redeweise ersehen: dieser besteht in der Repräsentation des Ganzen durch das Teil, etwa der Natur durch verschiedene für unterschiedliche Lebensbereiche zuständige Göt-ter, oder aber auch des Wortes, das als abstrakter Begriff für viele verschie-dene konkrete Einzelerfahrungen stehen kann. »Sprache und Mythos sind nahe Verwandte.«[29]

Die sprachphilosophische Skepsis Cassirers hat also durchaus eine kon-struktivistische Perspektive, die zwar keineswegs darin besteht, einer Rückkehr zu mythischen Symbolisierungsweisen das Wort zu reden, die aber bezweckt, über den ursprünglich metaphorischen Charakter sprach-

---

[26] SM, 148.

[27] SM, 146.

[28] Cf. dazu vom *Vf.*, Metapher oder Symbol. Zum Streit um die schönste Form der Wahrheit. Anmerkungen zu einem möglichen Dialog zwischen Hans Blumenberg und Ernst Cassirer, in: *R. Bernhardt/U. Link-Wieczorek* (Hg.), Metapher und Wirklichkeit. Die Logik der Bildhaftigkeit im Reden von Gott, Mensch und Natur, Dietrich Ritschl zum 70. Geburtstag, Göttingen 1999, 326.

[29] *E. Cassirer*, Versuch über den Menschen. Einführung in eine Philosophie der Kultur (abgek. VM), Frankfurt 1990, 171.

licher Vollzüge aufzuklären. Zwar betont Cassier allenthalben, daß die
Sprache durch eine natürliche Tendenz zur Abstraktion ausgezeichnet sei,
wie auch daß diese Tendenz dem Weg vom Mythos zum Logos eine
Richtung gebe. Auf der anderen Seite bleibt Sprache von ihrer metaphorischen Herkunft gezeichnet. Der sprachphilosophischen Skepsis Cassirers
entspricht also eine konstruktive Sprachkritik, in der die Metaphorik als
Wesenszug der Sprache gegen die Abstraktion als Wesenszug des Logos
eingeklagt wird.[30]

Es bleibt zu klären, in welchem Sinne auch der symbolischen Form der
Erkenntnis ein Grundzug des Sprachlichen zukommt, so wie etwa dem
Sprachlichen der Grundzug des Metaphorischen. Nur über eine Beantwortung auf diese Frage ließe sich die Differenz wie auch die Kohärenz
der symbolischen Formen im Kulturorganismus bestimmen, versteht Cassirer die symbolischen Formen doch ausdrücklich als Elemente eines organischen Ganzen.[31]

III. Die Religion innerhalb der Grenzen der bloßen Kultur

Die Geschichte der Kultur ist eine Geschichte der kontingenten Interaktion ihrer Formen. Führt diese Interaktion zur Dominanz einer der symbolischen Formen über die anderen - etwa der Wissenschaft im Scientis-
mus oder der politischen Mythen im Staatstotalitarismus - dann verliert
die Kultur an Komplexität. Kultur verarmt, sie wird strukturell primitiv;
die Vielfalt symbolischer Manifestationsmöglichkeiten produktiver Freiheit wird ersetzt durch die Homogenität eines einheitlichen Typos der
Gestaltung unserer Kultur. Besonders am Beispiel des Verhältnisses zwischen Mythos und Religion deutet Cassirer knapp, aber unmißverständlich an, daß die Entwicklungsgeschichte der Kultur der Dialektik einer eigentümlichen Bereicherung und Verarmung zu gehorchen scheint. Die
Entwicklung vom mythischen Polytheismus zum religiösen Monotheismus etwa läßt sich einerseits als ein Prozeß zunehmender Entfaltung der
Kompetenz menschlicher Rationalität und in diesem Sinne als Prozeß ge-
lingender Emanzipation der menschlichen Vernunft von ehedem als dämonisch oder magisch gedeuteten Bedrohungen, kurz als Prozeß wün-
schenswerter Aufklärung deuten. Diese Lesart entspricht der erwähnten
populär gewordenen Vorstellung eines eindimensionalen Fortschritts vom
Mythos zum Logos. Andererseits aber verweist, wie gesehen, schon Cassirer (und nicht erst Blumenberg) auf den geradezu tragischen Verlust an
Bilderreichtum, Deutungsvielfalt und Bedeutungskomplexität der Rede

---

[30] Cf. vom *Vf.*, Metapher oder Symbol, aaO., 322ff.
[31] VM, 119.

von den Erfahrungen schicksalhaften Wirkens, wie er den Logos im Gegensatz zur mythischen Poietik auszeichnet. Auch hier ist das Resultat eine »Abbreviatur«, auch hier kostet »Prägnanz« einen hohen Preis. Dem Verlust an Komplexität der Welterfahrung und der ihnen korrespondierenden Geschichten entspricht im Vollzug religiöser Rationalisierung ein fataler Mangel an Konkretion, an sinnlicher Gewißheit, an Wahrnehmungsvielfalt. Jener erhabene Gott einer theologisch hochgradig durchreflektierten Buchreligion, der zu Moses im Dornbusch spricht, wird im biblischen Text zwar noch in den rudimentären Staffagen mythischer Bildersprache präsentiert. »In der Entwicklung der menschlichen Kultur können wir keinen Punkt angeben, an dem der Mythos endet und die Religion anfängt. Im gesamten Verlauf ihrer Geschichte bleibt die Religion unaufhörlich mit mythischen Momenten verbunden und von ihnen durchdrungen.«[32] Die Selbstvorstellung dieses Gottes ›symbolisiert‹ aber bereits den raffinierten Abstraktions- und Reflexionsgrad einer monotheistischen Hochreligion in ihrer Blütezeit, deren Sprache und Erfahrungswelt durch eine theologische Begriffssprache bereits geformt und normiert ist, und der nur im Medium dieser Sprache seinen angemessenen Ausdruck findet. Die Formel der oben erwähnten göttlichen Selbstrepräsentation dokumentiert eine maximale Abstraktionsleistung sprachlicher Kompetenz. Sie ist überdies als das Konzentrat einer rigiden Reflexionsanstrengung zur Begründung monotheistischer Souveränität zu bewerten. Und - wie ebenfalls angedeutet - hier greift Cassirers genealogische Kulturkritik und liefert zugleich ein Beispiel für ihre Methode: So reich die Selbstvorstellungsformel an Reflexion sein mag, so arm ist sie an Anschauung, Inhalt, Bildern und an Leben. »Die Religion vollzieht den Schnitt, der dem Mythos als solchem fremd ist: indem sie sich der sinnlichen Bilder und Zeichen bedient, weiß sie sie zugleich als solche, - als Ausdrucksmittel, die, wenn sie einen bestimmten Sinn offenbaren, notwendig zugleich hinter ihm zurückbleiben, die auf diesen Sinn ›hinweisen‹, ohne ihn jemals vollständig zu erfassen und auszuschöpfen.«[33] Das animal symbolicum führt sein Bestes, die Symbolsprache, an den Rand ihrer Selbstdementierung. Cassirer nimmt mit dieser Diagnose der scheinbar so sensationellen Entdeckung einer »Dialektik der Aufklärung« lange vor deren Konjunktur und in Anwendung auf die gesamte europäische Kulturgeschichte die Originalität, und zwar auch methodisch. Er erprobt die selbstentwickelte Methode einer kritischen Analyse der Ursachen kultureller Verarmung am Phänomen der Ambivalenz mythischer

---

[32] VM, 139.
[33] PSF II, 286.

Kulturursprünge, d.h. sowohl an ihrer Primitivität als auch an ihrer Unverzichtbarkeit. Diese Kulturgenealogie kulminiert in der Frage nach Ursprung und Erfolgsgeheimnis politischer Mythen im historischen Prozeß zunehmender politischer Liberalisierung in Europa.[34] Insofern schließt sich zwischen dem zweiten Band der »Philosophie der symbolischen Formen« und dem letzten Werk, »The Myth of the State«, ein Kreis.

»Von Anfang an ist der Mythos potentielle Religion.«[35] Da Cassirer der symbolischen Form der Religion keine eigene Philosophie hat zukommen lassen, bleibt sie ein blinder Fleck im System der symbolischen Formen - es sei denn, sie wäre zu rekonstruieren. Wegweiser, die in die Richtung zeigen, der eine solche Rekonstruktion zu folgen hätte, gibt es, wie eingangs angedeutet, durchaus. Freilich bedürfen sie der Entschlüsselung. Es gibt nur wenige solche Wegweiser, und als Code ihrer Dechiffrierung kann nur die »geschriebene Lehre« dienen. Am Ende seiner philosophischen Mythologie bekennt sich Cassirer unmißverständlich und ausdrücklich zu Schleiermachers Religionsverständnis, demzufolge Religion Darstellung des Endlichen im Unendlichen ist: »Alles Einzelne als einen Teil des Ganzen, alles Beschränkte als eine Darstellung des Unendlichen hinzunehmen, das ist nach Schleiermacher Religion.«[36]

Hier liegt eine doppelte Vermutung nahe: zum einen könnte Cassirers Zusammenfassung der Schleiermacherschen These über die Religion von ihm ebenso auch auf Cusanus bezogen werden. Dessen Religionsverständnis zeichnet aus der Sicht Cassirers exakt ein analoges Verweisungsverhältnis zwischen Endlichkeit und Unendlichkeit aus.[37] Cassirers Schleiermacher ist ein Neocusaner. Und zum anderen scheint es der symbolischen Bedeutung von Religion zu entsprechen, was er an Cusanus und in aller Kürze auch an Schleiermacher hervorhebt. Hier nämlich entfaltet Religion ihren Vollsinn als symbolische Form: es zeichnet die zentrale Auffassung des Cusaners aus, die Welt als »Symbol Gottes«[38] zu verstehen. Der Makrokosmos wird damit zum sinnfälligen Repräsentanten seines göttlichen Ursprunges und die Immanenz wird im Vergleich zur Augustinischen Frömmigkeit aufgewertet, verpflichtete der mittelalterli-

---

[34] Cf. vom *Vf.*, Politische Mythen als Kulturphänomene nach Ernst Cassirer, in: *E. Rudolph/B.-O. Küppers* (Hg.), Kulturkritik nach Ernst Cassirer, Hamburg 1995, 143ff.

[35] VM, 139.

[36] PSF II, 318.

[37] Cf. *E. Cassirer*, Individuum und Kosmos in der Philosophie der Renaissance (abgek. IK), Darmstadt ⁶1987, 41f, wo Cassirer kongenial das Verhältnis zwischen Gott und Mensch bei Cusanus unter Bezugnahme auf das Mikrokosmosmotiv erläutert: der menschliche Mikrokosmos als endlicher Gott.

[38] IK, 38.

che Augustinismus den Menschen doch auf eine der Immanenz unerreichbare und entrückte Transzendenz.

Der Symbolbegriff gilt - wie erläutert - generell als Synthese aus sicht-
baren Zeichen und repräsentierter Bedeutung. Im Falle der Religion leistet er die Überwindung des Dualismus zwischen Endlichkeit und Unendlichkeit exemplarisch. Und im Menschen als »Mikrokosmos laufen
alle Linien des Makrokosmos zusammen« - darin liegt nach Cassirers Auslegung die Botschaft Cusanischer Christologie.[39] Und diese wechselseitige
Integration von Immanenz und Transzendenz, wie Cassirer sie bei Cusanus verteidigt sieht, findet ihre Entsprechung in der Analogie zwischen
Gottes Schöpfertum und der Kreativität des Menschen. Aus der Weise,
wie Cassirer diese Interdependenz erläutert, ergibt sich, daß der Mensch
kraft seiner Gottebenbildlichkeit ein ausgezeichnetes Symbol Gottes,
nämlich ein Symbol der göttlichen Wirkungsweise ist. Der Mensch ist
Gott nicht ähnlich im Sinne passiver analogia entis, sondern dadurch, daß
er schafft, produziert wie er: tendenziell ex nihilo. Im Menschen kommt
Gottes kreative Kompetenz selbstproduktiv zur Wirkung. Cassirer verweist zur Erläuterung dieses Zusammenhangs auf eine für Cusanus ebenso
charakteristische wie auch relativ anstößige Stelle aus dem »Liber de men-
te«. Alles, was der absoluten Kunst Gottes innewohne, wohne unserem
Geist als Bild inne, aber nicht im Sinne eines defizitären Abbildes, sondern im Sinne einer »dynamischen Entsprechung«[40]: »Da nun die unendliche Kunst keine Vervielfältigung duldet, mußte notwendigerweise ein
Bild von ihr entstehen, gleich als wenn ein Maler sich selbst malen wollte.
Denn da er selbst nicht vervielfältigt werden kann, entsteht, wenn er sich
malt, sein Bild. Und da ein Bild, so vollkommen es sein mag, doch niemals absolut vollkommen ist (denn vollkommener und ähnlicher als das
Original selbst kann es ja nicht sein), so besteht es als ein unvollkomme-
nes Bild, das jedoch die Möglichkeit hat, sich immer mehr und mehr,
ohne jede Grenze dem unerreichbaren Urbild anzugleichen. Denn gerade
in dieser Weise ahmt das Bild die Unendlichkeit nach, so sehr es immer
kann. Wenn z.B. ein Maler zwei Bilder malte, von denen das eine leblos,
aber ähnlich erschiene, das andere weniger ähnlich aber lebendig, d.h. als
ein solches, welches sich selbst, von seinem Gegenstand in Bewegung gebracht, diesem immer mehr und mehr angleichen könnte, so wird doch
jeder das zweite für vollkommener erklären, weil es die Kunst des Malers
mehr nachahmt. So hat jeder Geist, auch der unsere, wenngleich er ge-
ringer beschaffen ist als die anderen Geister, das von Gott, daß er, so sehr

---

[39] IK, 42.
[40] IK, 72.

er immer kann, ein vollkommenes und lebendiges Bild der unendlichen Kunst ist.«[41]

Die tendenziell approximative Aufhebung der qualitativen Differenz zwischen Gott und Mensch, Schöpfer und Schöpfung, Unendlichkeit und Endlichkeit und ihre Transformation in ein komplementäres Spannungsverhältnis macht hier die Pointe und das Skandalon aus. So wie Cassirers Texte zur Philosophie der Renaissance unverzichtbare Bausteine für seine ungeschriebene Theorie der Kunst[42] enthalten, so auch zu seiner Religionsphilosophie. Religion im Sinne des Cusanus wäre die Form der Kultur, in deren Rahmen der Mensch sich selbst, seine Werke, aber auch die Natur, als angemessene Veranschaulichung Gottes deutet. Nach dieser Auffassung von Religion verändert das Göttliche permanent sein Wesen, es bekommt eine Geschichte, eine Kulturgeschichte. Damit läßt Cassirer solche Typen des Redens von Gott hinter sich, die an der Unveränderlichkeit seines Wesens festhalten. Cassirers Religion kennt keine Normen, keinen jenseitigen absoluten Logos, keine selbstgenugsame göttliche Selbstidentität. Sie ist Religion ohne Metaphysik. Leider blieb es Cassirer schuldig, die Frage zu beantworten, ob er im absoluten Künstler des Cusanus nicht nur einen aus christlicher Sicht provokativ unorthodoxen Gott sah, sondern ob er in ihm auf adäquate Weise den Gott wiedererkannte, der sich Moses vorstellt. Diesen Gott jedenfalls denkt das Judentum als einen, der sich in der Geschichte Israels manifestiert, der also seinerseits eine Geschichte hat.

---

[41] IK, 287.

[42] Cf. vom *Vf.* Artikel »Cassirer«, in: *J. Nida-Rümelin/M. Betzler* (Hg.), Ästhetik und Kunstphilosophie. Von der Antike bis zur Gegenwart in Einzeldarstellungen, Stuttgart 1998, 157ff.

Michael Meyer-Blanck

Ernst Cassirers Symbolbegriff – zeichentheoretisch gegengelesen

Die These, daß es sich bei Cassirer um einen Semiotiker handelt, ist nicht neu. Sie wurde schon 1981 beim »3. Semiotischen Kolloquium« in Hamburg vertreten[1] und kürzlich von Heinz Paetzold ausgebaut.[2] Theologisch ist die These insofern von Bedeutung, als der Symbolbegriff im Gefolge der Berneuchener und Paul Tillichs, später in Rezeption der Psychoanalyse in der Praktischen Theologie eine unvergleichliche Karriere gemacht hat.[3] Der Symbolbegriff Cassirers steht zu dieser Rezeption quer. Für ihn ist das Symbol nicht als ein qua seiner Existenz bedeutungsschweres Phänomen von Interesse, wie die verbreitete Rede von »religiösen Symbolen« suggeriert. In der Regel spricht Cassirer denn in der Regel auch gar nicht vom »Symbol«. Wie im Titel des Hauptwerkes dominiert das Adjektiv »symbolisch«. Cassirer geht es dementsprechend nicht um eine Ontologie des Symbols, sondern um eine Phänomenologie des »symbolischen Prozess«[es] (PsF III, 235)[4]. Dieser Prozeß zeigt nach Cassirer das »Apriori« der Relation, »weil die reine Beziehung es ist, die den Aufbau des Bewußtseins beherrscht« (PsF III, 326).

---

[1] Zeichen und Realität. Akten des 3. Semiotischen Kolloquiums der Deutschen Gesellschaft für Semiotik e.V. Hamburg 1981, hg. von *K. Oehler*, 3 Bde., Tübingen 1984; darin die Beiträge: *J.M. Krois*, Cassirers semiotische Theorie (Bd. 1, 361-368) und *H. Paetzold*, Das Problem der Realität in der semiotischen Erkenntnistheorie von Ernst Cassirer (Bd. 1, 369-382).

[2] *H. Paetzold*, Die Realität der symbolischen Formen. Die Kulturphilosophie Ernst Cassirers im Kontext, Darmstadt 1994, 52-65 (»4. Ernst Cassirers ›Philosophie der symbolischen Formen‹ und die neuere Entwicklung der Semiotik«).

[3] Zusammenfassend dazu meine kleine Schrift: Vom Symbol zum Zeichen. Symboldidaktik und Semiotik, Hannover 1995.

[4] Zugrundegelegt wird die Sonderausgabe der Wissenschaftlichen Buchgesellschaft von 1994 (= reprograf. Nachdruck der 2. Auflage Darmstadt 1953).

Von diesem Grundverständnis her möchte ich im folgenden drei kurze Betrachtungen anstellen, indem ich zunächst Cassirers symbolische Philosophie semiotisch interpretiere, dann aber auch die Unterschiede zu der semiotischen Kulturtheorie Umberto Ecos aufzeige und schließlich im Anschluß an Cassirer Impulse für eine zeichentheoretische Praktische Theologie im Spannungsfeld von Hermeneutik und Semiotik formuliere.

I. Cassirer als Semiotiker

Die These kann sich zunächst schlicht auf den äußeren Befund stützen, daß Cassirer mehr von Zeichen als von Symbolen spricht. Ich interpretiere ihn so: Die Symbolik, die symbolische Form rekonstruiert Wirklichkeit durch Zeichen. Unmittelbar in der Einleitung seines Werkes gebraucht Cassirer an einer der ganz wenigen Stellen den Begriff »Semiotik«, indem er ihn mit »Symbolik« synonym verwendet, und definiert:

> »Denn das Zeichen ist keine bloß zufällige Hülle des Gedankens, sondern sein notwendiges und wesentliches Organ. [...] So findet alles wahrhaft strenge und exakte Denken seinen Halt erst in der Symbolik und Semiotik, auf die es sich stützt.« (PsF I, 18, dort gesperrt).

Wichtiger als die Terminologie ist aber der Grundansatz. Cassirer ist nicht am Symbol oder Zeichen interessiert, sondern am Zeichen*prozeß*. Das Problem des Zeichens soll »nicht nach rückwärts in seine letzten ›Gründe‹, sondern nach vorwärts in die konkrete Entfaltung und Ausgestaltung [...] verfolgt werden.« (PsF I, 41)[5] Dementsprechend ist in der Sprachphilosophie jegliche Art von »Abbildtheorie« zurückzuweisen. Cassirer schreibt, je weiter die Negation an diesem Punkt getrieben werde, desto deutlicher ergebe sich daraus eine neue positive Einsicht. Diese ist geradezu als ein »semiotisches Credo« formuliert (PsF I, 137):

> »Der letzte Schein irgendeiner mittelbaren oder unmittelbaren *Identität* zwischen Wirklichkeit und Symbol muß getilgt, – die *Spannung* zwischen beiden muß aufs äußerste gesteigert werden, damit eben in dieser Spannung die eigentümliche Leistung des symbolischen Ausdrucks und der Gehalt jeder einzelnen symbolischen Form sichtbar werden kann.« (Hervorhebungen im Original)[6]

Semiotisch ist an dieser Sichtweise, daß dem Prozeß der Verweisung nicht zu entkommen ist. Die Phänomene sollen »lediglich in ihrem wechselseitigen Bezug« erfaßt und nicht »aus ihren transzendenten ›Gründen‹« her-

---

[5] Kurz vorher (PsF I, 40) wählt Cassirer den mathematischen Vergleich, beim Verhältnis von Bewußtseinselement zum Bewußtseinsganzen gehe es nicht um das Teil und um das Ganze, sondern um Differential und Integral. Dieses dürfte man mit der geregelten Beziehung zwischen Signifikant und Signifikat parallelisieren können. – Vgl. auch PsF I, 51: Das Ziel der Philosophie sei es nicht, hinter geistige Bildwelten zurückzugehen, sondern diese »in ihrem gestaltenden Grundprinzip zu verstehen und bewußt zu machen.«

geleitet werden (PsF III, 149). Es ist demnach *erstens* der Zeichenprozeß, die Semiose, das Geschehen von Verweisung und Formung, das Cassirer beschreiben und hinter das er nicht zurückgehen will. Was später bei Umberto Eco die »Semiotisierung des Referenten«[7] genannt wird, heißt in Cassirers Schlußfolgerung über das Verhältnis von Ding und Eigenschaft so (PsF III, 164):

»[...] das Sein der Erscheinung läßt sich von ihrer repräsentativen Funktion nicht abtrennen: sie ›ist‹ nicht mehr dasselbe, sobald sie etwas anderes ›bedeutet‹, sobald sie auf einen anderen Gesamtkomplex, als auf ihren Hintergrund, hinweist.«

Kurz: Vom »ist« der Verweisung soll die Rede sein, nicht vom »ist« der Ontologie, wie Cassirer es am Schluß seiner Sprachbetrachtung über die Kopula herausstellt (PsF I, 297). Das Prozeßhafte der Verweisung erhellt auch daraus, daß Cassirer die Form explizit »in einem rein *funktionalen* Sinne« und nicht »in *substantiellem* Sinne« verstehen will (PsF III, 243, dort hervorgehoben).

In allen symbolischen Formen wird demnach keine angeblich natürliche Verweisung zwischen Ding und Zeichen konstatiert[8], sondern eine kulturelle Formung, eine Semiotisierung von Realität. Darum greift Cassirer auch immer wieder auf die mathematisch-naturwissenschaftlichen Zeichen zurück: Gleich in der Einleitung heißt es, der physikalische Begriff des Symbols in der Fassung von Heinrich Hertz bilde den Ausgangspunkt. Der Physiker müsse die Welt der sinnlichen Eindrücke hinter sich lassen, ja sich »scheinbar völlig« von ihnen abwenden, um »freie ›Scheinbilder‹« der Erkenntnis zu entwerfen (PsF I, 17). Ferner ist es die Beschreibung des Zeichens als »Vektor«, womit seine intakte Funktionalität beschrieben wird. Wie Cassirer an der Aphasie zeigt, sind die Farbphänomene für die Gesunden »Vektoren«, die auf bestimmte ausgezeichnete

---

[6] Vgl. PsF I, 237f: Die einzelnen Ausdrücke und Wortarten seien nicht »von Anfang an vorhanden«, so daß sie »gleich festen substantiellen Einheiten« gegeneinander wirkten. Die Bezeichnung entwickelt sich nicht am fertigen Gegenstand, sondern der Fortschritt von Welt und Zeichen gehören aufs engste zusammen. – Vgl. auch zur Entstehung der Raumanschauung, die sich aus der Spannung von »Repräsentant« und »Repräsentat« entwickelt PsF III, 188. Die Parallele zur semiotischen Denkweise von Signifikant und Signifikat ist hier offenkundig.

[7] U. *Eco*, Zeichen. Einführung in einen Begriff und seine Geschichte, Frankfurt/M. 1977 [1973], 63: »[...] man kann und muß annehmen, daß alle Gegenstände, auf die wir uns durch Zeichen beziehen, ihrerseits wieder zu Zeichen werden, wobei es also zu einer Semiotisierung des Referenten kommt.« (Kursiv bei Eco) Vgl. ferner U. *Eco*, Einführung in die Semiotik, München ⁶1988 [1968], 69-76.

[8] Vgl. dazu K.-N. *Ihmig*, Symbol und Begriff bei Ernst Cassirer, in: Wort und Dienst. Jahrbuch der Kirchlichen Hochschule Bethel, Bd. 22/1993, 179-195, der bündig formuliert: »Zwischen Symbol und Symbolisiertem wird keine Ähnlichkeitsbeziehung verlangt.«

Punkte der Farbenreihe gerichtet sind, während sie für die Kranken »aus ›Vektorgrößen‹ zu bloßen Zustandswerten« geworden seien (PsF III, 263, Hervorhebungen dort).[9]

Wissenschaft, Sprache, Mythos, Kunst und Religion sind nicht »Gebilde« in einer gegebenen Welt, sondern Funktionen, durch die sich die Gestaltung des Seins vollzieht (PsF I, 24); und gegen Kants »Gegensatz zwischen Sinnlichkeit und Denken« (PsF I, 40) will Cassirer das Bewußtsein als »Integral« der »Beziehungs- und Formdifferentiale« (PsF I, 41) sinnlicher Eindrücke auffassen – und gerade nicht als deren Apriori (wie Kant) oder als deren Summe (wie der Sensualismus).[10]

Die Pointe liegt bekanntlich darin, daß damit weder die Naturwissenschaften als Abbilder der Realität, noch Mythos und Religion als Überhöhung von Realität zu verstehen sind, sondern beide als Funktions-Integrale von Erfahrungsdifferentialen. Damit hängt dann *zweitens* die Voraussetzung eines Sinnganzen für das Zeichen zusammen, eines Gesamthorizontes, den Cassirer mit dem Ausdruck »symbolische Prägnanz« belegt (PsF III, 222-237). Semiotisch handelt es sich hier um die unterschiedlichen »Codes« bzw. »Enzyklopaedien«, innerhalb derer das Zeichen erst Signifikationen provoziert, oder wie Cassirer sagt: Prägnanz gewinnt. Sein Beispiel des Linienzuges, der physiognomisch, mathematisch, mythisch oder ästhetisch codiert oder auch umcodiert werden kann, ist ein Lehrstück der durch Codes geregelten Semiotisierung (PsF III, 232-234). Auch die Verteidigung der Zählmethoden von Eingeborenen (z.B. von den Fingern auf Handwurzel, Ellenbogen, Schulter etc., PsF I, 189f) durch Cassirer zeigt seine besondere Aufmerksamkeit für unterschiedliche Codierungen von Realität. Die erkannte Welt ändert sich – Sinn hat Zeit und Ort und ist nicht abgeschlossen.[11]

---

[9] Cassirer berichtet von Versuchen, bei denen die Kranken zwar die Farbe einer Erdbeere oder eines Briefkastens aus Mustern wählen konnten, nicht aber die Farbnamen »Rot« oder »Gelb« verwenden konnten (PsF III, 260).

[10] Dazu vgl. *E. Rudolph*, Theologia abscondita. Ernst Cassirers Kulturverständnis als Herausforderung an die Theologie, in: *Ders.*, Theologie – diesseits des Dogmas. Studien zur Systematischen Theologie, Religionsphilosophie und Ethik, Tübingen 1994, 1-13: »Demnach gibt es keine ›reinen‹ Denkformen, wie Kant sie stolz verteidigte, sondern nur geistige Prozesse, die immer wieder neue Wirklichkeit dadurch produzieren, daß sie ihren jeweiligen Sinngebungen Ausdruck verleihen. Solche Prozesse sind Kulturprozesse. [...] Cassirers Begriff der Kultur will den Dualismus zwischen Natur und Geist als unfruchtbar und ungerechtfertigt erweisen.« (5)

[11] Dazu s. *E. Rudolph*, Humanismus der Endlichkeit. Renaissance jenseits von Reformation und Aufklärung nach Ernst Cassirer, aaO., s. Anm. 10, 213-223: »Sinn hat Geschichte. In diesem ›Sinne‹ sind die Formen symbolisch.« (213)

Und es ist *drittens* die semantisch-syntaktisch-pragmatische Fassung des Zeichenbegriffs, die Cassirer als semiotischen Philosophen erkennbar macht. Anders als die psychoanalytischen und theologischen Symboltheorien, welche eine Hierarchie zwischen »eindeutigem« Zeichen und bedeutungsoffenem Symbol konstatieren wollen, gilt für Cassirer das semiotische Verständnis: Alles kann zum Zeichen werden und als Zeichen benutzt werden. Dann gilt etwa für eine Farbe, wenn wir sie als Darstellungsmittel, als Zeichen benutzen:

> »Jetzt wird sie selbst so ›vieldeutig‹, wie jedes Zeichen, seiner Natur nach, vieldeutig ist und bleiben muß. Wie ein bestimmtes Wort der Sprache immer nur im Ganzen des Satzes und aus dem Ganzen des Sinnes, der im Satz seine sprachliche Ausprägung findet, interpretierbar ist: so kann jetzt auch die einzelne Farberscheinung je nach dem Zusammenhang, in dem wir sie nehmen, sehr Verschiedenes ›besagen‹.« (PsF III, 158)

Cassirer spricht in diesem Zusammenhang von »Bedeutungsprägnanz« (ebd.), und man wird den Ausdruck mit der »symbolischen Prägnanz« als synonym auffassen dürfen.

Zeichentheoretisch gesehen wird damit die Prägnanz nicht nur vom Code geregelt, sondern auch von der Syntaktik und Pragmatik, welche die Semantik des »an sich« vieldeutigen Zeichens bestimmen.

Wenn Cassirer über den Ausdruck und den Inhalt von Sprache formuliert, beide würden »erst in ihrer wechselseitigen Durchdringung zu dem, was sie sind«, denn die Bedeutung würden beide »in ihrer Beziehung aufeinander empfangen« (PsF I, 125), dann entspricht dies dem, was Umberto Eco exakt 50 Jahre später formuliert:

> »In diesem Sinn existiert das Zeichen nie als beobachtbare und stabile körperliche Entität, denn es ist Produkt einer Reihe von Relationen. Was man gewöhnlich als Zeichen beobachtet, ist nur seine Signifikantenseite.«[12]

II. Ernst Cassirer und Umberto Eco: Zwei unterschiedliche Kulturtheorien

Die Funktionalität des Zeichens, seine Regelung durch kulturelle Codes und seine Relationalität – diese drei genannten Punkte sprechen dafür, Cassirer der Semiotik unseres Jahrhunderts an die Seite zu stellen. Dennoch sind auch die Unterschiede zu benennen, um die Eigenart Cassirers

---

[12] *U. Eco*, Zeichen, s. Anm. 7, 169. – Ähnlich hatte schon *Ch. W. Morris*, Grundlagen der Zeichentheorie, Frankfurt/M. 1988 [1938], 71 formuliert: »Als semiotische Ausdrücke sind weder ›Zeichenträger‹ noch ›Designat‹ noch ›Interpretant‹ ohne gegenseitigen Bezug definierbar; sie repräsentieren nicht isolierte Existenzen, sondern Dinge oder Eigenschaften von Dingen, die mit anderen Dingen oder Eigenschaften durch genau angebbare Funktionsbeziehungen verbunden sind.« Auf Morris geht auch die inzwischen geläufige Unterscheidung von Syntaktik, Semantik und Pragmatik zurück (aaO., 32–68). Der Begriff der »Bedeutung« ist dabei »völlig entbehrlich« (aaO., 69), weil er von eben dieser Relationalität ablenkt und dem Irrtum einer isolierten Semantik Vorschub leistet.

nicht zu verwischen. Übereinstimmung besteht übrigens auch darin, daß Cassirer in den zwanziger Jahren[13] so wenig wie Eco in den sechziger Jahren[14] in einen verbreiteten Kulturpessimismus einstimmte.

Der Unterschied im Kultur- und Wissenschaftsverständnis ergibt sich aber schon aus Spitzensätzen. So hat Cassirer den Menschen bekanntlich als ein »animal symbolicum« definiert[15] und damit die klassische Definition vom »animal rationale« erweitert. Charakteristisch anders gefärbt ist die Beschreibung bei Umberto Eco: »Die Möglichkeit zum Lügen ist für die Semiose das proprium, so wie für die Scholastiker die Fähigkeit zum Lachen das proprium des Menschen als eines animal rationale war.«[16] Eine Zeichen-Funktion liegt nach Eco immer dann vor, wenn man etwas signifizieren und kommunizieren kann, dem kein realer Sachverhalt entspricht. Eine Theorie der Codes müsse alles untersuchen, was man zum Lügen verwenden könne.

Hätte Cassirer dies auch so sagen können? Entspricht dieses Ecosche animal semioticum Cassirers animal symbolicum? Ich bin mir in der Beantwortung dieser Frage nicht sicher, sehe aber eher die Unterschiede. Ich versuche das an zwei Punkten zu beschreiben, die eng zusammenhängen. Zum einen konstatiert Cassirer eine Stufenfolge der symbolischen Erkenntnis, während die Semiotik eher unterschiedliche Zeichenarten und Verweisungen betrachtet. Darauf ist zurückzuführen, daß Cassirer den Blick eher auf das erkennende Subjekt richtet, während die Semiotik eher dazu übergeht, vom Subjekt abzusehen und die Zeichenkomplexe als »Subjekte« zu betrachten. Ich möchte die beiden Punkte kurz erläutern.

Cassirer beschrieb schon in dem Vortrag »Der Begriff der symbolischen Form im Aufbau der Geisteswissenschaften« von 1921 den von ihm so genannten »dreifachen Stufengang« von Ausdruck, Darstellung und Bedeutung.[17] Erst auf der dritten Stufe »tritt die Funktion der Bedeutung in reiner Selbständigkeit hervor.«[18] Die Sprache hat erst jetzt »statt des mimischen oder analogischen Ausdrucks die Stufe des symbolischen Ausdrucks

---

[13] Dazu s. *E. Rudolph*, Anm. 10, 3f.

[14] *U. Eco*, Apokalyptiker und Integrierte. Zur kritischen Kritik der Massenkultur, Frankfurt/M. 1986 [1964].

[15] *E. Cassirer*, Versuch über den Menschen. Einführung in eine Philosophie der Kultur, Frankfurt/M. 1990 [1944], 51.

[16] *U. Eco*, Semiotik. Entwurf einer Theorie der Zeichen, München ²1991 [1976], 89, dort kursiv; vgl. aaO., 26: »Wenn man etwas nicht zum Aussprechen einer Lüge verwenden kann, so läßt es sich umgekehrt auch nicht zum Aussprechen der Wahrheit verwenden: Man kann es überhaupt nicht verwenden, um ›etwas zu sagen‹.«

[17] *E. Cassirer*, Der Begriff der symbolischen Form im Aufbau der Geisteswissenschaften, in: WWS, 169-200, dort 178-183.

[18] WWS, 182, Hervorhebung dort.

erreicht.«[19] In der »Philosophie der symbolischen Formen« heißt es dann: »Aller Fortschritt des Begriffs und der reinen ›Theorie‹ aber besteht eben darin, diese erste sinnliche Unmittelbarkeit fortschreitend zu überwinden« (PsF I, 129); die »dreifache Stufenfolge [...] des mimischen, des analogischen und des eigentlich symbolischen Ausdrucks« (PsF I, 139) läßt als eigentliche Symbolfunktion nur die Bedeutung, die abstrahierende Bezeichnungsform gelten. Bündig zusammengefaßt formuliert Cassirer mit erkenntnisoptimistischem Beiklang: »Vom bloßen Reflex führt der Weg immer bestimmter zu den verschiedenen Stufen der ›Reflexion‹ hinauf« (PsF I, 134). Parallelisiert man mit dieser Cassirerschen Trias diejenige von Index, Ikon und Symbol bei Peirce und Eco, wie dies Heinz Paetzold mit »aller Vorsicht« vorgeschlagen hat[20], dann fällt die Gewichtung bei Cassirer besonders auf. Cassirer nimmt die Tätigkeit des Geistes als die eigentliche Zeichenfunktion an und bleibt damit durch Kants Entgegensetzung von Geist und Natur, von transzendentaler Erkenntnis und sinnlicher Erfahrung beeinflußt. Erst die Bedeutungsfunktion ist symbolisch und semiotisch: »So unterscheidet sich in der Grundfunktion der Zeichengebung überhaupt und in ihren verschiedenen Richtungen erst wahrhaft das geistige vom sinnlichen Bewußtsein.« (PsF I, 43)

Mit dieser Hierarchisierung geht es bei Cassirer folglich um eine Symboltheorie des Subjekts, des Geistes, der Erkenntnis, die aber kulturell ausdifferenziert ist in die unterschiedlichen symbolischen Formen. Demgegenüber ist Ecos Kulturtheorie eine Zeichentheorie verschiedenster Codes, in der die Zeichenprozesse nicht nach der Hierarchie des Geistes, sondern nach der Fähigkeit zur Fortsetzung der Semiose bewertet werden. Liegt in der Logik von Cassirer das Bestreben der Kultur nach mehr Geist, mehr Abstraktion, mehr Erkenntnis, so liegt in der Logik von Eco das Bestreben der Kultur nach mehr Vielfalt, mehr Ambiguität und mehr Möglichkeit zum Lügen. Insofern erscheinen mir das animal symbolicum und das animal semioticum doch nicht deckungsgleich, trotz ihrer großen Nähe.[21]

Cassirer scheint mir näher an der Semiotik von Peirce zu sein, welcher gerade nicht von der Möglichkeit zur Lüge ausging, sondern von der »ultimate opinion«, vom »consensus omnium« beim Zeichengebrauch, der auf Dauer nicht irren könne. Ebenso läßt sich für Cassirer sagen: Die

---

[19] Ebd.

[20] *H. Paetzold,* s. Anm. 2, 62.

[21] Zu beachten ist auch noch, daß Eco die Einteilung der Zeichen in Index, Ikon und Symbol bei Peirce revidiert, indem er den Referentenbezug aufgibt und auch Index und Ikon als konventionell, arbiträr – also »symbolisch« im Sinne von Cassirers Bedeutungsfunktion – aufgefaßt sehen will; vgl. dazu meine Symbolschrift, s. Anm. 3, 74-76.

Wirklichkeit ist keine gegebene, sondern eine aufgegebene Größe – aber gleichwohl können uns die symbolischen Formen nie ganz in die Irre führen.[22]

III. Cassirers Symbolbegriff
in einer zeichentheoretischen Praktischen Theologie

Ernst Cassirers Symbolbegriff hat den großen Vorzug, formal zu sein. Durch die symbolische Form ist »jede Energie des Geistes« benannt, »durch welche ein geistiger Bedeutungsgehalt an ein konkretes sinnliches Zeichen geknüpft [...] wird.«[23] Die religiösen Zeichen sind mithin weder metaphysisch-ontologisch zu überhöhen noch empiristisch zu depotenzieren. Es handelt sich vielmehr um individuell wie gemeinschaftlich verankerte religiöse Gebrauchs-Codes mit Zeichen, wodurch eine außerhalb des Menschen liegende Bestimmtheit so dargestellt werden soll, daß gerade ihre Nicht-Darstellbarkeit erkennbar wird. Wenn sich die Praktische Theologie mit solchen Prozessen beschäftigt, ist sie gut beraten, sich weder an die Prinzipien (Dogmatik) noch an die Empirie (sog. Humanwissenschaften) auszuliefern. In diesem Zusammenhang ist das gegenwärtige Bemühen um eine ästhetische und zeichentheoretische Praktische Theologie zu sehen.

Der Symbolbegriff Cassirers, der wie dargestellt zwischen den Prinzipien des erkennenden Subjektes und der Eigentätigkeit der symbolischen Formen angesiedelt ist, kann mithin zwischen den falschen Alternativen von »Semiotik contra Hermeneutik« vermitteln, wie sie im semiotischen Übereifer bisweilen formuliert werden. Die Entgegensetzung von Subjekt und Struktur, von Selbstreflexivität und Aura des Kunstwerks ist nämlich praktisch-theologisch wenig fruchtbar.[24] Hier gilt es, eher an die Beschreibung anzuknüpfen, die Cassirer für die Form des mythischen Bewußtseins entwickelt hat. Danach zu fragen heiße »weder nach seinen letzten metaphysischen Gründen, noch nach seinen psychologischen, seinen geschichtlichen oder sozialen Ursachen suchen« (PsF II, 16).[25] Auch

---

[22] So *H. Paetzold*, s. Anm. 1, 381.

[23] WWS, 175.

[24] Dazu s. meinen Aufsatz: Der Ertrag semiotischer Theorien für die Praktische Theologie, in: BThZ 14/1997, 190-219, dort 216.

[25] Analog hat Cassirer über die Sprache geschrieben, daß sie ihre Kraft darin beweist, »daß sie den Gegensatz des subjektiven und des objektiven Seins nicht als den abstrakten und starren Gegensatz zweier einander ausschließender Gebiete faßt, sondern daß sie ihn in der vielfältigsten Weise dynamisch vermittelt denkt. Sie stellt nicht die beiden Sphären an sich, sondern ihr Ineinandergreifen und ihre wechselseitige Bestimmung dar – sie erschafft gleichsam ein Mittelreich [...].« (PsF I,225)

für Mythos und Religion soll die Methodik wie für die Erkenntnistheorie »zwischen der metaphysisch-deduktiven und der psychologisch-induktiven« in Anschlag gebracht werden (PsF II, 15f).

Von Cassirer ist demnach zu lernen, daß auch eine strukturelle Theorie nicht ohne die Theorie des Strukturen gebrauchenden Subjektes gedacht werden kann – kurz: daß eine praktisch-theologische Semiotik nicht ohne Hermeneutik auskommt. Eine vermittelnde Begrifflichkeit Cassirers für die Diskussion zwischen Hermeneutik und Semiotik ist diejenige von der »›Strukturform‹ des Geistes«, die er in der Einleitung zur Philosophie der Mythologie entwickelt (PsF II, 15). Praktische Theologie darf nicht einfach historische Zwischenwelten hermeneutisch wiederbeleben wollen, um die religiöse Unmittelbarkeit zu gewährleisten. Aber sie darf auch nicht der »Aura« aktueller Kunstwerke als Garanten von Religion vertrauen. Zeichen und Subjekt müssen in ihrem Miteinander gedacht werden. Die hermeneutische Aufgabe ist in semiotischer Fassung nicht erledigt, sondern neu gestellt.

Mit dem Symbolbegriff ist das Subjekt nicht suspendiert. Schön hat dazu Enno Rudolph formuliert: »Handelt es sich hier um ein Plädoyer für eine Stabilisierung des Vorrangs des Subjekts? Keineswegs. Im Gegenteil. Es handelt sich um ein Plädoyer für eine Beendigung des Streits um diesen Vorrang.«[26]

---

[26] E. Rudolph, s. Anm. 11, 214.

Philipp Stoellger

Die Metapher als Modell symbolischer Prägnanz
Zur Bearbeitung eines Problems von Ernst Cassirers Prägnanzthese

I. Prägnanz der Wahrnehmung

»Praeteritum est praegnans futuri« schrieb Leibniz 1711, die Vergangenheit geht mit der Zukunft schwanger, weil »omnia in rebus quo-
dammodo praestabilia sunt«.[1] Daher war Adam zwar mit einer »inclinatio
ad bonum« geschaffen, trug aber gleichwohl »semina futurae inclinationis
ad malum« bereits in sich. Diese Prägnanzthese ist ein Implikat der Mona-
dologie: Die Monade trägt all ihre individuellen Bestimmungen schon in
sich, und das gilt zugleich für das Monadenall, dessen initiale und finale
Bestimmung die prästabilierte Harmonie ist. Nichts geschieht daher
durch blinden Zufall, und alle Sinnlichkeit ist stets schon umfangen von
dem einen großen Sinn, mit dem jeder individuelle Sinn konvergiert. Jedes Individuum entfaltet seine Reihenregel, die seinen Individualbegriff
bestimmt, und alle diese Reihen integriert das Integral der einen großen
Reihe, der Welt, in der wir leben. ›Alles voll von Sinn‹ war Leibniz' große
Hypothese, die trotz allem Zweifel für teleologische Geschichtsphiloso-
phien stets reizvoll blieb, als gälte auch für die Geschichte der Philosophie
›praeteritum est praegnans futuri‹. Auf den einen integralen Sinn zu verzichten mußte schwerfallen, und immer wieder zieht dessen Vakanz Neu-
besetzungen nach sich, die aus vielen Eines zu machen suchen, etwa die
Mannigfaltigkeit der Sinnlichkeit stets durch ›den Sinn‹ zu umfangen.

Im folgenden soll der Frage nachgegangen werden, wie Ernst Cassirer
mit der Vakanz dieses integralen Sinnes umzugehen verstand, und welche
Probleme sich ergeben, wenn angesichts dessen eine begriffliche Homogenisierung angestrengt wird, um die pluralen symbolischen Formen als

---

[1] *G.W. Leibniz,* Die philosophischen Schriften, ed. *C.J. Gerhardt,* Berlin 1879 = ND Hil-
desheim/New York 1978, Bd. 2, 424, am 7.9.1711 an des Bosses (dort ›praeteritum‹).

Funktion ›einer Energie des Geistes‹ zu konzipieren. Die damit vermeinte Omnipräsenz des Sinnes kann nicht mehr eine prästabilierte Harmonie meinen und hoffentlich auch keine Theorie des absoluten Geistes. Dann aber fragt sich, was an die Stelle dieser Vakanz tritt. Welcher Sinn ist der Sinnlichkeit zu eigen, und welche Sinne dem Sinn?

Leibniz entdeckte im Horizont seiner Hypothese sogar in den »petites perceptions«, den unterschwelligen Wahrnehmungen, die in ihnen präsente Prägnanz. »Sie bilden das ›Ich-weiß-nicht-was‹, diesen Geschmack nach etwas, diese Vorstellungsbilder von sinnlichen Qualitäten, welche alle in ihrem Zusammensein klar, jedoch in ihren einzelnen Teilen verworren sind; und sie bilden auch jene Eindrücke, die die umgebenden Körper auf uns machen, und die das Unendliche in sich einschließen, jene Verbindung, die jedes Seiende mit dem ganzen Universum besitzt. Man kann sogar sagen, daß vermöge dieser kleinen Perzeptionen die Gegenwart mit der Zukunft schwanger geht und mit der Vergangenheit beladen ist ... Diese unmerklichen Perzeptionen bezeichnen auch und konstituieren das identische Individuum, das durch Spuren oder Ausdrucksformen charakterisiert wird, die sie von den vorhergehenden Zuständen dieses Individuums aufbewahren und wodurch sie die Verbindung mit seinem gegenwärtigen Zustand herstellen«[2].

Cassirer verstand die *Prägnanz der Wahrnehmung* und damit ihre präprädikative Synthesis[3] von Sinnlichkeit und Sinn als dynamischen Grund der symbolischen Formung. Als wesentliches Definiens der symbolischen Form und damit als Grundbestimmung der symbolischen Prägnanz dient die paradigmatisch in der Wahrnehmung sich vollziehende präprädikative Synthesis von Sinnlichkeit und Sinn[4]: »Unter ›symbolischer Prägnanz‹ soll also die Art verstanden werden, in der ein Wahrnehmungserlebnis, als

---

[2] *G. W. Leibniz*, Philosophische Schriften, ed. *W. v. Engelhardt/H.H. Holz*, Frankfurt a.M. 1996, Bd. 3.1, XXIVf, Neue Abhandlungen über den menschlichen Verstand, Preface.

[3] Diese Identität von Sinnlichkeit und Sinn ist eine Synthesis, die insofern diesseits einer Prädikation zu lozieren ist, als sie bereits in der Wahrnehmung vollzogen wird, jede Reflexion auf sie daher uneinholbar ›zu spät‹ kommt und Distinktionen unterstellt, die im synthetischen Wahrnehmungsvollzug noch nicht vorliegen.

[4] »Auch das scheinbar ›Gegebene‹ erweist sich bei schärferer Analyse als bereits hindurchgegangen durch bestimmte Akte, sei es der sprachlichen, sei es der mythischen oder der logisch-theoretischen ›Apperzeption‹. Es ›ist‹ nur das, wozu es in diesen Akten *gemacht* wird; es zeigt sich schon in seinem scheinbar einfachen und unmittelbaren Bestand durch irgendeine primäre bedeutunggebende Funktion bedingt und bestimmt. In dieser primären, nicht in jener sekundären Formung liegt dasjenige, was das eigentliche Geheimnis jeder symbolischen Form ausmacht und was immer von neuem das philosophische Staunen wachrufen muß« (PsF II, 117). Das Geheimnis, die primäre Formung, ist eben die präprädikative Synthesis, resp. Lotzes ›erstes Allgemeine‹.

›sinnliches‹ Erlebnis, zugleich einen bestimmten nicht-anschaulichen ›Sinn‹ in sich faßt und ihn zur unmittelbaren konkreten Darstellung bringt«. Daher ist es »die Wahrnehmung selbst, die kraft ihrer eigenen immanenten Gliederung eine Art von geistiger ›Artikulation‹ gewinnt – die, als in sich gefügte, auch einer bestimmten Sinnfügung angehört. In ihrer vollen Aktualität, in ihrer Ganzheit und Lebendigkeit, ist sie zugleich ein Leben ›im‹ Sinn. ... Diese ideelle Verwobenheit, diese Bezogenheit des einzelnen, hier und jetzt gegebenen Wahrnehmungsphänomens auf ein charakteristisches Sinn-Ganzes, soll der Ausdruck der ›Prägnanz‹ bezeichnen« (PsF III, 235).[5] Die symbolische Prägnanz gilt demgemäß in der Cassirer-Forschung als die epistemische resp. semiotische Pointe seiner Symboltheorie, als der ›höchste Punkt‹[6], das »Grundtheorem«[7] oder als ›Basisbegriff‹[8]. Und auch die kritische Prüfung dieser Einschätzung durch Philipp Dubach bestätigt die Auffassung, daß dieser Begriff der »Schlüsselbegriff« der Philosophie der symbolischen Formen sei.[9] Wesentlich erscheint dabei, daß die symbolische Prägnanz streng auf die präprädikativ synthetische Funktion der *Wahrnehmung* bezogen ist, die sich auf Ausdrucksphänomene oder Dinge richten kann, und auf der die Darstellungs- wie die reine Bedeutungsfunktion basieren[10], auch wenn sie je spezifische Funktionen der symbolischen Formung sind.

---

[5] Vgl. PsF III, 18; WWS, 212, 214.

[6] *J.M. Krois*, Cassirer, Symbolic Forms and History, New Haven/London 1987; hier: *Ders.*, Neo-Kantianism and Metaphysics, RMM 97, 1992, 437-453, 448.

[7] *E.W. Orth*, Operative Begriffe in Ernst Cassirers Philosophie der symbolischen Formen, in: *H.-J. Braun, H. Holzey, E.W. Orth* (Hg.), Über Ernst Cassirers Philosophie der symbolischen Formen, Frankfurt a.M. 1988, 45-74, 59.

[8] *H. Paetzold*, Ernst Cassirer zur Einführung, Hamburg 1993, 43.

[9] *Ph. Dubach*, ›Symbolische Prägnanz‹ – Schlüsselbegriff in Ernst Cassirers Philosophie der symbolischen Formen?, in: *E. Rudolph, B.-O. Küppers* (Hg.), Kulturkritik nach Ernst Cassirer, Hamburg 1995, 47-84, 55, 80ff.

[10] Die von Cassirer erst 1927 entworfene Trias von Ausdrucks-, Darstellungs- und Bedeutungsfunktion (STS, 11f), die erst im dritten Band der PsF auftritt (127, 234, 496, 525), wirft Fragen nach deren Verhältnis auf. Entweder wird hier unpassend zerlegt, was stets zusammen auftritt, oder es werden drei Funktionen unterschieden, die stets zusammen auftreten. Letzteres setze ich im folgenden voraus. Demnach gibt es keinen Ausdruck, der nicht ineins darstellend und bedeutsam wäre und vice versa. Die verwandte Trias von mimischem, analogischem und symbolischem Ausdruck (PsF I, 134ff) ist ebenso nicht sinnvoll in Stufen oder Stadien zu zerlegen, sondern benennt drei Aspekte eines jeden Ausdrucks. Problematisch wird es aber, wenn die sukzessive Ausdifferenzierung ursprünglicher Einheit als Auseinandertreten von Ausdruck, Darstellung und reiner Bedeutung analysiert (vgl. STS, 8ff) und damit ein teleologischer Evolutionismus der Kulturtheorie begründet würde.

Wenn bereits sinnliche Wahrnehmungen nach Cassirer symbolisch prägnant sind, also fühlen und schon bedeuten, was ihnen nach Kant erst von seiten des Verstandes zukomme, wird der kantische Dualismus unterlaufen – im Rückgriff auf Leibniz.[11] Kants kritischer Gewinn an Distinktion war demgegenüber zugleich ein *Verlust* an bestimmter Unbestimmtheit, wie sie in Leibniz »petites perceptions« entdeckt worden war.[12] Sie unterlaufen den Dualismus der Zwei-Stämme-Lehre, die Kant (auch) gegen Leibniz entworfen hatte. Die Qualität und Modalität der Welt wie der ›Sinn und Geschmack fürs Unendliche‹ galt Leibniz als präprädikativ wahrgenommen und nicht erst als eine Funktion des Begriffs. Wird diese ›Weise der Welterzeugung‹ (N. Goodman) kraft der lebendigen Wahrnehmung zerlegt, geht verloren, was dann erst im Horizont der Ästhetik zurückgeholt werden muß. Leibniz hingegen vermied mit seiner These der unhintergehbaren Verstrickung von Sinnlichkeit und Sinn einen epistemischen Dualismus und die Not nachgängiger Vermittlung.

Cassirers Wahrnehmungstheorie grenzt sich daher stets gegen eine sensualistische oder rationalistische Reduktion ab und intendiert demgegenüber, die Eigenständigkeit und synthetische Funktion der Wahrnehmung epistemisch und kulturphänomenologisch zu entfalten (u.a. PsF III, 224). Phänomenologie- resp. Husserl-kritisch meint Cassirer daher, daß die Wahrnehmung nicht in die Differenz von Noesis und Noema auseinander trete, sich also nicht ein sinnhaft-noetisches von einem nur noematisch-stofflichen Moment strikt scheiden lasse, sondern – so die Pointe – beides als präprädikative Identität[13] einer Relation verstan-

---

[11] In Cassirers Leibnizausgabe und -kommentar findet sich bezeichnenderweise ein früher, wenn nicht der erste Beleg für den Begriff der symbolischen Form (*G. W. Leibniz*, Philosophische Werke, Leipzig 1904, 173, [Hauptschriften zur Grundlegung der Philosophie Bd. 1, 173, Anm. 114] im Kommentar zum Leibniz-Clarke-Briefwechsel).

[12] Diese Bemerkungen zu Kant sind sc. um der Differenz willen erheblich reduktiv. Wollte man die Pointe der präprädikativen Synthesis der Wahrnehmung bei *Kant* verfolgen, so hätte man wesentlich die Theorie der Einbildungskraft zu erörtern: »Die Synthesis überhaupt ist … die bloße Wirkung der Einbildungskraft …« (KrV A 77/B 103); und: »Daß die Einbildungskraft ein nothwendiges Ingredienz der Wahrnehmung selbst sei, daran hat wohl noch kein Psychologe gedacht« (KrV A 120); vgl. KrV A 140/B 179f; KdU § 59. Vgl. *M. Heidegger*, Logik, GA 21, 374: »Schema ist die Weise eines allgemeinen Verfahrens der figürlichen Synthesis, d.h. der Bildgebung nach einer Regel, welche Regel vorgezeichnet ist durch den darzustellenden Begriff«. Aber stets ist die Einbildungskraft *eine Funktion begrifflicher Erkenntis*, und diese funktionale Zu- und Unterordnung ist problematisch.

[13] Zur ›Differenz in der Identität‹ vgl. PsF III, 109. »Das reine Ausdrucksphänomen kennt noch keine … Form der Ent-Zweiung. In ihm ist eine Weise, ein Modus des ›Verstehens‹ gegeben, der nicht an die Bedingung der begrifflichen Interpretation geknüpft ist: die ein-

den werden müsse (PsF III, 230ff). Als Beispiele und Belege seiner These bringt er stets die wahrnehmungsabhängige Bedeutungsvarianz eines Linienzugs und die Farbtonwahrnehmung (u.a. PsF III, 232ff). Traditionell gesagt tritt Stoff nur als sinnhaft geformter auf[14], so daß keine hylemorphische Differenz vorliegt, sondern nur die Unterscheidung ursprünglich ungeschiedener Momente eines Wahrnehmungsvollzuges. Die Wahrnehmung von Farbphänomenen etwa ist von einer vorgängig mitgesetzten (Reihen-)Struktur abhängig, die bereits sinnhaft formt. »Wir suchen diese Wechselbestimmung dadurch zum Ausdruck zu bringen, daß wir für sie den Begriff und Terminus der ›*symbolischen Prägnanz*‹ einführen. Unter ›symbolischer Prägnanz‹ soll also die Art verstanden werden, in der ein Wahrnehmungserlebnis, als ›sinnliches‹ Erlebnis, zugleich einen bestimmten nicht-anschaulichen ›Sinn‹ in sich faßt und ihn zur unmittelbaren konkreten Darstellung bringt« (PsF III, 235).[15]

Keine Sinnlichkeit ohne Sinn, aber damit ist noch nicht gesagt, aller Sinn sei notwendig sinnlich.[16] Die Leitfunktion des mathematischen Funktionsmodells wie der evolutionäre Idealismus[17] Cassirers könnten erwarten lassen, daß die Sinnlichkeit in der finalen reinen Bedeutungsfunktion ›überwunden‹ würde. Wenn aber keine symbolische Form, auch nicht die der reinen Bedeutungsfunktion, wahrnehmungsfrei ist, also jede symbolische Form wahrnehmungsimprägniert ist, dann muß die These reziprok gelten: *kein Sinn ohne Sinnlichkeit*. Dafür spricht auch Cassirers These der bleibenden Mitgesetztheit von Ausdrucksphänomenen in jeder symbolischen Form. Das Linienbeispiel[18] etwa fordert notwendig die Sinnlichkeit

---

fache *Darlegung* des Phänomens ist zugleich seine *Auslegung* und zwar die einzige, deren es fähig und bedürftig ist« (PsF III, 110).

[14] Vgl. WWS, 209f: Es gibt keinen ›bloßen Stoff‹.

[15] Wobei sich genau dieser Übergang zur Darstellung noch eigens als problematisch zeigen wird. Vgl. *W.M. Urban*, Cassirers Philosophie der Sprache, in: *P.A. Schilpp*, Ernst Cassirer, Stuttgart/Berlin/Köln/Mainz 1966 (übers. v. *Ders.*, The Philosophy of Ernst Cassirer, Evanston Ill. 1949), 281-315: »Anschauung ist unauflöslich mit Ausdruck verbunden, aber das Ausdruckserlebnis enthält immer ein Element der Darstellung« (290).

[16] So *Dubachs* präzisierende Einschränkung, ›Symbolische Prägnanz‹, s. Anm. 9, 51.

[17] Sei er marginal oder zentral, Rest- oder Grundbestand. Cassirers Theorem des ›Geistes‹ jedenfalls ist sicher nicht marginal: »Unter einer ›symbolischen Form‹ soll jede Energie des Geistes verstanden werden, durch welche ein geistiger Bedeutungsgehalt an ein konkretes sinnliches Zeichen geknüpft und diesem Zeichen innerlich zugeeignet wird« (WWS, 175).

[18] Zur Linie WWS, 211ff. Zu Cassirers Kritik an Konrad Marc-Wogau (WWS, 201-230): Es gebe nie eine reale Trennung von Präsenz und Repräsentation (WWS, 210f); »Ich betone aufs schärfste, daß die ›bloße‹, die gewissermaßen nackte Wahrnehmung, die frei von jeder Zeichenfunktion wäre, kein Phänomen ist, das uns unmittelbar, in unserer ›natürlichen Einstellung‹ gegeben ist. Was wir hier erfahren und erleben – das ist kein Rohstoff einfa-

auch noch des Sinnes der reinen Bedeutungsfunktion.[19] Daher kann man Orths starker Paraphrase zustimmen, symbolische Prägnanz besage: »Sinnliches bietet sich immer sinnhaft und Sinnhaftes immer sinnlich dar«[20]. Sofern eine der Pointen Cassirers darin besteht, »kein Inhalt des Bewußtseins ist an sich bloß ›präsent‹, noch ist er an sich bloß ›repräsentativ‹; vielmehr faßt jedes aktuelle Erlebnis beide Momente in unlöslicher Einheit in sich« (PsF III, 232), ist *jede* Wahrnehmung präprädikativ synthetisch, also symbolisch prägnant.[21]

Der Eindruck ist selber immer ›in Reihen verstrickt‹, die Präsenz also schon im Horizont vorgängiger Repräsentation, die stets reihenförmig sei. Jeder Eindruck wie jede Wahrnehmung ist deswegen eine präprädikative Synthesis, weil die reihenförmige Repräsentation bereits die Wahrnehmung strukturiert resp. den Horizont formt, in dem sie auftritt. Diese Synthesis kann man auch vorbegriffliche Synthesis nennen[22], womit sich die Frage ergibt, ob sie nur *vor*begrifflich und damit final begrifflich zu repräsentieren, oder irreduzibel *un*begrifflich und damit dem Begriff gegenüber ›absolut‹ ist. Das heißt, die entscheidende Frage ist dann, ob die Vorbegrifflichkeit bei Cassirer in der Begriffsbildung als Reihenbildung aufgeht, und damit nur *Vor*begrifflichkeit ist, oder ob demgegenüber nicht auf der Eigenständigkeit und Andersartigkeit der irreduziblen *Un*begrifflichkeit zu insistieren ist – wie Blumenberg in seiner Metaphorologie meinte.[23] Im folgenden geht es mir in diesem Sinne um die ›Rettung des

---

cher ›Qualitäten‹, sondern es ist immer schon durchsetzt und gewissermaßen beseelt von bestimmten Akten der Sinngebung« (WWS, 214; zur Perspektivität WWS, 213).

[19] Gilt das auch noch für völlig unanschauliche Bedeutungsfunktionen, wie die algebraischer Formeln oder symbolischer Logik? Auch hier ist die formgebende synthetische Wahrnehmung unhintergehbar.

[20] *Orth*, Operative Begriffe, s. Anm. 7, 59; anders *Dubach*, ›Symbolische Prägnanz‹, s. Anm. 9, 51f.

[21] Dann aber wird zweifelhaft, ob es überhaupt sinnvoll ist, von einer ›reinen‹ Bedeutungsfunktion zu sprechen, da es doch Bedeutung nicht ohne Sinnlichkeit geben kann. Auch die ›Zahl‹ resp. symbolische Logik und Mathematik oder gar eine Theorie transzendentaler Subjektivität können nicht jenseits der Korrelation von Sinnlichkeit und Sinn zu stehen kommen. Ein platonischer oder idealistischer drive, der die Sinnlichkeit final als bloße Endlichkeit hinter sich ließe, würde die entscheidende Pointe Cassirers konterkarrieren. Daher bedürfte es im Blick auf die Theorie der Subjektivität eines erheblichen Umbaus der idealistischen Problemkonzeption, etwa ausgehend vom Eigenleibverhältnis als basaler Relation oder von dem Alter, das meinem Ego vorausgeht und es auf ambige Weise ursprünglich und dauerhaft fremdbestimmt, ohne daß dies im Namen absoluter Autonomie pejorativ zu qualifizieren wäre.

[22] Womit allerdings ihre präprädikative Funktion und damit die Funktion der Begriffsbildung, des *Aufbaus* der symbolischen Form und basal des Aufbaus des ersten Allgemeinen unterbelichtet würde.

*Un*begrifflichen‹ in den expressiven Darstellungen vor seiner Integration in einen Begriff der Reihe.

Programmatisch formuliert Cassirer, die Philosophie der symbolischen Formen »muß die Frage stellen, ob die intellektuellen Symbole … sich als verschiedene Äußerungen ein und derselben geistigen Grundfunktion verstehen lassen«, und das heiße, »nach einer Regel« zu fragen, die den Aufbau der symbolischen Formen bestimmt (PsF I, 8).[24] Sinnliche Eindrücke implizieren wie »jedes echte Bild« »eine Spontaneität der Verknüpfung, … eine *Regel* …, nach der die Gestaltung erfolgt« (PsF III, 225). Eine solche Regel ist semiotisch formuliert stets Ergebnis einer Abduktion, und in diesem Fall einer Metaabduktion[25], hat also den Status einer basalen Hypothese. Cassirers Frage nach der Regel der symbolischen Formung operiert mit dem *Modell der Reihenregel*, und dieses mathematische Modell birgt Probleme, die im folgenden zu diskutieren sind. Durch Cassirers ›Begriffsbegriff‹ der Reihenregel ergibt sich eine Dynamik ›vom sinnlichen Eindruck zum symbolischen Ausdruck‹ und von der Ausdruckswahrnehmung über die Darstellung final zur reinen Bedeutung, die auch zu einer reihenförmigen Darstellung in der Philosophie der symbolischen Formen führt, also eine zwar modal differenzierte, aber doch stets *reihenförmige* Repräsentation intendiert.

Ob Cassirers Strukturierung der ›Philosophie der symbolischen Formen‹ selber eine Reihung der modal differenten Reihen etwa von Mythos, Sprache und Wissenschaft bedeutet und ob er damit die Mehrdimensionalität in seiner Darstellung doch noch ›auf die Reihe bringt‹, oder aber ob vice versa die modale Mehrdimensionalität auf die ›Philosophie der symbolischen Formen‹ selber angewendet diese Kulturphilosophie pluralistisch und ateleologisch werden läßt, da sie selber ›in Reihen verstrickt‹ ist und nicht jenseits derselben steht, ist die letztlich systematisch und nicht mehr exegetisch zu verantwortende Alternative einer *rechts- oder linkscassirerschen Auslegung*.[26] Zweifel an einer zu starken systematischen Lesart der Philosophie der symbolischen Formen zehren von Stellen wie:

---

[23] *H. Blumenberg*, Schiffbruch mit Zuschauer, Frankfurt a.M. 1979, 75ff. Vgl. *Ph. Stoellger*, Metapher und Lebenswelt. Hans Blumenbergs Metaphorologie als hermeneutische Phänomenologie geschichtlicher Lebenswelten und ihr religionsphänomenologischer Horizont, Zürich (Diss., erscheint 2000 bei Mohr/Siebeck in Tübingen) 1998, 202ff.

[24] Vgl. dazu unten die Ausführungen über die ›radikale Metapher‹.

[25] Vgl. *U. Eco*, Semiotik. Entwurf einer Theorie der Zeichen, München ²1991, 356ff, 359ff; *Ders.*, Die Grenzen der Interpretation, München/Wien 1992, 301ff, 332ff.

[26] *Orth*, Operative Begriffe, s. Anm. 7, formuliert hier bezeichnenderweise stipulativ: »daß der Philosoph selbst im Gewebe der symbolischen Formung steht und innerhalb ihrer Funktionen eine Position einnehmen muß« (59, vgl. 55).

»Die ›Philosophie der symbolischen Formen‹ kann und will ... daher kein philosophisches ›System‹ in der traditionellen Bedeutung des Wortes sein«; aber diese Selbstzurücknahme wird durch die Erläuterung dieser programmatischen Formulierung wieder mehrdeutig: »Was sie allein zu geben versuchte, waren die ›Prolegomena zu einer künftigen Kulturphilosophie‹. Es war nicht ein fertiger Bau, den sie zu errichten strebte, sondern nur ein Grundriß, den sie entwerfen wollte« (WWS, 229), und damit fragt sich, ob nicht in diesem Grundriß ein um so weiter gespannter Bau prätendiert ist.

Eben dies zu verhindern wäre m.E. die Funktion der Mehrdimensionalitätsthese, der zufolge die Modalitäten der Reihen nicht aufeinander reduzibel oder in eine gar teleologische letzte Reihe zu überführen sind. Dominierte in ›Substanz- und Funktionsbegriff‹ noch das mathematische Funktionsmodell, also die mathematisch-physikalische Modalität der Reihe, so lebt die Philosophie der symbolischen Formen von der Pluralisierung der Modalitäten und vermeidet so, die verschiedenen symbolischen Formen selber ›auf eine Reihe zu bringen‹. Aber schon die Modalitätsthese, daß die Funktionen sich in irreduzibel mehrdimensionalen Formen manifestieren, kann einen fragen lassen, ob Cassirer nicht einen kulturtheoretischen ›Modalismus‹ vertritt: die pluralen Formen wären so gesehen nur Modi der einen transzendentalen Grundstruktur. Die Modi könnten zwar nicht aufeinander zurückgeführt werden, sehr wohl aber auf die transzendentale Struktur oder ›die Energie des Geistes‹ als dem schöpferischen Ursprung der Kultur. Die pluralen Formen wären dann nur plurale Erscheinungen dieses einen schöpferischen Grundes.

Im folgenden wird diese Spannung innerhalb der Philosophie Cassirers von einer *linkscassirerschen* Lesart her bearbeitet. In der Thematisierung kann der Kulturphilosoph nicht hinter den Geschichten stehen, sondern ist ursprünglich und dauernd in sie verstrickt. Wenn Cassirer gleichwohl einen Standpunkt »*über* all diesen Formen« und doch »nicht schlechthin jenseits von ihnen« einzunehmen suchte[27], zeigt sich darin die prekäre doppelte Unbestimmtheit seiner Selbstverortung, die ›nach rechts oder links‹ in zwei Richtungen ausgelegt werden kann, als Beobachter hinter den Reihen oder als Teilnehmer verstrickt in sie. *Zugleich* kann man das ›Über‹ und ›Nicht jenseits‹ aber nur um den Preis einer heiklen Unentschiedenheit behaupten. Schwemmer nennt Cassirers intendierte Lozierung daher »eine ungeklärte Hoffnung – weil Cassirer nämlich nicht sagt, *wie* seine Philosophie diese besondere Position erreichen kann«[28]. Darüber

---

[27] PsF I, 14 und O. *Schwemmer*, Ernst Cassirer. Ein Philosoph der europäischen Moderne, Berlin 1997, 64(ff).

hinausgehend meine ich, beides zugleich geht nicht zusammen, deswegen
kann Cassirer hier keine Auskunft geben, und deswegen kann und muß er
›nach rechts oder links‹ ausgelegt werden. Cassirers Phänomenologie selber als ›in Reihen verstrickt‹ zu interpretieren und seine Neigungen zur
objektiv-idealistischen Metareihung der differenten symbolischen Dimensionen damit abzubauen, geht mit der These einher, daß es wün-
schenswert und sinnvoll ist, die Mehrdimensionalität (etwa semiotisch) zu
dynamisieren, so daß diese Kulturhermeneutik keineswegs a limine gegen
Pluralismus und Relativismus gesichert ist, und darin besteht eine ihrer
deskriptiven wie diagnostischen Stärken. Eine verspätete Lektüre wie die
vorliegende hat die unvermeidliche Freiheit, Cassirer nicht beim Wort
seiner systemphilosophischen Hintergründe nehmen zu müssen, sondern
in schwächerem, dafür aber ›brauchbareren‹ und am Phänomen hilfrei-
cheren Sinne. Daß in dieser Ermäßigung ihrerseits eine starke These liegt,
ist sc. unbestritten.[29] Dementsprechend soll im folgenden erörtert werden,
inwieweit im Begriff der symbolischen Prägnanz das Modell der Reihenregel dominiert, das mit einer homogenisierenden Orientierung an der
Dingwahrnehmung einhergeht. Diese ›Herrschaft des Begriffs‹ wird problematisch angesichts der Engführung durch die Reihenregel, der ein anderes Modell gegenübergestellt werden soll, das Cassirer selber in Erwä-
gung gezogen hatte: die Metapher als Modell symbolischer Prägnanz, mit
dem die symbolischen Formen neu konstelliert werden können.

II. Ausdruckswahrnehmung und Dingwahrnehmung

Ausdruckswahrnehmung und Dingwahrnehmung sind nach Cassirer zwei
eigenständige und aufeinander nicht reduzierbare Wahrnehmungsformen
(PsF III, VIIf)[30], deren Differenz im Zusammenhang seiner Entfaltung des

---

[28] *Schwemmer*, ebd. 65. Schwemmer meint, bei der Stufenlogik handle es sich um einen
»Rest-Neukantianismus«, der »nicht mit dem Projekt einer Philosophie der symbolischen
Formen als solchem verbunden« sei (ebd. 40).

[29] Aber *Cassirer* selber meinte: »Der Bau der Wissenschaften – das müssen wir jetzt immer
deutlicher erkennen – schreitet nicht in der Weise fort, daß er sich auf einem festen, ein für
alle Mal gesicherten Fundament erhebt, um dann immer höher zu steigen« (WWS, 230).
Dieser Abschied von cartesianischen Intuitionen ist auch auf sein eigenes Werk zu beziehen, und eben das intendiert eine linkscassirersche Lesart.

[30] Vgl. LKW, 39: »Wenn wir die Wahrnehmung in ihrem einfachen phänomenalen Bestand zu beschreiben suchen, so zeigt sie uns gewissermaßen ein doppeltes Antlitz. Sie enthält zwei Momente, die in ihr innig verschmolzen sind, deren keines sich aber auf das andere reduzieren läßt. Sie bleiben in ihrer Bedeutung voneinander geschieden, wenngleich
es nicht gelingt, sie faktisch zu sondern«. Dann aber wird fraglich, wie noch gezeigt wer-

Begriffs der symbolischen Prägnanz auftritt und Probleme aufwirft, denen im folgenden näher nachzugehen ist.[31] Diesen beiden Wahrnehmungsformen entsprechend kann etwa ›die Welt‹ unter wechselseitig irreduziblen Aspekten gesehen werden, gegenständlich objektivierend oder in der »Mannigfaltigkeit und Fülle ursprünglich ›physiognomischer‹ Charaktere«, in der sie ein »›Gesicht‹« hat (PsF III, 80; vgl. LKW, 44ff). Diese Variante der ›Lesbarkeit der Welt‹ bleibt plausibel, sofern hier die Sozialwelt mit ihren Ausdrucksphänomenen leitend ist, *ohne* schon eine reflexive Distinktion zu präsupponieren (z.B. die Mutter-Kind-Relation).[32]

Fraglich im Blick auf die symbolische Prägnanz ist nun, inwiefern sie für beide Wahrnehmungsformen gelten kann[33], inwiefern sie differenziert werden müßte und ob bei Cassirer nicht eine der beiden Wahrnehmungsformen leitend ist, kritisch gefragt, ob die Dingwahrnehmung das Verständnis der Ausdruckswahrnehmung beherrscht. Eine Wahrnehmung ohne jeden Gegenstandsbezug sei »beziehungslose Fülle« (STS, 131) im »stetigen Wandel der Bewußtseinsinhalte« (PsF I, 22) und damit bloßer Erlebnisstrom (PsF III, 179). Erst die Akzentuierung und Heraushebung eines Momentes in diesem Strom konstituiert die Dingwahrnehmung nach dem Schema ›Ding und Eigenschaft‹. Damit wird aber bereits homogenisierend ein Modell von Repräsentation imputiert[34], das zur Gegenständlichkeitskonstitution und der Gegenstandserkenntnis gehört. Wenn Cassirer *alle* Wahrnehmung als auch gegenstandsbezogen analysiert[35], wird der Ausdruckswahrnehmung unterstellt, was an der Dingwahrnehmung entdeckt ist. Das Verhältnis von Ausdrucks- und Dingwahrnehmung und die Mehrdimensionalität der Wahrnehmungsformen wird von Cassirer hier nicht wirklich geklärt, sowenig wie die Frage, ob die Ding-Kategorie nicht zu eng ist und die Intentionalität durch sie auf problematisch gegenstandstheoretische Weise konzipiert wird.

Nun versteht Cassirer gleichwohl den Ausdruck als für alle Formen basal und seine Wahrnehmung als die basale Wahrnehmungsform. »Das ›Verstehen von Ausdruck‹ ist wesentlich früher als das ›Wissen von Dingen‹«

---

den wird, ob es eine ›reine‹ Ausdruckswahrnehmung geben kann und vice versa, ob nicht jeder Dingwahrnehmung und deren Darstellung Ausdrucksqualitäten eignen.

[31] Vermieden werden muß eine Abbildung der Unterscheidung Un-/Vorbegrifflichkeit und Begrifflichkeit auf die von Ausdruckswahrnehmung und Dingwahrnehmung.

[32] Zur Ausdrucks-, Ding- und Bedeutungswahrnehmung: »Und so ist es die geistige Trias der reinen Ausdrucksfunktion, der Darstellungs- und der Bedeutungsfunktion, kraft deren uns die Anschauung einer gegliederten Wirklichkeit erst möglich wird« (PsF III, 118).

[33] *Dubach*, ›Symbolische Prägnanz‹, s. Anm. 9, 55ff.

[34] Repräsentation *muß* aber anscheinend nicht als Darstellung zur Gegenstandserkenntnis konzipiert werden, vgl. PsF III, 332f.

[35] LKW, 44f.

(PsF III, 74).[36] Ausdruck ist die »Tatsache, daß eine bestimmte Erscheinung in ihrer einfachen ›Gegebenheit‹ und Sichtbarkeit sich zugleich als
ein innerlich-Beseeltes zu erkennen gibt« (PsF III, 108), wodurch die
Welt[37] stets als ›lesbar‹, also mit ursprünglicher Ausdrucksqualität besetzt
erscheint. Ob diese Grundthesis historisch invariant und in Moderne wie
Spätmoderne noch plausibel erscheint, ist fraglich. Eine der Pointen von
Blumenbergs Arbeit an der Grundmetapher der Lesbarkeit der Welt ist ge-
rade, daß diese Lesbarkeitserwartung meist Enttäuschungen provozierte.[38]
Ungeachtet dieser Fraglichkeit vertritt Cassirer eine kritische Version der
Lesbarkeit der Welt, und zwar – zumindest im Kontext der Vor-, Mit- und
Nachwelt, also der Sozialwelt – die Basalität, Ursprünglichkeit und
Selbständigkeit[39] der Ausdruckswahrnehmung und ihre Irreduzibilität auf
Dingwahrnehmung. *Die Ausdruckswahrnehmung ist in dieser Perspektive die
leitende Grundfigur der präprädikativen Einheit von Sinnlichkeit und Sinn.*

Die Ausdrucksfunktion hat dabei einen eigenen »Gewißheits-Modus«:
»Ihre Sicherheit und ihre ›Wahrheit‹ ist sozusagen eine noch vor-my-
thische, vor-logische und vor-ästhetische; bildet sie doch den gemeinsamen Boden, dem alle jene Gestaltungen in irgendeiner Weise ent-
sprossen sind und dem sie verhaftet bleiben« (PsF III, 95; vgl. 97). Die
Form des Ausdrucks ist in eigentümlicher Weise unbestimmt: der Ausdruck liegt diesseits der Stabilisierung durch die Unterscheidung in Sub-
jekt-Objekt, Innen-Außen, Ich-Du, und diesseits ›der Sprache‹. Der Sinn
der Sinnlichkeit des Ausdrucks ist seltsam ›liquide‹, strömend und diffus
(PsF III, 83ff, 89ff). »Erst im Medium der Sprache beginnt die unendlich-
mannigfache, die hin und her wogende Vielgestalt der Ausdruckser-

---

[36] Vgl. »alle Wirklichkeit, die wir erfassen, ist in ihrer ursprünglichen Form nicht sowohl
die einer bestimmten *Dingwelt*, die uns gegenüber- und entgegensteht, als vielmehr die
Gewißheit einer lebendigen *Wirksamkeit*, die wir erfahren. Dieser Zugang zur Wirklichkeit
aber ist uns nicht in der Empfindung, als sinnlichem Datum, sondern allein in dem
Urphänomen des Ausdrucks und des ausdrucksmäßigen ›Verstehens‹ gegeben. Ohne die
Tatsache, daß sich in bestimmten Wahrnehmungserlebnissen ein Ausdrucks-Sinn offenbart,
bliebe das Dasein für uns stumm. Wirklichkeit könnte niemals aus der Wahrnehmung als
bloßer Sach-Wahrnehmung *gefolgert* werden, wenn sie nicht in ihr, kraft der Ausdrucks-
Wahrnehmung, schon in irgendeiner Weise *beschlossen* läge und sich hier in einer durchaus
eigentümlichen Weise manifestierte« (PsF III, 86; dto. 78, 80, 85, 103, 108).

[37] PsF III, 85, 103ff.

[38] Vgl. *H. Blumenberg*, Die Lesbarkeit der Welt, Frankfurt a.M. 1981. Und doch findet
selbst *Blumenberg* einen sublimierten Trost und eine unverhoffte Erfüllung dieser Erwartung
im Blick zurück auf die Erde aus der ›Himmelswüste‹ des Alls, in der die Erde als ›kosmi-
sche Oase‹ erscheint (Die Genesis der kopernikanischen Welt, Frankfurt a.M. 1975, Bd. 3,
792ff).

[39] PsF III, 78; LKW, 44.

lebnisse sich zu fixieren; erst in ihm gewinnt sie ›Gestalt und Namen‹«
(PsF III, 90). Wenn der Ausdruck und seine Wahrnehmung aber vor-
sprachlich sind, fragt sich, wie es einzelne Ausdrucksphänomene, Erscheinungen mit bestimmtem ›Charakter‹ geben kann, die einen spezifischen
Ausdrucks*sinn* haben. »Als Ausdruckswerte und Ausdrucksmomente haf-
ten diese Bestimmungen den erscheinenden Inhalten *selbst* an; sie werden
nicht erst auf dem Umweg über die *Subjekte*, die wir als hinter der Erscheinung stehend ansehen, aus ihnen herausgelesen« (PsF III, 85). Demnach ist der Sinn des sinnlichen Ausdrucks *kein Akt* eines setzenden Subjekts und die präprädikative Synthesis des Ausdruckssinnes der erlebten
Sinnlichkeit keine erst durch den Begriff vermittelte Synthesis eines Er-
kenntnissubjektes. Das Wahrgenommene selber hat Zeichenstruktur und
damit auch Ausdrucksqualität – wie bei Leibniz.

Es bleibt aber in präziser Weise unklar, warum kein Ausdruck ohne Sinn
für seine Wahrnehmung möglich sei. Eine Bestreitung des »ursprünglichen ›Symbolcharakters‹ der Wahrnehmung würde … all unser Wissen
von Wirklichkeit an der Wurzel abschneiden« (PsF III, 108), wenn auch
diese präprädikativ synthetische Wahrnehmung nicht eigens weiter be-
gründungsfähig sei. Die Wendung vom ›Urphänomen‹ (ebd.) hat eben
den Sinn, nichts hinter dem Ausdrucksphänomen zu suchen, von dem
her es begründbar oder worauf es reduzierbar wäre. Die Symbolizität des
Ausdrucks ist von der Intention geleitet, mit dem Symbolbegriff »das
Ganze jener Phänomene zu umfassen, in denen überhaupt eine wie immer geartete ›Sinnerfüllung‹ des Sinnlichen sich darstellt« (PsF III, 109).
Die Omnipräsenz des Sinns ist aber eine überaus unselbstverständliche
These, die, zumal wenn sie teleologisch konzipiert wird, kaum weniger
gewagt ist, als Leibniz Harmoniehypothese. Woher also diese Gewißheit,
alles sei ursprünglich ›voller Sinn‹? Diese Generalhypothese operiert mit
einem formalisierten funktional-relationalen Sinnmodell, eben der omni-
präsenten Reihenstruktur.

Für den Erlebnisstrom des Ausdrucks ist aber fraglich, ob ihm eine *Reihenstruktur* unterlegt werden kann. Zwar formuliert Cassirer einerseits,
daß das präreflexive ›Ich‹ hier »in der fließend immer gleichen Reihe der
Erlebnisse« stehe, aber zugleich heißt es: »Ohne feste Ordnung und ohne
Übergang folgen diese Momente einander« (PsF III, 106). Die Reihenform ist in dieser Hinsicht eine *sekundäre* Rationalisierung, die die Form
der Ausdruckswahrnehmungen und der Erlebnisse überzuinterpretieren
Gefahr läuft. Zwar ist jeder Ausdruck und jede seiner Wahrnehmungen
semiotisch strukturiert, aber diese Struktur muß nicht reihenförmig sein.
Und die These seiner Symbolizität wird überkodiert, wenn die finale
Form des symbolischen Ausdrucks unter der Hand leitend wird für den

mimischen und analogischen. Die finale Form scheint hier für die Interpretation der ›Vor‹formen leitend zu werden. Damit entdeckt Cassirer ein
abgründiges *Thematisierungsdilemma*: »Eben darum scheint uns freilich diese Wahrheit um so mehr zu entgleiten, je mehr man sie zu fixieren versucht« (PsF III, 95). Das ist die Aporie jeder Lebensweltthematisierung im
Verhältnis von Präsenz und Repräsentation: daß sich Selbstverständlich-
keiten (in) ihrer Thematisierung entziehen. Der sinnlicher Präsenz eigene
Sinn wird überformt durch den der Thematisierung eigenen Sinn.[40] Und
die Fremde des potentiell Inkommensurablen wird im Verstehen ›erobert‹.
Daß in der Fremde möglicherweise Absenz oder ein sehr anderer Sinn
sein könnte, wird in dieser übermäßig sinnvollen Interpretation a limine
ausgeschlossen.

Reguliert also die thematische Modalität die Modalität der Thematisierung, oder ist es letztlich doch die reihenförmige Bedeutungsfunktion der
Philosophie, die die thematische Modalität reguliert? In dieser Frage würde Blumenbergs topisch orientierte Phänomenologie geschichtlicher Lebenswelten und der kulturellen Formen wie Sprache, Wissenschaft und
Technisierung weiterführen, da er *keine steigerungslogische* Dialektik von
Sinnlichkeit und Sinn zugrunde legt.[41] Cassirers reihenförmige Darstellungsweise verfährt bei allen symbolischen Formen formal identisch, wohingegen Blumenberg hier modifiziert: erstens indem er nicht einfach
Reihen bildet und zweitens die Darstellung der Modalität des Dargestellten entsprechen zu lassen intendiert (was sc. ›nur‹ eine raffinierte Ausdifferenzierung und Selbstzurücknahme in der Fremdauslegung ist). Bei

---

[40] In der Perspektive dieser Frage sind die Repräsentationsformen Cassirers und Blumenbergs signifikant verschieden. Verdichtet ließe sich formulieren: *Cassirer ist Mythoklast,
Blumenberg Mythopoiet.* Ihr Stil im Umgang mit den symbolischen Formen, also die Prä-
senzqualität ihrer Repräsentationen, hat bei noch so großer thematischer Nähe eine immer noch größere intentionale wie rhetorische Distanz. Während bei Blumenberg, wenn
nicht alles, so doch einiges auf die Ausdrucksqualität seiner Umgangsformen ankommt, so
ist gerade diese Dimension der Präsenz der Repräsentation bei Cassirer auffällig marginal.
Seine Phänomene werden geordnet, gereiht, und exemplarisch illustriert in beeindruk-
kender Systematik, aber sie entwickeln nicht die Eigendynamik wie bei Blumenberg.

[41] *J.L. Koerner,* Ideas about the thing, not the thing itself: Hans Blumenberg's style, History of the Human Science 6, 1993, 1-10: »In a way, Blumenberg is a kind of Cassirer for
our time« (7); »There are, of course, important differences between the two thinkers.
Where Cassirer deduced a continuous historical progression from primitive metaphorical
thinking to modern sciences, from *mythos* to *logos*, Blumenberg demonstrates the persistence of myth and metaphor within science, and within the culture coming to terms with
science's discoveries. And unlike Cassirer, Blumenberg embodies this persistence within his
writing style« (ebd.). Vgl. *Ph. Stoellger,* Von Cassirer zu Blumenberg. Zur Fortschreibung
der Philosophie symbolischer Formen als Kulturphänomenologie geschichtlicher Lebenswelten, in: Loccumer Protokolle 39/98, 108-149.

Cassirer dagegen wird die *Modalität* der stets fremden Präsenz tendenziell homogenisiert und zwar final durch einen kulturhermeneutisch erweiterten kritischen Idealismus mit einem Sinnmodell der Logik Lotzes. Der *Umgang mit der präsenten Sinnlichkeit der Repräsentation* (wie ihrer Pragmatik und Rhetorizität) gerät so >bloß< repräsentierend. Die Sinnlichkeit des Sinns oder anders, die Sinne des Sinns bleiben >auf der Strecke< in der reihenbildenden Darstellung.[42] Während Blumenberg die Modalität der Darstellung in Entsprechung zur thematischen Modalität zu halten sucht, setzt Cassirer demgegenüber auf eine klare und deutliche Szientifizierung der eigenen Darstellung. Seine Reihenbildung überformt damit *Kontiguität*[43], *Inkommensurabilität, fremde Alterität, Affekt* und *Konnotation*, während gerade Mythos, Kunst und auch Religion damit und davon leben.

Michael Strauss unterscheidet in seiner von Cassirer geleiteten Studie zur »Typologie des Sinntragens« die verschiedenen Indentitätsverhältnisse von Sinnlichkeit und Sinn in den verschiedenen symbolischen Formen folgendermaßen: Im Ausdruck seien Sinn und Träger identisch, im Symbol (i.e. hier: ein Wort, das einen Begriff vertrete) sei der Sinn identisch mit dem Objekt, im Zeichen (z.B. Verkehrsschilder) mit der Gebrauchsweise.[44] Gegenüber einem Dualismus von Sinnlichkeit und Sinn ist der Ausdruck dann strittig. Der Dualist wird gerade diese Identität von sinnlichem Träger und seinem Sinn bestreiten und das Verhältnis zur Sinnlichkeit als Rezeptivität, die schlicht von außen gegeben sei, den Sinn aber als Spontaneität des Subjektes und mehr oder minder freie Interpretation analysieren. Über deren Synthesis kann man daraufhin streiten, ob sie angeboren oder erlernt sei. Mit allen drei Distinktionen wird aber die präprädikative Identität von Sinnlichkeit und Sinn im Ausdruck verfehlt – und demnach auch die Ausdrucksqualität späterer symbolischer Formen.[45]

Die Weise der Ordnung des Ausdrucks ist nach Strauss[46] nun nicht der Begriffsbegriff der Reihe, sondern strikt die *Gestalt*. Sie wird geordnet gesehen, aber >der Reihe nach< begriffen. In der Reflexion auf sie tritt

---

[42] Cassirer unterbelichtet die Dimension der *Pragmatik*, und zwar nicht nur die Pragmatik der dargestellten Formen, sondern auch der eigenen Form der Reihenbildung. Vgl. *H. Paetzold*, Die Realität der symbolischen Formen. Die Kulturphilosophie Ernst Cassirers im Kontext, Darmstadt 1994, 35.

[43] Vgl. seine explizite These, symbolische Prägnanz sei kein >bloßes Beieinander< (WWS, 223).

[44] *M. Strauss*, Empfindung, Intention und Zeichen. Typologie des Sinntragens, Freiburg/München 1984, 70.

[45] Vgl. *Strauss*, ebd. 72f.

[46] *Strauss*, ebd. 73ff.

auseinander, was der ›Blick‹ ungeschieden beieinander hat (und nicht nur beieinander hält). Eine Figur etwa hat eine Gestalt, und kann nach einem Perspektivenwechsel oder auf anderem Hintergrund anders wahrgenommen werden. Das übliche Beispiel ist der Hasen-Enten-Kopf oder dreidimensional gezeichnete Würfel; in der Kunst leben etwa die geometrische Op-Art Vasarelys und noch Escher von dem kalkulierten Spiel mit der Vexierung dieser Wahrnehmungsstrukturen von Figur, Hintergrund, dritter Dimension und Perspektive. Systematisch könnte man daher im Ausdruckskapitel des dritten Bandes der »Philosophie der symbolischen Formen« ein Kapitel über die Gestalt erwarten als vorbegriffliches Pendant zur begriffsorientierten Reihenbildung der symbolischen Prägnanz im folgenden Repräsentationskapitel. Daß ein solches Gestaltkapitel aber nicht vorliegt, ist signifikant für die homogenisierende Funktion der reihenförmigen symbolischen Prägnanz für alle Formen. Gleichwohl rekurriert Cassirer, wenn auch nur gelegentlich[47] auf die Gestalttheorie besonders Max Wertheimers[48]; aber systematisch gleichgewichtige Funktion zum Reihenmodell bekommt der Gestaltbegriff nicht, auch wenn er etwa im Rekurs auf Goethes ›geprägte Form, die lebend sich entwickelt‹ und seine Morphologie immer wieder anklingt.

Nun liegt es beinahe *zu* nahe, Bild-, Gestalt- oder Figurenwahrnehmung passend repräsentiert zu sehen in sprachlichen Bildern und Figuren, eben den *Metaphern* und ihren Verwandten. Nur sind die Metaphern und verwandte Figuren keineswegs auf ihre Ausdrucksfunktion zu restringieren, wenngleich gerade sie am geeignetsten erscheinen, die Ausdrucksqualität im Übergang zur symbolischen Funktion der Sprache zu wahren und damit gegen den *Verlust* im Aufbau symbolischer Formen anzuarbeiten. Wie Lotze nennt Cassirer als Beispiele der *vor*begrifflichen sprachlichen Ausdrucksformen Namen und Gestalten wie Götternamen und Götterbild (PsF III, 90f, 106f, 126f). Er kennt demnach *vor*begriffliche Weisen der Repräsentation des Ausdruckssinnes. Dem damit gesehenen Problem geht Cassirer aber nicht näher nach, vermutlich weil er das Problem mit der symbolischen Prägnanz für gelöst hält – dabei ist es damit vor allem erst einmal benannt.

---

[47] PsF I, 37f, 180, II, 235; III, 31, 66 u.ö.
[48] PsF I, 192f, 210; vgl. GL, 346; im Ausdruckskapitel nennt er Kurt Koffka, Karl Bühler (vgl. ECN 1, 50, 125, 142, 146-148, 161, 164, 173, 187; PsF III, 76, 128, 132, 141, 153, 241, 388, 397; STS, 10, 129, 135, 144; WWS, 214, 218) und William Stern (PsF I, 132, 153, 176, 226, 288, III 76, 119, 128, 132, 141, 210, 387), mit dem er allerdings auf die Ontogeneseforschung rekurriert.

III. Zum Problem der symbolischen Prägnanz

Das an der Wahrnehmungsthematik exemplifizierte Problem des operativen Begriffs[49] der symbolischen Prägnanz ist, daß Cassirer für die beiden aufeinander irreduziblen Wahrnehmungsformen einen homogenen Begriff präprädikativer Synthesis entwirft. Das Modell der Reihenregel ist zwar durchaus modalisierbar[50], aber dennoch am epistemischen Problem der Gegenständlichkeitskonstitution entwickelt und mathematisch-logischer Provenienz – und in diesem Sinne nicht durch Modalisierung einfach auf alle Formen der Wahrnehmung resp. auf alle Formen der Prägnanz übertragbar. Das Problem zeigt sich exegetisch wie systematisch: in der Philosophie der symbolischen Formen selber wird die symbolische Prägnanz erst im Zusammenhang der Ausführungen zur Dingwahrnehmung entwickelt[51] unter dem Titel »Das Problem der Repräsentation und der Aufbau der anschaulichen Welt« und das heißt unter der Frage nach der Gegenständlichkeitskonstitution und Gegenstandserkenntnis. Auch außerhalb dieses Kapitels wird die symbolische Prägnanz auf die Dingwahrnehmung bezogen[52], und erst im Zusammenhang mit dem Linienbeispiel explizit auf die Ausdruckswahrnehmung (PsF III, 232).[53]

Zwar ist der Sache nach im Ausdruckskapitel (von PsF III) durchgängig von der präprädikativen Synthesis von Sinnlichkeit und Sinn die Rede, es

---

[49] Daß der Prägnanzbegriff *operativ* sei, ist eine These über seine (mit Wittgenstein zu sagen) grammatische Funktion bei Cassirer. Damit einher geht, daß dieser Begriff nicht einfach deklariert und als thematischer wohldefiniert eingeführt wird, sondern eine tiefengrammatische oder basale Funktion hat, die nicht in der Thematisierung eingeholt wird. Daß Problem seiner Thematisierung ex post ist, daß damit eine Entselbstverständlichung einhergeht, durch die die orientierende Valenz des Begriffs problematisch wird. Operative Begriffe sind eben operativ, weil und insofern sie nicht in der Thematisierung aufgehen können und auch nicht ›clare et distincte‹ eingeführt werden. Sie sind aber mitnichten ›unklar‹ oder ›bloß operativ‹, sondern eben tiefengrammatisch oder Hintergrundmetaphern. Vgl. dazu E. *Fink*, Operative Begriffe in Husserls Phänomenologie, ZphF 11, 1957, 321-337, und *Orth*, Operative Begriffe in Ernst Cassirers Philosophie der symbolischen Formen, s. Anm. 7, 45-74.

[50] Die Pointe der Qualitäts-Modalitäts-Differenz ist sc. gerade, daß die Qualität der Reihung modalisiert wird (PsF I, 29f), wie z.B. das zeitliche Nacheinander je nach symbolischem Formzusammenhang modalisiert auftritt. Gleichwohl liegt dieser Differenz stets das Reihenmodell zugrunde, und ebendies ist eindimensional und homogenisierend.

[51] *Dubach*, ›Symbolische Prägnanz‹, s. Anm. 9, 61ff.

[52] PsF III, 133, 149, 275, 278, 281.

[53] Dubach vermutet zunächst, daß Cassirer die symbolische Prägnanz vielleicht nur auf die Dingwahrnehmung bezogen habe, sieht aber exegetische Gründe dafür, sie auch auf die Ausdruckswahrnehmung zu beziehen, besonders in der Auseinandersetzung mit Konrad Marc-Wogau (WWS, 201-230, bes. 223).

ist aber eine unpassende Engführung, der symbolischen Prägnanz prinzipiell die Funktion der Gegenständlichkeitskonstitution zuzuschreiben,
wie Cassirer es in dominant epistemischer Perspektive tut und so die
Wahrnehmung in toto unter die Herrschaft einer gegenstandstheoreti-
schen Intentionalität resp. die der Dingwahrnehmung bringt: »Es gibt keine Wahrnehmung, die nicht einen bestimmten ›Gegenstand‹ meint und
auf ihn gerichtet ist … Immer besteht in der Wahrnehmung eine Ausein-
anderhaltung des Ich=Poles vom Gegenstands=Pol« (LKW, 39). Wenn
Cassirer dann auch noch den ›Gegenstands=Pol‹ in »Ding=Welt« und
»Welt von Personen« entfaltet (ebd.), wird die Basalität und Eigenart der
Ausdruckswahrnehmung signifikant überformt. Dem entspricht, daß
dann das Du nur noch als ein Alter Ego auftritt (ebd.), und nicht mehr als
ursprünglicher und auf die Konstitutionsleistung des Ego irreduzibler Alter. Der »Primat der Ausdruckswahrnehmung« wird dann auf die mythische Weltsicht restringiert – worin sich der Verlust der Präsenz des Ausdrucks in *allen* Formen zeigt (ebd. 40). »Mehr und mehr wird, im Fortgang der theoretisch-wissenschaftlichen Erkenntnis, der reinen Ausdrucksfunktion an Boden abgewonnen – wird das reine ›Bild‹ des Lebens
in die Form des dinglichen Daseins und dinglich-kausaler Zusammenhänge umgesetzt« (PsF III, 103). Da aber die Ausdrucksfunktion die Präsenz des »Grundphänomen[s] des ›Lebendigen überhaupt‹« ist (ebd.), *darf*
sie in dem Aufbau der Repräsentation nicht gänzlich vergehen – nur
bleibt das Wie, der pragmatische wie theoretische Methodos, in denen
diese ›Lebensweltrückbindung‹ gewahrt werden soll, schlechthin dunkel.
Es wäre zu erwarten, daß die basale Form der Ausdruckswahrnehmung
eigentümliche Darstellungsformen hat. Aber Cassirers Weg der symbolischen Formung vom Ausdruck zur Darstellung bis zur reinen Bedeutung
bedeutet in seinem ersten Übergang bereits einen wesentlichen *Verlust*:
Die Darstellung wird unter Leitung der Dingwahrnehmung und der Gegenständlichkeitskonstitution wie Gegenstandserkenntnis konzipiert. Die
»Verflechtung« mit der Ausdrucksfunktion bleibt aber für jede Darstellung
basal, nicht nur in der Dichtung, sondern in *jeder* lebendigen Sprache (PsF
III, 129). Was in der Dichtung wahrgenommen wird, kann man auswei-
ten und als eine Form der Metaphorizität verstehen, die die besondere
Darstellungsweise des Ausdrucks sein könnte: die Form der sprachlichen
symbolischen Prägnanz, die nicht auf Gegenständlichkeitskonstitution
und Gegenstandserkenntnis tendiert und daher das Andere der Dingwahr-
nehmungsprägnanz bildet.

Aber Cassirer weiß sc. um die Eigenart der Ausdrucksphänomene: »Wo
es sich um die Problematik und um die Phänomenologie der reinen Aus-
druckserlebnisse handelt, da können wir uns weder der Leitung und Ori-

entierung durch die begriffliche Erkenntnis, noch auch lediglich der Leitung der Sprache überlassen. Denn beide stehen in erster Linie im Dienst der rein *theoretischen* Objektivierung« (PsF III, 79). Nur ist eben die Frage, ob er anders kann, und auch, ob er de facto anders vorgeht, als dem Begriffsbegriff der Reihe ›die Leitung‹ zu überlassen. Cassirers Dialektik des mythischen Bewußtseins konstruiert die Aufhebung des Mythos in der Religion (letztlich im sittlichen oder semiotischen Bewußtsein?). Darin zeigt sich die deutliche Tendenz zu einem reflexionslogischen Aufstieg und damit zur teleologischen Überwindung durch die ›Entmythisierung‹ in der stufenlogischen Dialektik des mythischen Bewußtseins. Das Verfahren der Reihung ist in jedem Fall ein Verfahren der Aufhebung in den Begriff: Cassirers Übernahme des Reihenmodells diente zur Kritik des traditionellen (aristotelischen) Begriffsbegriff und der damit gesetzten Abstraktionstheorie. Als (gemäß der Orientierung des Neukantianismus am Faktum der Naturwissenschaften) alternativer mathematisch orientierter Begriffsbegriff fungiert der der Reihe resp. des Begriffs als Reihenregel und der Prozeß der Bestimmung als Fortbestimmung. Im Kantischen Horizont ist dieser Begriff unhintergehbar ein ›Modell‹ der Gegenständlichkeitskonstitution. Dann aber ist unübersehbar, daß das Verfahren der Reihenbildung das Aufgehen der thematischen symbolischen Form im Begriff der Reihe bedeutet.

Martina Plümacher[54] ist in ihrer Untersuchung von Cassirers Wahrnehmungstheorie auf den entsprechenden Befund gestoßen, daß Cassirer aus »systematischen Gründen … eigentlich auch für Ausdrucksphänomene eine Schemabildung [hätte] annehmen müssen«[55], dafür aber kein Modell entwickelt habe.[56] Stattdessen habe ihm nur das von Lotze übernommene Schema der Reihenbildung zu Gebote gestanden, die gerade nicht geeignet sei, Individualität und damit Nichtverallgemeinerbares zu schematisieren, für die eher »ein Bild« als Schema fungieren könne[57]. Daß Cassirer für die Wahrnehmung des Anderen und grundsätzlich für Individuelles[58] kein

---

[54] *M. Plümacher*, Gestaltpsychologie und Wahrnehmungstheorie bei Ernst Cassirer, in: *E. Rudolph, I.O. Stamatescu* (Hg.), Von der Philosophie zur Wissenschaft. Cassirers Dialog mit der Naturwissenschaft, Hamburg 1997, 170-207.

[55] *Plümacher*, ebd. 202.

[56] Hier erstaunt, daß Plümacher nicht gerade das Gestaltmodell als ein nicht auf Gegenständlichkeitskonstitution gerichtetes Schema zur Geltung bringt.

[57] *Plümacher*, ebd. 202. Vergleichbare Probleme mit der Übernahme von Lotzes Reihenmodell hat *Urban*, Cassirers Philosophie der Sprache, s. Anm.15, 289f, 291ff.

[58] Das Modell der ›Gestalt‹ wäre eigens zu erörtern. Sie ist auch ein ›erstes Allgemeines‹, das das Inkommensurable am von der Reihe Abweichenden nur wahren könnte, wenn sie es nicht auf Typen reduzierte.

Schema gefunden habe, wird im folgenden mit der Rückholung von Cassirers Metaphorizitätsthese zu widerlegen sein; daß aber seine Tendenz zur Ausdrucksreduktion und das hier auftretende systematische und methodische Problem Cassirers bestehen bleiben, sich die Reihenform als *zu* prägnant erweist und die Reihenbildung der eigenen Philosophie dominiert, ist (leider) dennoch zutreffend – allerdings um so mehr ein Grund, dieses Problem aufzugreifen und ›mit Cassirer über Cassirer hinaus‹ einen Vorschlag zu seiner Bearbeitung zu machen.

Systematisch ergeben sich angesichts dieses Problems des operativen und nicht von Cassirer thematisch entwickelten Prägnanzbegriffs mindestens *drei Optionen*: (a) die symbolische Prägnanz unter der Leitung der Dingwahrnehmung und Gegenstandskonstitution zu konzipieren, wie Cassirer de facto vorgeht, (b) umgekehrt sie von der Ausdruckswahrnehmung her zu verstehen, wofür die Basalität der Ausdruckswahrnehmung und die Relation zum Eigenleib und zum Anderen bei Cassirer Ansätze bieten würde[59], oder (c) eine Mehrdimensionalität der symbolischen Prägnanz zu entfalten, die dieser Scheinalternative gegenüber indifferent bleibt. Cassirer selber hat 1925 erwogen, die ›radikale Metapher‹ als Modell für die Genese von Sprache und Mythos zu verstehen, und dem soll im folgenden wieder-holend nachgegangen werden. Auf die basale Duplizität von Ausdrucks- und Dingwahrnehmung bezogen, ergibt sich so die Option, daß *un*begriffliche Darstellungsformen wie die Metaphern besonders geeignet sind, Ausdruckswahrnehmungen und -phänomene darzustellen und vice versa, daß die präprädikative Synthesis der Ausdruckswahrnehmung durch Metaphern stets schon sinnvoll geformt ist und so auf eigene Weise repräsentiert wird. So irreduzibel wie die Metapher auf den Begriff, so irreduzibel ist die Ausdruckswahrnehmung auf die Dingwahrnehmung. Sowenig Metaphern nur nachprädikativ sind, so sehr sind sie auch präprädikativ und daher irreduzible Darstellungsformen präprädikativer Synthesis. Von der Metapher her wird das Reihenmodell präprädikativer Synthesis entselbstverständlicht. Ausdruckswahrnehmung ist nicht angemessen repräsentiert, wenn sie ›auf die Reihe gebracht wird‹, sondern Diskretheit und Kontiguität sind treffender dargestellt, wenn sie beispielsweise topisch konstelliert werden.[60]

---

[59] Diese phänomenologische Option, die etwa mit Merleau-Ponty, Plessner und Ricoeur weiterzuführen wäre, bleibt hier leider unbearbeitet.

[60] Andererseits gibt es Metaphorizitätsformen wie die Modelle, die durchaus Reihung implizieren und fortbestimmen. In dieser Gestalt ist die Metaphorizität präsent in Handlungs- und wissenschaftlichen Kontexten; aber sie geht darin nicht auf.

Und sofern sich Theologie wie Religionsphilosophie auf religiöse Wahrnehmungszusammenhänge und Darstellungsformen beziehen, haben sie es elementar mit bedeutsamen Ausdrucksphänomenen zu tun, die nicht einfach ›auf den Begriff zu bringen‹ sind – und angesichts des Begriffsbegriffs der Reihe heißt das, ›nicht einfach auf die Reihe zu bringen‹ sind, also nicht einfach in einer vorausliegenden Reihe aufgehen. Wenn man wie W. P. Alston[61] und I. U. Dalferth[62] die ›Wahrnehmung Gottes‹ für basal hält und demnach Religionsphilosophie oder Theologie als Theorie dieser Wahrnehmung entwerfen kann, bedarf es näherer Klärung der Wahrnehmungsthematik, wie der Verständigung darüber, inwiefern Wahrnehmung präprädikativ synthetisch ist und wie ihre Interpretativität in unbegrifflichen Sprachformen zum Ausdruck und zur Darstellung kommt. Die Wahrnehmung, die dem Glauben zu eigen ist, wie die Wahrnehmung der Schöpfung, ist offensichtlich in anderer Weise prägnant und anders modalisiert als eine naturwissenschaftliche. Um die plurale Interpretativität der Wahrnehmung und ihre Grunddifferenzen zu verstehen, bedarf es daher einer Klärung der Prägnanz der Wahrnehmung und der Probleme, sie zu thematisieren.

Eine der Pointen des Neuen Testaments ist die Stiftung neuer und die Variation tradierter Metaphern wie ›Jesus Christus‹, ›Inkarnation‹ und ›Auferstehung‹, die nicht einfach in der Reihe der Traditionsgeschichte aufgehen, aber doch auch nicht ohne diese vorgängigen Reihen verständlich sind. Ist die wesentlich metaphorische religiöse Rede, wie die genannten Beispiele zeigen, vor allem Form*varianz* statt absolut anfangender Reihen*stiftung*, hat sie ihre Pointe stets in der Eigenart der Varianz. Zu deren Warnehmung und Identifikation hilft das Reihenmodell zwar, aber die individuelle Abweichung geht gerade nicht in der Reihe auf, bleibt also in diesem Modell ›außen‹. Das Reihenmodell hat daher in optimam partem die Funktion, die jeder Begriff hat: An ihm zeigt sich bei näherem Hinsehen, was gerade nicht im Begriff aufgeht, das Unbegriffliche, zu dessen Darstellung die Formen der Unbegrifflichkeit nötig sind. Die Pointe des Gebrauchs des Reihenmodells wäre daher verspielt, wenn es generalisiert würde und man alles auf die Reihe bringen wollte. Vielmehr muß die Reihe in dreifacher Hinsicht offen sein: für infinite Fortbestimmung, für abduktive Modifikation ihres Anfanges und vor allem für die Wahrnehmung von Differenzen, wie sie sich in Metaphern oder bildlicher Rede ausdrücken. Cassirer selber versteht – vielleicht in Erinnerung

---

[61] *W. P. Alston*, Perceiving God. The Epistemology of Religious Experience, Ithaca 1991.
[62] Vgl. *I. U. Dalferth*, Gedeutete Gegenwart. Zur Wahrnehmung Gottes in den Erfahrungen der Zeit, Tübingen 1997, bes. 1–10 (Vom Wahrnehmen Gottes).

an Schleiermacher – als die sprachliche Ausdrucksgestalt des »religiöse[n] Gefühl[s]« die »Verkündung des Glaubens … in religiösen Bildern«, und man würde erwarten, daß die Eigenart und symboltheoretische Rekonstruktion der Genese und Funktion dieser Bilder die Pointe seiner Phänomenologie bildete; aber statt dessen heißt es lakonisch »in Bildern, die als Symbole beginnen, um als Dogmen zu enden« (LKW, 55). Die prekäre Teleologie dieser Formulierung und ihre Ambiguität bleiben leider unthematisch. Blumenberg jedenfalls bemerkte in seiner ›Arbeit an Cassirer‹ den eminenten Verlust, der in dieser Teleologie liegt. Aber immerhin wendet Cassirer selber gegen die Dominanz der Dingwahrnehmung und der Gegenständlichkeitskonstitution ein: »daß sie [»die Kraft des gegenständlichen Vorstellens«] im Gebiet der Sprache selbst niemals alleinherrschend werden kann: das bezeugt uns schon die Tatsache, daß aller sprachlicher Ausdruck ›metaphorischer‹ Ausdruck ist und bleibt. Im Organismus der Sprache bildet die Metapher ein unentbehrliches Element; ohne sie würde die Sprache ihr Leben verlieren und zu einem konventionellen Zeichensystem erstarren« (LKW, 46). So gesehen erscheint die Metaphorizität als das Leben der Sprache, als die Wahrung der Mehrdimensionalität im Horizont der Sprache, wenn nicht sogar als *die* Dynamis der symbolischen Formung. Damit würde die *Metaphorizität* zum *Modell kultureller Formvarianz.*

Der Begriffsbegriff der Reihe homogenisiert die symbolische Prägnanz trotz Qualitäts-Modalitäts-Differenz der Reihen, wie an der Problematik der Ausdruckswahrnehmung und an der Enge und Erweiterungsbedürftigkeit des Reihenmodells deutlich wurde. Im folgenden soll daher eine These Cassirers erinnernd zurückgeholt und systematisch neu gefaßt werden, die leider in die Philosophie der symbolischen Formen keinen Eingang fand. Cassirers Grundbegriff der symbolischen Prägnanz als Modell präprädikativer Synthesis soll *selber mehrdimensional* konzipiert werden. Systematisch soll mit der Rückholung von Cassirers Modell der radikalen Metapher ein anderes Modell zum Verstehen der Prägnanz und damit auch der *unbegrifflichen Repräsentation* der *Ausdrucks*phänomene entwickelt werden, mit dem sie nicht unter die Dominanz des Begriffsbegriffs der Reihe subsumiert werden. Diese Repräsentation durch Unbegrifflichkeit liegt der Wahrnehmung der Ausdrucksphänomene im Rücken und ist eine Form der Ordnung, die nicht einfach reihenförmig ist. Es geht gewissermaßen um die ›Rettung‹ der Ausdrucksphänomene vor dem Verlust als bloßes Moment einer Reihung.[63]

---

[63] Daß dieses Problem theologisch brisant ist, wäre an der Traditionsgeschichte, der Gleichnisauslegung oder an den ›Anfängen der Christologie‹ zu zeigen.

IV. Die Metapher als Modell symbolischer Prägnanz

1. Die radikale Metapher Friedrich Max Müllers und Cassirers Weiterführung

Zwei Jahre nach Erscheinen des ersten Bandes der »Philosophie der symbolischen Formen« (1923) und in dem Erscheinungsjahr des zweiten Bandes (1925) veröffentlichte Cassirer in den Studien der Bibliothek Warburg unter dem Titel »Spache und Mythos«[64] einen »Beitrag zum Problem der Götternamen«. Die finale Frage im letzten Kapitel von Sprache und Mythos lautet: Was ist das »Grundmotiv« der »Verflochtenheit des mythischen und des sprachlichen Denkens«, die Cassirer in den fünf Kapiteln von »Sprache und Mythos« im »Aufbau der mythischen und der sprachlichen Welt« untersucht hat (SM, 144)? Versuchte die Romantik, wie auf seine Weise Schelling, die Sprache aus dem Mythos zu verstehen, so sei die Erklärungsrichtung von der ›vergleichenden Mythologie‹ der zweiten Hälfte des 19. Jahrhunderts invertiert worden: man versuchte den Mythos aus der Sprache zu verstehen. »Die ›radikale Metapher‹, die aller Mythenbildung zugrunde liegt, wurde als ein wesentlich sprachliches Gebilde zu deuten und in seiner Notwendigkeit zu verstehen gesucht. Die Identität oder der Gleichklang der sprachlichen Bezeichnung bahnte und wies erst der mythischen Phantasie den Weg« (SM, 146). Die von Friedrich Max Müller so genannte ›radikale Metapher‹ wird im Unterschied dazu von Cassirer *nicht als ein ›bloß‹ sprachliches Gebilde* verstanden, sondern ›tiefergelegt‹. Denn beide von ihm genannten Herleitungen, die des Mythos aus der Sprache und vice versa, sind für Cassirer Reduktionsformen, die die Selbständigkeit der jeweiligen Form hintergehen.[65]

In der Auseinandersetzung mit den Theorien, die die Sprache auf Mythos oder Metapher zurückführen, versus denen, die die Mythologie auf die Sprache zurückführen (SM, 144ff), entwickelt Cassirer eine entscheidende Grunddifferenz des Metaphernbegriffs. Dazu skizziert er einerseits einen *engen* Metaphernbegriff im Sinne der Substitutionstheorie der klassischen Rhetorik, wie ihn auch Wundt vertritt, und andererseits einen

---

[64] E. Cassirer, Sprache und Mythos. Ein Beitrag zum Problem der Götternamen (1925), in: WWS, 71-158 (= SM).

[65] Seltsamerweise kann *J.M. Krois,* Problematik, Eigenart und Aktualität der Cassirerschen Philosophie der symbolischen Formen, in: in: *H.-J. Braun, H. Holzhey, E.W. Orth* (Hg.), Über Ernst Cassirers Philosophie der symbolischen Formen, Frankfurt a.M. 1988, 15-44, formulieren, die »symbolischen Formen entwickeln sich für ihn aus einem gemeinsamen Grund heraus: aus dem Mythos« (19), und verweist dazu auf SM 112. Allerdings ergänzt er sogleich (20), daß Sprache und Technik mit dem Mythos gleichursprünglich seien; wie aber sollen sie dann aus ihm hervorgehen?

weiten als Grundfigur der Sprach- und aller Formgenese im Sinne der ›radikalen Metapher‹ Friedrich Max Müllers. Ihn weiterführend entfaltet Cassirer seine These von der *Metapher als genetischem Ursprung der symbolischen Formen* und andeutungsweise als *ein anderes Modell der präprädikativen Synthesis von Sinnlichkeit und Sinn.*

Cassirer rekurriert hier maßgeblich auf Max Müller[66], dessen These der radikalen Metapher daher kurz skizziert werden soll. Wesentlich für Müller ist, daß die radikale (oder auch fundamentale) Metapher in einer bestimmten »Entwickelungsstufe des Denkens, welche jede Sprache durchmachen muß« loziert ist.[67] In dieser Phase modifiziert die Metapher die (somit vorgängigen) Wurzeln[68], daher auch der Ausdruck ›radicale‹ Metapher.[69] Müller operiert mit der basalen Unterscheidung von radikaler und poetischer Metapher, um die sprachphilosophische These der Bedeutungsgenese von dem rhetorischen Metaphernbegriff abzugrenzen.[70] »Gab es kein Wort, um eine neu geborene Idee zu benennen, was konnte man anders thun als die nächste beste zu nehmen?«[71], und es folgt, was Cassirer

---

[66] Vgl. auch die übrigen Bezüge auf Friedrich Max Müller: SM, 144ff, 75f; vgl. GL, 321, 333, 337; MS, 25-34, 42, 50f, 393f; PsF I, 234; II, 28f; VM, 171, 359.

[67] *Friedrich Max Müller*, Das Denken im Lichte der Sprache, Leipzig 1888, 443.

[68] Bei *Müller* findet sich bereits sachlich das Konzept der root-metaphor. Vgl. »Most … had originally a material meaning, and a meaning so general and comprehensive that they could easily be applied to many special objects« (Lectures on the Science of Language, new ed. London 1885, Bd. 2, 387, vgl. 413f). Die »eigentliche Geburtsstätte der Sprache« seien die unwillkürlichen Laute bei einer eigenen Tätigkeit wie dem Zerreiben (mar). Sie seien die »ersten und einzigen Objecte unmittelbarer Erkenntnis« (Das Denken im Lichte der Sprache, 292). Diese Wurzeln wuchsen, veränderten sich, wurden differenziert in transitive und intransitive, und wurden *übertragen*. Zuerst von den Tätigkeitsausdrücken auf subjektive Zustände (297f), auf objektive Tätigkeiten (302). Deutlich zu unterscheiden sei davon die folgende »Uebertragung unserer Handlungen und Zustände auf Gegenstände der Natur« (302): »jene radicale Metapher, die uns von Objecten denken und sprechen läßt, als wären sie Subjecte wie wir selbst« (303).

[69] *Müller*, Das Denken im Lichte der Sprache, 445.

[70] *Müller*, Lectures on the Science of Language: »We must now endeavour to distinguish between two kinds of metaphor, which I call *radical* and *poetical*. I call it *radical* metaphor when a root which means to shine is applied to form the names, not only of the fire or the sun, but of the spring of the year, the morning light, the brightness of thought, or the joyous outburst of hymns of praise. Ancient languages are brimful of such metaphors, and under the microscope of the etymologist every word almost discloses traces of its first metaphorical conception. From this we must distinguish *poetical* metaphor, namely, when a noun or verb, ready made and assigned to one definite object or action, is transferred poetically to another object or action. For instance, when the rays of the sun are called the hands or fingers of the sun, the noun which means hand or finger existed ready made, and was, as such, transferred poetically to the stretched out rays of the sun. By the same process the clouds are called mountains, the rain-clouds are spoken of as cows with heavy udders, the thunder-cloud as a goat or as a goatskin, the sun as a horse, or as a bull, or as a giant bird, the lightning as an arrow, or as a serpent« (388). »Let us consider, then, that there was, necessarily and really, a period in the history of our race when all the thoughts that went beyond the narrow horizon of our every-day life had to be expressed by means of meta-

auch zitiert: »Der Mensch, er mochte wollen oder nicht, war genöt*h*igt metaphorisch zu reden, nicht etwa deshalb, weil er seine poetische Phantasie nicht zügeln konnte, sondern vielmehr, weil er sie aufs *Ae*ußerste anstrengen mußte, um für die immer mehr wachsenden Bedürfnisse seines Geistes den Ausdruck zu finden. […] Unter Metapher sollte man also nicht länger einfach nur die überlegte T*h*ätigkeit eines Dichters, die bewußte *Ue*bertragung eines Wortes von einem Obje*c*te auf ein anderes verstehen. Dies ist die moderne[,] individuelle Metapher, welche von der Phantasie erzeugt wird, während die alte Metapher weit häufiger eine Sache der Not*h*wendigkeit und in den meisten Fällen weniger die *Ue*bertragung eines Wortes von einem Begriff*e* auf einen anderen als die Schöpfung oder nähere Bestimmung eines neuen Begriff*s* mittels eines alten Namens war«[72]. Diese basalen Übertragungen waren demnach nicht bloß möglich, sondern nötig, wegen der »Armuth der Sprache«[73], und diese sehr frühen Modifikationen wurden »der gesprochenen Sprache einverleibt«.[74] Die Metapher sei daher das wichtigste »Mittel, den Wortschatz zu vergrößern ... Metapher ist in unserem Sinne des Wortes für die Sprache, was Regen und Sonnenschein für die Ernte ist. Sie bewirkt, daß jedes Korn hundert- und tausendfältige Früchte trägt«.[75]

Wenn Müller formuliert, die »fundamentale Metapher ... ist die Wurzel aller Mythologie«[76], scheint er in der Tat, wie Cassirer moniert, den Mythos auf die Sprache zu reduzieren. Aber damit verkennt Cassirer, daß für Müller die radikale Metapher eine semiosische Dynamik meint, die als Bedingung aller Sprachentwicklung (und daher auch der durch sie bedingten Entwicklung des Mythos) fungiert. Sie ist also *nicht ein bestimmtes Sprachphänomen*, auf das dann der Mythos zurückgeführt würde, sondern auch Müller hat einen (soweit das in seiner Sprachphilosophie möglich ist) ›transzendentalen‹ Begriff der Metapher, den er ausdrücklich von der poetischen Metapher unterscheidet. Cassirers Vertiefung der radikalen Metapher ist daher durchaus schon bei Müller vorbereitet und der Vorwurf der einseitigen Formreduktion nicht ganz angemessen. Müllers Grundthese, daß Denken stets sprachlich ist, impliziert daher bereits Cassirers (im folgenden erörterte) weiterführende These von der für alle symbolische Formung basalen ›Form metaphorischen Denkens‹.[77]

Bemerkenswert ist im hiesigen Zusammenhang, wie Müller in theologisch sehr prägnanter Weise die *Metapher als den Schöpfungslogos* interpretiert: »[M]an wird niemals ein

---

phors, and that these metaphors had not yet become what they are to us, mere conventional and traditional expressions, but were felt and understood half in their original and half in their modified character. We shall then perceive that such a period of thought and speech must be marked by features very different from those of any later age.« (389f).

[71] *Müller*, Das Denken im Lichte der Sprache, 450.

[72] *Müller*, ebd. 450f, und SM, 146; Kursiven sind Korrekturen gegenüber Cassirers Zitat, der zudem für diese Stelle keinen Beleg angibt.

[73] *Müller*, ebd. 450.

[74] Ebd. 448. Hier unterschätzt Müller anscheinend, daß dergleichen dauernd geschieht.

[75] Ebd. 443.

[76] Ebd. 452.

[77] Vgl. ebd. 468ff u.ö., und die radikale These, »daß alles und jedes Geheimnis der Philosophie aus diesem uralten Tagebuch der Sprache studiert werden muß. Verstünden wir jedes Wort nach seiner Entstehung und weiteren Entwickelung vollständig, so hätte die Philosophie keine weiteren Geheimnisse mehr und könnte keine mehr haben. Sie würde zu existieren aufhören« (470). Der ›linguistic turn‹ ist hier längst vollzogen, mit an Rorty erinnernden Konsequenzen.

Verständnis für Mythologie gewinnen, ehe man nicht gelernt hat, daß das, was wir Anthropomorphismus, Personification oder Beseelung nennen, eigentlich für das Wachstum
unserer Sprache und Vernunft durchaus nothwendig war. Es war völlig unmöglich, die äußere Welt zu erfassen und festzuhalten, zu erkennen und zu verstehen, zu begreifen und zu
benennen, ohne diese *fundamentale Metapher*, diese Universalmythologie, dieses Blasen unseres eigenen Geistes in das Chaos der Objekte und das Wiedererschaffen nach unserem
Bilde. Der Beginn dieser zweiten Schöpfung des Geistes war das Wort, und wir können in
Wahrheit hinzufügen, daß *Alles durch dieses Wort gemacht d.h. benannt und erkannt wurde und daß ohne dasselbe Nichts gemacht wurde von dem[,] was gemacht ist«.*[78] Diese me-
tapherntheoretische Aneignung des Johannesprologs legt die Metapher als den Schöp-
fungsmittler aus, der in Gestalt des sprachlich denkenden Menschen die Neuschöpfung der
Welt durch die Sprache und zwar wesentlich durch die fundamentale Metapher wirkt.[79]
Die These ist allerdings mitnichten unkritisch oder spekulativ (das war sie auch in der Re-
naissancetradition etwa Vicos nicht), sondern sie bereitet Cassirers anthropomorphismus-
kritische Forderung nach einem »kritisch-transzendentalen« Anthropomorphismus[80] vor.
Die theologische Fortbestimmung dieser These entfaltet im Rekurs auf Kants symbolischen Anthropomorphismus (nicht ohne theologische Differenz) E. Jüngel: »daß wie jedes
von Gott redende Wort, so auch jeder Anthropomorphismus *metaphorische* bzw. *analoge*
Geltung hat«, und er so »theologisch gerechtfertigt ist«[81].

Wenn Müller »die Schöpfung oder nähere Bestimmung eines neuen Be-
griffes mittels eines alten Namens« (SM, 146) anführt, die nicht eine bewußte willkürliche Übertragung eines Individuums sei, sondern eine
Notwendigkeit der Phantasie (als Selbsterhaltung und Entlastung?), ist
diese ›Schöpfung‹ (in Renaissance- wie romantischer Tradition) sprach-

---

[78] SM, 147, mit *Müller*, Das Denken im Lichte der Sprache, 304f [Kursiven sind Korrekturen gegenüber Cassirers Zitat; vor ›d.h.‹ und ›von dem‹ kein Komma]; Cassirer verweist
außerdem auf ebd. 443ff, und (worauf ebd. 443 von Müller selber verwiesen wird) auf
ders., Lectures on the science of language II, London 1873, 368ff.

[79] »Sobald dieser geistige Act vollzogen war, war die Mythologie im weitesten Sinne des
Wortes geschaffen. Eine neue Welt war geschaffen, eine Welt, welche nichts Anderes sein
konnte als ein Reflex unserer selbst ...« (Das Denken im Lichte der Sprache, 303). Wenn
Müller formuliert: »Hier ist der wahre Schlüssel zu dem Räthsel der Mythologie, und in
gewissem Sinne auch der Theologie zu finden, nämlich die unvermeidliche Metapher oder
Uebertragung des Subjectiven auf das Objective ...« (304), geht damit offenbar ein deutlich theologiekritischer Impetus einher. Im Vergleich zu Jüngel könnte man hier erörtern,
wie Müllers Perspektive die Modalität bestimmt. Jüngel demgegenüber sucht die genuin
christliche Plausibilität des Anthropomorphismus in eins mit der sprachphilosophischen zu
verstehen, ohne die erstere auf letztere zu reduzieren.

[80] *E. Cassirer*, Zur modernen Physik, Darmstadt 1957, 107; vgl. STS, 70, 148; PsF II, 18;
vgl. *Orth*, Operative Begriffe, s. Anm. 7, 66f; vgl. kritisch PsF II, 252.

[81] *E. Jüngel*, Anthropomorphismus als Grundproblem neuzeitlicher Hermeneutik, in:
Ders., Wertlose Wahrheit. Zur Identität und Relevanz des christlichen Glaubens. Theologische Erörterungen III, München 1990, 110-131, 126. »Der Anthropomorphismus gehört nicht nur zur Eigenart religiöser Rede. In der anthropomorphen Rede *von Gott*
kommt vielmehr nur am intensivsten zum Ausdruck, daß die Sprache in allem, was sie
sagt, den Menschen implizit mitaussagt« (128).

resp. bedeutungsgenetisch. Die Voraussetzung des vorgängigen ›alten Namens‹ hintergeht Cassirer allerdings noch. Er sucht gewissermaßen die fundamentale*r* oder *die ›radikalere‹ Metapher*, deren Komparativ das Denken in eine Vorgängigkeit hineinzieht, die vor aller stabilen Bedeutung liegt. Dazu sucht er zunächst den »Grundbegriff der Metapher selbst schärfer zu bestimmen« (SM, 147). In einem engen Sinne sei sie »der *bewußte* Ersatz der Bezeichnung für einen Vorstellungsinhalt durch den Namen eines anderen Inhaltes, der dem ersten in irgendeinem Zuge ähnlich ist oder doch irgendwelche mittelbaren ›Analogien‹ zu ihm darbietet« (ebd.).[82] Dabei werden zwei feste Inhalte und wörtliche Bedeutungen vorausgesetzt und von der einen auf die andere übertragen.[83] Damit wird offensichtlich die vormoderne Substitutionstheorie unterstellt. Die implizierte Analogierelation ist die aristotelische der gesehenen Ähnlichkeit, die ontologische Präsuppositionen hat, an denen Cassirer selber sc. nicht mehr partizipiert.[84] Diese enge Bedeutung dürfte Cassirer etwa durch Wundt bekannt gewesen sein, der den Metaphernbegriff gegen Müller auf die bewußte und rhetorisch-poetische Übertragung restringieren wollte.[85] Daher sei sie nicht in pristinen Gesellschaften zu finden. Cassirer widerspricht Wundt darin, daß auch dort schon die »echte ›Übertragung‹«

---

[82] Bemerkenswerterweise ist aber hier im Sinne Lotzes wie Useners der *Name* die Form der Ersetzung, nicht der Begriff. In dieser Ersetzungstheorie ist bei Cassirer zwar keine Analogieontologie mehr unterstellt, aber das Metaphernmodell setzt *hier* natürliche oder eigentliche Bedeutungen voraus.

[83] Denn nur dies sei »eine echte ›Übertragung‹: die beiden Inhalte, zwischen denen sie hin- und hergeht, stehen als für sich bestimmte und selbständige Bedeutungen fest und zwischen ihnen, als festem Ausgangs- und Endpunkt, als einem gegebenen *terminus a quo* und *terminus ad quem* findet nun die Vorstellungsbewegung statt, die dazu führt, vom einen zum anderen überzuleiten und den einen, dem Ausdruck nach, durch den anderen zu ersetzen« (SM, 147).

[84] Vgl. aber Cassirers Rekurs auf die klassische Rhetorik: Loziert man Cassirer auf dem Hintergrund von Vico, so wird sichtbar, daß an die Stelle der Metapher Vicos die symbolische Form tritt – mit der Folge, daß der Metaphernbegriff systematisch freigestellt ist. So kennt Cassirer denn (auch) einen traditionellen Metaphernbegriff als eine Gruppe sprachlicher Formen neben anderen (WWS, 174). Vgl. dazu *G. Schöffel*, Denken in Metaphern. Zur Logik sprachlicher Bilder, Opladen 1987, 109-116.

[85] Vgl. *W. Wundt*, Völkerpsychologie. Eine Untersuchung der Entwicklungsgesetze von Sprache, Mythus und Sitte. Bd. 2: Die Sprache, Teil 2, Leipzig ³1912 (ND Aalen 1975), 605f. Wundt vertritt einen sehr engen Metaphernbegriff: Sie sei eine gegenüber den eigentlichen Bedeutungen abkünftige Bedeutungsübertragung, die vom Bewußtsein (des metaphernschöpfenden Individuums) einer Übertragung begleitet sei (596f, vgl. 552), um Gefühle zu erregen resp. einen Eindruck zu verstärken (599, 603f). Konsequenterweise bemerkt er zugleich: »Einen Fortschritt hat die Behandlung der Metaphern ... in den Darstellungen der Rhetorik seit Quintilian kaum gemacht« (595), denn auch Wundts Metaphernbegriff ist poetologisch-rhetorischer Art. – Der »reguläre Bedeutungswandel« sei

als »absichtliche[…] Gleichsetzung zweier an sich als verschieden aufgefaßter und als verschieden *gewußter* Inhalte« (ebd.) zu finden sei. Aber dabei werde davon ausgegangen, »daß sowohl der Sinngehalt der einzelnen
Gebilde wie die sprachlichen Korrelate dieses Sinngehaltes bereits als feste
Größen *gegeben* sind: erst nachdem die Elemente als solche sprachlich bestimmt und fixiert sind, können sie miteinander vertauscht werden«, und

---

»noch keine Metapher, weil bei ihm von Anfang an das Bewußtsein einer Übertragung
mangelt« (597). Zum bestimmten Begriff der Metapher (in Abgrenzung zum Bedeutungswandel) gehöre: »erstens muß eine wirkliche *Übertragung* einer Vorstellung oder einer Verbindung von Vorstellungen auf ein anderes Begriffsgebiet vorliegen; und zweitens muß
mindestens im Moment der Entstehung das *Bewußtsein* des Aktes der Übertragung vorhanden, diese selbst muß also eine *willkürliche*, zum Zweck der stärkeren sinnlichen Gefühlsbe-
tonung eines Begriffs geschaffene sein« (568). Wäre diese bewußte Willkür nicht präsent,
handle es sich um keine Metapher, sondern um »eine unwillkürliche Assoziation«, genauer
gesagt, gewöhnlich um eine »*Komplikation*« (568, Die Komplikation ist eine simultane Assoziation von Empfindungselementen, Vorstellungen oder Vorstellungsbestandteilen verschiedener Sinnesgebiete [529, 551]). – Sofern aber die Entstehungssituation einer Metapher i.d.S. mit der Zeit erodiere, könne die willkürliche Übertragung »in eine feste Assoziation übergehen« (569). Die lebendige werde zu einer verblaßten Metapher, wie Wundt
formuliert (ebd., vgl. 570). Auch diese verblaßten Metaphern seien zu den »eigentlichen
Metaphern« zu zählen, zumal »alle Metaphern allmählich verblassen, wenn sie häufig gebraucht werden« (569). – Diakritisch ist demnach die Entstehungssituation, maßgeblich
Bewußtsein und Willkür eines Stifters. Damit ist die Metapher *ein* Fall von Bedeutungswandel unter anderen, *nur* ein Bedeutungs*wandel*, und damit *stets nach*prädikativ (und keine
Bedeutungsgenese oder -konstitution). Dahinter steht die These, daß es stets schon Bedeutung gibt, die eigentlich sei und erst sekundär gewandelt werde. An der ›Urstiftung‹ der
Bedeutung ist die Metapher offenbar nicht beteiligt. Sie bleibt auf einen rhetorischen Akt
zur Affektion restringiert. — Müllers ›radikale Metapher‹ verhandelt Wundt nur unter den
›Metaphernwörtern‹, Metaphern, die aus einem Wort bestünden wie Esel oder Affe. Sie sei-
en »nicht sehr passend ›radikale Metaphern‹ genannt« worden, »weil dabei ein Wort der eigenen oder einer fremden Sprache die Bedeutung einer ›Wurzel‹ annehme, aus der das
neue Wort abgeleitet sei« (605). Alle natürlichen Assoziationen resp. jeden Bedeutungswandel als Metapher aufzufassen, beruhe »nur auf dem psychologischen Irrtum, daß man den
Standpunkt sprachwissenschaftlicher Analyse auf die sprachlichen Vorgänge selbst über-
trägt« (570, dto. 596f). Vice versa muß Wundt aber mit einer unterstellten Psychodynamik
der Metaphernentstehung operieren, um sie von anderen Phänomenen abzugrenzen. Und
er erklärt die theoriegeleitete Übertragung der ›Metapher‹ auf die Sprachgenese und -ge-
schichte (als Modell von Bedeutungsgenese und -wandel) für illegitim, ohne *das* eigens zu
begründen. »Ist aber … die Sprache von Haus aus keine Sammlung von Metaphern, da in
ihr ursprünglich alles wirklich geschaut und unmittelbar gefühlt ist, so liegt doch in jenen
natürlichen Komplikationen, die allen willkürlichen und künstlichen Übertragungen vor-
ausgehen, der Ausgangspunkt für die Entstehung der eigentlichen Metaphern und zugleich der Erklärungsgrund für den Eindruck, den die gut erfundene Metapher auf uns
hervorbringt, und für die unmittelbare Verständlichkeit, die sie besitzt« (570). – Aber
Wundt spricht beim komplikativen Bedeutungswandel gleichwohl von »*Übertragung*« (u.a.
552, 553, 554, 555, 561 u.ö.).

eben dies sei für die »wahrhaft ›radikale‹ Metapher« nicht vorauszusetzen (SM, 148).

Diese ›radikalere‹ oder ›*wahrhaft radikale‹ Metapher* sei »eine Bedingung der Sprachbildung sowie eine Bedingung der mythischen Begriffsbildung«, sie hat also transzendentalen Status (ebd.). Sie ist keine konkrete Äußerung, sondern eine transzendentale Dynamik[86] aller Semiose: »schon die primitivste sprachliche Äußerung« erfordere »die Umsetzung eines bestimmten Anschauungs- oder Gefühlsgehaltes in den Laut, also in ein diesem Inhalt selbst fremdes, ja disparates Medium: wie auch die einfachste mythische Gestalt erst kraft einer Umformung entsteht, durch die ein bestimmter Eindruck der Sphäre des Gewöhnlichen, des Alltäglichen und Profanen enthoben und in den Kreis des ›Heiligen‹, des mythisch-religiös ›Bedeutsamen‹ gerückt wird. Hier findet nicht nur eine Übertragung, sondern eine echte μετάβασις εἰς ἄλλο γένος statt; ja es wird hierbei nicht nur in eine andere, bereits bestehende Gattung übergegangen, sondern die Gattung, in die der Übergang erfolgt, wird selbst erst erschaffen« (ebd.).[87] Der begriffliche Aufbau der Welt etwa entsteht nicht durch Abstraktion, sondern eben durch *die* präprädikative Synthesis, die hier im Modell der ›radikalen Metapher‹ schematisiert wird (SM, 94f). Hier auf vorgegebene stabile Wörtlichkeit zu rekurrieren, hätte das thematische Problem bereits übersprungen. Geht es Cassirer doch darum, wie der »Laut der Empfindung zum Bezeichnungs- und Bedeutungslaut wird« (SM, 105). Cassirers wahrhaft-radikale Metapher ist also bereits in der Genese sinnlicher Zeichen am Werk, was er auf eine Weise formuliert, die

---

[86] Mit dieser Interpretation reduziere ich allerdings gewisse Unklarheiten in Cassirers Bezeichnung und Lozierung der Metapher. Er gebraucht ›Metapher‹ in mindestens vierfachem Sinn: (a) als Bedingung der symbolischen Formung (SM, 148, 154) im Sinne einer transzendentalen Möglichkeitsbedingung; (b) als Dynamik der Formung im Sinne der Gleichsetzung, Übertragung und Verdichtung (149, 150); (c) als konkrete Form in den verschiedenen Formen (150-155); und (d) als rhetorische Sprachform. Leitend ist, soweit ich sehe, die Bedeutung von Metapher als *transzendentaler Bedingung* aller symbolischen Formung. Diese Bedingung ist allerdings nicht gleichsam apriorisch *vor* aller Formung loziert, sondern als Dynamik aller Formung präsent und daher auch so dargestellt. In meiner Interpretation als semiosischer Dynamik ›enttranszendentalisiere‹ ich die Rede von ›Bedingung‹, ›Ursprung‹ (149) oder ›Prinzip‹ (151f), ohne diese Dynamik mit bestimmten Formen zu identifizieren.

[87] Cassirer kann die Formel μετάβασις εἰς ἄλλο γένος im üblichen logisch-pejorativen Sinn verwenden (PsF III, 442, I, 235), aber oft auch als positive Bezeichnung für das »Bildungsprinzip der symbolischen Formung« (*Orth*, Operative Begriffe, s. Anm. 7, 59), wenn zur Darstellung übergegangen wird und sich »wie mit einem Schlag, der gesamte Lebenshorizont« ändert (STS, 128), etwa in der Namengebung oder im Anthropomorphismus der Fabel. Vgl. STS, 1, 128, 147; LKW, 24, 102 (Funktionswandel im Übergang von Natur zur Kultur); PsF III, 26, 38 (von der Wahrnehmung zum Ausdruck), 442, 482, vgl. 390.

geradezu Nietzsche entnommen sein könnte.[88] Schöffel formuliert daher:
»Auf einem einzigen Tropus ruht das ganze Gebäude des geistigen Seins.
Die von der Philosophie unterworfene und verdrängte Rhetorik rächt
sich und kehrt erweitert wieder; sie wird zur heimlichen Basis der Philosophie«.[89] Allerdings geht es hier nicht um eine Rache des Verdrängten,
sondern um eine konstruktive Horizonterweiterung der Kulturphänomenologie mit dem Modell der Metapher. Alle Form- oder Zeichengenese
ist eine *Dynamik der Metaphorizität*[90], die dann allerdings nach Formen und
Relationen unterschieden werden muß (wie unten skizziert werden
wird). Wie bei Nietzsche wird die Metapher strukturell universalisiert als
semiosische Dynamik. Die präprädikative Metaphorizität ist allerdings
nicht die ›lebendige Metapher‹ Ricoeurs, also die poetologisch qualifizier-
te emphatisch kreative Metapher, sondern die semiosische Dynamik, die
sich lediglich *auch* in der ›lebendigen‹ Metapher zeigt als semiosische Erweiterung ›der‹ Welt, als labilisierende und Bedeutung pluralisierende Ho-
rizontüberschreitung.

2. Die Form metaphorischen Denkens

Die Relation von Sprache und Mythos will Cassirer demnach durch eine
gemeinsame Vermittlungsfigur aus »ihrem letzten Grund und Ursprung
verstehen«. Ihre »gemeinsame Wurzel« sei die »Form des *metaphorischen
Denkens*«: »vom Wesen und Sinn der *Metapher* scheinen wir daher ausgehen zu müssen, wenn wir auf der einen Seite die Einheit, auf der anderen
die Differenz der mythischen und der sprachlichen Welt erfassen wollen«
(SM, 145). Dieser Rekurs auf die ›*Form metaphorischen Denkens*‹ verhindert, daß die Metapher als eine vom Mythos und von der Sprache unterschiedene symbolische Form auftritt, denn das würde das hier thematische Vermittlungsproblem nur pluralisieren und keinesfalls lösen können.

---

[88] »Das ›Ding an sich‹ (das würde eben die reine folgenlose Wahrheit sein) ist auch dem
Sprachbildner ganz unfasslich und ganz und gar nicht erstrebenswerth. Er bezeichnet nur
die Relationen der Dinge zu den Menschen und nimmt zu deren Ausdrucke die kühnsten
Metaphern zu Hülfe. Ein Nervenreiz zuerst übertragen in ein Bild! erste Metapher. Das
Bild wieder nachgeformt in einem Laut! Zweite Metapher. Und jedesmal vollständiges
Ueberspringen der Sphäre, mitten hinein in eine ganz andere und neue« (*Fr. Nietzsche*,
KGW III, 2, 373; KSA 1, 879).

[89] *Schöffel*, Denken in Metaphern, s. Anm. 84, 113.

[90] Zur Unterscheidung der Metaphorizität von den vier Formen der Metapher vgl. *Ph.
Stoellger*, Vom vierfachen Sinn der Metapher. Eine Orientierung über ihre Formen und
Funktionen, in: *P. Bühler / T. Fabiny* (Hg.), Interpretation of Text Sacred and Secular, Buda-
pest/Zürich 1999, 87–116; und *ders.*, Metapher und Lebenswelt, s. Anm. 23, bes. 47ff,
138ff.

Die Formulierung von der ›Form metaphorischen Denkens‹ wird verständlich, wenn die Metapher von ihrer semiotischen Dynamik (resp. Struktur) unterschieden wird.

Cassirer selber bestimmt zur notwendigen Unterscheidung der sprachlichen Figur der Metapher und der Metaphorizität den Begriff der Metapher duplizit im Sinne der Unterscheidung von Metaphorizität und Metapher. Und so kann sie als Modell der ›geistigen Dynamik und Energie‹ fungieren, die für den Begriff der symbolischen Form bestimmend ist. In diesem Sinn lautete die entsprechende Kopfzeile im Erstdruck auch »*Die geistige Funktion der Metapher*«[91], womit die funktionale Dynamik der »*fundamentale[n] Metapher*« bezeichnet ist (SM, 147). *Metaphorizität* oder mit seinen Worten die »Form des metaphorischen Denkens« *fungiert hier als Modell der symbolischen Formung* und damit ineins als die Grundfigur präprädikativer Synthesis. Diese »ursprünglich[e]« und »unlösliche[…] Korrelation« von Sprache und Mythos kann Cassirer auch in seiner Organismusmetaphorik formulieren: »Sie sind verschiedene Sprossen ein und desselben Triebes der symbolischen Formung«, dem »Grundakt der geistigen Bearbeitung, der Konzentration und Steigerung der einfachen Sinnesanschauung« (SM, 149), wie er paradigmatisch in der Metapher zum Ausdruck komme.[92]

»Kraft des Prinzips der ›Äquivalenz‹ können Inhalte, die vom Standpunkt unserer unmittelbaren sinnlichen Anschauung oder vom Standpunkt unserer logischen Klassenbildung höchst verschieden erscheinen, in der Sprache gleich *behandelt* werden, so daß jede Aussage, die von dem einen gilt, sich auf den anderen ausdehnen und übertragen läßt« (SM, 155), zum Beispiel in ›primitiven‹ Sprachen Schmetterlinge als Vögel. In diesem Vorgang werde »die Gattung, in die der Übergang erfolgt, … selbst erst erschaffen« (SM, 148), wie Cassirer in an Nelson Goodman erinnernder Weise bemerkt.[93] Damit wird die Dynamik der Metapher zum Grundmo-

---

[91] *E. Cassirer*, Sprache und Mythos. Ein Beitrag zum Problem der Götternamen, Studien der Bibliothek Warburg 6, Leipzig/Berlin 1925, 71.

[92] »Immer wieder erfährt … der Mythos von der Sprache her, die Sprache vom Mythos her eine innere Belebung und Bereicherung. Und in diesem ständigen Zusammen- und Ineinanderwirken beweist sich zugleich die Einheit des geistigen Prinzips, dem beide entstammen und von dem sie nur verschiedene Äußerungen, verschiedene Manifestationen und Stufen sind« (SM, 156).

[93] »Jedes charakteristische Merkmal, das einen Ansatz für die qualifizierende Begriffsbildung und für die qualifizierende *Bezeichnung* abgab, kann jetzt dazu dienen, die *Gegenstände*, die durch diese Bezeichnung ausgedrückt wurden, unmittelbar in eins zu setzen« (SM, 155).

dell des Aufbaus von symbolischen Welten als strukturierter interpretativer Weltversionen.[94]

Im transzendentaltheoretischen Rekurs auf die Bedingung der Möglichkeit, die beiden gleichermaßen zugrunde liege, entdeckt er »das eigentliche Grundprinzip der sprachlichen sowohl wie der mythischen ›Metapher‹«: »das Prinzip, das man gewöhnlich als den Grundsatz des ›pars pro toto‹ ausspricht« (SM, 151). Der sinnliche Ausdruck wird symbolischer Ausdruck durch die Übertragung vom Teil aufs Ganze.[95] Die basale Form der *Identität* ist damit die metaphorische Identitätsrelation von Teil und Ganzem: der Teil *ist* das Ganze, worin ein ›symbolischer Realismus‹ impliziert ist.[96] Cassirer formuliert, »daß dasjenige, was unserer nachträglichen Reflexion als bloße Übertragung erscheint, für ihn vielmehr echte und unmittelbare Identität ist« (SM, 153). Die kulturhermeneutische Analyse ex post mag hier eine ›bloße Übertragung‹ finden, weswegen Wundt hier nicht von einer ›radikalen Metapher‹ sprechen wollte. Und in der Tat ist diese basale Übertragung nicht bewußt und willkürlich im Sinne einer expliziten rhetorischen Gestaltung. Vielmehr ist, was ex post ›bloß‹ und vermeintlich ›uneigentlich‹ erscheint, der ursprüngliche und eigentliche

---

[94] »[A]lle Klassifikationssysteme sind künstliche … Jedes System ist ein ›Kunstwerk‹ – Ergebnis eines bewußten, schöpferischen Aktes« (*E. Cassirer*, VM, 318f; vgl. 171: »Die Sprache ist ihrem Wesen nach metaphorisch«). Vgl. in diesem Sinn: »Die ›symbolischen Formen‹ im Plural ähneln eher den ›*Interpretationswelten*‹, wie sie Günter Abel … im Anschluß an Nelson Goodmans Auffassung von ›Welten‹ als interpretationserzeugten Weltversionen« behandelt (*H. Lenk*, Interpretationskonstrukte. Zur Kritik der interpretatorischen Vernunft, Frankfurt a.M. 1993, 251; vgl. *G. Abel,* Interpretationswelten. Gegenwartsphilosophie jenseits von Essentialismus und Relativismus, Frankfurt a.M. 1993, 136ff, 300ff, 502ff).

[95] Hier besteht ein Problem der rhetorischen Klassifizierung. ›Pars pro toto‹ würde traditionell als Metonymie (oder als eine Art derselben, als Synekdoche) bestimmt (vgl. i.d.S. *Schöffel*, Denken in Metaphern, s. Anm. 84, 113f). Cassirer hat hier offenbar nicht streng unterschieden, und zwar nicht nur, weil er Jakobsons ›radikale‹ Unterscheidung noch nicht kannte, sondern weil sie hier auch unangebracht ist. Denn die Beispiele Cassirers zielen auf eine Strukturdynamik, die diesseits des Auseinandertretens von Metonymie und Metapher i.S. Jakobsons liegt. Es geht nicht nur um eine Kombination kontiguer Relate und eine Verschiebung, auch nicht um eine Selektion von Ähnlichkeiten zweier Reihenmomente, sondern um einen Verschiebung und Verdichtung erst ermöglichenden Prozeß der Sprach- resp. Zeichengenese einerseits, und um eine transzendentale Strukturdynamik andererseits.

[96] Die realismustheoretischen Implikationen können hier nicht ausgeführt werden. Die theologische Dimension des Themas wäre daran zu zeigen, daß in der Gleichnisrede Jesu das Reich Gottes ›im Gleichnis als Gleichnis‹ zur Sprache kommt. Die Präsenz Gottes ist in dieser eigentlichen Metaphorik dargestellt. Gott kommt in dieser Sprache zur Sprache und darin zur Welt.

sprachliche Ausdruck einer Identität und nicht der einer sekundären Substitution.

Logisch formuliert wird hier das Identitätsprinzip relational neu gefaßt. Nicht die Identität von A = A ist basal, sondern die (kalkuliert absurde)[97] von A = B. In diesem Relationsgeschehen *wird* eine Identität, die stets von einer (ex post analysierbaren) Differenzrelation abkünftig ist. Im Grunde impliziert Cassirer damit eine Philosophie der Differenz avant la lettre: »Jeder Relationsbegriff ist ... ›eins und vieles‹, ist ›einfach‹ und ›doppelt‹. Er ist eine eigentümliche Sinn-Einheit und Sinn-Ganzheit, die sich in relativ selbständige, deutlich von einander unterscheidbare Teile gliedert. Aber wenn wir in dieser Vielfältigkeit nichts anderes als einen logischen *Fehler* sehen, – wenn wir jeden ›Doppelgedanken‹ als einen Ungedanken aus der Logik und der Philosophie ausmerzen wollten: so fielen wir damit auf den Standpunkt der bloßen Identität-Logik zurück« (WWS, 207). Die Identitätslogik führte die Metapher als eine sekundäre Ähnlichkeitsrelation auf mit sich selbst identische Elemente zurück, auf die eigentliche Bedeutung also, die die Worte an ihren natürlichen Örtern haben. So konnte die Metapher nur als eine uneigentliche Substitution gelten. Ebendies wird durch das relationale Verständnis überwunden. Und in jeder Relation ist damit eine Dynamik präsent, die ursprünglich und damit irreduzibel ist.

Dann ist die basale Synthesis von Sinnlichkeit und Sinn eine ursprüngliche Relation, und damit im Grunde keine ›Synthesis‹ mehr, die vorgängig Getrenntes vermittelt wie Anschauung und Begriff. Die Prägnanzthese braucht diese basale Relationsthese. Mit dem Reihenmodell würde die plurale Modalisierung teleologisch reduziert unter der Leitung eines mathematischen Modells. Die Metaphorizität vermeidet diese Teleologie und deren Reduktion. Die »Form metaphorischen Denkens« ist also nicht mit einer Sprachform identisch. Sie ist keine Figur *in* der Sprache, sondern fundamentaler im Sinne einer Dynamik der Semiose. Die ›Form metaphorischen Denkens‹ fungiert damit in Cassirers transzendentaler Reduktion des Metaphernproblems als Grundfigur der Genese von Sprache wie Mythos, und nicht als Reduktion des Mythos auf die Sprache oder vice versa.[98]

---

[97] Vgl. *Chr. Strub*, Kalkulierte Absurditäten. Versuch einer historisch reflektierten sprachanalytischen Metaphorologie, Freiburg/München 1991.

[98] Vgl. *Schöffel*: »Und nicht nur der Mythos, auch die Sprache selbst ist damit erfaßt, denn die Metapher müssen wir ›als eine ihrer konstitutiven *Bedingungen* ansehen‹« (Denken in Metaphern, s. Anm. 84, 113, mit SM, 154).

Im Verhältnis von Metaphern- wie Sprachverständnis, Logik und Ontologie kann man so bei Cassirer bemerkenswerte Konvergenzen finden: Die *Metapher* wird nicht mehr substantialistisch verstanden mittels vorgängiger eigentlicher Begriffe, natürlicher Örter und der uneigentlichen Übertragung vom einen auf den anderen. Eine Äußerung ›ist‹ nicht eine Metapher, sondern sie fungiert als solche, in vortheoretischer (etwa mythischer) oder theoretischer (etwa philosophischer) Verwendung. Die Metapher wird nicht mehr auf eigentliche Elemente und deren sekundäre Relationierung reduziert, sondern die Metapher *ist eine Relation*, und zwar eine ursprüngliche Relation, die den Eindruck allererst zum Ausdruck kommen läßt. Die *Korrelationsthese* von Sinnlichkeit und Sinn findet daher gerade im relationalen Metaphernverständnis ihr passendes Modell. Die Relation der Übertragung ist basal unhintergehbar und fungiert als Modell, in dem sich Sprach- wie Mythosgenese darstellen lassen. Das dynamisch relationale Metaphernverständnis ist so gesehen ausgesprochen hilfreich, um die Genese von Sprache und Mythos zu verstehen. Daß sich daraus auch die Kunst verstehen läßt, ist anhand des ästhetischen (rhetorischen, poetischen wie narrativen) Gebrauchs der Metapher leicht zu zeigen. Daß sich auch die religiöse Rede als wesentlich metaphorische Rede auf diese Weise verstehen läßt, wäre zu zeigen. Und daß auch in den Wissenschaften Modelle als Grundmetaphern in theoretischer Funktion präsent sind, zeigen Blumenbergs wissenschaftsgeschichtliche Studien.[99] Cassirers Theorie des Relationsbegriff paßt zu diesem dynamisch relationalen Metaphernverständnis. Und die Metapher führt über die Engführung des mathematisch-logischen Reihenmodells hinaus. Das Modell der Reihe, also der mathematischen Funktion als Modell der Relation, wird so nicht mehr mit dem Primat der reinen Bedeutungsfunktion konzipiert, sondern kulturtheoretisch erweitert, entteleologisiert und der vielfältigen Modalisierung geöffnet.

---

[99] Werden damit die irreduziblen Basisphänomene der nicht aufeinander rückführbaren symbolischen Formen nicht doch auf eine transzendentale oder semiotische Strukturdynamik reduziert? Dann nicht, wenn man sieht, daß diese Struktur der Metaphorizität nur als Orientierungsstruktur dient, die stets nur konkret modalisiert auftritt (als Quadrupel im unten skizzierten Sinne). Vgl. *Ph. Stoellger*, Metapher und Lebenswelt, s. Anm. 23, Teil III C 6.

Der Verlust durch die Umbesetzung der Metaphorizität durch ›das erste Allgemeine‹

Wenn Metaphorizität als Modell der Genese symbolischer Formen fungiert[100], ist sie damit ein sehr brauchbares und ausdifferenzierbares Modell präprädikativer Synthesis. Die basale ›Umsetzung‹ von Eindrücken in Ausdrücke ist Metaphorizität[101], und sofern gerade der Ausdruck schon präprädikativ synthetisch ist, liegen dieser ›Umsetzung‹ stets schon geschichtlich-kulturelle und aktual-pragmatische Metaphern als Schemata im Rücken. Die vorprädikative Metapher ist präprädikative Synthesis. Aber aufgrund vermeintlicher funktionaler Identität für den Aufbau der symbolischen Formen konnte Lotzes Theorem der präprädikativen Synthesis durch ›das erste Allgemeine‹ in der Philosophie der symbolischen Formen an die Stelle der Metaphorizitätsthese treten – nur bedeutet das einen Verlust, ›es bleibt etwas auf der Strecke‹ der Reihenbildung. In der Philosophie der symbolischen Formen selber wird die Metaphernthese nur als eine These Max Müllers dargestellt[102] und erhält keinerlei systematische Funktion. Wenn aber Lotzes ›erstes Allgemeines‹ und die damit gesetzte Fassung der präprädikativen Synthesis an die Stelle der Metaphorizität tritt (PsF III, 150f), ergeben sich die oben erörterten Probleme.

Was bedeutet diese Umsetzung der präprädikativen Synthesis der Metaphorizität durch das ›erste Allgemeine‹ und das Reihenmodell der Bestimmung als Fortbestimmung? Die Umsetzung der bestimmten Unbestimmtheit der Unbegrifflichkeit durch die Fortbestimmung nach dem Modell der Reihenbildung und damit die Reduktion von Unbegrifflichkeit auf den Begriff durch den Begriffsbegriff der Reihe. Nach Cassirers Ansicht ist die These der ›radikalen Metapher‹ vermutlich doch eine Weise, den Mythos aus der Sprache zu genetisieren und damit eine symbolische Form auf eine andere zu reduzieren. Zudem koppelt sich (nach Cassirers Ansicht) dieses Verständnismodell bei Max Müller mit der These von dem ›Grundmangel der Sprache‹, der Paronymie, die den Mythos letztlich nur als ›Krankheit der Sprache‹ verstehen lasse (SM, 75).[103] Beide Momente laufen der Mehrdimensionalitätsthese zuwider. Die hier zu vermutende Ansicht Cassirers, die radikale Metapher reduziere den Mythos auf die Sprache, zeigt aber auch, daß Cassirer nicht Sprache und Semiose unterscheidet, sonst könnte er die Metaphorizität als eine semiosische Dynamik verstehen, die keineswegs eine Reduktion auf die Sprache bedeutet.

---

[100] Zwar nennt hier *Cassirer* mit Lotze auch die »Arbeit des *Benennens*« als basale Schicht der Sprachbegriffe (SM, 99) und damit die Namensgebung als eine Form basaler präprädikativer Synthesis; aber mit Humboldt insistiert Cassirer darauf, daß dem Benennen das Bemerken vorausgeht, die Wahrnehmung also, die in einem ›basaleren‹ Sinne synthetisch ist als das Benennen (SM, 100f).

[101] Die Weisen dieser Strukturierung werden unten durch das Quadrupel der Metaphorizität differenziert, semiotisch dynamisiert und korreliert.

[102] PsF II, 28, zu *M. Müller*, Philosophie der Mythologie, 52. Er habe versucht »Mythos und Sprache derart zu verketten, daß er das Wort und seine Vieldeutigkeit als den ersten Anlaß der mythischen Begriffsbildung zu erweisen trachtete. Als das Bindeglied zwischen beiden gilt ihm die *Metapher*, die, im Wesen und in der Funktion der Sprache selbst wurzelnd, nun auch dem *Vorstellen* selbst jene Richtung gibt, die zu den Gebilden des Mythos hinführt«.

[103] Später formuliert *Cassirer* zu Müller und Herbert Spencer: »Menschliche Sprache ist in ihrem Wesen selbst metaphorisch; sie ist erfüllt mit Vergleichen und Analogien ...« (MS, 32). Vgl. kritisch PsF II, 28ff.

3. Dynamische Relationierung der symbolischen Formen

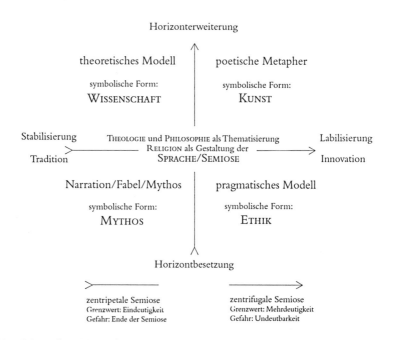

Horizonterweiterung

theoretisches Modell   poetische Metapher

symbolische Form: symbolische Form:
WISSENSCHAFT   KUNST

Stabilisierung   THEOLOGIE und PHILOSOPHIE als Thematisierung   Labilisierung
                    RELIGION als Gestaltung der
Tradition   SPRACHE/SEMIOSE   Innovation

Narration/Fabel/Mythos   pragmatisches Modell

symbolische Form: symbolische Form:
MYTHOS   ETHIK

Horizontbesetzung

zentripetale Semiose   zentrifugale Semiose
Grenzwert: Eindeutigkeit   Grenzwert: Mehrdeutigkeit
Gefahr: Ende der Semiose   Gefahr: Undeutbarkeit

Die Metaphorizität kann man in der skizzierten Form funktional-relational[104] differenzieren.[105] Der Versuch einer spekulativen Sprachursprungsthese der Metapher wandelt sich dann in ein funktional-relationales Modell der Metaphorizität, das in der Lage ist, sie als formgenetische Dynamik differenziert zu schematisieren, ohne eine spekulative Ursprungsthese vertreten zu müssen. Dieses Strukturmodell differenziert und korreliert die verschiedenen, nicht aufeinander rückführbaren Tendenzen dieser Dynamik, ohne dabei eine strukturlogische Homogenisierung zu intendieren. Metaphorizität fungiert so als ein dynamisches Integral der symbolischen Formung. Damit werden die symbolischen Formen

---

[104] Was nicht bedeutet ›funktionalistisch‹ oder ›relativistisch‹.

[105] Blumenberg nimmt diesen Rekurs auf die Metaphorizität resp. die omnipräsente basale Metapher auf und führt ihn erheblich weiter: thematisch in seiner Metaphorologie, methodologisch im Modell ›Metapher‹ als Hintergrundmetapher seiner Anthropologie und Kulturphilosophie. Seine tragende Hintergrundtheorie ist somit nicht mehr der Neukantianismus, sondern die Kulturanthropologie, und seine Thematisierungsweise die hermeneutische Phänomenologie der geschichtlichen Lebenswelten.

semiotisch dynamisiert und aufeinander kopräsent beziehbar, ohne daß der Verdacht einer evolutionären Steigerungslogik aufkommen könnte.

Cassirers Korrelation von Mythos und Sprache operiert mit einer dreistelligen Relation, auf die beide genetisch zurückbezogen werden. Die ›Form metaphorischen Denkens‹ im Sinne der Metaphorizität ist, semiotisch formuliert, die produktive Interpretativität der semiosischen Dynamik. Prägnanter noch formuliert Cassirer dies 1942 in der Logik der Kulturwissenschaften: »Im Organismus der Sprache bildet die Metapher ein unentbehrliches Element; ohne sie würde die Sprache ihr Leben verlieren und zu einem konventionellen Zeichensystem erstarren« (LKW, 46). Genau diese Funktion hat die Metaphorizität nicht nur für die Sprache, sondern für die Genese aller symbolischen Formen, wie Cassirer auch für die Genese logischer Begriffe und die Kunst ausführt (SM, 150ff). Die präprädikative Synthesis der basalen Sinnlichkeit ist Metaphorizität als Grundfigur der Genese bestimmter Formen. Im Horizont von Goodman und dem Interpretationismus formuliert, ist Metaphorizität semiosische Welterzeugung als Horizonterweiterung und -besetzung resp. als Perspektivenbildung und deren Varianz. Und im Horizont Blumenbergs gesehen, ist die Metaphorizität ›absolut‹, d.h. nicht auf den Begriff reduzierbar, wie er an lebensweltlicher und wissenschaftlicher Hintergrundmetaphorik ausführt.

Auf diesem Hintergrund soll abschließend kurz erörtert werden, wie sich die symbolischen Formen mit der Metaphorizität als anderem Modell symbolischer Prägnanz *neu konstellieren* lassen. J. M. Krois meinte: »Die Architektonik der Philosophie der symbolischen Formen ist … eine zentrifugale, aus dem Mittelpunkt des mythischen Fühlens, Denkens und Handelns hervorgehende«.[106] So könnte man diachron formulieren, mit einer entsprechenden genetisch-evolutionären Hintergrundthese. Versucht man die Verhältnisse synchron und funktional-relational zu konzipieren, ergibt sich ein Relationsgefüge, das durch zwei antagonistische Tendenzen bestimmt ist. Auch Cassirer macht Gebrauch von einer derartigen antagonistischen Relation, insofern die symbolische Formung ausdehnend oder konzentrierend verlaufen könne (SM, 150). Und er gebraucht sogar in verwandtem Zusammenhang die Unterscheidung zentrifugal und zentripetal (PsF I, 153).

Im freien Anschluß an Cassirer kann man daher die Semiose basal durch eine antagonistische Relation unterscheiden, die ich *zentrifugale und zentripetale Semiose* zu nennen vorschlage. Diese antagonistische Grunddyna-

---

[106] *Krois*, Problematik, Eigenart und Aktualität der Cassirerschen Philosophie der symbolischen Formen, s. Anm. 65, 20.

mik kann in verschiedener *Funktion* auftreten. Hypothetisch sind in der
Skizze eine synchrone Relation *zum* Horizont, in dem wir leben, und
eine diachrone Relation *im* Horizont genannt: Wir können einerseits un-
seren Horizont explorativ erweitern und pluralisieren, und zugleich ist
der Horizont in passiver Synthesis stets schon besetzt. Andererseits können wir in einem Horizont denselben labilisieren und innovativ symbolisieren, wobei zugleich kraft passiver Synthesis stets Stabilisierungen im
Hintergrund liegen, die sedimentiert sind.[107] Den so entworfenen Funktionen können stets *verschiedene Formen* entsprechen. Die oben skizzierte
Zuordnung bestimmter Formen zu bestimmten Funktionen ist daher
fragwürdig. Die Tendenz der *Horizontbesetzung* hat eine *zentripetale* Dynamik, die in den Mythen oder kulturspezifischen Narrationen als uns präsente synchrone Besetzung zum Ausdruck kommen. Diachron quer dazu
steht die zentripetale Dynamik der *Stabilisierung* der Semiose durch Tradition im passiven Vollzug der Sedimentierung. Demgegenüber haben Bedeutungsgenese, -wandel und -verschiebung eine *zentrifugale* Dynamik,
die die Semiose ausweitet und pluralisiert. Instantiierungen dieser Dyna-
miken sind einerseits das vorgreifende theoretische Modell (oder der ›klare und deutliche‹ Begriff) in seiner explorativen Dynamik, andererseits
die poetische Metapher in ihrer semantischen Pluralisiserungsdynamik.
   Cassirer selber operiert zur Strukturierung der Dynamik der symbolischen Formen mit dem Antagonismus (SM, 149) der Differenztendenz
von logisch-diskursiven und sprachlich-mythischen ›Begriffen‹, die in
Richtung und Ergebnis divergieren. Verdichtung, Konzentration und
Heraushebung eines einzelnen Momentes, also zentripetale Dynamik der
Semiose, eigne dem Mythos; das theoretische diskursive Denken sei demgegenüber Erweiterung, Verknüpfung und Systematisierung, also eine
zentrifugale Dynamik der Semiose (SM, 122f). Die logisch-diskursive Begriffsbildung gehe aus von einzelnen Anschauungen, die sie relationiert
und synthetisch ergänzt bis zur »Vollendung zum Ganzen« (SM, 149). Das
Ganze werde logisch strukturiert in Gattungen und Arten im porphyria-
nischen Modell. Die Bewegung des Formaufbaus sei daher »eine konzen-
trische Ausdehnung über immer weitere Anschauungs- und Begriffskrei-
se«; wohingegen der sprachlich-mythische Formaufbau in entgegenge-
setzter Richtung die Anschauung »nicht erweitert, sondern … zusam-
mendrängt … gewissermaßen auf einen einzigen Punkt«, auf den »der
Accent der ›Bedeutung‹ gelegt wird« (SM, 150). So entstehen »sprachlich-
mythische Kraftzentren« resp. »Mittelpunkte[…] der ›Bedeutsamkeit‹«

---

[107] Diese diachrone Dynamik passiver Synthesis wird in Cassirers Emphase des freien For-
mens mit dem Primat der Spontaneität unterbelichtet.

(SM, 151).[108] Wenn Cassirer meinte, die ›Bedeutungsfunktion‹ der Begriffsbildung »entstammt zuletzt jenem Akt der Konzentration, der Verengung des anschaulich-Gegebenen, der schon für die Bildung jedes einzelnen Sprachbegriffes die unerläßliche Voraussetzung bildet« (SM, 154)[109], ist darin gesehen, daß die Horizonterweiterung durch die Begriffsdifferenzierung stabilisierende Funktion hat, anders als die Kunst, die primär labilisierende und innovative Funktion hat. Das sprachlich-mythische Denken kommt hier als Verdichtung zentripetal gegenüber der zentrifugalen Ausweitung des diskursiv-logischen Denkens zu stehen. Aber im Blick auf die Metaphorizität wurde gerade ihr zugesprochen, die Dynamik der Sprachgenese und damit der Ausdehnung des sinnlichen Eindrucks zur Ausdrucks- und Darstellungsfunktion zu sein. Das diskursiv-logische Denken verfährt begriffsorientiert stabilisierend und dabei horizonterweiternd, wohingegen das sprachlich-mythische stabilisierend verfährt und dabei die tradierten Horizontbesetzungen zum Ausdruck bringt. Sprache und Mythos können verdichtend (zentripetal) wie auch verschiebend und erweiternd[110] (zentrifugal) sein, wie auch das ›diskursive‹ Denken beides vermag, nur daß die Verdichtung hier eine final auf Eindeutigkeit zielende Bestimmtheitsgenerierung bedeutet und die Erweiterung eine Exploration neuer Erkenntnisgebiete.

Mir scheint damit bei Cassirer auf einen Gegensatz reduziert, was man besser als ein Quadrupel schematisieren sollte, also als zwei gekreuzte Differenztendenzen. O. Schwemmer hat für die offene Frage nach der Konstellation der symbolischen Formen das »Bild einer Rosette« vorgeschlagen[111], das, wenn auch bemerkenswert harmonisch, doch dem hier vorgeschlagenen Quadrupel verwandt ist.

Eine gleichsam ›zentrische Positionalität‹ in diesem Quadrupel zentripetaler und zentrifugaler Semiose ist dann eine gewagte Position. Zunächst ist damit eine exzentrische Position ausgeschlossen, die als Beob-

---

[108] Eine weitere, andere Unterscheidung der beiden Tendenzen sei die von Quantifizierung versus Qualifizierung (Bedeutsamkeit), die Cassirer mit der von Extension und Intension identifiziert. Damit koppelt er die diskursiv-logische Art-Gattungs-Differenzierung im Unterschied zum »Gesetz der Nivellierung und Auslöschung der spezifischen Differenzen« (SM, 151).

[109] »Nehmen wir an, daß diese Konzentration sich von verschiedenen Inhalten aus und in verschiedenen Richtungen vollzieht, daß also an zwei komplexen Anschauungen das gleiche Moment als das ›wesentliche‹ und bedeutsame, als das bedeutunggebende erfaßt wird, so wird hierdurch zwischen beiden der nächste Zusammenhang und Zusammenhalt geschaffen, den die Sprache überhaupt zu geben vermag« (SM, 154).

[110] So kann auch Cassirer selber den Mythos als zentrifugale Semiose analysieren (PsF III, 79).

[111] Schwemmer, Ernst Cassirer, s. Anm. 27, 41.

achterposition einen privilegierten Ort hätte. Eine Thematisierung der symbolischen Formen ist nie ›jenseits derselben‹, sondern stets in die symbolischen Formen verstrickt. Eine zentrische Position kann dann nur heißen, potentiell für alle Formen basal und so in ihnen mitgesetzt präsent zu sein. Eine solche Position kann von verschiedenen Formen eingenommen werden, sofern sie die Semiose sowohl gestalten als auch thematisieren, wie es etwa die Ethik, die Kunst oder auch die Religion vermögen. Die Philosophie ist demgegenüber vornehmlich eine thematisierende Form, die nur in Konnex etwa mit der Ethik diese durchgängige und basale Position einnehmen könnte.

Die ›*Prägnanz der Religion*‹ bestünde so gesehen einerseits in der basalen Gestaltung der in allen Formen präsenten Sprache (resp. des Handelns oder universal der Semiose); andererseits in ihrer bestimmten Gestaltungsgeschichte, die die symbolische Formung religiöser Subjekte und Gemeinschaften präprädikativ strukturiert. Wesentlich dabei ist, daß Religion stets vollzogen und damit in eine Geschichte verstrickt ist, also nicht in einer zentralen und universalen Funktion aufgeht, sondern stets eine durch ihre kulturelle Geschichte und ihren Ursprung wie Anspruch bestimmte Prägnanz hat. Diese zentrische und basale Positionierung der Religion ist unvermeidlich perspektivisch und aus dieser Perspektive auch universalisierbar, ohne pluralismusreduktiv angelegt zu sein (darin liegt der genuine Anspruch auch des Christentums). Eben diese Position kann aber auch eine andere Form einnehmen. Formen allerdings, die wesentlich thematisierend sind, wie die Wissenschaft, sind nicht ursprünglich gestaltend und können daher nicht die basale Orientierungs- und Gestaltungsfunktion einnehmen.[112]

---

[112] Der voranstehende Text wurde im wesentlichen im Februar 1998 in Zell vorgetragen. Nach Abschluß des Manuskriptes erschien 1999: E. *Rudolph*, Metapher oder Symbol. Zum Streit um die schönste Form der Wahrheit. Anmerkungen zu einem möglichen Dialog zwischen Hans Blumenberg und Ernst Cassirer, in: R. *Bernhardt/U. Link-Wieczorek* (Hg.), Metapher und Wirklichkeit. Die Logik der Bildhaftigkeit im Reden von Gott, Mensch und Natur, Dietrich Ritschl zum 70. Geburtstag, Göttingen 1999, 320-328; vgl. auch B. *Recki*, Der praktische Sinn der Metapher. Eine systematische Überlegung mit Blick auf Ernst Cassirer, in: *F.J. Wetz/H. Timm* (Hg.), Die Kunst des Überlebens. Nachdenken über Hans Blumenberg, Frankfurt a.M. 1999, 142-163.

Martin Laube

Kultur und Individuum
Aspekte ihrer gegenläufigen Verhältnisbestimmung
bei Friedrich Schleiermacher und Ernst Cassirer

In seiner dreibändigen Philosophie der symbolischen Formen[1] behandelt
Ernst Cassirer jeweils breitgefächert die Themenbestände von Sprache,
Mythos und Erkenntnis – wobei die Pointe des zweiten Bandes nicht zuletzt darin liegt, daß das über die mythische Welt hinausstrebende religiöse
Bewußtsein durch eine innere Spannung gekennzeichnet bleibt, die erst
in der Sphäre der Kunst ihre vollgültige Aufhebung findet.[2] Die Kenntnis
dieser Topik bildet das Entrée in den kulturphilosophischen Salon. Weniger bekannt ist vielleicht, daß es dafür bereits einen prominenten Vorläufer
gibt. In der Güterlehre seiner philosophischen Ethik[3] unterscheidet Friedrich Schleiermacher zwischen einer organisierenden und symbolisierenden Funktion der Vernunft und bringt unter dem Titel der letzteren eben
dieselben Themenbestände von Sprache und Erkenntnis, Religion und
Kunst zur Darstellung.[4]

Vor dem Hintergrund dieser auffälligen Übereinstimmungen macht
sich dann jedoch eine gewisse Ratlosigkeit breit.[5] Denn je näher die beiden Entwürfe von Schleiermacher und Cassirer zusammenrücken, desto

---

[1] Vgl. *E. Cassirer*, Philosophie der symbolischen Formen, Erster Teil: Die Sprache
(1923), Darmstadt [10]1994; Zweiter Teil: Das mythische Denken (1925), Darmstadt [9]1994;
Dritter Teil: Phänomenologie der Erkenntnis (1929), Darmstadt [10]1994.

[2] Vgl. *E. Cassirer*, PsF II, 309-311.

[3] Vgl. *F.D.E. Schleiermacher*, Brouillon zur Ethik (1805/06), hg. von *H.-J. Birkner*, Hamburg 1981 (zitiert als BrE); sowie vor allem *ders.*, Ethik (1812/13) mit späteren Fassungen
der Einleitung, Güterlehre und Pflichtenlehre, hg. von *H.-J. Birkner*, Hamburg [2]1990 (zitiert als PhE).

[4] Vgl. *F.D.E. Schleiermacher*, BrE 20-26, 74-123; sowie *ders.*, PhE 52-80, 254-260.

[5] Es ist schon für sich gesehen verwunderlich, daß dem Verhältnis Cassirers zu Schleiermacher bisher keine eigenständige Studie gewidmet worden ist. Doch überraschender
noch ist der Befund, daß sich Cassirer selbst an keiner Stelle seines umfangreichen und

weiter scheinen sie sich nur wieder voneinander zu entfernen - hier die Erweiterung der kantischen Vernunftkritik zu einer allgemeinen Kulturkritik, dort die durchgängige Fundierung des Kulturganzen im transzendenten ›Prinzip des Wissens‹; hier der Verzicht auf eine integrative Systemeinheit symbolischer Formen, dort der entschlossene Gestus idealistischer Systemkonstruktion; hier eine von den Krisenphänomenen der Moderne gezeichnete Kulturphilosophie, dort ein ungebrochenes Vertrauen auf die fortschreitende Einigung von Vernunft und Natur.

Daher empfiehlt es sich, einen Schritt hinter die aufgeführten Theoriegebäude zurückzutreten und den Versuch zu unternehmen, sie in ihrem Baustil aus der Abgrenzung gegen jeweils zeitgenössisch-vorherrschende Architekturen einsichtig zu machen.

In diesem Sinne wird die humanistische Kulturphilosophie Ernst Cassirers als das ambitionierte Unterfangen vorgestellt, das ›alteuropäische‹ Denkmuster eines substantialen Gegenübers von Subjekt und Objekt zu überwinden und die an dessen Stelle tretende funktional-relationale Vermittlungslogik gleichwohl dafür zu verwenden, gegenüber der von Simmel beklagten Verselbständigung der objektiven Kulturformen die schöpferische Individualität des formenden Geistes zur Geltung zu bringen. In diesem Sinne geht eine Verabschiedung des ›alteuropäischen‹ Subjekts einher mit einer emphatischen Rückbesinnung auf das klassische Humanitätsideal vor allem Humboldts und Goethes *(I)*.

Die liberale Kulturhermeneutik Friedrich Schleiermachers erwächst demgegenüber aus einer dezidierten Frontstellung gegen die – als subjektivisch verengt diagnostizierte – Pflichtenethik Kants und Fichtes. An deren Stelle tritt eine Güterethik, die ihr Augenmerk vornehmlich auf die gegenseitige Verflechtung von individuellem Handeln und sozialkulturel-

---

philosophiegeschichtlich gesättigten Werkes mit der Kulturphilosophie Schleiermachers auseinandersetzt. Am Ende des zweiten Bandes seiner »Philosophie der symbolischen Formen« findet immerhin die Religionstheorie der Reden eine lobende Erwähnung (vgl. PsF II, 309f). Dafür aber nimmt es Cassirer mit dem Schleiermacher der Glaubenslehre nicht mehr ganz so genau. In seinem Spätwerk »Versuch über den Menschen« etwa soll die Religion Schleiermacher zufolge »aus ›dem Gefühl einer vollkommenen Abhängigkeit vom Göttlichen‹ hervorgegangen« sein (*Ders.*, Versuch über den Menschen. Einführung in eine Philosophie der Kultur (1944), Frankfurt a.M. 1990, 144). Daneben gibt es noch einen weiteren Verweis auf die »Gefühlstheologie« der Glaubenslehre (*Ders.*, Das Erkenntnisproblem in der Philosophie und Wissenschaft der neueren Zeit, Vierter Band: Von Hegels Tod bis zur Gegenwart (1832-1932) (1950), Darmstadt 1994, 306). Die Kritik Hegels an Schleiermachers *Reden* wird schließlich ebenfalls knapp skizziert (vgl. *Ders.*, Das Erkenntnisproblem in der Philosophie und Wissenschaft der neueren Zeit, Dritter Band: Die nachkantischen Systeme (1920), Darmstadt 1994, 301).

lem Kontext richtet. In dem Maße, in dem Schleiermacher dabei eine ausgefeilte differenztheoretische Logik zum Einsatz bringt, gelingt es ihm, sich von der Fixierung auf das handelnde Subjekt zu lösen und statt dessen die fortschreitende Ausdifferenzierung der objektiven Kultursphären in den Blick zu nehmen. Das Verhältnis von Kultur und Individuum erfährt so eine in ihrem Richtungssinn zu Cassirer gegenläufige Perspektivierung *(II)*.

Als gemeinsamer Bezugspunkt beider Entwürfe wird mithin die prekäre Stellung des Individuums in der modernen Kultur angesetzt. Cassirer sucht an der schöpferisch-gestaltenden Rolle des Individuums für den Aufbau der Kulturwirklichkeit festzuhalten; Schleiermacher hingegen entkoppelt diesen Zusammenhang und eröffnet so die Möglichkeit, die Fixierung der Individualitätsthematik auf das humanistische Bildungsideal aufzubrechen. Pointiert zugespitzt: Während Cassirer humanistische Begründung der Kulturphilosophie und kulturphilosophische Begründung der Humanität ineins fallen läßt, ebnet Schleiermacher den Weg für eine Kulturtheorie, die aus der Einsicht in die funktionale Systemdifferenzierung heraus Intentionen aufzunehmen vermag, die mit der Programmformel der ›Exklusionsindividualität‹ verbunden sind *(III)*.

I. Die humanistische Kulturphilosophie Ernst Cassirers

»An welcher Stelle können wir den Hebel ansetzen, um dem individuellen Sein und dem individuellen Tun wieder eine selbständige Bedeutung und einen selbständigen Wert zurückzugewinnen?« – diese Frage steht für Cassirer »am Ausgangspunkt jeglicher Kulturphilosophie«[6]. Sie verdankt ihre Dringlichkeit nicht nur dem alle individuelle Freiheit leugnenden historischen Determinismus der zeitgenössischen Kulturwissenschaften[7], sondern mehr noch der exemplarisch von Georg Simmel vorgetragenen Kritik an einer Kultur, die sich als erstarrtes Produkt des Geistes gegen dessen eigene schöpferische Produktivität gewendet habe.[8]

---

[6] E. Cassirer, Naturalistische und humanistische Begründung der Kulturphilosophie (1939), in: Ders., Erkenntnis, Begriff, Kultur, hg. von R.A. Bast, Hamburg 1993, 231-261, 245.

[7] Vgl. E. Cassirer, aaO., 242-245.

[8] Vgl. G. Simmel, Der Begriff und die Tragödie der Kultur (1911), in: Ders., Philosophische Kultur. Gesammelte Essais, Leipzig ²1919, 183-207; wieder in: Ders., Hauptprobleme der Philosophie. Philosophische Kultur, hg. von O. Rammstedt (GSG 14), Frankfurt a.M. 1996, 385-416. – Diese Profilierung der Cassirerschen Kulturphilosophie vor dem Hintergrund der Simmelschen Kulturkritik gründet in der Einsicht, »daß es Simmel war, der den

Cassirer hat diese Kritik in ihrer ganzen Schärfe erfaßt. So notiert er 1928 in seinen Entwürfen zu einem vierten Band der »Philosophie der symbolischen Formen«: »Simmel sieht den Konflikt der ›Kultur‹ darin, daß sie notwendig zur Entfremdung des Lebens von sich selbst führen muss – das Leben erfasst die Formen nicht mehr[,] die es doch aus sich selbst heraus geschaffen hat«. Dieser Konflikt wiederhole sich »im Verh[ältnis] des einzelnen Individuum zu dem, was es als objektive Kultur umgiebt ... die objektive Form wird zur leeren Form, die das Ich hemmt, die ihm nichts mehr ›sagt‹«[9].

In dem Maße allerdings, in dem Cassirer Simmel bescheinigt, bis zur »Grund- und Urschicht des modernen Lebensgefühls und des spezifisch-modernen Kulturgefühls«[10] vorgedrungen zu sein, stemmt er sich nun zugleich vehement gegen dessen systematische Ratifizierung. Seine eigene Kulturphilosophie erscheint damit als der Versuch, den von Simmel aufgewiesenen Krisenphänomenen die Spitze abzubrechen und die vermeintliche Tragödie der Kultur in ein Drama mit offenem Ausgang umzubiegen: »Der Wettstreit und Widerstreit zwischen den beiden Kräften, von denen die eine auf Erhaltung, die andere auf Erneuerung zielt, hört niemals auf. ... Dennoch wird dieses Drama der Kultur nicht schlechthin zu einer ›Tragödie der Kultur‹. Denn es gibt in ihm ebensowenig eine endgültige Niederlage, wie es einen endgültigen Sieg gibt. Die beiden Gegenkräfte wachsen miteinander, statt sich wechselseitig zu zerstören«[11].

---

kulturphilosophischen Debatten der Folgezeit ihre Stichworte geliefert hat – und das auch da, wo die kritische Distanz überwog« (R. Konersmann, Aspekte der Kulturphilosophie, in: Ders. (Hg.), Kulturphilosophie, Leipzig 1996, 9-24, 17). – Vgl. zum Verhältnis zwischen Simmel und Cassirer die Beiträge in: W. Geßner (Hg.), Themenheft ›Simmel und Cassirer‹, Simmel Newsletter 6 (1996), Heft 1; darin vor allem W. Geßner, Tragödie oder Schauspiel? Cassirers Kritik an Simmels Kulturkritik, in: aaO., 57-72; sowie M. Scherer, Vom Apriori der Prägnanz. Vortheoretische Sinnerschlossenheit als zentrales Motiv der Kulturphilosophie Ernst Cassirers, München 1996, 166-173.

[9] E. Cassirer, Nachgelassene Manuskripte und Texte, Bd. 1: Zur Metaphysik der symbolischen Formen, hg. von J.M. Krois, Hamburg 1995, 217 (= ECN 1).

[10] ECN 1, 8.

[11] E. Cassirer, Die ›Tragödie der Kultur‹, in: Ders., Zur Logik der Kulturwissenschaften. Fünf Studien (1942), Darmstadt ³1971, 103-127, 123. – Cassirer gibt so zu erkennen, daß ihm die Krisenphänomene der Moderne keineswegs verborgen geblieben sind, auch wenn sie alsbald normativ ›kassiert‹ werden. Vor dem Urteil einer kulturkritischen Naivität Cassirers ist daher zu warnen. Gleichwohl bleibt als Essenz der Unterscheidung von Drama und Tragödie festzuhalten: »Wiewohl beide die Dialektik von Leben und Form als Quelle der kulturellen Dynamik betrachten, verbindet Cassirer damit im Unterschied zu Simmel offenbar die Idee der Harmonie. Zwar erkennt auch er die Spannungen als Movens der Entwicklung durchaus an, betrachtet diese aber zugleich als etwas, das überwunden, aufgelöst, versöhnt werden müsse« (W. Geßner, Tragödie, s. Anm. 8, 67). In diesem Sinne markiert

So liege der entscheidende Fehler Simmels darin, die funktional-relationale ›Kooperation‹ von Formung und Form in eine substantiale ›Real-
opposition‹ verwandelt zu haben[12]: »Die dialektische Bewegung, die hier
zweifellos vorliegt, darf nicht in die absolute Dualität zweier an sich seien-
der u. sich ewig fremder Pole umgedeutet werden«[13]. Unter der Voraussetzung eines metaphysischen ›Gegenübers‹ sei in der Tat »nicht mehr verständlich zu machen, wie beide sich nichtsdestoweniger wechselseitig bestimmen, wie sie zu einander korrelativ werden sollen«[14]. Es müsse jedoch
umgekehrt angesetzt werden: So sei »eben diese Korrelation das primär-
Gewisse und primär-Gegebene, während die Sonderung ein bloss-Nach-
trägliches, eine Konstruktion des Denkens ist«[15]. Cassirer fährt erläuternd
fort: »Wir treffen so wenig auf ein schlechthin formloses Leben, wie wir
auf eine schlechthin leblose Form treffen. Die Trennung, die unser Gedanke zwischen beiden vollzieht, geht daher nicht auf zwei metaphysische
Potenzen, deren jede ›für sich ist und für sich gedacht werden kann‹, sondern sie betrifft gewissermassen nur zwei Accente, die wir im Fluss des
Werdens setzen. Das Werden ist seinem Wesen nach weder blosses Leben,
noch blosse Form, sondern es ist Werden zur Form«[16]. In diesem Sinne
gelte schließlich: »Die Frage, wie das Leben zur Form, wie die Form zum
Leben ›gelangt‹ – diese Frage ist … unlösbar – aber sie ist es nicht darum,
weil zwischen beiden eine unübersteigliche Kluft befestigt ist, sondern
weil die Hypostase der ›reinen‹ Form wie die Hypostase des ›reinen‹ Lebens bereits einen inneren Widerspruch in sich birgt«[17].

In dieser Auseinandersetzung mit Simmel finden sich die Motive und
Intentionen der Cassirerschen Kulturphilosophie wie in einem Brenn-
spiegel zusammengefaßt. Sie ist geprägt von dem Bemühen, der Simmelschen Ausrichtung auf die erstarrte Form das Moment der lebendigen
Formung entgegenzusetzen. Den Schlüssel dazu bietet ihm die humanistische Einsicht, »daß der Mensch in der Fülle der äußeren Eindrücke
nicht einfach aufgeht, sondern daß er diese Fülle bändigt, indem er ihr
eine bestimmte *Form* aufprägt, die letzten Endes aus ihm selbst, aus dem
denkenden, fühlenden, wollenden Subjekt stammt«[18]. Vor allem Hum-

---

die Cassirersche Kulturphilosophie gegenüber Simmels Tragödienformel eine Wende;
denn er »begreift die Krise der Kultur nicht mehr nur als Verhängnis, sondern auch als Gelegenheit zum Neubeginn« (R. *Konersmann*, Kulturphilosophie, s. Anm. 8, 21).

[12] Vgl. ECN 1, 16.
[13] ECN 1, 218.
[14] ECN 1, 14.
[15] Ebd.
[16] ECN 1, 15.
[17] Ebd.
[18] E. *Cassirer*, Begründung der Kulturphilosophie, 247.

boldt und Goethe führt er als Kronzeugen dieses menschlichen Willens
und Vermögens zur Form an. Ihnen zufolge wäre die Kultur in ihren vielfältigen Gestaltungen »als Ergebnis, als bloßes Produkt nicht möglich,
wenn ihm nicht je eine eigentümliche Weise des Produzierens zu Grunde
läge. Daß er dieser Art der Produktivität fähig ist, das ist es, was als der eigentümliche und auszeichnende Charakter des Menschen erscheint«[19].

Diese skizzierte Argumentationsfigur, das humanistische Ineinander von
Formung und Form gegen die Simmelsche Entfremdungsthese für den
Aufweis der individuellen Produktivität in der Kultur in Dienst zu nehmen, bildet nun auch das innere Band der »Philosophie der symbolischen
Formen«. Die verfestigten Kulturformen sollen gleichsam in einen anderen Aggregatzustand versetzt und so im Zuge ihrer Rückbindung an die
produktive Tätigkeit des Geistes verflüssigt werden. Es greift daher zu
kurz, wollte man die doppelte geistige Heimat Cassirers in der kantischen
Philosophie und im Werk Goethes lediglich auf die beiden Pole von Einheit und Vielfalt verteilen.[20] Wohl ist nicht zu bestreiten, daß Cassirer auf
eine »Systematik des Geistes« zielt, die im Übergang vom bloß »exakte[n]
Weltbegreifen ... auf alle Richtungen des Weltverstehens«[21] die Aufgabe
erfüllt, »gegenüber der Vielheit der Äußerungen des Geistes die Einheit
seines Wesens zu erweisen«[22]. Doch ist damit der Einfluß Goethes noch
nicht hinreichend erfaßt.[23] Er kommt erst in der – auf die Vermittlung von
Formung und Form gerichteten – kulturphilosophischen Zuspitzung dieser Synthese zum Ausdruck, »daß die Mannigfaltigkeit seiner Produkte
der Einheit seines Produzierens keinen Eintrag tut, sondern sie vielmehr
erst bewährt und bestätigt«[24]. In diesem Sinne spannen die Vertikale der
symbolischen Prägnanz und die Horizontale der symbolischen Form[25] ei-

---

[19] Ebd.

[20] Vgl. O. Schwemmer, Die Vielfalt der symbolischen Formen und die Einheit des Geistes.
Zu Ernst Cassirers ›Philosophie der symbolischen Formen‹, in: D. Frede/R. Schmücker
(Hg.), Ernst Cassirers Werk und Wirkung. Kultur und Philosophie, Darmstadt 1997, 1-57,
4: »Während die Kantische Tradition für die Einheit der Vernunft steht, und zwar für eine
überall und immer und also für jedermann gleiche Vernunft, betont Goethe die Vielfalt
vernünftiger und insbesondere schöpferischer Verhältnisse. Cassirer vermittelt diese beiden
geistigen Grundhaltungen dadurch, daß er als ›gemeinsames‹ Drittes den schöpferischen,
gestaltenden Charakter der Vernunft zu deren Definition erhebt.«

[21] PsF III, 16.

[22] PsF I, 51f.

[23] Vgl. zum Einfluß Goethes auf Cassirer J.M. Krois, Urworte: Cassirer als Goethe-Interpret, in: E. Rudolph/B.-O. Küppers (Hg.), Kulturkritik nach Ernst Cassirer, Hamburg
1995, 297-324; sowie B. Naumann, Philosophie und Poetik des Symbols. Cassirer und
Goethe, München 1998.

[24] PsF I, 52.

nen Rahmen auf, der die Vielfalt kultureller Gestaltungen auf die gleichwohl in ihnen zum Ausdruck kommende schöpferische Produktivität des Geistes hin durchsichtig zu machen erlaubt.

Die Kulturphilosophie Cassirers läßt sich als programmatischer Versuch deuten, die Simmelsche Krisendiagnose der modernen Kultur aus dem Geist des klassischen Humanismus heraus zu entkräften. Doch liegt gerade in der Emphase, mit der Cassirer das Rad der Kulturphilosophie umzuwälzen versucht, seine eigene Tragik beschlossen. So fällt der an die Adresse Simmels — immerhin des Theoretikers der Wechselwirkung[26] — gerichtete Vorwurf eines mangelnden Funktions- und Relationsdenkens auf Cassirer selbst zurück. Denn entweder zielt er damit auf eine apriorische Widerlegung der Simmelschen Kulturtheorie — dann aber setzt er sich dem Einwand aus, dem von diesem aufgewiesenen Entfremdungsphänomen lediglich auszuweichen, indem er es theorietechnisch in Wegfall zu bringen sucht. Oder aber Cassirer will seinen betonten Rekurs auf die funktional-relationale Vermittlungslogik als eine direkte Antwort auf die Entfremdungsthese verstanden wissen — dann aber wird jene einseitig auf die Betonung der schöpferischen Individualität hin ausgerichtet und gerät nur wieder unter ihren eigenen Bannstrahl.

Cassirer fehlen mithin die theoretischen Mittel, um den Krisenphänomenen der modernen Kultur angemessen Rechnung tragen zu können.[27] Dieser Mangel wird paradoxerweise gerade dort besonders offensichtlich, wo Cassirer der Simmelschen Entfremdungsdiagnose am nächsten kommt. Im Zuge seiner Auseinandersetzung mit der modernen Technik

---

[25] Vgl. zu dieser Kennzeichnung *H. Paetzold*, Die symbolische Ordnung der Kultur. Ernst Cassirers Beitrag zu einer Theorie der Kulturentwicklung, in: *D. Frede/R. Schmücker* (Hg.), Ernst Cassirers Werk und Wirkung, s. Anm. 20, 163-184,169.

[26] Vgl. dazu *F. Voigt*, »Die Tragödie des Reiches Gottes«? Ernst Troeltsch als Leser Georg Simmels, Gütersloh 1998, 109-113.

[27] Das zeigt sich auch dort, wo Cassirer die Simmelsche Entfremdungsthese *materialiter* zu widerlegen sucht. So bietet ihm die Sprache »das vielleicht reinste Beispiel« (*Ders.*, Metaphysik der symbolischen Formen, 15) für den unauflöslichen Zusammenhang von Formung und Form. Sie dürfe nicht als ein bloß Gewordenes, sondern müsse als ein stetig sich Bildendes aufgefaßt werden: »Der Sprachakt ist niemals in diesem Sinne ein Akt der bloßen Aneignung, sondern er ist ... ein schöpferischer Akt: ein Akt der Prägung und Umprägung« (ebd.). Freilich muß Cassirer dann auf die Ausnahmegestalt des ›großen Sprachschöpfers‹ (vgl. etwa aaO., 17) zurückgreifen, um seine These belegen zu können. Denn es sei der Dichter, »dem sich die Sprache, indem er sie als Instrument, als Mittel der Objektivation benutzt, zugleich unter seinen Händen formt« (aaO., 217). Die gesuchte Produktivität bleibt mithin auf die großen Sprachschöpfer beschränkt (vgl. aaO., 218), und das Verhältnis der weniger begnadeten Individuen zur objektiven Kultur kommt gerade nicht in den Blick.

stellt er fest: »Der Zusammenhang von Arbeit und Werk hört auf, ein in irgendeiner Weise *erlebbarer* Zusammenhang zu sein. Denn das *Ende* des Werks, sein eigentliches Telos, ist jetzt der Maschine anheimgegeben, während der Mensch ... zu einem schlechthin Unselbständigen wird – zu einem Teilstück, das sich mehr und mehr zu einem bloßen Bruchstück verwandelt«[28]. Entsprechend findet er hier Simmels These einer tragischen Verselbständigung der Kultur bestätigt: »Nirgends vielleicht tritt dieser tragische Einschlag aller Kulturentwicklung mit so unerbittlicher Deutlichkeit hervor als in der Entwicklung, die die moderne Technik genommen hat«[29]. Doch statt nun aus dieser Einsicht die notwendigen Konsequenzen zu ziehen, redet er sich sogleich auf die Aufgabe einer »Ethisierung der Technik«[30] heraus. Sie erfülle ihre »höchste Mission«[31] erst in dem Maße, in dem sie in das »Ziel der Erziehung des Arbeitswillens und der echten Arbeitsgesinnung«[32] einmünde. Damit eröffnet Cassirer letztlich auch der Technik wieder einen Heilsweg und gibt zu erkennen, daß die Krisenphänomene der Moderne das Fassungsvermögen seiner Kulturphilosophie übersteigen: »An derselben Stelle, an der er der kulturphilosophischen Brisanz des Entfremdungsproblems gewahr wird, vermag er ihm nur mit einer überaus fragwürdigen neuen Eschatologie zu begegnen. Daß Cassirer der Technik ein ethisches Telos unterstellt, kann nur als Akt eines verzweifelten Optimismus angesehen werden«[33].

Cassirer bezahlt die humanistische Grundlegung seiner Kulturphilosophie also mit einem gravierenden Wirklichkeitsverlust. Der Versuch, die Simmelsche Entfremdungsdiagnose in die Form des klassischen Humanitätsideals zu zwingen, läßt beide Seiten letztlich nur um so bestimmter als unvereinbar erscheinen. Daraus ergeben sich weitreichende Konsequenzen. Die Kulturphilosophie Cassirers gründet in der Intuition, den Übergang vom Substanz- zum Funktionsbegriff in den Dienst der humanistischen Vermittlung von Formung und Form zu stellen, um so eine schlagkräftige Allianz gegen den exemplarisch von Simmel vorgebrachten Traditionsstrang der Kulturkritik schmieden zu können. »Das Allgemeine erst baut die Welt des Individuellen, und das Individuelle erst baut die Welt des Allgemeinen auf«[34] – in diesem Sinne ist Cassirer daran gelegen, die funk-

---

[28] E. *Cassirer*, Form und Technik (1930), in: *Ders.*, Symbol, Technik, Sprache, hg. von *E. W. Orth / J. M. Krois*, Hamburg 1985, 39-91, 76 (= STS).
[29] STS, 76f.
[30] STS, 89.
[31] Ebd.
[32] Ebd.
[33] *W. Geßner*, Tragödie oder Schauspiel, s. Anm. 8, 65.
[34] ECN 1, 16.

tional-relationale Vermittlungslogik so zur Geltung zu bringen, daß sich die objektiven Kulturgestaltungen zugleich als »Tat der Individuen«[35] verstehen lassen.

Doch diese Allianz ist nun zerbrochen. Die – in der Entfremdungsproblematik zum Ausdruck kommende – prekäre Situation des Individuums in der Moderne läßt sich mit den Vorgaben des klassischen Bildungsideals nicht mehr erfassen. Damit bleibt zwar jene Wende zum Funktionsbegriff unhintergehbar; das Individuum allerdings verliert seine humanistische Zentralstellung als Mittelpunkt, Träger und Garant der Kulturentwicklung. Die Cassirersche Kulturphilosophie präsentiert sich als ein letzter Versuch, diese Zentralstellung normativ zu zementieren. Ihr verengter Blickwinkel stellt freilich vor die Frage, wie unter den Bedingungen des modernen Funktionalismus und nach der Verabschiedung jener Zentralstellung des ›alteuropäischen‹ Subjekts der Individualitätsthematik in einer davon unterschiedenen Weise soll Rechnung getragen werden können.

II. Die liberale Kulturhermeneutik Friedrich Schleiermachers

Die philosophische Ethik Schleiermachers stellt sich auf den ersten Blick als Relikt einer vergangenen Epoche dar. So läßt sie nicht nur ihre neoaristotelische Orientierung am Güterbegriff als obsolet erscheinen; mit ihrem Einsatz bei der Idee eines ›höchsten Wissens‹ und ihrer schematisch durchgeführten Systemkonstruktion rückt sie zudem in die Nähe jener Welterzählungen, deren unerfüllte Erwartungen allenfalls noch ein Gefühl der Leere spüren lassen.

Doch sie entfaltet eine eigentümliche Brisanz und überraschende Aktualität, sobald sie in ihrer güterethischen Façon aus dem kritischen Gegenüber zur Pflichtenethik Kants einsichtig gemacht wird.[36] Dieser postu-

---

[35] E. Cassirer, Begründung der Kulturphilosophie, 250.

[36] Schleiermachers Güterethik läßt sich insgesamt als »das positive Resultat einer kritischen Abkehr von Kant« (M. Moxter, Güterbegriff und Handlungstheorie. Eine Studie zur Ethik Friedrich Schleiermachers, Kampen 1992, 4) auffassen. Der polemisch-kritische Teil findet sich in den Grundlinien von 1803 (vgl. F.D.E. Schleiermacher, Grundlinien einer Kritik der bisherigen Sittenlehre, in: Ders., Sämmtliche Werke, III. Abt., Bd. 1, Berlin 1846, 1-344): Hier »sieht man durch das ganze kritische Werk hindurch ... stets zur Rechten und zur Linken die mit schneidigem Hieb halbierten Ethiker von den Rössern ihrer Systeme heruntersinken« (E. Hirsch, Geschichte der neuern evangelischen Theologie im Zusammenhang mit den allgemeinen Bewegungen des europäischen Denkens, Bd. 4, Gütersloh, 1964, 546f). Vor allem die Pflichtenethik Kants und Fichtes trifft das harte Urteil, nur den einzelnen als Subjekt des Handelns thematisiert und mithin den Zusammenhang von Handlung und Werk – von subjektivem Produzieren und objektivem Produkt – aus dem Auge verloren zu haben (vgl. auch etwa F.D.E. Schleiermacher, Über den Begriff des Höch-

liert um der Apriorität des Sittengesetzes willen eine strikte Unterscheidung zwischen Sein und Sollen: »In Ansehung der sittlichen Gesetze ... ist Erfahrung (leider!) die Mutter des Scheines, und es ist höchst verwerflich, die Gesetze über das, was ich tun soll, von demjenigen herzunehmen ..., was getan wird«[37]. Während also die Naturgesetze »von dem handeln, was geschieht«, beschränkten sich die praktischen Gesetze darauf zu sagen, »was geschehen soll, ob es gleich vielleicht nie geschieht«[38]. Damit wird die Bestimmung des Willens durch das Sittengesetz von der Frage nach seiner Realisierung in einzelnen Handlungen abgekoppelt: »Nur auf die Willensbestimmung und den Bestimmungsgrund der Maxime desselben als eines freien Willens kommt es hier an, nicht auf den Erfolg. Denn wenn der Wille nur für die reine Vernunft gesetzmäßig ist, so mag es mit dem Vermögen desselben stehen, wie es wolle; es mag nach diesen Maximen der Gesetzgebung einer möglichen Natur eine solche wirklich daraus entspringen oder nicht, darum bekümmert sich die Kritik ... gar nicht«[39].

An dieser Stelle setzt die Kritik Schleiermachers an.[40] Die grundsätzliche Diremtion von Gesetz und Handlung – von normativer Regel und faktischer Regelbefolgung – lasse nicht nur den Begriff des Gesetzes problematisch werden[41], sondern münde auch in ein verkürztes Handlungsverständnis. Denn indem diese für Kant nur unter der Perspektive des Naturgesetzes in den Blick kämen, ließen sie sich nicht mehr hinreichend von bloßen Ereignissen unterscheiden: »Kann man also wohl sagen, das Sittengesetz würde gelten, wenn auch nie etwas demselben gemäß geschehe? Wohl nur, wenn man bei der äußern Vollbringung der Handlungen stehenbleibt«[42]. Aus diesem Grunde müsse die strikte Dichotomie

---

sten Gutes, 1. und 2. Abhandlung (1827/30), in: *Ders.*, Sämmtliche Werke, III. Abt., Bd. 2, Berlin 1838, 447-495). Den positiven Entwurf der eigenen Güterethik bietet sodann vor allem die philosophische »Ethik« von 1812/13 mitsamt ihren späteren Bearbeitungen (vgl. *Ders.*, PhE).

[37] *I. Kant*, Kritik der reinen Vernunft (1781/1787), hg. von *J. von Timmermann*, Hamburg 1998, A 318f, B 375.

[38] *I. Kant*, aaO., A 802, B 830.

[39] *I. Kant*, Kritik der praktischen Vernunft (1788), hg. von *K. Vorländer*, Hamburg [10]1990, A 79.

[40] Die folgende Darstellung der Schleiermacherschen Ethik verdankt sich weitgehend der brillanten Studie von *M. Moxter*, Güterbegriff und Handlungstheorie, s. Anm. 36.

[41] Vgl. *F.D.E. Schleiermacher*, Ueber den Unterschied zwischen Naturgesetz und Sittengesetz (1825), in: *Ders.*, Sämmtliche Werke, III. Abt., Bd. 2, Berlin 1838, 398-417, 408: Es »muß doch immer etwas vermöge des Gesetzes geschehen, sonst wäre es auch kein Gesetz«. Vgl. zu dieser ›sinnkritischen‹ Argumentationsfigur auch *M. Moxter*, Güterbegriff und Handlungstheorie, s. Anm. 36, 73-76.

zwischen Sein und Sollen überwunden werden. Ein angemessenes Handlungsverständnis sei nur dadurch zu gewinnen, daß an die Stelle der überkommenen Beschränkung auf das reine Sollen eine Beschreibung des wirklichen Seins menschlichen Handelns trete: »Die Säze der Sittenlehre dürfen ... nicht Gebote sein, weder bedingte noch unbedingte, sondern sofern sie Gesetze sind, müssen sie das wirkliche Handeln der Vernunft auf die Natur ausdrücken«[43].

Schleiermachers Kritik der kantischen Ethik verdankt sich demnach einem handlungstheoretischen Interesse; seine »Suche nach einem vollständigeren Handlungsbegriff und seine Kritik des kantischen Sollens gehören insofern zusammen«[44]. Vor diesem Hintergrund gewinnt zugleich das eigene Profil der Schleiermacherschen Ethik an Kontur: Sie stellt sich als eine Theorie des Handlungsverstehens dar[45], die um eine Rekonstruktion dessen bemüht ist, was vorausgesetzt werden muß, um eine Handlung in vollgültigem Sinne als ›Handlung‹ identifizieren zu können.[46]

Im Mittelpunkt steht für Schleiermacher »das Problem der Konstitution der Handlung als einer Einheit besonderer Art«[47]. Bereits in den »Grundlinien« findet sich dabei die Verknüpfung von Handlungseinheit und Zweckbegriff: Eine Handlung unterscheide sich dadurch von einem Er-

---

[42] *F.D.E. Schleiermacher,* Ueber den Unterschied, 409.

[43] PhE, 213. – Insofern Schleiermacher damit der strikten Unterscheidung von Natur- und Sittengesetz widerspricht, unterläuft er zugleich den Vorwurf eines naturalistischen Fehlschlusses; vgl. dazu *M. Moxter,* Güterbegriff und Handlungstheorie, s. Anm. 36, 100f.

[44] *M. Moxter,* aaO., 78. – Trotz der von *G. Scholtz* aufgewiesenen Differenzen zwischen Schleiermacher und Hegel (vgl. *ders.,* Ethik als Theorie der modernen Kultur. Mit vergleichendem Blick auf Hegel, in: *Ders.,* Ethik und Hermeneutik. Schleiermachers Grundlegung der Geisteswissenschaften, Frankfurt a.M. 1995, 35-64) besteht hier zumindest eine Nähe Schleiermachers zur Hegelschen Kantkritik: Beide stimmen darin überein, »daß es zum Begriff der praktischen Vernunft gehört ..., daß eine Trennung von Sein und Sollen ausgeschlossen bleibt, und daß dies vom Phänomen der Handlung aus zu erhellen ist« (*M. Moxter,* Güterbegriff und Handlungstheorie, s. Anm. 36, 78).

[45] Vgl. PhE, 6: »Die Ethik muß ... alles wahrhaft menschliche Handeln umfassen und verzeichnen«.

[46] Diese Interpretationslinie der Schleiermacherschen Ethik findet sich durchgeführt bei *M. Moxter,* Güterbegriff und Handlungstheorie, s. Anm. 36. Er arbeitet aus Schleiermachers Texten eine handlungstheoretische Fragestellung heraus, »mit der sich Schleiermachers Ethik allein auf die Bedingungen bezieht, unter denen wir miteinander handeln können. Am Leitfaden dieser Fragestellung wäre sie als eine Rekonstruktion unserer Praxis zu verstehen, die das, was immer schon geschieht, auf der Suche nach der Vernunft dieses Geschehens einzuholen versucht« (aaO., 9). Unter dieser Interpretation stünde Schleiermacher näher bei Aristoteles als bei Kant; seine Güterethik könnte »als der früheste Versuch eines nachkantischen Aristotelismus verstanden werden« (aaO., 16).

[47] *M. Moxter,* aaO., 105.

eignis, daß sie auf einen Willen bezogen[48] und insofern mit einem Zweck
– als dem »unmittelbare[n] Gehalt eines Wollens«[49] – verknüpft werde. Erst
der zugrundeliegende Zweck ermögliche die Zusammenfassung einer Er-
eignisfolge zu einer Handlungseinheit: »Wie also, wenn das Äußere Handeln von seinem Willen abgetrennt oder dies nicht bis zu dem Zweckbegriff hinaufgeführt ... wird, auch die Handlung zerrissen ist ..., dieses muß
einleuchten aus dem gesagten«[50]. Nun fordert allerdings die Einheit und
Bestimmtheit eines Zwecks ihrerseits die Einfügung in ein übergreifendes
System von Zwecken: »Ohne die Unterstellung eines Zwecks kann nicht
von ›Handlung‹ gesprochen werden, und ohne die Unterstellung eines
Systems von Zwecken und Institutionen ist kein einziger Zweck ein bestimmter Zweck«[51]. An dieser Stelle kommt die Güterperspektive ins
Spiel. Als ein ›organisches‹[52] Geflecht sozialer Institutionen, innerhalb dessen sich sittliches Handeln zugleich »darstellt und fortdauernd erzeugt«[53],
stellen die Güter eben jenen gesuchten geordneten Zusammenhang dar,
der zur Konstitution einer Handlung vorausgesetzt werden muß: »Weil
die Güterlehre eine systematische Explikation solcher Zwecke und Institutionen ist, erscheint in präzis diesem Sinne der Güterstandpunkt als ein
nach Schleiermacher unverzichtbarer Bestandteil jeder Handlungstheorie«[54].

Schleiermachers Güterlehre läßt sich mithin als Antwort auf eine handlungstheoretische Fragestellung lesen. Unter der These, daß erst die Güterperspektive einen angemessenen Zugriff auf das Phänomen der ›Handlung‹ gestattet, bietet sie »eine Darstellung der mit unserem Handlungsverständnis gesetzten Strukturen, Relationen und Institutionen«[55].
Gleichwohl erschließt sich die eigentliche Pointe der Schleiermacherschen Ethik erst bei genauerer Hinsicht auf diese Verhältnisbestimmung

---

[48] Vgl. *F.D.E. Schleiermacher*, Grundlinien 74: »In der sittlichen Bedeutung ... ist Handeln
gleich dem Wollen; wo ein wirkliches Wollen ist, da ist auch gehandelt, keine That aber ist
eine Handlung als nur durch das Wollen«. – Vgl. zum folgenden *M. Moxter*, Güterbegriff
und Handlungstheorie, s. Anm. 36, 55-57.

[49] *F.D.E. Schleiermacher*, Grundlinien, 76.

[50] Ebd.

[51] *M. Moxter*, Güterbegriff und Handlungstheorie, s. Anm. 36, 57.

[52] Vgl. zu Schleiermachers Aufnahme des Organismusbegriffs *M. Moxter*, aaO., 177-197.

[53] *F.D.E. Schleiermacher*, Grundlinien, 183.

[54] Ebd.; vgl. *M. Moxter*, Güterbegriff und Handlungstheorie, s. Anm. 36, 106: »Als Thematisierung des Inbegriffs der objektiven Zwecke (Institutionen) schreitet die Güterlehre
genau den Horizont ab, in dem die Identifikation der Handlungen erfolgt. ... Ohne Güterperspektive wären ›Handlungen‹ nur als Verursachungen von Veränderungen in der Kör-
perwelt, aber nicht als *Handlungen* in einem spezifischen Sinne zu verstehen.«

[55] *M. Moxter*, aaO., 10.

von Gut und Handlung. Indem das System der objektiven Zwecke – die sozial vermittelte Gütersphäre – als letzter Bezugsrahmen für die Identifikation von Handlungen angesetzt wird, rückt die Gütersphäre in einen den Handlungen gegenüber vorgängigen Status ein. Schleiermacher bringt damit die Einsicht zur Geltung, »daß Handlungen erst identifizierbar sind, indem sie im Kontext einer Lebenswelt, der mit ihr schon gegebenen sozialen Verhältnissen und ihren institutionellen Verankerungen begriffen werden«[56].

Die Folgen dieser Einsicht sind erheblich: Die Güter liegen allem Handeln so voraus, daß dieses Handeln – obgleich es selbst »ein die Gesellschaft stiftendes und in jedem Augenblick wieder erzeugendes ist«[57] – nurmehr als ein »Anknüpfen an das schon bestehende«[58] soziale Handlungsgefüge erscheint. Mit anderen Worten: Die Güter sind in der Weise »autopoietisch«[59] beschaffen, daß sie sich »durch das Handeln, das sie ermöglichen, selbst kontinuieren«[60]. Damit aber wird dem Handeln des individuellen Subjekts eine dem sozialen Handlungszusammenhang gegenüber abkünftige Stellung zugewiesen – mit erstaunlichen Anklängen an die modern-soziologischen Handlungstheorien systemtheoretischer Provenienz: »Die von der Handlungstheorie entworfenen Perspektiven lassen das Subjekt eher als Durchgangsstation, denn als ein Subjekt seiner Handlungen erscheinen. Die Anbindung des Handlungsbegriffs an eine Güterkonzeption scheint insofern nicht nur das Modell eines *einsamen* Handlungssubjekts, sondern das eines Subjekts überhaupt abzulösen«[61].

Schleiermacher erweitert so die Aufgabe der philosophischen Ethik zu einer umfassenden Hermeneutik der menschlich-geschichtlichen Lebenswirklichkeit.[62] Es geht ihm nicht primär um die Subjektivität des ethischen Individuums, sondern um die Objektivität der sittlichen Welt. Als

---

[56] *M. Moxter*, aaO., 233.

[57] *F.D.E. Schleiermacher*, Die Christliche Sitte nach den Grundsätzen der evangelischen Kirche im Zusammenhange dargestellt, in: *Ders.*, Sämmtliche Werke, I. Abt., Bd. 12, hg. von *L. Jonas*, Berlin 1843, ²1884, 392.

[58] Ebd.

[59] *M. Moxter*, Güterbegriff und Handlungstheorie, s. Anm. 36, 119.

[60] Ebd.

[61] *M. Moxter*, aaO., 122. – Auch *H.-J. Birkner* konstatiert bereits, daß »in Schleiermachers Ethik ... der einzelne völlig in den Hintergrund« tritt (*Ders.*, Schleiermachers christliche Sittenlehre im Zusammenhang seines philosophisch-theologischen Systems, Berlin 1964, 47).

[62] Vgl. PhE, 186: »Da die Sittenlehre zum Gutwerden nichts hilft, kann sie nur zum Verstehen helfen«. – *H.-J. Birkner* zufolge »stellt nach Schleiermachers Konzeption die Ethik die Verstehenskategorien für das geschichtlich-menschliche Leben bereit. ... Ihr Thema

»Darstellung des Zusammenseins der Vernunft mit der Natur« habe die
Ethik »sowol die festen Formen des sittlichen Daseins, Familie, Staat usw.,
als auch die fließenden Functionen oder die verschiedenen sittlichen Vermögen«[63] aufzuklären. An die Stelle der imperativischen Ethik kantischer
Prägung tritt somit eine – an aristotelische Motive anknüpfende – ›be-
schreibende‹[64] Kultur- und Sozialphilosophie[65], deren Thema »das Ge-
samtgebiet der Kulturaufgabe«[66] bildet.[67]

---

sind nach Schleiermachers Konzeption die allgemeinen Strukturen, Gesetze und Formen
geschichtlichen Lebens« (ders., Schleiermachers Christliche Sittenlehre, s. Anm. 61, 37).

[63] PhE, 11; vgl. auch BrE, 3.

[64] Vgl. etwa BrE, 4f: Die Aufgabe der Ethik besteht in einer »Beschreibung der Gesetze
des menschlichen Handelns. … Die eigentliche Form für die Ethik also ist die schlichte Er-
zählung: das Aufzeigen jener Gesetze (die also als Naturgeseze dargestellt werden ohne Widerspruch des Erfolges) in der Geschichte«.

[65] Vgl. zu dieser Einschätzung bereits *A. Reble*, Schleiermachers Kulturphilosophie. Eine
entwicklungsgeschichtlich-systematische Würdigung, Erfurt 1935; sowie nach *H.-J. Birkner*, Schleiermachers Christliche Sittenlehre, s. Anm. 61, 37; auch *G. Scholtz*, Ethik als
Theorie der modernen Kultur, s. Anm. 44, 35-41.

[66] PhE, 44.

[67] Freilich ist umstritten, ob dieser Beschreibungsstandpunkt die Schleiermachersche
Ethik als eine vollständig nicht-normative, ›deskriptive‹ Theorie ausweist – mit der kritischen Schlußfolgerung, sie lasse so gerade das vermissen, was sie zu einer *Ethik* machen
würde (vgl. etwa *M. Honecker*, Nachwort, in: *F.D.E. Schleiermacher*, Christliche Sittenlehre.
Einleitung (Wintersemester 1826/27), hg. von *H. Peiter*, Stuttgart 1983, 125-149, 140,
142) –, oder ob die Methode der Beschreibung nicht doch mit einer normativen Intention
vereinbar ist. M. Moxter votiert für die zweite Deutung. Den Schlüssel dafür bilde Schleiermachers Verknüpfung des Organismusbegriffs mit dem Begriff des ›höchsten Gutes‹.
Dieses sei nicht in einem komparativ-hierarchischen Sinne als oberstes Gut, sondern vielmehr als Inbegriff aller Güter zu denken: »Das höchste Gut ist … der Begriff für den ›orga-
nische[n] Zusammenhang aller Güter‹ und insofern die Bedingung, unter der etwas als
Gut erscheint« (*M. Moxter*, Güterbegriff und Handlungstheorie 185). Dabei bezeichne der
Organismusbegriff ein Verhältnis, in dem die verschiedenen Güter weder beziehungslos *nebeneinander* stehen noch unterschiedslos *ineinander* fallen: »Der Begriff ›Organismus‹ qualifiziert die Beziehung der unterschiedenen Güter als ›füreinander‹ (…) bestehendes Für-sich-
Sein« (aaO., 186). Dieser organischen Relation von ›Füreinander-Sein‹ und ›Für-sich-Sein‹
eigne nun jedoch insofern eine normative Valenz, als sie die innere Ausdifferenzierung der
einzelnen Güter unter einen »teleologischen Wesensbegriff« (aaO., 235) stelle. Schleiermachers Ethik könne daher sehr wohl im Sinne einer »normative[n] Institutionenlehre«
(aaO., 16) gelesen werden. – In dem Maße allerdings, in dem so der Organismusbegriff in
eine Schlüsselstellung zum Verständnis der Schleiermacherschen Ethik einrückt, ist zugleich der Punkt erreicht, um demgegenüber die produktiven Potentiale des Cassirerschen
Ansatzes zur Geltung zu bringen. Denn es gehört gerade zu den Pointen seiner »Philosophie der symbolischen Formen«, daß er auf eine ›systematische‹ Zusammenfassung der unterschiedlichen symbolischen Formen verzichtet: »Zwischen den symbolischen Formen
gibt es … keine funktionale Ordnung, die sie aufeinander beziehen würde, keine Integrati-

Diese kulturhermeneutische Grundintention findet ihren Ausdruck sodann im Aufbau der Ethik. Sie wird von Schleiermacher in den drei Formen der Güter-, Tugend- und Pflichtenlehre entfaltet. Dabei stehen diese zwar in einem wechselseitigen Ergänzungsverhältnis; doch liegt die Führung eindeutig bei der Güterlehre.[68] Sie allein gilt als selbständig, »weil Producieren und Product in derselben identisch gesetzt ist, und so der sittliche Prozeß zur vollen Darstellung kommt«[69]. Entsprechend bietet sie eine »Kosmographie«[70] des immer schon begonnenen, aber nie vollendeten Ineinanders von Vernunft und Natur[71] und beinhaltet insofern die eigentliche Kulturtheorie Schleiermachers.

In der Durchführung greift Schleiermacher zunächst auf die Einsichten seiner Dialektik[72] zurück. Das absolute Wissen ist als »Ausdruck ... des mit ihm selbst identisch absoluten Seins«[73] kein bestimmtes Wissen, sondern bildet »nur Grund und Quelle alles besonderen Wissens«[74]. Dieses steht »unter der Form des Gegensazes«[75], wenngleich es – soll es nicht chaotisch auseinanderfallen – auf das Absolute verweisen und insofern unter »einen höchsten Gegensaz«[76] zusammengefaßt werden muß. Ferner gilt: »Im endlichen Wissen als Darstellung des Absoluten ist der Gegensaz nur relativ«[77] – und zwar in dem Sinne, daß seine Relata grundlegend aufeinander bezogen sind und nicht unabhängig voneinander expliziert werden können. Mithin stellt sich dieses Wissen in seiner Totalität als »die Entwicklung des Ineinanderseins aller Gegensäze unter der Potenz der beiden Glieder des höchsten Gegensazes«[78] dar. Dabei ist allerdings ein »vollkommenes und beharrliches Gleichgewicht beider Glieder eines Gegensazes«[79] ausgeschlossen; jeder Gegensatz muß statt dessen »in der Zwiefältigkeit des Uebergewichts hier seines einen, dort seines andern Gliedes«[80] gege-

---

on zu einem Ganzen der Funktionen oder Formen. Und in diesem Sinne gibt es auch keine Systemeinheit der symbolischen Formen und Formwelten« (O. *Schwemmer*, Vielfalt der symbolischen Welten, s. Anm. 20, 48f).

[68] Vgl. dazu *M. Moxter*, aaO., s. Anm. 36, 177-182.
[69] PhE, 16.
[70] BrE, 8.
[71] Vgl. PhE, 210.
[72] Vgl. dazu die 12 Lemmata der ›Deduction der Ethik aus der Dialektik‹ in PhE, 7f.
[73] PhE, 7.
[74] PhE, 8.
[75] Ebd.
[76] Ebd.
[77] Ebd.
[78] Ebd.
[79] PhE, 197.
[80] Ebd.

ben sein – mit der dynamischen Pointe eines Zusammenspiels beider Seiten allerdings, »das auf ein Äußerstes (sowohl der Relate als auch der Relation als ganzer) tendiert«[81]. Mit dieser entwicklungsdynamisch perspek-
tivierten Gegensatztheorie hat Schleiermacher ein methodisches Instru-
mentarium zur Hand, das er – auf dem Wege der Kombination unterschiedlicher Differenzen – in immer neuen Variationen zum Einsatz
bringt.

Den Ausgangspunkt bildet der höchste Gegensatz »unter der Form von
Seele und Leib, Idealem und Realem, Vernunft und Natur«[82]. Aus ihm ergeben sich zwei Relationen: Während die Physik das Ineinander beider
Seiten »unter der Potenz der Natur«[83] betrachtet, fungiert die Ethik als
»Darstellung des endlichen Seins unter der Potenz der Vernunft, d.h. von
der Seite, wie in dem Ineinandersein der Gegensätze die Vernunft das
Handelnde ist, und das Reale das Behandelte«[84]. In diesem Sinne konstituiert sich die Ethik als »Wissenschaft der Geschichte«[85]. Ihr Thema ist
»der sich als Handeln der Vernunft auf die Natur vollziehende ethische
Prozeß – die immer schon angefangene und nie vollendete, intensiv wie
extensiv fortschreitende Einigung von Vernunft und Natur, die durch das
Handeln der menschlichen Vernunft auf die irdische Natur verwirklicht
wird«[86].

Das Handeln der Vernunft läßt sich allerdings seinerseits perspektivisch
differenzieren. So kann die Vernunft die Natur entweder zu ihrem Werk-
zeug machen oder aber als Darstellungsmedium ihrer selbst auffassen. Im
ersten Fall ist ihr Handeln organisierend (bildend), im zweiten Fall trägt es
symbolisierenden (bezeichnenden) Charakter; und die Natur erscheint
dementsprechend jeweils als Organ oder Symbol der Vernunft.[87] Entscheidend ist nun, daß auch dieser Gegensatz nur wieder relativ verstanden
werden darf. Beide Tätigkeiten sind wechselseitig aufeinander bezogen

---

[81] *M. Moxter*, Güterbegriff und Handlungstheorie, s. Anm. 36, 203. – Vgl. ausführlich zu
dieser von ihm nach § 66 der ›Einleitung‹ zur Ethik von 1812/13 (vgl. PhE, 13) so genannten ›Minimum-Maximum-Spekulation‹ und ihrer Funktion für die ›normative‹ Statur
der Schleiermacherschen Ethik *M. Moxter*, aaO., 198-232.

[82] PhE, 8.

[83] Ebd.

[84] Ebd.

[85] PhE, 11.

[86] *H.-J. Birkner*, Schleiermachers Christliche Sittenlehre, s. Anm. 61, 38. – *M. Moxter*
gibt allerdings zu bedenken, daß die hier anklingende »Idee eines ›Telos‹ des Geschichts-
prozesses ... in keinem notwendigen Zusammenhang mit der genannten Programmatik
Schleiermachers zu stehen« scheint (*Ders.*, Güterbegriff und Handlungstheorie, s. Anm.
36, 195).

[87] Vgl. PhE, 231-234.

und lassen sich insofern als eine weitere Auffächerung der Relation von Vernunft und Natur deuten: »Symbol ist jedes Ineinander von Vernunft und Natur, sofern darin ein Gehandelthaben auf die Natur, Organ jedes, sofern darin ein Handelnwerden mit der Natur gesezt ist«[88].

Schleiermacher bleibt damit Cassirer in der Überwindung des substanz-ontologischen Dualismus von Vernunft und Natur nichts schuldig. Hat es schon die Ethik überhaupt nur mit der Produktivität der Vernunft unter der Voraussetzung einer vorgängigen Einigung von Vernunft und Natur zu tun[89], so macht die weitergehende Unterscheidung zwischen organisie-render und symbolisierender Funktion der Vernunft deutlich, daß diese Produktivität nur vermittels des Zusammenwirkens mit der Natur und im Anschluß an die Produkte dieses Zusammenwirkens zum Austrag kom-men kann.

Doch in der Frage des Übergangs zu den materialen Kulturgestaltungen trennt sich Schleiermacher von Cassirer. Während dieser verschiedene Modalitäten der symbolischen Prägnanz unterscheidet[90] und die einzelnen symbolischen Formen unmittelbar auf die Vermittlung jener Grunddiffe-renz bezogen sein läßt, führt Schleiermacher eine weitere, dazu querlie-gende Unterscheidung ein. So sei die in der Ethik als produktiv gesetzte Vernunft nur vermittelt über die einzelnen menschlichen Vernunftwesen zugänglich.[91] Ihr eigne daher der doppelte Charakter, »daß sie einerseits in allen die eine und selbe ist, andererseits in jedem einzelnen das Gepräge seiner unverwechselbaren Individualität trägt«[92]. Entsprechend sei das Handeln der Vernunft »mit einem zwiefachen Charakter gesezt; es ist ein sich immer und überall Gleiches, inwiefern es sich gleich verhält zu der Vernunft, die überall die Eine und selbige ist; und es ist ein überall Ver-

---

[88] PhE, 235. – Schleiermacher ergänzt sogleich, daß dieses Ineinander von Vernunft und Natur jeweils »auf ungleiche Weise« (ebd.) gesetzt ist: »Denn nirgends ist im beziehungs-weisen In- und Außereinander von Vernunft und Natur ein Gleichgewicht. Jedes bestimm-te Ineinander hat also auch seine Beziehung überwiegend auf das eine oder das andere« (ebd.). In einer Randbemerkung aus dem Jahre 1824 verweist er zur Begründung auf die »allgemeine[…] Theorie vom Bilden des Gegensazes« (ebd.); vgl. auch BrE, 28.
[89] Die Pointe der Schleiermacherschen Gegensatztheorie – mit der grundsätzlichen ›Re-lativität‹ ihrer Glieder (vgl. PhE, 8) – besteht gerade darin, daß ein Dualismus von ›reiner Vernunft‹ und ›bloßer Natur‹ ausgeschlossen ist. Entsprechend thematisiert die Ethik »nicht die Überwindung des Gegensatzes, sondern die Steigerung der immer schon vor-ausgesetzten Beziehung seiner Glieder …, wenn sie ›Handeln‹ als ›Handeln der Vernunft auf die Natur‹ interpretiert« (M. Moxter, Güterbegriff und Handlungstheorie, s. Anm. 36, 200).
[90] Vgl. PsF I, 31.
[91] Vgl. PhE, 14f.
[92] H.-J. Birkner, Schleiermachers christliche Sittenlehre, s. Anm. 61, 40; vgl. PhE, 236.

schiedenes, weil die Vernunft immer schon in einem Verschiedenen gesezt ist«[93]. Diese Unterscheidung zwischen einer identisch-allgemeinen und einer individuell-eigentümlichen Seite der Vernunft kreuzt Schleiermacher sodann mit der Differenz von organisierender und symbolischer Vernunfttätigkeit. Mithin ergibt sich ein Gerüst von vier Handlungstypen, denen Schleiermacher nun auch jeweils eine Kultursphäre zuordnet.[94] So rechnet er zum *identischen Organisieren* das Gebiet des Verkehrs – mitsamt seinen Sozialformen von Wirtschaft und Recht[95] –, während sich das *individuelle Organisieren* im Gebiet des Eigentums darstelle und auf die Sozialform der ›Geselligkeit‹ führe.[96] Auf der anderen Seite ordnet er dem *identischen Symbolisieren* das Gebiet des sprachlich vermittelten Wissens zu[97] und befaßt schließlich unter das *individuelle Symbolisieren* die Gebiete von Religion und Kunst[98] – mit dem Zusatz, daß sich die Kunst zur Religion verhalte wie die Sprache zum Wissen.[99]

Allerdings liegt die eigentliche Leistung Schleiermachers weniger in der materialen Durchführung als vielmehr in der systematischen Grundlegung seiner Kulturhermeneutik. Die Kombination der beiden Unterscheidungen zwischen organisierender und symbolisierender Vernunftfunktion auf der einen sowie allgemeinem und individuellem Vernunftcharakter auf der anderen Seite spannt einen weitgefächerten methodischen Rahmen auf, der scheinbar gegenläufige Intentionen miteinander ins Verhältnis zu setzen erlaubt.

So hat jene erste Differenz ihre Pointe in der Gewinnung einer kulturphilosophischen Perspektive, die an die Stelle des substantialen Gegenübers von Subjekt und Objekt die Einsicht in den unhintergehbaren Zusammenhang von Produktion und Produkt setzt. Das Gewicht liegt hier auf einer Betrachtung der allgemeinen Strukturen, Gesetze und Formen der menschlichen Lebenswirklichkeit; und der einzelne wird – zumindest in dieser Hinsicht – »bei Schleiermacher nur insoweit Thema der ethischen Reflexion, als er hineingenommen ist in den Gesamtprozeß der Einigung von Natur und Vernunft, welcher das letzte und eigentliche Thema der Menschheitsgeschichte bildet«[100].

---

[93] PhE, 236.

[94] Vgl. zur argumentativen Rekonstruktion dieser Quadruplizität M. *Moxter*, Güterbegriff und Handlungstheorie, s. Anm. 36, 219-232.

[95] Vgl. PhE, 249f, 261f.

[96] Vgl. PhE, 251f, 264-266.

[97] Vgl. PhE, 256f, 262-264.

[98] Vgl. PhE, 259f, 266-269.

[99] Vgl. PhE, 75.

[100] H.-J. *Birkner*, Schleiermachers christliche Sittenlehre, s. Anm. 61, 48.

Quer dazu steht dann jedoch die zweite Differenz. Sie thematisiert das Gegenüber von Individuum und Gesellschaft, das zwar unter der Voraussetzung des Ineinanders von Vernunft und Natur, aber doch zugleich als ein davon unterschiedenes Thema ins Blickfeld rückt.[101] Der ›kulturphilosophischen‹ Relation von Produktion und Produkt tritt die ›sozialphilosophische‹ Relation von Individualität und Sozialität zur Seite. Die normative Grundanlage der Schleiermacherschen Ethik zielt dann zwar auf eine im ›organischen‹ Zusammenhang der ausdifferenzierten Güter zur Geltung kommende Vermittlung dieser Relationen.[102] Gleichwohl beschert die dabei in Anspruch genommene begriffliche Entkopplung Schleiermacher nicht nur einen methodischen Komplexitätszuwachs – der es ihm überhaupt erst ermöglicht, die funktionale Differenzierung ebenso wie Verklammerung der einzelnen Kulturbereiche aufzuweisen[103] –; sie begründet zugleich die »emphatische Liberalität«[104] seines kulturphilosophischen Programms, indem es den einzelnen in die Freiheit entläßt, seine Zugehörigkeit zu den einzelnen Kultursphären je individuell zu realisieren.

Vor dem Hintergrund des modernen Entfremdungsproblems gewinnt nun gerade diese doppelte ›Freisetzung‹ der Kulturgebiete und des Menschen eine eigentümliche Aktualität. Es wird daher abschließend zu fragen sein, ob und in welcher Weise Schleiermachers Kulturhermeneutik

---

[101] Vgl. BrE, 15: »Das absolut Gemeinschaftliche soll wieder ein Individuelles werden; das Individuelle soll wieder in eine Gemeinschaft treten.«

[102] Vgl. dazu *M. Moxter,* Güterbegriff und Handlungstheorie, s. Anm. 36, 189: »Die Ausdifferenzierung sozialer Gestalten wird … so beschrieben, daß an der internen Organisation jeder dieser Formen die Möglichkeit ihres Zusammenseins mit anderen hängt. Für jeden Teil im Organismus ist das ›bestimmter auseinander treten‹ die Bedingung, unter denen alle Teile ›miteinander und durcheinander zu ihrer Vollkommenheit gelangen«« (unter Bezug auf *F.D.E. Schleiermacher,* Kurze Darstellung des theologischen Studiums zum Behuf einleitender Vorlesungen, hg. von *H. Scholz,* Leipzig 1910, ND Darmstadt 1993, § 254, 97).

[103] *G. Scholtz* erblickt die Leistung der Schleiermacherschen Ethik gerade darin, daß sie die Kulturgebiete in ihre relative Autonomie entlasse und doch zugleich an ihrer Vereinbarkeit festhalte. Neben die gesellschaftliche Differenzierung trete das Prinzip der »Einheit in der Mannigfaltigkeit« (*Ders.,* Ethik als Theorie der modernen Kultur, s. Anm. 44, 63). Im Hintergrund stehe dabei der Gedanke »des Ausgleichs zwischen Individuum und Gesellschaft, der die gesamte Konstruktion seiner Güterlehre trägt« (ebd.). Er erlaube es, gegenüber der von Weber diagnostizierten und von Luhmann systemtheoretisch ratifizierten »Mannigfaltigkeit ohne jegliche Einheit« (aaO., 61) daran festzuhalten, daß es gerade die Individuen seien, die im Schnittpunkt der scheinbar gegeneinander abgeschlossenen Sozialsysteme stehen: »Wie diese Systeme uns bestimmen, so bestimmen wir sie durch unser Verhalten mit … Die menschliche Individualität entwickelt sich nur in Sozialbezügen, und diese wiederum werden durch Individuen erhalten, verändert oder zerstört« (aaO., 62).

[104] *T. Rendtorff,* Art. Ethik VII. Ethik der Neuzeit, in: TRE 10 (1982), 481–517, 506.

Potentiale birgt, die über die Grenzen des Cassirerschen Humanismus
hinausweisen.

III. Von der humanistischen Inklusion
zur liberalen Exklusion des Individuums

Schleiermachers Kulturphilosophie lebt von einem ungebrochenen Vertrauen in den geschichtlichen Prozeß der fortschreitenden Einigung von
Vernunft und Natur. In diesem Sinne sei er, »mit einer leichten religiösen
Färbung der Stimmung, einer der Künder und Bahnbrecher jener sieghaf-
ten und weltsichern, von den Dämonien des Daseins nichts ahnenden
Kultur- und Geschichtsphilosophie, welche in mancherlei Abwandlungen
dem 19. Jahrhundert ihr Gepräge gegeben hat«[105]. Auch Cassirer hat sich
eine optimistische Sicht der Kulturentwicklung bewahrt. Noch 1944 hält
er daran fest, »die Kultur als den Prozeß der fortschreitenden Selbstbefreiung des Menschen«[106] beschreiben zu können. Gleichwohl gewinnt seine
Berufung auf das klassische Humanitätsideal einen zunehmend normativen Zug; und die Entschlossenheit, mit der er Simmels ›Tragödie der
Kultur‹ abzuwenden sucht, läßt seinen Optimismus nahezu verzweifelt erscheinen.

Gerade die von den Krisenerfahrungen der Moderne noch unbelastete
Situation Schleiermachers erlaubt es diesem daher, den Blick in die Weite
schweifen zu lassen, wo Cassirer um seines normativen Interesses willen
zu Engführungen gezwungen ist. In dieser Konstellation liegt es begründet, daß Schleiermachers Kulturphilosophie Potentiale birgt, die diesen
zwar nicht unmittelbar zu einem Theoretiker der Moderne stempeln, sich
aber dennoch für die Ausarbeitung einer solchen Theorie fruchtbar machen lassen.

So fällt bereits äußerlich auf, daß die Schleiermachersche Kulturphilosophie durch einen größeren Reichtum der Themenbestände gekennzeichnet ist. Während sich Cassirer – mit der bezeichnenden Ausnahme
der Technik – auf diejenigen Kulturbereiche beschränkt, die einer ›humanistischen‹ Interpretation zugänglich sind[107], nimmt Schleiermacher auch
die Phänomene von Wirtschaft, Recht, Politik und ›Geselligkeit‹ in den
Blick. Doch er geht sogar noch einen Schritt weiter: Die Vorordnung der
objektiven Gütersphäre vor die subjektive Ebene individueller Handlungen markiert die dezidiert ›kulturphilosophische‹ Stoßrichtung seines Ansatzes; darüber hinaus ermöglicht ihm die Unterscheidung zwischen all-

---

[105] E. Hirsch, Geschichte der neuern evangelischen Theologie, s. Anm. 36, Bd. 4, 551.
[106] E. Cassirer, Versuch über den Menschen, 345.
[107] Vgl. dazu W. Geßner, Tragödie oder Schauspiel, s. Anm. 8, 66f.

gemeiner und individueller Vernunft den Zugang zum ›sozialphilosophi-
schen‹ Verhältnisproblem von Individualität und Sozialität. Entsprechend
werden die einzelnen Kultursphären als ausdifferenzierte, mit dem Aufbau
von Institutionen beschäftigte Teilsysteme der Gesellschaft vorgestellt –
und das Interesse Schleiermachers richtet sich auf die beiden Fragen nach
dem Verhältnis der jeweiligen Systeme untereinander und der Stellung des
einzelnen Individuums zu ihnen.[108]

Mit Cassirer und Schleiermacher treffen also zwei unterschiedlich ausgerichtete Ansätze der Kulturphilosophie aufeinander – hier das topogra-
phische Bemühen um ein möglichst umfassendes ›Verstehen der Welt‹,
dort die Suche nach einer einheitlich-produktiven Dynamik des ›Weltverstehens‹; hier die Perspektive funktionaler Differenzierung der einzelnen Kultursphären, dort die Betonung funktionaler Parallelität der symbolischen Formen. Entsprechend unterschiedlich gestaltet sich die materiale Ausführung: Während Cassirer Sprache, Religion, Kunst und Erkenntnis als funktional parallele und daher einander konkurrierende Formen der Weltgestaltung auffaßt, unterscheidet Schleiermacher die beiden
differenten Funktionen des objektiven und subjektiven Erkennens[109] – loziert im wissenschaftlichen Denken einerseits und religiösen Gefühl
andererseits[110] – und ordnet ihnen Sprache und Kunst lediglich als deren
Ausdrucksmedien zu. Auch wenn Schleiermacher nicht müde wird, die
Relativität und also wechselseitige Vermittlung der einzelnen Funktionen
zu betonen[111], zielt seine Systematik doch auf die Sicherung der religiösen
Selbständigkeit gegenüber dem wissenschaftlichen Erkennen.[112] Im Gegensatz zu Cassirer ist die Religion für Schleiermacher nicht eine andere
Form der Weltgestaltung, sondern geradezu das Andere der Weltgestaltung, indem sie hinter den einzelnen Bestimmungen das individuelle Be-
stimmtsein selbst zum Ausdruck bringt.[113]

Cassirer operiert also mit einer Unterscheidung pluraler Modalitäten
der symbolischen Formung; das Augenmerk richtet sich auf den Nachweis, daß in den vielfältigen Gestalten ein einheitliches Prinzip der Gestaltung zum Ausdruck kommt. Schleiermacher hingegen läßt zunächst
das subjektive Handeln in einen der objektiven Gütersphäre gegenüber

---

[108] Vgl. *G. Scholtz*, Ethik als Theorie der modernen Kultur, s. Anm. 44, 37-39.

[109] Vgl. PhE, 27.

[110] Vgl. PhE, 256f, 259f.

[111] Vgl. PhE, 260.

[112] Vgl. *G. Scholtz*, Ethik als Theorie der modernen Kultur, s. Anm. 44, 54, der allerdings umgekehrt auch die Nähe von Wissenschaft und Religion betonen kann (vgl. aaO.,
50).

[113] Vgl. PhE, 259f.

abkünftigen Status einrücken, verlagert so die Blickrichtung auf die Ausdifferenzierung der einzelnen Kulturbereiche und gewinnt dabei das Gerüst für seine kulturphilosophische Topik aus der Kombination zweier
Grunddifferenzen. An die Stelle der dynamischen Synthesis tritt entsprechend eine analytische Auffächerung der Vielfalt.

Von besonderem Interesse ist nun, daß Schleiermacher als diese beiden
Grunddifferenzen die Unterscheidung zwischen zwei Vernunfttätigkeiten
auf der einen und zwei Vernunftcharakteren auf der anderen Seite ansetzt.
Damit entkoppelt er die Themenbereiche, deren Verkopplung gerade den
innersten Nerv der Cassirerschen Kulturphilosophie bildet. Bei diesem
fungiert das Humanitätsideal als Klammer, um das Individuum – Bezugspunkt der einen Unterscheidung Schleiermachers – in der Mitte des relational gedachten Kulturprozesses – Horizont der anderen Unterscheidung
Schleiermachers – verankern zu können. Das Ineinander von Formung
und Form soll so die in den Produkten zum Ausdruck kommende Produktivität des Individuums notwendig einschließen.

Allerdings hat die moderne Entfremdungsproblematik die Cassirersche
Synthese von Kultur und Individuum als eine normative Illusion aus dem
Geist des Humanismus erwiesen. Das Individuum läßt sich nicht mehr
umstandslos als schöpferischer Kulturagent begreifen – und gerade vor
diesem Hintergrund gewinnt der Schleiermachersche Ansatz sein spezifisch modernes Profil. Denn er nimmt die prekäre Stellung des Individuums der Sache nach bereits vorweg. Das zeigt sich zum einen in der ›au-
topoietischen‹ Profilierung seines güterethischen Ansatzes, die das Hand-
lungssubjekt in den Hintergrund treten läßt, zum anderen in seiner Unterscheidung zwischen individueller und allgemeiner Vernunft, die quer
steht zur Frage nach dem Status der Kulturformen. Auf diese Weise löst
sich die Individualitätsthematik aus ihrem Zusammenhang mit dem klassischen Kulturideal; die Suche nach dem Individuum hat ihren Ort nicht
mehr im Horizont der Differenz von subjektiver Formung und objektiver
Form, sondern artikuliert sich im Modus der Abgrenzung und Verhältnisbestimmung des Einzelnen gegenüber der Gesellschaft.

Schleiermacher stellt so die Weichen für einen grundlegenden Wechsel
der Perspektive. Pointiert gesagt: Die Individualität bemißt sich nicht
mehr nach dem, was sie zum Aufbau der Kulturformen beiträgt, sondern
was sie gerade von diesen unterscheidet. Dem humanistischen ›Inklusi-
onsmodell‹ tritt der Ausblick auf ein liberales ›Exklusionsmodell‹ zur Seite
– auch wenn Schleiermacher selbst noch an dem Gedanken einer ›inklu-
siven‹ Vermittlung von Individualität und Sozialität festhält.[114] Während

---

[114] Vgl. etwa PhE, 11: Das Verhältnis von Individuum und Gemeinschaft folgt der Logik
der aufgewiesenen entwicklungsdynamischen Gegensatztheorie in der Weise, daß »Werden

sich Cassirer weiterhin darum bemüht zeigt, das Individuum durch den Aufweis seiner schöpferischen Produktivität in den Kulturprozeß von Formung und Form einzubinden, bietet Schleiermacher zumindest das Theoriepotential, um aus seiner Kulturhermeneutik der Systemdifferenzierung[115] die entsprechenden Konsequenzen ziehen und – mit den Worten Niklas Luhmanns – »von Inklusionsindividualität auf Exklusionsindividualität«[116] umstellen zu können.

Das von Simmel aufgewiesene Entfremdungsphänomen erfährt damit schlichtweg eine Umwertung. Entsprechend verändert sich auch die Aufgabenstellung der Kulturphilosophie. Ihr kann nicht mehr daran gelegen sein, den Differenzierungsprozeß der einzelnen Kultursphären lediglich humanistisch überformen zu wollen. Dieser normative Gestus weicht vielmehr dem Bemühen um eine Theoriegestalt, die das Gegenüber von Individuum und gesellschaftlicher Kultur unter den spezifischen Bedingungen funktionaler Systemdifferenzierung neu zu bestimmen erlaubt. Zu ihren wichtigsten Fragen wird dann gehören, welche Möglichkeiten dem Individuum zur Verfügung stehen, um sich gegenüber den vorgegebenen objektiven Identifikations- und Rollenmustern dessen zu versichern, was es von allen anderen unterscheidet.

Dabei kann ein letzter Blick auf Schleiermacher nochmals fruchtbare Anstöße vermitteln. Er verweist auf das Gefühl: Dieses gehe »immer auf die Einheit des Lebens«[117] – freilich des individuellen Lebens so, daß sich darin »das Recht jedes Einzelwesens« ausspreche, »ein für sich Gesetztes zu sein«[118]. Die Darstellung dieser je individuell bestimmten Lebenseinheit aber ist die Aufgabe und Funktion der Religion.

---

eines Einzelnen und eines Ganzen durcheinander bedingt sind«. – In diesem Sinne betont G. *Scholtz* zu Recht, daß Schleiermachers Güterlehre vom »Gedanken des Ausgleichs zwischen Individuum und Gesellschaft« (*Ders.*, Ethik als Theorie der modernen Kultur, s. Anm. 44, 63) getragen werde: »Individualität in einem emphatischen Sinn realisiert sich nicht ohne die Gesellschaft und gegen sie, sondern nur in einer humanen Gesellschaft, bei Schleiermacher besonders im Bereich der ›freien Geselligkeit‹« (aaO., 64).

[115] Vgl. G. *Scholtz*, Ethik als Theorie der modernen Kultur, s. Anm. 44, 37-39.

[116] Vgl. dazu *N. Luhmann*, Individuum, Individualität, Individualismus, in: *Ders.*, Gesellschaftsstruktur und Semantik. Studien zur Wissenssoziologie der modernen Gesellschaft, Bd. 3, Frankfurt a.M. 1989, 149-258, 158-160.

[117] PhE, 259.

[118] Ebd.

Dietrich Korsch

Religion und Kultur bei Hermann Cohen und Ernst Cassirer

I. Religion und Kultur in transzendentalphilosophischer Perspektive

Von Ernst Cassirer kann man lernen, wie stark transzendentalphilosophische Fragestellungen aus kulturellen Zusammenhängen herauswachsen. Diese methodische Einsicht läßt sich auch auf unser Thema anwenden. In dem Verhältnis von Religion und Kultur ist, so behaupte ich, das transzendentale Verhältnis von Kontingenz und Synthesis verborgen und kulturphilosophisch variiert. Diese Behauptung will ich in zwei Gedankengängen rechtfertigen.

Es macht das Selbstbewußtsein, aber auch die innere Problematik der Transzendentalphilosophie aus, daß sie einerseits als strenge Philosophie aufzutreten vermag, weil sie die Prinzipien ihrer eigenen Organisation rein aus der Vernunft selbst zu entnehmen beansprucht, andererseits zugleich ganz auf die Erfahrungswelt bezogen bleibt, für die sie die Vernunftprinzipien geltend macht, sei es, um die Erscheinungen zu begreifen, sei es, um sich selbst im Dickicht der Erscheinungswelt zu orientieren. Damit aber entsteht die – bekanntlich auf unterschiedliche Weise zu lösen versuchte – Schwierigkeit, sich der Triftigkeit der vernunftinternen Rezeptionsmechanismen und Begriffsoperationen im Verhältnis zu ihrem Anderen zu vergewissern. Dabei hat es sich in der Geschichte der Transzendentalphilosophie gezeigt, daß Kants konsequente Auskunft eines durchgängigen Dualismus – nämlich sowohl auf der Ebene der Zuordnung von Gegenständlichkeit und Erkennen als auch im internen Prozeß des Erkennens selbst – wenig Zustimmung fand, ohne doch gänzlich überwunden werden zu können. Der gesamte nachkantische Idealismus hat sich an diesem Problem abgearbeitet; zum Teil, etwa beim späten Fichte, so, daß das Moment von Kontingenz in die Operationen der Vernunft selbst eingezeichnet wurde. Dennoch hat sich eine schlüssige Lösung nicht erzielen lassen, wie die Kant-Renaissance im Neukantianismus historisch belegt.

Von dieser Schwierigkeit der Zuordnung von Kontingenz und Synthesis – oder, damit äquivalent, von Faktum und Vermittlung – ist nun auch das Verhältnis der Philosophie zur Religion bestimmt gewesen. Die strenge Autonomisierung der Philosophie läßt einer Selbständigkeit der Religion hinsichtlich sachhaltiger Erkenntnis keinen Raum. Die Religion wird damit auf das Feld bloßer Vorstellungen abgedrängt. Deren Funktionalität kann mit Kant als Veranschaulichung sittlicher Pflicht und als gesellschaftliches Vorstellungsreservoir philosophisch durchaus nötiger Postulate wie Gott und Unsterblichkeit bestimmt werden.

Gleichwohl verbirgt sich an dieser Stelle noch eine weitergehende Rolle der Religion. Denn sie ist, gerade in Kants auf dem Protestantismus aufruhender Deutung, zugleich diejenige Instanz, die die transzendentalphilosophische Einsicht von der Unvermeidlichkeit des innermenschlichen Dualismus von Gut und Böse gesellschaftlich repräsentiert. Ohne die Religion, anders gesagt, besäße die Philosophie nur ihre eigene Überzeugungskraft, um ihre selbstverantwortete Wahrheit unter die Leute zu bringen. Weil es aber die so entfaltete Religion gibt, kann sie an vorhandene Bewußtseinslagen anknüpfen und diese zu einer höheren Klarheit über sich selbst bringen – d.h. der Religion ist zwar eine grundsätzlich zutreffende Sicht der Ausgangslage der Sittlichkeit des Menschen zuzubilligen, eine Lösungskompetenz für die daraus sich ergebenden Schwierigkeiten ist ihr aber zu bestreiten. Die Religion unterstützt de facto aus eigenen Motiven die Plausibilität und Akzeptanz der Philosophie. Und diese Position ist es, die die Theologen auch immer motiviert hat, von einer dem philosophischen Begriff gegenüber eigenständig bleibenden Religion zu reden.

Diese Beobachtung nun führt auf meinen zweiten Argumentationsgang. Der transzendentalphilosophische Begriff der Religion bringt es, kritisch gelesen, an den Tag, daß es kurzschlüssig ist, Religion allein als Gegenüber zur Philosophie zu betrachten. Statt dessen stellt sich das Bild so dar: Die philosophisch aufgebaute Opposition von Philosophie und Religion ist das Produkt einer breiter zu fassenden Kultur, die sich selbst differenziert; eben unter anderem auch in eine für sich unterschiedene Religion (und Religionstheorie oder Theologie) und eine Autonomie beanspruchende Philosophie. Fragt man nach dem Ort einer solchen Differenzierung, dann lautet die Antwort: Sie stellt sich da ein, wo sich die sittlichtechnische Praxis der Menschen in der Gesellschaft auf sich selbst zu stellen und eigene Verantwortung zu übernehmen in der Lage ist – und wo für diese Praxis Kontingenzen auf permanente Materialwiderständigkei-

ten oder temporäre Randunschärfen reduziert werden. Allerdings baut
sich die Plausibilität dieser gesellschaftlichen Verfassung eben nur um den
Preis einer prinzipiellen Internalisierung von Kontingenz auf, wie sich im
ursprünglich Bösen bei Kant zeigt.

Diese Verzweigung der Kultur in ausdifferenzierte Philosophie und Religion legt es also nahe, mit mindestens drei schematischen Zuordnungs-
möglichkeiten für das Verhältnis von Philosophie und Religion zu rechnen. Einmal mit der philosophischen Betrachtung der Religion, die diese
am Maß der Autonomie der Philosophie mißt. Sodann mit der Behauptung einer autochthonen Eigenständigkeit der Religion – gegen die philosophischen Überbietungsansprüche. Und schließlich mit einer Fragestellung, die beide, Philosophie und Religion, aus einer Geschichte der
Kultur hervorgehen sieht und sich wechselnde Konstellationen zwischen
Philosophie und Religion vor Augen führt.

Diese letzte Position nun rechnet damit, daß sich in diesen Konstellationen ein gemeinsames Thema variiert – nämlich das von Kontingenz und
Synthesis; oder, anders gesagt: von einleuchtender Selbstsetzung und
Selbsterhaltung im Verhältnis zu dem Bereich des – momentan oder prinzipiell – Unbestimmten. Legt man sich den Sachverhalt so zurecht, dann
leuchtet freilich auch ein, daß und warum sich die transzendentalphilosophische Frage nach Kontingenz und Synthesis (oder Faktum und Vermittlung) auf das Feld der Kultur verschiebt und von einer dann auszubil-
denden Kulturphilosophie zu bearbeiten ist: Es ist gerade die philosophische Konzentration auf die eigene Autonomie, die diejenige Kontingenz-
verschiebung heraufführt, welche die Grenzen einer enggefaßten Transzendentalphilosophie zu überschreiten nötigt und eine mehrfache Weise
der Selbstthematisierung subjektiv-selbstbewußten und sozialen Lebens
fordert. Auf dieses Modell steuern meine Überlegungen hin, und in seinem Rahmen plädiere ich für eine bestimmte Wahrnehmung der mehrfa-
chen Aufgabe, den Zusammenhang von Kontingenz und Synthesis zu
thematisieren.

II. Typen der Zuordnung von Religion und Kultur

Die bei Kant beobachtete Selbstdifferenzierung der Kultur in Philosophie
und Religion ist natürlich selbst Folge einer historischen Entwicklung, in
deren Verlauf die nun deutlich unterschiedenen Momente von Kontingenz und Synthesis jeweils anders, aber durchaus in größeren, längerdau-
ernden geschichtlichen Konstellationen einander zugeordnet wurden.

Das erste und klassische Modell ist das des antiken und mittelalterlichen
Christentums, wie es noch heute im Katholizismus modifiziert weiter-

lebt. Hier finden sich Kontingenz und Synthesis religiös vereinbart und in dieser Weise an die Gesellschaft weitergeleitet. Die grundsätzliche Einheit alles dessen, was ist, liegt in Gott; alle Veränderlichkeit geht auf ihn zurück, ebenso wie alle Zukunft in seiner Hand liegt. Und für die Ausrichtung der Menschen auf das von ihnen zu erreichende Ziel ist er auch zuständig, genauso wie für die Bereitstellung der Kraft, mit der sie schließlich am Ziel ankommen können. Wiewohl man um diese Sachverhalte präzis nur in der Kirche weiß, vermittelt sich dieses Wissen doch über die Kirche hinaus in die unterschiedlichen Sozialformen humanen Lebens hinein. Sie alle sind geprägt von dieser religiösen Einheit, darum sind sie alle auch in ihrem Tiefengrund, ob sie es wissen oder nicht, auf religiöse Vervollkommnung hin angelegt. Der Struktur nach handelt es sich hier um eine hierarchische Vorstellung.

Seine entscheidende Abwandlung erfuhr dieses Modell im Protestantismus. Denn mit ihm wurde zwischen einer gesellschaftlichen und einer religiösen Integration von Kontingenz und Synthesis unterschieden. Indem im religiösen Leben die Gottesbeziehung als reine Unmittelbarkeit des göttlichen Wortes vorgestellt wurde, wurde dem gesellschaftlichen Leben eine eigene Funktion zugewiesen. Allein die religiöse Vereinbarung von Kontingenz und Synthesis (in theologischer Sprache ausgedrückt: die Rechtfertigung des Sünders) reicht auf die letzte Ebene humanen Selbstseins zurück; ihr gegenüber bleiben die mundanen Kontingenzen und ihre gesellschaftlichen Vermittlungen vorläufig, besitzen aber darin ihr eigenes Recht. Allerdings ist dieser Vorstellungszusammenhang im Altprotestantismus immer noch von der Annahme unterfangen, es bestehe eine völlige Identität der Personen, die von der religiösen Botschaft und der gesellschaftlichen Vermitteltheit erreicht werden. Insofern handelt es sich hier um ein korporatistisches Modell, dem sich de facto niemand entziehen kann.

Im Neuprotestantismus hat sich diese frühneuzeitliche Annahme korporativer gesellschaftlicher Verfaßtheit überlebt. Die Verknüpfung von religiösem und gesellschaftlich-politischem Vermittlungsmodell konnte nun nicht mehr über die Zugehörigkeit zu sozialen Verbänden laufen; sie mußte im Selbstverständnis der Menschen selbst verankert werden. Insofern sah sich im Neuprotestantismus das Christentum zu einer Vertiefung seines eigenen Begriffs herausgefordert. Denn es war gerade die Zumutung eines eigenen Verantwortungsbereiches außerhalb der Grenzen expliziter Religion gewesen, der nun dazu motiviert hatte, eine Gewißheitsbasis für das eigene Selbstverständnis selbst zu schaffen, ja, von diesem aus auch noch einmal die Vergewisserungsleistung der Religion selbst begreifen zu wollen. Das ist die manifeste Konkurrenzsituation zwischen primär religiöser und primär selbstbewußter Vereinbarung von Kontingenz und Synthesis, wie wir sie bei Kant beobachten konnten. Darauf zu reagieren, erfordert von der Theologie, die religiöse Vergewisserung einerseits tiefer im individuellen Leben zu verankern, andererseits damit nicht auf die allgemeine soziale Verantwortung der Religion zu verzichten.

In der Theologie nach Kant, wenn man das einmal so sagen darf, lassen sich zwei Varianten unterscheiden, mit dem aufgeworfenen Problem umzugehen, für die die Namen Friedrich Schleiermacher und Wilhelm Herrmann einstehen. Schleiermachers Version kann man die kulturtheoretische nennen. Schleiermacher akzeptiert und rekonstruiert die funktionale Differenz der modernen Gesellschaft in kulturhermeneutischen Begriffen. Neben Staat und Wissenschaft und freier Geselligkeit gibt es eben auch fromme Gemeinschaften, die sich der Pflege der Religion widmen. In ihnen findet sich das allem Bewußtsein durchaus zugrundeliegende, aber nicht immer als solches bewußtgemachte schlechthinnige Abhängigkeitsgefühl in je konkreter Gestaltung selbst thematisiert und gepflegt. Damit nehmen solche frommen Gemeinschaften gerade in ihrer Eigenständigkeit eine gesamtkulturelle Aufgabe wahr – und sie versichern zugleich die in ihnen sich auslegenden Individuen ihres innersten Haltes und Grundes. In dieser funktionalen Aufgabenteilung wird partikular artikuliert, was die realen Grundlagen des Ganzen sind – auch und gerade dann, wenn kein Anspruch auf Konkurrenz hinsichtlich der wissenschaftlichen Erfassung der Welt erhoben wird. Dabei besteht jedoch eine gewisse Komplikation des Schleiermacherschen Modells darin, daß das Grundgefüge, nach dem der funktional differenzierte Plan der Gesellschaft entworfen ist, keineswegs die Neutralität und Selbstverständlichkeit besitzt, die Schleiermacher ihm zumißt. Es verdankt sich vielmehr selbst impliziten theologischen Axiomen, seiner breiten Akzeptanzmöglichkeit zum Trotz. Die geheimen theologischen Voraussetzungen zeigen sich darin, daß das Gesamtgefüge dieser Funktionendifferenzierung nur dann stabil bleibt, wenn eine gewisse Äquivalenz zwischen den Funktionen gewahrt bleibt; und damit das der Fall ist, muß die Religion als solche verstanden werden. Das setzt aber voraus, daß das Verhältnis der Kultur zur Religion demjenigen der Religion zur Kultur genau entspricht. Eben das ist aber nicht der Fall, und die spätere historische Entwicklung hat sich von Schleiermachers im Grunde plausiblen Überzeugungen immer mehr entfernt.

Aus dieser Einsicht zieht die – im Verhältnis zu Schleiermacher engere – subjektivitätstheoretische Variante des Neuprotestantismus ihre Kraft, wie sie Wilhelm Herrmann entwickelt hat. Denn hier ist es nicht die funktionale Kulturtypologie, die als Anknüpfungspunkt für die Religion gilt, sondern das sittliche Selbstverständnis des individuellen Menschen, also die innerlichste und härteste Form der eigenen Vergewisserung. Dabei läßt Herrmann nicht nur, wie Schleiermacher, die theoretische Philosophie Kants gelten, sondern wählt auch deren innersten Kern, die praktische Philosophie, als Bezugsgröße. Sein zentrales Argument lautet zusammengefaßt so: Selbstverständlich gilt, daß das sittliche Selbstbewußtsein sich nur in Konfrontation mit dem Gesetz aufbaut; es erhält seinen Bestand und seine pflichtgemäße Ausrichtung allein durch das Absehen von sich und seinen Neigungen und durch die Orientierung am reinen Sollen nach dem Muster fortgesetzter Verallgemeinerung. Aber wie sich ja bei Kant selbst zeigt, enthält diese Verpflichtung noch keineswegs die Versicherung dafür, daß die Pflicht auch erfüllt, das Gesollte auch getan wird und so das Leben schließlich gelingt. Kants eigene Auskunft, dann müsse man eben eine Vervollkommnung im Unendlichen annehmen, nimmt Herrmann dem Königsberger Philosophen nicht ab. Die Motivationsstelle, die Kant de facto dem unthematisch gebliebenen Aspekt der Religion überlassen hatte, muß nach Herrmanns Auffassung dezidiert besetzt werden – und zwar an diesem Ort der inneren Subjektivität durch Religion. Der Vorgang ist so vorzustellen, daß es für das vom Gesetz in die Pflicht genommene Subjekt erst dann zu einem Sichunterwerfen unter die Strenge der Forderung kommt, wenn zugleich in dieser Forderung die allen Widerstand überwindende Liebe ihr Gesicht zeigt. Dieses Gesicht aber ist, im Unterschied zur reinen Strukturalität des Gesetzes, immer nur das geschichtlicher Individuen. Als diese historischen Gestalten kommen durchaus verschiedene Menschen in Betracht; am deutlichsten von allen ist das Antlitz Jesu von Nazareth, in dem Gott selbst als die überwindende Macht des Guten widerscheint. An der Gestalt Jesu wächst der entscheidende Mut, vor dem Gesetz ein Selbst zu sein. Im Innersten der moralischen Subjektivität also kommt – auf unableitbare Weise – die Religion zum Zuge; gerade darin aber erfüllt sie die von ihr erwartete Doppelfunktion, sowohl den Bestand des Individuums zu garantieren als auch zum Aufbau verträglicher gesellschaftlicher Allgemeinheit beizutragen.

Für die beiden hier umrissenen Konzepte des Neuprotestantismus gilt gemeinsam, daß sie der Religion gerade als einem besonderen Funktionsbereich eine allgemeine Stelle in der Verlaufsgeschichte menschlicher Selbstverständigung beimessen. Religion wird, auf wie zurückgenommene Weise auch immer, zu einer Funktionskonstante des Allgemeinen, zu einem ergänzenden Teil der Wirklichkeitsauffassung überhaupt. Damit steht auch diese äußerlich funktional gefaßte, innerlich aber ins individuelle Leben hinein vertiefte Fassung des Christlichen durchaus in Kontinuität zu dem antik-hierarchischen Christentum aus Antike und Mittelalter.

Die Religionsphilosophien Hermann Cohens und Ernst Cassirers heben sich gemeinsam von diesem Hintergrund ab und repräsentieren eine Auffassung, die die behandelten Probleme neu konstelliert; und der Unterschied zwischen ihnen ist selbst noch sprechend für die Problementwicklung.

III. Die Religion in der Kultur: Hermann Cohen

Die Konzentration der Fragestellung auf die Leitbegriffe Kontingenz und Synthesis als Zugangsweisen zum Thema Religion und Kultur erlaubt es mir, drei Aspekte in der Konstruktionslogik der Philosophie Cohens herauszugreifen: Wie verhält sich das doch streng transzendental konzipierte System zur Kultur? Wie ordnet es sich die Religion zu? Wie verbinden sich daher Religion und Kultur?

1. Das System und die Kultur

Zu Beginn der »Logik der reinen Erkenntnis« äußert sich Cohen zu seiner Transformation des Kantischen Synthesis-Begriffes über den Begriff des Erzeugens in den des Ursprungs.[1] Bei Kant, so lautet sein zugleich interpretierendes und kritisches Urteil, komme es unter dem Namen Synthesis nicht auf das Zusammenspannen von Gegebenem an, sondern auf den Vollzug von Einheit im Bewußtsein. Dieser Einheit aber muß dann auch der Schein ausgetrieben werden, sich etwas vorauszusetzen; das heißt, sie muß als Ursprung gedacht werden. Es ist also gar nicht die Philosophie, die Kontingenz und Synthesis miteinander verbindet.

Dieser reine Ursprung kann aber nur darum so rein und in der Form unbeschränkter Tätigkeit gedacht werden, weil sich die Philosophie nicht selbst ab ovo entwirft, sondern sich versteht als die transzendentale Reflexion auf einen praktizierten Umgang mit dem Kontingenten in den Sphären der Naturwissenschaft, der Rechtswissenschaft und der Kunst. Voraussetzung der Philosophie, so kann man Cohen interpretieren, ist nicht Gegebenes als solches, sei es als Natur, Moral oder ästhetisches Empfinden. Sondern Natur ist immer schon in der Weise der Naturwissenschaft erschlossen, Moral ist in den Rechtswissenschaften auf regulative Weise mit der Wirklichkeit verbunden, ästhetisches Empfinden erzeugt sich über praktizierte Kunst, wie sie sich in Kunstwerken darstellt.

---

[1] *H. Cohen*, Logik der reinen Erkenntnis, Berlin ²1914, 25f (= LRE²).

Die Naturwissenschaften, die Rechtswissenschaft und die Kunst sind aber ihrerseits zu verstehen als kulturelle Auseinandersetzungen der Menschheit mit sich selbst im Rahmen ihrer Welt. Das heißt: In der vermeintlichen Distanz der Philosophie zu den Gegenständen des Wissens und den Zuständen des Empfindens spricht sich nicht eine philosophische Abstraktion aus, sondern das Bewußtsein, mit den Wissenschaften zusammen zur humanen Kultur zu gehören, innerhalb dieses Ensembles aber eine bestimmte Entfaltungsstufe von reflexiver Klarheit einzunehmen.

Dieses Verständnis Cohens kann sich dadurch bestätigt sehen, daß es nun auch auf der Ebene des Bewußtseins zu einer Entsprechung zur Kultureinheit kommen muß. Die Einheit des Kulturbewußtseins wird unter diesem Gesichtspunkt konsequent zum Thema in der von Cohen postulierten philosophischen Disziplin der Psychologie.[2] Anders als es bisweilen gesehen wird, handelt es sich bei Cohens systematischer Philosophie folglich keineswegs um eine Abstraktion von der Sachhaltigkeit der Philosophie; viel eher trifft eine Sichtweise zu, die die Philosophie selbst als zutiefst in der Kultur verwurzelt wahrnimmt – dann auch mit allen sich daraus ergebenden Problemen, was die zeitgebundene Optik der Wissenschaften angeht. Insofern läßt sich die eingangs formulierte These auch für Cohen verifizieren: Die Kultur ist ein faktischer Vermittlungsboden für Philosophie und Wissenschaften. Wie aber verhält es sich mit der Religion?

2. Die Religion im System der Philosophie und in der Wirklichkeit der Kultur

Es muß ja immer auffällig bleiben, daß Cohen sich konstant geweigert hat, für die Religion einen gesonderten Aufmerksamkeitsbereich der Philosophie in Anspruch zu nehmen. Warum gilt nicht auch für die Religion, die doch durchaus ein »Kulturfaktum« darstellt, ebenso wie für Wissenschaft, Recht und Kunst, daß sie Ausgangspunkt einer besonderen philosophischen Disziplin wird?

Man kann als Antwort auf diese Frage zwei Argumentationen ausbilden. Die erste läuft über den Gedanken der Vollständigkeit der internen Relationen des Bewußtseins, die in der Philosophie vertreten sein sollen. Die Logik, orientiert an den Naturwissenschaften, vertritt dabei die Richtung nach außen. Die Ethik repräsentiert, am Maß der Rechtswissenschaft, die Richtung der Selbstbezüglichkeit des Bewußtseins. Die Ästhetik – und das ist etwas ungewöhnlich in dieser Auslegung – nimmt aus der Kunst

---

[2] Vgl. die programmatische Formulierung LRE², 17: »Dieses Interesse an der Einheit des Kulturbewußtseins muß als ein systematisches Interesse der Philosophie erkannt werden.«

die vermittelte Selbstbeziehung auf, nämlich als Mensch mit sich in seinem Leibe identisch zu sein.[3] Deshalb gilt: »... die Einheit des Systems weist ... keine Lücke auf, welche die Religion ausfüllen könnte«[4].

Die zweite Argumentation ist nicht so eng theorietechnisch gefaßt. Daß die Religion gerade keine besondere Stelle im System einnimmt, bedeutet, anders herum gelesen: sie ist an allen Orten präsent und nicht auf eine einzige Funktion festgelegt. Diese Einsicht gilt es wieder kulturtheoretisch zu entschlüsseln: Es ist die Religion weder Kultursegment noch Spitze der Kultur, sondern auf verschwiegene Weise – regulativ, nicht konstitutiv – stets mit dabei. Es gehört eben zum Selbstverständnis der modernen, sich wissenschaftlich und ästhetisch selbst begreifenden Welt, daß Religion in einem solchen Weltaufbau keine tragende Stelle mehr einnimmt. Das schließt umgekehrt nicht aus, sondern ein, daß durch die Religion in der Kultur eine ganz besondere Färbung entsteht; doch diese Funktion verlangt, eigens aufgewiesen zu werden. Das ist die Frage nach der Gestalt der Religion in der Kultur.

3. Die Gestalt der Religion in der Kultur

So wie Cohen in der Voraussetzung seiner Wissenschaftsorientiertheit selbstverständlich an den aktuellen Stand der Wissenschaften in der Kultur seiner Zeit anknüpft, so bezieht er sich hinsichtlich des Kulturfaktums der Religion ebenfalls auf diese Zeitlage, das heißt: er unterstellt die Maßgeblichkeit der tatsächlich wirksam gewordenen antik-jüdisch-christlichen Tradition. Auf dieser historischen Stufe aber zeigt sich eine durchgängige und zusammenhängende Beeinflussung der Kultur durch die Religion.

Wie aber ist diese so zu denken, daß sie sich mit dem kulturwissenschaftlichen Unterbau der Cohenschen Transzendentalphilosophie verträgt? Die Antwort auf diese Frage scheint normativ auszufallen – und so ist Cohen etwa von Troeltsch gelesen worden.[5] Es ist jedoch auch eine andere Lektüre möglich; eine solche, die die transzendentale Rekonstruktion eher als Hermeneutik auffaßt, als regulativen Vorschlag zur Strukturierung von Phänomenen. Es wird sich zeigen, daß diese Variante der kul-

---

[3] Diese Leibvermitteltheit des Gefühls bringt Cohen dann auch dazu (und das ist ebenfalls eigentümlich in der Geschichte der modernen Ästhetik), die bildende Kunst (und nicht die Poesie oder die Musik) an die höchste Stelle zu rücken. Interessant ist die Leibbezogenheit des Gefühls auch noch in anderer Hinsicht, und die hat mit dem Religionsverständnis Cohens zu tun: Cohen will offenbar mit aller Strenge vermeiden, Religion allein im Bewußtsein zu verankern; es ist immer der leibliche Mensch, der Religion hat.

[4] *H. Cohen*, Der Begriff der Religion im System der Philosophie, Gießen 1915, 10.

[5] Vgl. vom *Vf.*: Hermann Cohen und die protestantische Theologie seiner Zeit, in: *D. Korsch*, Dialektische Theologie nach Karl Barth, Tübingen 1996, 60-66.

turpraktischen Pointe Cohens Religionsphilosophie tatsächlich gut entspricht. Diese transzendental-hermeneutische Sichtweise fragt nach den Modifikationen, die die Religion in der wissenschaftsbasierten Kultur vornimmt. Auf dieser Linie kommt nicht weniger als ein neuer Umgang mit den gegenwärtigen Problemen an den Tag. Und zwar so, daß alle bewußtseinsphilosophischen Teilbereiche dazu beitragen.

Auf dem Felde der Logik verlangt Gott als das Einzige Sein und daher als der Einzige Gott gedacht zu werden. Das ist nicht nur eine Umschreibung und Pointierung des Monotheismus, sondern darüber hinaus die Behauptung der letzten Unableitbarkeit Gottes. Der Einzige ist durch nichts anderes bestimmt, im Verhältnis zu dem er etwa der Eine wäre. Dieser Gedanke Gottes entspricht dem Gedanken des Ursprungs – nur jetzt eben ohne die Vorstellung des eigenen Produzierthabens bzw. im Untergehen des Produzierens im Ursprung selbst.

Das strukturelle Gegenüber zum Einzigen Gott ist das menschliche Individuum. Das ist der Beitrag der Ethik zur Religion. Das Individuum kommt auf zwei Ebenen in Betracht. Einmal als Korrelat zur Einzigkeit Gottes, was seine Konstitution angeht. Durch die religiöse Beziehung auf den Einzigen gewinnt das Subjekt den Charakter eines tathaften Individuums. Aber es kommt noch ein zweiter Gesichtspunkt ins Spiel, und der geht darauf zurück, daß diese Beziehung eben nicht immer und konstant vorgenommen wird. Denn ist der Gedanke Gottes als des Einzigen einmal da, dann trennt auch das Verfehlen der eigenen Bestimmung, Individuum zu werden, von dieser Bestimmung nicht ab. Daher kann auch die Schuld als von Gott vergeben gedacht werden, sofern sich das Individuum überhaupt in seinem Selbstvollzug bewegt – und sich darüber Rechenschaft gibt.

Daß nun aber das menschliche Leben sich stets als leibliches darstellt, rückt die Ästhetik in den Mittelpunkt. Das bedeutet für die Religion, daß sich die Liebe, die auf Selbsterfassung zielt, nun in Nächstenliebe wandelt und erweitert. Denn alle Individuen existieren in derselben Beziehung auf den Einzigen Gott (und empfinden darin Sehnsucht nach Vollendung), stehen damit in denselben Nöten der Beziehung auf ihn (in den Formen von Sünde und Vergebung) und der Sorge um den eigenen Leib (und kümmern sich daraufhin um die Armen).

Diese Relationen der Religion durchziehen strukturell die Wirklichkeit. In der faktischen Einheit der Kultur freilich, für die die philosophische Disziplin der Psychologie einsteht, treten unterschiedliche Religionen auf, die die philosophisch zu rechtfertigenden Bestimmungen in unterschiedlicher Klarheit repräsentieren. Darum gilt es, in der Kultur solche Bedingungen zu schaffen, die der Selbstentfaltung gerade derjenigen religiösen Kräfte Raum geben, die sich nicht auf eine Sonderexistenz zurückziehen, sondern im Pluralismus der Meinungen und Glaubensweisen sich die philosophisch erkennbare Allgemeinheit angelegen sein lassen. Cohen posthumes religionsphilosophisches Werk »Die Religion der Vernunft aus den Quellen des Judentums«[6] belegt, daß das Judentum durchaus und in vorderster Linie zu denjenigen Religionen gehört, die auf diese Weise gesellschaftlich akzeptabel sein sollten.[7]

4. Kontingenz und Synthesis – ihr doppeltes Vorkommen

Betrachtet man diese ja nur grob rekapitulierte Religionsphilosophie Cohens nun noch einmal im Zusammenhang unserer Fragestellung, dann zeigt sich eine eigentümliche Doppelung im Auftreten von Kontingenz und Synthesis. Einmal und offensichtlich liegt das Verhältnis der beiden Begriffe der Wissenschaftslehre und Transzendentalphilosophie Cohens zugrunde. Die reine Produktion der Vernunft ist der rationale Hintergrund, vor dem die Wissenschaften erfolgreich operieren. Freilich entbehren sie selbst einer durchgreifenden Beziehung aufs Individuum; das heißt aber, daß sie die Verknüpfung von Kontingenz und Synthesis nur formal leisten. Darum tritt ihnen – das ist der andere Aspekt – die Religion zur Seite. Nun gerade nicht als Wirklichkeitsbereich sui generis, der dann – innerlich oder äußerlich, dominant oder integrativ – dem Ganzen der Kultur zuzuordnen wäre, sondern der alle Kulturbereiche durchzieht, ohne eigene Konstitutionsfunktion, wohl aber als anders unerreichbare Modifikation des kulturellen Lebens.

Damit sind aber, näher besehen, zwei verschiedene Modelle der Vereinbarung von Kontingenz und Synthesis ins Spiel gebracht, und es scheint mir bei Cohen nicht abschließend ausgemacht, wie sie sich zueinander verhalten. Klar ist, daß die Form der Rechenschaftsablage für beide Verfahren, das philosophisch-kulturelle und das religiös-kulturelle, gleich ist: die transzendentale Inquisition. Aber diese formale Gemeinsamkeit ist gerade nichts für sich, sondern betätigt sich nur am Material. Nun läßt sich dieser Sachverhalt auch so deuten, daß es eben zur Signatur der modernen Gesellschaften gehört, diese beiden Vermittlungsbereiche nicht mehr eindeutig aufeinander beziehen zu können. Offen bleibt freilich die Frage, ob dieses Nebeneinander philosophisch verantwortet werden kann. Zehrt nicht der formale Aufbau von Wissenschaften und Kunst gerade von der Synthese, die durch die Religion in den Individuen vollzogen wird?

---

[6] H. Cohen, Die Religion der Vernunft aus den Quellen des Judentums, Leipzig 1919.
[7] Zu ihnen zählt freilich Cohen auch den liberalen Protestantismus.

Es ist die Fortentwicklung der transzendentalen Kulturphilosophie Hermann Cohens zu einer Philosophie der symbolischen Formen durch Ernst Cassirer, die in systematischer Perspektive an diese Frage anschließt.

IV. Die Erschließung der Kultur durch die Religion: Ernst Cassirer

Die zwiefache These, die ich hier umreißen will, lautet: Cassirer gelingt es, durch seinen Begriff der symbolischen Formen die Kultur insofern als Basis der Welterschließung erkennbar zu machen, als diese Kultur selbst auf dem Mythos und seiner Gestaltung in Sprache aufruht. Andererseits ist es einer bei Cassirer inkonsequent durchgeführten Unterscheidung von Mythos und Religion zuzuschreiben, daß sein Programm eigentümlich unentschieden bleibt.

1. Die Religion in der Kultur

Von einer ausgeführten Religionsphilosophie Cassirers zu sprechen, fällt schwer. Eher ließe sich aus seinen Schriften eine Philosophie der Mythologie rekonstruieren. Hier geht es aber auch gar nicht um Religion oder Mythologie als solche in ihrem philosophischen Begriff, sondern um die konstruktive Funktion beider für das Ganze von Philosophie und Wissenschaften.

Die prinzipielle Wendung Cassirers gegen Cohen (die er m.W. nie explizit ausgesprochen hat) liegt darin, daß er das doppelte Auftreten von Kontingenz und Synthesis – in der Philosophie und den Wissenschaften einerseits, in der Religion als Lebensvollzug andererseits – dadurch zu einer Einheit zu bringen versucht, daß er für die philosophische und wissenschaftliche Begriffsbildung einen mythologisch-religiösen Ursprung annimmt. Nicht die reine Vernunft in ihrer Methodenbezogenheit konstituiert die begreifbare Welt, sondern die Sprache in ihrer Gleichstrukturiertheit mit dem Mythos. Die Kultur ist demnach selbst ein großer, in sich gegliederter Prozeß der Welterschließung, in dem – und in dem allein – auch die kategoriale Begriffsbildung vonstatten geht. Daraus, daß – schematisch gesprochen – Cassirer die philosophisch-wissenschaftliche und die religiös-erlebensmäßige Dimension Cohens ineinanderschiebt, ergibt sich ihm sein erweiterter Kulturbegriff als Basis für alle möglichen Weltzugänge. Die entscheidenden Argumente für diesen Gedanken sind versammelt in dem Aufsatz »Sprache und Mythos« von 1925.[8]

---

[8] E. Cassirer, Sprache und Mythos. Ein Beitrag zum Problem der Götternamen (1925), in: WWS, 71-167.

Im Mythos und in der Sprache läßt sich die Genese des Geistes beobachten. Offenbar geht Cassirer von sinnlichen Affektionen des Lebewe-
sens Mensch aus, die es in Furcht und Schrecken oder in überraschend
befriedigtem Wunsch gewissermaßen mit sich selbst – auf einer noch vor-
sprachlichen Stufe – konfrontieren. Darin manifestiert sich, so könnte
man sagen, das Gefühl als das Vermögen neuronal vermittelter Selbstbeziehung.[9] Der kreative Akt besteht dann darin, dieses Konfrontiertsein mit
sich in eine Lautäußerung umzuformen (»Sprache«), vermöge derer das
Überwillentliche des Sich-Konfrontiertfindens als Macht über mich verstanden wird. Aus solchen Prozessen erwächst das Absondern von mythologischen Gestalten, ihre »Gegen-ständlichkeit«, die freilich noch unmittelbar mit dem Mächtigsein über mich verknüpft ist.

Auf diese Weise entstehen Sprache und Mythos gemeinsam; dies ist die
Geburtsstunde des Symbols. Denn diese sprachlich-mythologischen Produktionen sind einerseits hervorgebracht, andererseits gerade mit dem
Nimbus des Gegenständlichen versehen. Das bedeutet zweierlei. Einmal
tut sich zwischen der Unmittelbarkeit der Lebensumstände und den
Menschen eine Differenz auf, und die ist als selbstgesetzte von qualitativ
anderer Art als alles bloß Eingefügtsein in einen Naturkreislauf. Darum ist
dann auch – zweitens – eine Beziehung auf das selbst Gestaltete möglich
– auch wenn diese wie eine Beziehung zu einem anderen aussieht. An
dieser Stelle der ursprünglichen Produktion von Sprache und Mythos,
also im Symbol, sind mithin Kontingenz und Synthesis in unhintergehba-
rer Weise miteinander verknüpft. Jede andere oder weitere Thematisierung dieses Verhältnisses kann sich nur wiederum auf diese Grundlegungs-
akte zurückführen.[10]

In diesem Vorgang von Symbolbildung als Setzen von Nichtgesetztem
steckt nun eine Reihe von Konsequenzen. Die wichtigste ist die Möglichkeit einer Entwicklung, und zwar sowohl auf seiten der Sprache wie
der Mythologie; und das in mehrfacher Hinsicht.

Bekanntlich gliedert Cassirer in der Philosophie der symbolischen Formen die Entwicklung der Sprache in mimische, analogische und symbolische Funktionsweisen. Die Möglichkeit, sich zum als nichtgesetzt Gesetzten zu verhalten, enthält in sich eine Entwicklungsdynamik, die den Anteil des bewußtgemachten Setzens stetig vergrößert. Im abschließenden
Symbol ist dann das Bilden nur noch mit dem Bilden beschäftigt – ohne
daß ihm darüber jedoch die Gegenständlichkeit des Gedeuteten verloren-

---

[9] Vgl. WWS, 103, 105. Daß hier beidemale die Metapher vom Funken, der überspringt,
auftaucht, ist natürlich nicht zufällig. Vgl. auch WWS, 149, wo von der »Lösung einer inneren Spannung« die Rede ist.
[10] Vgl. zu dieser Argumentation WWS, 122-129.

ginge. Es wächst aber die Freiheit, sich zum Gegenständlichen zu verhalten. So ist dann auch am Ende der wissenschaftliche Begriff in seiner ganzen Abstraktion doch immer noch von demjenigen Synthesis-Akt bestimmt, von dem er in mythologischer Vorzeit einmal seinen Ausgang nahm.[11]

Eine nicht ganz parallele Entwicklung vollzieht sich mit der Mythologie. Darf man sich durchaus eine Interdependenz von Sprache, Mythos und Ethik vorstellen, dann kommt mit der Ausbildung ethischen Denkens nach dem Gut-Böse-Schematismus auch eine neue interne Beurteilungsinstanz in den Mythos hinein.[12] Denn damit wendet sich der Blick vom quasi gegenständlichen Vorkommen der Macht zu einer Vorstellung von Macht, die aus der Selbstanwendung des Symbolbildens entspringt. An dieser Stelle übrigens läßt sich vielleicht am deutlichsten die Absetzung Cassirers von Cohen beobachten[13]: In einer sehr konzisen Passage beschreibt Cassirer, wie auf diesem Weg der Selbstbestimmung des Mythos die monotheistische Religion hervorgeht, die sich in die Korrelation von Gott als Sein und dem sich auf ihn beziehenden Ich auseinanderlegt. Erst »mit dieser Umformung der objektiven Existenz in das persönliche Sein ist das Göttliche wahrhaft in die Sphäre des ›Unbedingten‹ ... hinaufgehoben.«[14] Allerdings bleibt die Religion, darin anders als die Sprache, dem Gegebensein des Symbolisierten näher; der mythologische Ursprung der Religion kann auch im Monotheismus nicht völlig abgeschüttelt werden; insofern bleibt Religionskritik eine dauernde religiöse und religionsphilosophische Aufgabe. In dieser Verhaftung an das Gegebene spricht sich die vorreflexive Herkunft des Mythos am deutlichsten aus.

Damit stellt sich, im Ausgang von dem gemeinsamen Ursprung von Sprache und Mythos im Symbolbilden, folgende endgültige Ausdifferenzierung dar: Die Wissenschaft verwendet die reinsten Symbole, erzeugt die genaueste Vorstellung von Gegenständlichkeit als dem Schema des Gegenübers für ein freies Verhalten der Menschen. Die Kunst (davon war jetzt noch nicht die Rede) faßt das Symbol als Symbol – anschaulich; damit bleibt sie, zumal als moderne Kunst, auf der Ebene, auf der auch die Wissenschaft sich befindet. In großer phänomenaler Nähe zur Kunst, aber doch in begrifflich klarem Unterschied zu ihr steht die Religion als Ensemble solcher Symbole, die immer noch mit der Herkunft aus dem Mythos befaßt sind. Darum kann auch die Religion stets wieder – Cassirers späte Schriften reflektieren das ja ausführlich – in den Mythos zurückfal-

---

[11] Vgl. WWS, 156f.
[12] Vgl. *E. Cassirer*, Die Begriffsform im mythischen Denken (1922), WWS, 58f.
[13] Vgl. WWS, 137-139.
[14] WWS, 139.

len. Soweit die Rekonstruktion des Cassirerschen Religionsbegriffs in
seinem Ursprung aus der Kultur.

2. Die Ambivalenz religiöser Kontingenzbearbeitung

Wie ist dieses Konzept zu beurteilen? Im Unterschied zu seinem Lehrer
Cohen gelingt es Cassirer, Wissenschaft und Religion aus einem einheitlichen Gedanken der Kultur hervorgehen zu lassen. Er hat damit zusam-
mengefügt, was bei Cohen der individuellen Synthesis des Kulturbewußtseins (auf der Ebene der »Psychologie«) überlassen wurde. Mit Cassirer
kann man verstehen, wie und warum Religion und Wissenschaft sich in
der Kultur ausdifferenziert haben. Dabei ist es einerseits völlig klar, daß
die Sprache in der ihr eigenen Entwicklungsfähigkeit das entscheidende
Medium und den unhintergehbaren Ausgangspunkt humaner Selbstverständigung bildet. Genau das ist freilich, andererseits, für die Religion
keineswegs eindeutig entschieden. Daß der Mythos in seiner unmittelbaren Gewalt über die Menschen einer vergangenen Zeit angehört (oder:
angehören soll), darüber läßt sich Einverständnis erzielen. Wie aber ist es
mit der Religion? Freilich, Religionskritik ist nötig. Aber auf welchen
Grundlagen operiert diese?

Cassirers eigene Antwort verfolgt eine eindeutige Richtung: Im Namen
der Rationalität der Sprache, wie sie in der Wissenschaft Verwendung findet, hat die Kritik der Religion zu erfolgen. Die Sublimierung der an-
fänglichen Mimesis zum in sich reflektierten Symbol, wie es von den
Wissenschaften gebraucht wird, bildet die Voraussetzung der Kritik. Das
heißt in concreto: Es kommt auf eine ethische Kontrolle der Religion an,
auf eine Selbstanwendung des Symbolbildens. Genau das aber ist eine
problematische Annahme. Denn darüber würde gerade das Moment des
Gegebenen nicht durchgreifend interpretiert; es wäre darum von seiner
Wiederkehr nie konsequent ausgeschlossen. Es reflektiert sich in diesem
Sachverhalt Cassirers Judentum − auf der intellektuell-idealen Ebene, auf
der er sich ihm verpflichtet wußte.[15] Denn nach dieser Auffassung des Judentums ist es eben die innere ethische Leitlinie, an der sich die Religion
zu orientieren hat, um nicht in den Mythos zurückzufallen. Damit jedoch
ist der Mythos als das zu Kritisierende immer auch schon vorausgesetzt.
Wissenschaft und Mythos versuchen einander die Balance zu halten − und
es ist doch keine Basis erkennbar, von der aus auf beide zurückzukommen
wäre. Damit aber zeigt sich die Haltlosigkeit und Gefährdetheit moderner
Vergesellschaftung inmitten des Vorgangs ihrer eigenen Selbstverständigung über ihre Grundlagen.

---

[15] Darin ist er Cohen, bei allem Unterschied religiöser Explizitheit, durchaus verbunden.

Läßt sich ein anderer Ausgang von Cassirers kulturphilosophischen Überlegungen denken? Diese Frage bringt mich zu meinen abschließenden und resümierenden Überlegungen unter dem Titel:

V. Religion und Kultur in philosophischer und theologischer Perspektive

Es gehört zu den eindrucksvollen Leistungen der Religionsphilosophie Hermann Cohens und Ernst Cassirers, daß es ihnen gelungen ist, gegen den Haupttrend der theologisch oder antitheologisch motivierten Zuordnungsversuche von Religion und Kultur eine solche Verhältnisbestimmung zu entwerfen, die die Selbständigkeit der Kultur und die Eigenständigkeit von Religion zu behaupten erlaubt. Darin sind beide auch für eine Theologie, die sich im spätmodernen Pluralismus orientieren muß, von kaum überholter Bedeutung.

Es zeigte sich, daß das Programm der Zuordnung im einzelnen unterschiedlich ausfällt. Während Cohen eine transzendental begründete Maßgeblichkeit der philosophisch reflektierten Wissenschaften in der modernen Kultur veranschlagt und die Religion einer pointierten Lebensführung in diesem kulturellen Kontext zurechnet, also die Verknüpfung von Wissenschaft und Religion im Raum der Kultur dem Vollzug gelebten Lebens anheimgibt, hat Cassirer die mythologischen Grundlagen der modernen Kultur als das Vorliegen prärationaler Verbindung von Kontingenz und Synthesis entziffert, die sich dank der der Sprache inhärenten Reflexivität bis zu den ausgefeilten Symbolsystemen der neuesten Naturwissenschaften entfalten. Allerdings ist dabei die Rolle von Mythologie und Religion prekär geblieben; eine eindeutige Überführung der Religion in selbstverantwortete, nicht mehr abhängige Symbolstrukturen läßt sich nicht realisieren; Religionskritik bleibt eine Daueraufgabe der Philosophie der symbolischen Formen. Allerdings droht sich damit die Spannungslage von Kontingenz und Synthesis, die von der Kulturphilosophie in kritisch-konstruktiver Absicht zu entschärfen unternommen war, wiederum zu reproduzieren, so daß am Ende doch – trotz der Gemeinsamkeit der symbolischen Formen als Verständnisgestalten – die an der Synthesis orientierte Wissenschaft und die von der Kontingenz der Mythologie abzugrenzende Religion in Gegensatz zueinander treten.

Diese Komplikation kann dann verhindert werden, wenn sich zeigen läßt, daß die in der Tat nötige Religionskritik von der Religion selbst auf eine von Cassirer nicht bedachte Weise wahrgenommen und auch philosophisch verstanden werden kann. Und wenn zugleich die kritische Grenze, die durch Cohen und Cassirer gezogen ist, eingehalten zu werden vermag.

Das ist unter zwei Bedingungen der Fall. Einmal muß die mythologische Herkunft der Religion am Stoff der Religion, also an der mit den Mythologemen verbundenen Kontingenz, durchgearbeitet werden. Genau das geschieht, wenn im Christentum Gott als Geist begriffen wird. Seine mythologieanaloge Gegenständlichkeit wird zur Gegenständlichkeit für uns, ohne daß damit sein Selbstsein tangiert wäre. Gott in diesem Sinne als Geist zu begreifen, ergibt sich aus dem Bedenken der Geschichte Jesu von Nazareth. Die Synthesis ist so Kontingenzprodukt.

Zweitens muß gewahrt bleiben, daß diese Geschichte nicht den Anspruch erhebt, auf unmittelbare Weise alles sein und alles in sich begreifen zu wollen. Das erfordert, aus der religiösen Perspektive selbst heraus das Anderssein des Nichtreligiösen zu wollen und zu fördern, also die Eigenständigkeit der Kultur. Die Religion des Geistes ist dann ein wichtiger Schlüssel für das Verstehen des Ganzen, nicht aber die grundlegende Matrix. Kontingenz und Synthesis sind in der Religion eben kontingent miteinander vermittelt.

Aus diesen beiden Umständen folgt, daß die Repräsentation der Religion in der Kultur auf zwei Weisen erfolgen muß: auf eine begriffsgeleitete, wissenschaftsorientierte Weise, die man Religionsphilosophie nennen kann (und für die keine Perspektive theologisch selektiert wird), und auf eine vorstellungsbezogene, binnenlogische Weise (die als Dogmatik zu kennzeichnen ist). Auf die erste Weise wird die Synthesis des Kontingenten vorgeführt, auf die andere das bleibend Kontingente in allem synthetischen Tun. Damit aber läßt sich ein Modell entwickeln für die Komplexität der Kultur, die sich ihrerseits gegen die Erschließung aus einer Einheitsperspektive wehrt.

Auf diese Weise, scheint mir, ist Religion in der Kultur zu begreifen, in Kontinuität, aber auch in Abwandlung der transzendentalphilosophischen und kulturphilosophischen Gedanken Hermann Cohens und Ernst Cassirers.

Friedemann Voigt

Kultur und Bildung bei Georg Simmel, Ernst Cassirer und Adolf Harnack

Lehr- und Wanderjahre der Goethe-Rezeption in Kulturphilosophie und Theologie

Die folgenden Überlegungen zu Ernst Cassirers Kulturphilosophie fokussieren auf die Goethe-Rezeption Cassirers. Sie steht in ausgezeichneter Weise für die praktische Dimension von Cassirers Philosophie, in der auch seine Religionstheorie verortet wird. Der kulturethische Gehalt der Goethe-Interpretation wird am Vergleich mit Georg Simmel und Adolf Harnack verdeutlicht. Darin tritt die Bedeutung des Religionsthemas in der Kulturdebatte hervor und verweist auf gemeinsame Fragestellungen in Philosophie und Theologie. So wird schließlich das theologische Interesse an der Philosophie Cassirers thematisch.

I. Die Frage nach der Kulturbedeutung der Religion in Theologie und Kulturphilosophie

Als Adolf Harnack vor einhundert Jahren seine Vorlesung über »Das Wesen des Christentums« hielt, erörterte er das spannungsvolle Verhältnis zwischen der Verheißung des Evangeliums und der Frage der Kultur. Die Verkündigung Jesu gelte dem einzelnen Menschen, »das Individuum wird erlöst, nicht das Volk oder der Staat; neue Menschen sollen werden, und das Gottesreich ist Kraft und Ziel zugleich.« Es habe »die Natur einer geistigen Größe, einer inneren Macht, die in das Innere eingesenkt wird und nur vom Inneren zu erfassen ist.«[1] Eben diese dem Individuum geltende Botschaft und gerade der Verzicht auf ein Sozial- oder Kulturideal verbürge die unbedingte Aktualität des Evangeliums im Wandel der Zeit: »Arbeit, Kunst, Wissenschaft, Kulturfortschritt existieren nicht in abstracto,

---

[1] *A. Harnack*, Das Wesen des Christentums, hg. von *T. Rendtorff*, Gütersloh 1999, 94.

sondern immer nur in bestimmten Phasen einer Zeit. Mit ihnen hätte sich das Evangelium also verbinden müssen. Aber diese Phasen ändern sich.«[2] Darüber hinaus seien »Arbeit und Fortschritt ... gewiß wertvolle Dinge, in denen wir uns strebend bemühen sollen. Aber das höchste Ideal liegt in ihnen nicht beschlossen; sie vermögen die Seelen nicht mit wirklicher Befriedigung zu erfüllen.«[3] Der Schluß, den Harnack daraus zog, lautete: »Sollen wir wirklich wünschen, das Evangelium hätte sich dem ›Kulturprozeß‹ angeschmiegt? Ich denke, daß wir es auch an diesem Punkt nicht zu meistern, sondern von ihm zu lernen haben. Von der wirklichen Arbeit, welche die Menschheit zu leisten hat, kündigt es uns, und wir sollen uns dieser Botschaft gegenüber nicht hinter unsre kümmerliche ›Kulturarbeit‹ verschanzen.«[4] Harnacks Vorlesung diente bekanntlich dem Ziel, in geschichtlicher Perspektive die Bedeutung der christlichen Freiheit für die Kultur darzulegen. Er faßt dieses Bekenntnis in Worte Goethes: »Mag die geistige Kultur nur immer fortschreiten, der menschliche Geist sich erweitern wie er will; über die Hoheit und sittliche Kultur des Christentums wie es in den Evangelien schimmert und leuchtet, wird er nicht hinauskommen.«[5]

Harnacks Vorlesung ist eines der eindrücklichsten Zeugnisse des »Kulturprotestantismus«[6], dessen wie auch immer bestimmte und umstrittene Signatur jedenfalls eine Fragestellung bezeichnet, der sich auch die Religionstheorie Cassirers verbunden weiß. Es ist die Frage nach der Kulturbedeutung der Religion.[7] Dabei sind die werktheoretischen Voraussetzungen Cassirers selbstverständlich andere als diejenigen Harnacks. Harnack hatte die theologische Aufgabe in der Beschäftigung mit der christlichen Religion gesehen, um derart das Zusammenwirken religiöser und wissenschaftlicher Bildung zu befördern.[8]

---

[2] AaO., 137.

[3] Ebd.

[4] AaO., 140.

[5] AaO., 55. Das Zitat stammt aus Goethes letztem Gespräch mit Eckermann (11.3. 1832).

[6] Vgl. *R. Schäfer*, Adolf von Harnack – eine Symbolfigur des Kulturprotestantismus?, in: *H.M. Müller* (Hg.): Kulturprotestantismus. Beiträge zu einer Gestalt des modernen Christentums, Gütersloh 1992, 139-149.

[7] Für Cassirer jetzt eindrücklich demonstriert von *Th. Vogl*, Die Geburt der Humanität. Zur Kulturbedeutung der Religion bei Ernst Cassirer, Hamburg 1999.

[8] *A. Harnack*, Die Aufgabe der theologischen Fakultäten und die allgemeine Religionsgeschichte, in: *Ders.*, Reden und Aufsätze. Zweiter Band, Gießen 1904, 159-187, 168: »Wer diese [sc. die christliche] Religion nicht kennt, kennt keine, und wer sie samt ihrer Geschichte kennt, kennt alle.« Das Zusammenwirken von religiöser und wissenschaftlicher

Ernst Cassirers Religionstheorie ist Teil seiner Kulturphilosophie und in deren Kontext zu verstehen. Unter »Kultur« verstand Cassirer den »Prozeß der fortschreitenden Selbstbefreiung des Menschen«, und hier ist es nun die Religion, die eine »Phase« in diesem Prozeß darstellt.[9] Indem Cassirer die Religion in den Prozeß der Zivilisation eingliedert, steht auch sie unter den Bedingungen der »dialektischen Struktur des Kulturbewußtseins«[10], das zwischen den Polen von Freiheit und Form, individueller Seele und den überindividuellen Kulturgütern verläuft. Diese Dialektik führt nach Cassirer in der Religion zu einem »unversöhnten Bewußtsein«[11] zwischen der individuellen Religiosität und der objektiven Symbolwelt der Religion. Daß die Religion in der Entwicklungsgeschichte der symbolischen Formen dennoch ihren Status als Phase im Prozeß der menschlichen Selbstbefreiung erhält, verweist auf eine Hintergrundannahme der Philosophie Cassirers. Schon früh wurde - und zwar von dem Theologen und Religionsphilosophen Ernst Troeltsch - angemerkt, die Überführung der Dialektik in die emphatische Deutung der Kultur als prozessierender Selbstbefreiung des Menschen, sei »auf der Grundlage einer kosmischen Vernunftentwicklung oder einer geschichtlichen Gesamtvernunft gesehen, die in der geformten Autonomie nur die Blüte des geschichtlichen Gesamtgeistes erkennen läßt«.[12] Diese geschichtslogische und phylogenetische Dimension der Kulturphilosophie Cassirers hat freilich, dies hebt auch Troeltsch hervor, eine erkenntnislogische und ontogenetische Entsprechung. Die »Lösung dieser beinahe ›rätselhaft‹ erscheinenden Aufgabe«, das »Konkret-Sinnlich-Individuelle mit dem Vernünftig-Allgemein-Typischen« zu verbinden, ist in Cassirers Sicht von »Goethe in Werk und Dichtung vollzogen«. Goethe ist so »die kanonische Lösung des Problems ›Freiheit und Form‹«.[13]

Diese »Lösung« der kulturellen Dialektik gibt Cassirers Werk innerhalb der kulturphilosophischen Debatte des frühen 20. Jahrhunderts ein bemerkenswert »weltfrommes« Profil und hebt sich von dem durch Krisen-

---

Bildung in Harnacks Theologie-Konzept ist eingehend dargelegt von *T. Rendtorff*, Harnack und die Theologie: Vermittlung zwischen Religionskultur und Wissenschaftskultur, in: Adolf von Harnack (1851-1930), hg. von *K. Nowak, O. G. Oexle*, Göttingen 2000.

[9] *E. Cassirer*, Nachgelassene Manuskripte und Texte. Bd.1: Zur Metaphysik der symbolischen Formen, hg. von *J.M. Krois*, Hamburg 1995 [zit. als ECN 1], 345.

[10] *E. Cassirer*, Die »Tragödie der Kultur« [zit. als TdK], in: *Ders.*, Zur Logik der Kulturwissenschaften. Fünf Studien (1942), Darmstadt [6]1994, 103-127, 105.

[11] So *Vogl*, aaO., s. Anm. 7, 155.

[12] *E. Troeltsch*, [Rez. von] Ernst Cassirer, Freiheit und Form, in: *Ders.*, Aufsätze zur Geistesgeschichte und Religionssoziologie (Gesammelte Schriften Bd. 4), Tübingen 1925, 696-698, 697.

[13] Ebd.

theorien und Kulturpessimismus gekennzeichneten theoretischen Kontext deutlich ab.[14] Die Auseinandersetzung mit diesen Theorien führte Cassirer exemplarisch an Georg Simmels These von der »Tragödie der Kultur« durch.[15]

Im Folgenden soll zunächst diese kulturzugewandte Signatur der Kulturphilosophie Cassirers an der Auseinandersetzung mit Simmel verdeutlicht werden. Dieser Theorienvergleich führt dann zur Bedeutung Goethes, der als Fokus für die kulturethische Dimension bei Cassirer und Simmel diente. Diese Debatte bietet auch den Anknüpfungspunkt für die Frage nach der Kulturbedeutung der Religion im theologischen Diskurs, der anhand Adolf Harnacks abschließend thematisiert wird.

II. Die moderne Kultur: Krisenbewußtsein und Krisendiagnose

Die paradigmatische Bedeutung der Simmel-Auseinandersetzung Cassirers für die Ausdeutung und Bewertung der modernen Kultur ist bereits verschiedentlich vermerkt worden.[16] In der »Philosophie des Geldes«

---

[14] Zu diesem Kontext vgl. K. Lichtblau, Kulturkrise und Soziologie um die Jahrhundertwende. Zur Genealogie der Kultursoziologie in Deutschland, Frankfurt a.M. 1996; Kultur und Kulturwissenschaft um 1900. Krise der Moderne und Glaube an die Wissenschaft, hg. von R. v. Bruch, F. W. Graf, G. Hübinger, Stuttgart 1989.

[15] TdK. Vgl. Anm. 10. Der Aufsatz ist eine Auseinandersetzung mit Georg Simmels Kulturphilosophie.

[16] Dabei stehen entweder ein stärker systematisches Interesse am Symbol-, Stil- und Formbegriff oder ein stärker zeitdiagnostisches Interesse an der Einschätzung der »modernen Kultur« im Vordergrund der Beschäftigung. Simmels Rehabilitierung der Eigenart des Symbolischen in seiner »Philosophie des Geldes« erhält den Status eines Vorläufers der »Philosophie der symbolischen Formen«. Vgl. die Beiträge in: Simmel und Cassirer. Themenheft des Simmel Newsletter 6/1 (1996), hg. von W. Geßner, E. W. Orth, Georg Simmel als Kulturphilosoph zwischen Lebensphilosophie und Neukantianismus, in: Reports on Philosophy, 14 (1991), 105-120, bes. 114ff; K. Lichtblau, aaO., s. Anm. 14, 203ff; R. A. Bast, Einleitung, in: E. Cassirer, Erkenntnis, Begriff, Kultur, hg. von R.A. Bast, Hamburg 1993, VII-L, XXXV; E. Rudolph, Theologia Abscondita. Ernst Cassirers Kulturverständnis als Herausforderung an die Theologie, in: Ders., Theologie - diesseits des Dogmas. Studien zur Theologie, Religionsphilosophie und Ethik, Tübingen 1994, 1-13, 3f; B. Naumann, Philosophie und Poetik des Symbols. Cassirer und Goethe, München 1998, 79-85. Strittig allerdings ist, in welchem Maße eine Abhängigkeit der Kulturphilosophie Cassirers von derjenigen Simmels behauptet werden kann. Cassirer hat sich niemals zu Anregungen durch Simmel bekannt. Erst 1928, 10 Jahre nach Simmels Tod, setzt sich Cassirer nachweislich ausführlich mit Simmel auseinander. Der Schwerpunkt liegt dabei auf der späten Lebensmetaphysik Simmels (Vgl. ECN 1, 1-32, bes. 9ff). Die heute verfügbaren Informationen über das persönliche Verhältnis Cassirers und Simmels sind zusammengestellt bei J. M. Krois, Ten Theses on Cassirer's Late Reception of Simmel's Thought, in: Simmel Newsletter 6/1 (1996), 73-78. Cassirer war 1894 Hörer in Simmels Kant-Vorlesung und erhielt

(1900/1907²) hatte Simmel sich der Beschreibung und Analyse des Prozesses gewidmet, den er als Auseinandertreten der »Kultur der Dinge« und der »Kultur der Menschen« kennzeichnete: »Die Dinge, die unser Leben sachlich erfüllen und umgeben, Geräte, Verkehrsmittel, die Produkte der Wissenschaft, der Technik, der Kunst - sind heute unsäglich kultiviert, aber die Kultur der Individuen, wenigstens in den höheren Ständen, ist keineswegs in demselben Verhältnis vorgeschritten, ja vielfach sogar zurückgegangen.«[17] Dieser Prozeß hat nach Genese und Wirkung eine quantitative und eine qualitative Seite, darin stimmt Cassirer Simmel zu.[18]

Nach der quantitativen Seite läßt sich dies als akkumulativer Vorgang beschreiben: Das notwendige Gerinnen der Wechselwirkung zwischen Individuen in Institutionen und objektiven Gütern führt zu einem beständigen Wachsen der Anzahl dieser Objektivationen. In dem Maß, in dem das Leben der Menschen die definitiven Bezugspunkte des Wertens und Handelns gegenüber diesen Gütern verliert - dies ist bei Simmel nicht weniger als bei Weber, Troeltsch, Scheler u.a. in geschichtlicher Perspektive der Verlust einer kirchlich integrierten Kultur[19] -, schöpft das Ich aus seinen kulturellen Hervorbringungen, so Cassirer, »nicht mehr das Bewußtsein seiner Macht, sondern nur die Gewißheit seiner geistigen Ohnmacht.«[20]

---

von Simmel wohl die Anregung, zu Cohen nach Marburg zu gehen. Von 1899 bis 1919 lebte Cassirer in Berlin, ab 1906 waren Simmel und Cassirer an der Berliner Universität Kollegen. Über ihre Kontakte zu dieser Zeit ist so·ist nur sehr wenig bekannt. Es gab zwar den Versuch von Simmel und Cassirer, gemeinsam mit Max Frischeisen-Köhler ein Kolleg abzuhalten, die Berliner Fakultät verweigerte jedoch ihre Zustimmung. Im Zusammenhang der Gründung der kulturphilosophischen Zeitschrift LOGOS 1909/10 gab es wohl eine Anfrage Simmels an Cassirer. Allerdings weisen Briefe Simmels an Heinrich Rickert und Max Weber auf eine gewisse Zurückhaltung gegenüber Cassirer hin. Dieser, so Simmel, kümmere sich nicht um die Kulturbeziehungen der Philosophie und gehöre der von ihm weniger geschätzten Marburger Variante des Neukantianismus an (Brief Simmels an Heinrich Rickert vom 15.12.1909; Brief Simmels an Max Weber vom 15.12.1909, in: Buch des Dankes an Georg Simmel. Briefe, Erinnerungen, Bibliographie, hg. von *K. Gassen, M. Landmann*, Berlin 1993², 103, 129f).

[17] *G. Simmel*, Philosophie des Geldes (1900/²1907), hg. von *D.P. Frisby, K.C. Köhnke*, Frankfurt a. M. 1989 (Georg Simmel Gesamtausgabe Bd. 6) [zit. als PhG], 620. Weiter kommen für diese Thematik in Betracht: Der Begriff und die Tragödie der Kultur (1911), jetzt in: Georg Simmel Gesamtausgabe Bd. 14, hg. von *R. Kramme, O. Rammstedt*, Frankfurt a. M. 1996, 385-416; Der Konflikt der modernen Kultur (1918), jetzt in: *G. Simmel*, Das individuelle Gesetz. Philosophische Exkurse, hg. von *M. Landmann*, Frankfurt a. M. 1987, 148-173.

[18] TdK, 105.

[19] Vgl. PhG, 489ff.

[20] TdK, 105.

Die eigentliche Spitze erhält Simmels Beschreibung aber erst durch die qualitative Seite der modernen Kultur: Es ist die wachsende Fremdheit zwischen »Subjekt und Kultur«, »Geist und Seele«. Die schöpferische Seele ist Simmel dabei der Gegenbegriff zum »rezeptiven Intellekt«. Der »charakterlose« Intellekt bilde die »Vermittlung, durch die das Wollen sich dem selbständigen Sein [der objektiven Kulturgüter] anpaßt«[21], während die Seele die auf die Einheit des individuellen Lebens angelegte Kraft darstellt.

Die Entfremdung vollzieht sich nach Simmel also nicht allein zwischen dem Menschen und den Dingen, sondern sie vollzieht sich als Entfremdung des Menschen von sich selbst, als Spaltung zwischen dem welt- und kulturzugewandten Intellekt und der auf die »individuelle Daseinsart« gerichteten Seele. Hierin, so erkennt auch Cassirer, liegt der eigentliche Grund für die »Tragödie der Kultur«, »daß die scheinbare Verinnerlichung, die die Kultur uns verspricht, stets mit einer Art von Selbst-Entäußerung einhergeht. Zwischen ›Seele‹ und ›Welt‹ besteht ein inneres Spannungsverhältnis, das zuletzt zu einem schlechthin antithetischen Verhältnis zu werden droht.«[22]

Nähe und Distanz von Cassirer und Simmel werden an dem Urteil über dieses Spannungsverhältnis deutlich.[23] Cassirer konzediert zunächst, daß Simmel den Weg des schöpferischen Prozesses bis in die Entstehung der Werke präzise beschrieben habe. Aber Simmel sei diesen Weg nicht zu Ende gegangen. Am Ende dieses Weges nämlich stehe »nicht das Werk, in dessen beharrender Existenz der schöpferische Prozeß erstarrt, sondern das ›Du‹, das andere Subjekt, das dieses Werk empfängt, um es in sein eigenes Leben einzubeziehen und es damit wieder in das Medium zurückzuverwandeln, dem es ursprünglich entstammt.« Es sei »kein ›Absolutes‹, an welches das Ich stößt, sondern es ist die Brücke, die von einem Ich-Pol zum andern hinüberführt. Hierin liegt seine eigentliche und wichtigste Funktion. Der Lebensprozeß der Kultur besteht darin, daß sie in der Schaffung derartiger Vermittlungen und Übergänge unerschöpflich ist.«[24] Cassirer wiederholt somit seine Kritik an der substantialistischen Unterscheidung von Geist und Leben durch Simmel. Die so definierte Feindschaft von Geist und Leben bezeichnet er als »Scheinproblem«.[25]

---

[21] PhG, 592.
[22] TdK, 105.
[23] Vgl. die in Anm. 16 angeführte Literatur.
[24] TdK, 110. Vgl. dazu *W. Geßner*, Tragödie oder Schauspiel? Cassirers Kritik an Simmels Kulturkritik, in: Simmel Newsletter 6/1 (1996), 57-72.

Einem der gängigen Muster der älteren Simmel-Kritik folgend, bezeichnet er Simmel als »Mystiker«[26]: Wie die Mystik sich von allen Bildern und Namen zu befreien suche, um die unmittelbare Versenkung im Göttlichen zu erreichen, so suche Simmel die Versenkung in der Alleinheit eines ursprünglichen Lebens - dies eben sei eine Weise, die Substantialität beizubehalten. Cassirer knüpft dabei an die Ausführungen zur Mystik im zweiten Band der »Philosophie der symbolischen Formen« an.[27]

Cassirers Simmel-Kritik läßt sich demnach in zweifacher Hinsicht verstehen. Zum einen in erkenntnislogischer Perspektive: Cassirer erweitert die fixierende Kraft der Formgebung um die verflüssigende Kraft der permanenten Formung. Er spricht vom Vorhandensein nicht nur einer forma formata, sondern darüber hinaus auch einer forma formans: »Das Wechselspiel zwischen beiden macht erst den Pendelschlag des Lebens aus ... Die ›forma formans‹, die zur ›forma formata‹ wird, die um ihrer eigenen Selbstbehauptung willen zu ihr werden muß, die aber nichtsdestoweniger in ihr niemals gänzlich aufgeht, sondern die Kraft behält, sich aus ihr zurückzugewinnen, sich zur ›forma formans‹ wiederzugebären - dies ist es, was das Werden des Geistes und das Werden der Kultur bezeichnet.«[28] Die Bewegung des Werdens ist zwar nicht selbst zu fassen, aber das allgemeine Formprinzip ist als ursprüngliche Tat des Geistes zu bestimmen, der somit aus der Sphäre abstrakten Seins in die Gegenwart der kulturellen Objektivität drängt, die Cassirer als bewegliche, prozessierende Kultur versteht. Damit ist der Übergang der Kritik der Vernunft zu einer Kritik der Kultur bezeichnet. Die Formen des kulturellen Lebens symbolisieren die geistige Funktion, deren ›Sein‹ »nirgends anders als im ›Tun‹« erfaßbar ist.[29]

Konzentriert sich die Betrachtung der Kulturphilosophie Simmels und Cassirers auf diese Beschreibung und Analyse von Kultur, führt sie entweder zur Frage nach einer gegenseitigen Beeinflussung, wie sie im Form- und Symbolbegriff vorliegen könnte, oder fordert den Vergleich der erkenntnistheoretischen Fundierung des Konzeptes der objektiven Kultur

---

[25] So Cassirer in einem bisher unveröffentlichten Manuskript aus dem Jahr 1935, zit. bei *Geßner,* aaO., s. Anm. 24, 60. Zu Cassirers Kritik an der Lebensphilosophie Simmels vgl. jetzt auch *Vogl,* aaO., s. Anm. 7, 73-80.

[26] TdK, 107. Zur Bezeichung Simmels als »Mystiker« und Simmels Distanzierung von dieser Charakterisierung vgl. *F. Voigt,* »Die Tragödie des Reiches Gottes«? Ernst Troeltsch als Leser Georg Simmels, Gütersloh 1998, 267-273.

[27] *E. Cassirer,* Philosophie der symbolischen Formen. Zweiter Teil: Das mythische Denken (1925), Darmstadt ⁹1994 [zit. als PsF II], 298ff.

[28] ECN 1, 18.

[29] *E. Cassirer,* Philosophie der symbolischen Formen. Erster Teil: Die Sprache (1923), Darmstadt ¹⁰1994, 11.

bei Simmel und der symbolischen Formung bei Cassirer.[30] Auch die Frage
nach der vermeintlich sensibleren Wahrnehmung und präziseren Diagnostik der modernen Kultur wird so thematisch: Entwickeln die objektiven
Kulturgebilde eine eigengesetzliche Dynamik, die den Geist, der sie einst
erschuf, ohnmächtig werden läßt, oder behält die verflüssigende Kraft der
Funktion die Oberhand? Die Antworten darauf nötigen immer zum
Übergang von der theoretischen zur praktischen Philosophie.

Dieser Übergang soll hier in einer zweiten Perspektive präziser bestimmt werden: In der Auseinandersetzung Cassirers mit Simmel werden
zwei verschiedene Konzeptionen von Bildung plastisch, zwei Konzepte
der Ausbildung von Individualität.

Diese Betrachtungsweise der Konstellation ›Cassirer und Simmel‹ erschließt damit für eine Interpretation Cassirers die Kultursoziologie als
Kontext.[31] Wie weiter zu zeigen sein wird, liegen im Fluchtpunkt dieses
Kontextes auch für eine religionstheoretische und theologische Auseinandersetzung mit Cassirer aufschlußreiche und anknüpfungswürdige Aspekte.

III. Bildung und Ausbildung von Individualität:
Goethe als Bezugspunkt der Kulturdebatte

Georg Simmels zentrale »Fragestellung« kreist um das Problem der »Ausbildung von Individualität«. Wie die Studien Klaus Christian Köhnkes gezeigt haben, liegen die Wurzeln dieser Fragestellung Simmels in der Völkerpsychologie seines Lehrers Moritz Lazarus.[32] Lazarus ist es, der den
»objektiven Geist« Hegels aus dem metaphysischen Bezugsfeld herauslöst,
ihn historisch empirisiert und psychologisiert. Die Inhalte des objektiven
Geistes führen nach Lazarus kein von den Subjekten unabhängiges Eigen-
leben, vielmehr sind die historisch-gesellschaftlichen Subjekte Träger dieses objektiven Geistes, der den Gesamtbereich des geistigen Lebens, also
auch Kunst und Religion, umfaßt.[33] Ging auch schon die völkerpsycho-

---

[30] Vgl. *W. Geßner*, Geld als symbolische Form. Simmel, Cassirer und die Objektivität der
Kultur, in: Simmel Newsletter 6/1 (1996), 1-30; *Krois*, aaO., s. Anm. 16. Vgl. jetzt auch
den Beitrag von Martin Laube in diesem Band.

[31] Diesem Problemhorizont nähert sich von anderer Seite der Beitrag von *E. W. Orth*,
Cassirers Philosophie der Lebensordnungen, in: *E. Cassirer*, Geist und Leben. Schriften zu
den Lebensordnungen von Natur und Kunst, Geschichte und Sprache, hg. von *E. W. Orth*,
Leipzig 1993, 9-30.

[32] *K. Chr. Köhnke*, Soziologie als Kulturwissenschaft. Georg Simmel und die Völkerpsychologie, in: Archiv für Kulturgeschichte 72 (1990), 223-232; *Ders.*, Der junge Simmel in
Theoriebeziehungen und sozialen Bewegungen, Frankfurt a. M. 1996, bes. 337-355.

logische Fragestellung einerseits auf die Erschließung der »psychologischen Gesetze«, durch die sich diese Gebilde des so bestimmten objektiven Geistes aufbauen, hielt Lazarus es andererseits für eine der »dankbar-
sten Aufgaben« der neuen Disziplin, den Einfluß der Gebilde des objektiven Geistes auf die »Ausbildung des Einzelnen« zu bestimmen.[34] Simmel,
der dies ausdrücklich als Quelle seiner eigenen Untersuchungsrichtung
bezeichnete[35], beerbte die Völkerpsychologie, indem er die Aneignung der
objektiven Kultur durch das Individuum in Soziologie und Sozialpsycho-
logie zu bestimmen suchte. Darin sah er zugleich die Erweiterung des
klassischen Bildungsbegriffes angelegt. So heißt es in der »Philosophie des
Geldes«: »Gewissermaßen faßt sich das Übergewicht, das die objektive
über die subjektive Kultur im 19. Jahrhundert gewonnen hat, darin zusammen, daß das Erziehungsideal des 18. Jahrhunderts auf eine Bildung
des Menschen, also einen persönlichen, inneren Wert ging, aber im 19.
Jahrhundert durch den Begriff der ›Bildung‹ im Sinn einer Summe objektiver Kenntnisse und Verhaltungsweisen verdrängt wurde.«[36] Die »Tragödie
der Kultur« bezeichnet mithin auch Simmels Auffassung von Entwicklung
und Wirklichkeit der humanistischen Bildungsidee im 19. Jahrhundert.[37]
Ersichtlich ist die soziologische Fragestellung nach der ›Ausbildung von
Individualität‹ in den objektiven Ordnungen der Reflex auf deren zunehmend dominant empfundene Kraft, die das humanistische Ideal der ›allgemeinen Menschenbildung‹ auf die Verwirklichungsbedingungen hinter-
fragt. Darin offenbart sich die Frage nach dem Charakter der modernen
Kultur auf der Ebene dieses pädagogischen, erzieherischen Interesses in
sehr konkreter Weise als Frage nach der Menschenbildung. Sie führt somit
aus dem Gebiet der theoretischen in die praktische Philosophie als Kulturethik und fragt nach der Wirkung und Bedeutung der modernen Kultur für den Menschen und seine Lebensführung.

---

[33] Vgl. dazu auch *H.-U. Lessing*, Bemerkungen zum Begriff des »objektiven Geistes« bei
Hegel, Lazarus und Dilthey, in: Reports on Philosophy 9 (1985), 49-62.

[34] *M. Lazarus*, Ueber das Verhältniß des Einzelnen zur Gesammtheit (1862), hier zit.
nach: *Köhnke*, Der junge Simmel, s. Anm. 32, 337f.

[35] *K. Chr. Köhnke* hat einen Brief Simmels an Lazarus vom 5.11.1894 gefunden, in dem
Simmel an Lazarus schreibt: »... so werde ich doch nie vergessen, daß vor allen Anderen
Sie mich eindringlich auf das Problem des Überindividuellen hinwiesen, dessen Erforschung wohl die mir noch ausbleibende Arbeitszeit ausfüllen wird«, zit. nach *Köhnke*, Soziologie als Kulturwissenschaft, s. Anm. 32, 225.

[36] PhG, 621.

[37] Vgl. als Überblick *R. Vierhaus*, Art. ›Bildung‹, in: Geschichtliche Grundbegriffe, Bd. 1,
hg. von *O. Brunner, W. Conze, R. Koselleck*, Stuttgart 1972, 508-551.

Wird dieses Motiv der Menschenbildung und Kulturethik bei Simmel
und Cassirer in ihren Texten weiter verfolgt, offenbart sich gerade dort ein
spezifisch gemeinsamer Bezugspunkt Simmels und Cassirers. Es handelt
sich um ihre Goethe-Rezeption.

Die Werke Simmels und Cassirers sind in durchaus vergleichbarer Weise
durchgängig mit Goethe beschäftigt. Beide haben eine beachtliche Anzahl
von Aufsätzen und Büchern zu Goethe verfaßt,[38] ihr Werk ist durchzogen
mit ausgewiesenen wie nicht ausgewiesenen Zitaten aus Goethes Werken
und Anspielungen auf seine Person.

Dem Werk und mehr noch der Person Goethes kamen im Bildungsbür-
gertum des Wilhelminischen Kaiserreiches größtes Interesse entgegen.[39]
Goethe war im neuen Reich »zur Inkarnation des kulturellen Über-Ichs«
der Nation gemacht worden.[40] Der so stilisierte Goethe wurde nach 1918
zu einem zentralen Symbol des Streites um den »deutschen Geist« und die
deutsche Republik.[41]

Die Goethe-Interpretation von Simmel und Cassirer zum Ausgangspunkt dieser Untersuchung zu machen, ist mithin sowohl für das Ver-

---

[38] Zu nennen sind für *Georg Simmel* vor allem: Kant und Goethe. Zur Geschichte der
modernen Weltanschauung (1906/²1907/³1916); jetzt in: Georg Simmel Gesamtausgabe
Bd. 10, hg. von *M. Behr, V. Krech, G. Schmidt*, Frankfurt a.M. 1995, 119-166; Goethe,
Leipzig 1913. Dazu kommen allein 16 Aufsätze, die Goethe im Titel tragen, die meisten
dieser Aufsätze sind in die beiden Bücher eingegangen bzw. dort enthalten. Die Erforschung der Bedeutung Goethes für Simmel steht noch an ihrem Beginn, vgl. *P. Giacomoni*,
Individuum und Typus: Ein Begriffspaar bei Simmel und Goethe, in: Simmel Newsletter
7/1 (1997), 17-24. Für *Ernst Cassirer* kommen vor allem in Betracht die Sammelbände
Freiheit und Form (1916), Idee und Gestalt (1917), Goethe und die geschichtliche Welt
(1932), Rousseau, Kant, Goethe (1945), dazu die Aufsätze Goethes Idee der Bildung und
Erziehung (1932), Thomas Manns Goethe-Bild (1945). Zur Beschäftigung Cassirers mit
Goethe s. vor allem *J. M. Krois*, Urworte: Cassirer als Goethe-Interpret, in: Kulturkritik
nach Ernst Cassirer, hg. von *E. Rudolph, B.-O. Küppers*, Hamburg 1995, 297-324, mit ei-
ner präzisen Aufstellung der publizierten und unpublizierten Goethe-Arbeiten Cassirers.
Krois zählt zwischen 1916 und 1945 11 publizierte und 11 unpublizierte Goethe-Arbeiten
Cassirers. S. weiter *Th. Knoppe*, Idee und Urphänomen. Zur Goethe-Rezeption Ernst Cas-
sirers, in: Kulturkritik nach Ernst Cassirer, 325-352; ferner: *B. Naumann*, Talking Symbols:
Ernst Cassirer's Repetition of Goethe, in: Kulturkritik nach Ernst Cassirer, 353-372; *Dies.*,
Philosophie und Poetik des Symbols, s. Anm. 16; *H. G. Dosch*, Goethe und die exakten
Naturwissenschaften aus der Sicht Cassirers, in: Kulturkritik nach Ernst Cassirer, 373-392;
Y. Mori, Goethe und die mathematische Physik: Zur Tragweite der Cassirerschen Kulturphilosophie, in: Kulturkritik nach Ernst Cassirer, 393-408.
[39] Vgl. dazu die Studie von *K. R. Mandelkow*, Goethe in Deutschland. Rezeptionsgeschichte eines Klassikers, Bd. 1, München 1980, 201ff.
[40] AaO., 201.
[41] Vgl. *K. R. Mandelkow*, Goethe in Deutschland. Rezeptionsgeschichte eines Klassikers,
Bd. 2, München 1989, 9ff.

ständnis der Werke beider als auch für das Interesse an den Kontexten und also auch für die kulturphilosophische Diagnostik zentral.[42] Die Goethe-Rezeption Simmels und Cassirers ist in diesem Kontext ein exemplarischer Fall für die Goethe-Debatte in Kaiserreich und Weimarer Republik – und zugleich ist die Goethe-Interpretation beider als der exemplarische Fall ihres kulturethischen Interesses zu betrachten.

Die vorab zu klärende Frage nach möglichen Interdependenzen oder gar Abhängigkeiten des Goethe-Bildes von Cassirer und Simmel liegt im Dunkeln.[43] Zwar vermutete Ernst Troeltsch schon 1921, für Cassirers Kontrastierung der beiden grundsätzlichen modernen Weltanschauungstypen der modernen Mathematik (also Newtons) und Goethes sei Simmels »Kant und Goethe« (1. Auflage 1906) »wohl nicht ohne Einfluß gewesen«.[44] Tatsächlich aber fehlt im Werk Cassirers eine Auseinandersetzung mit den Goethe-Schriften Simmels.[45]

In den nachgelassenen Manuskript-Fragmenten zu »Leben und Geist« führt Cassirer allerdings Goethe gegen Simmels Auffassung von der »Tragödie der Kultur« ins Feld – und dies zugleich unter Bezugnahme auf das Religionsverständnis. Cassirer hebt hier hervor, die »produktive Kunst des Individuums« bezeuge sich eben gerade darin, daß es die vorfindlichen Formen in seine schöpferische Urkraft aufnehme, und eben nicht dieses Medium der bereits vorfindlichen, überindividuellen, objektiven Formen »wegwerfe«. »So ist es«, schreibt Cassirer, »in aller Formwelt – selbst der religiöse Genius ist an eine Welt ›objektiver‹ religiöser Formen, ja sogar mythischer Formen gebunden – Hier ist der Ausgleich der ›Tragödie‹ der Kultur, von der Simmel spricht – das Individuum, wie das ›Leben‹ kann

---

[42] *J. M. Krois,* Urworte, s. Anm. 38, 298, berichtet von der mündlichen Äußerung Toni Cassirers: »Niemand hat je verstanden, wie wichtig Goethe für Ernst Cassirer war«. Wie *Rainer A. Bast,* Einleitung, in: *E. Cassirer,* Rousseau, Kant, Goethe, Hamburg 1991, VII-XX, XVf, mitteilt, befindet sich im Cassirer-Nachlaß ein 93-seitiges Typoskript »Der junge Goethe« von 1940. Dort schreibt Cassirer: »Seit fast 50 Jahren habe ich nun wieder und wieder Goethe gelesen; ich habe vieles über ihn gelesen; ich habe Manches über ihn geschrieben und veröffentlicht; bei verschiedenen Gelegenheiten, u.a. auch hier in Göteborg, Goethe-Vorträge gehalten.« Unter den Arbeiten zur Goethe-Rezeption ragt der Aufsatz von Krois heraus, der in seinem Aufsatz dieser Spur in vorwiegend begrifflich-systematischem Interesse nachgeht. Meine Überlegungen legen den Akzent auf die kulturethischen Aspekte.

[43] Vgl. die in Anm. 16 angeführte Literatur.

[44] *E. Troeltsch,* Der Historismus und seine Probleme (Gesammelte Schriften Bd. 3), Tübingen 1922, 541.

[45] Vgl. *E. Cassirer,* Freiheit und Form. Studien zur deutschen Geistesgeschichte (1916), Darmstadt [4]1994, 249. Hier findet sich ein knapper Verweis auf Simmels Goethe-Buch.

sich selbst gar nicht anders haben, als indem es über sich selbst hinaus in die Welt der Formen ›eingeht‹, sich an sie hingibt. Diese ›Entsagung‹ gegenüber der überpersönlichen Form ist das, worin es sich selbst erst gewinnen kann.«[46]

Diesem Hinweis folgend soll im folgenden die Goethe-Deutung wiederum exemplarisch an dem Motiv der Entsagung rekonstruiert werden. Die verschiedenen Auffassungen von dem Charakter des Kulturprozesses werden hier nicht nur erneut entfaltet, sondern hinsichtlich der in ihnen implizierten Bildungs-Auffassungen und kulturethischen Interessen konkretisiert.

IV. Simmels »Goethe« und die Typen moderner Individualität

Nach der Arbeit zu »Kant und Goethe« veröffentlichte Simmel 1913 eine Goethe-Monographie.[47] Neben Houston Stewart Chamberlains auf die Person Goethes konzentriertem Buch[48] und der Goethe-Monographie des George-Jüngers Friedrich Gundolf[49], die den Heroen Goethe beschworen, beeinflußte auch Simmels Buch die Goethe-Rezeption der nachwilhelminischen Epoche entscheidend.[50] Anders als die zur Polemik auffordernden Werke Chamberlains und Gundolfs wurde Simmels Buch von der zeitgenössischen Kritik begeistert aufgenommen.[51]

Simmels Goethe-Darstellung dient dem Nachweis, daß Goethe durch die Identität von Idee und Gestalt in Leben und Werk den Typus des Künstlers einzigartig repräsentiert. Dieses »Apriori des Künstlers: die Sichtbarkeit der ›Idee‹ in der ›Gestalt‹«[52] ist Gestaltungsprinzip der Kunst und zugleich des Lebens Goethes. Im ›Gestalt‹-Begriff findet der Widerspruch von ›Leben‹ und ›Form‹ seine Aufhebung: ›Gestalt‹ wird dabei mit einem Wort Goethes verstanden als »geprägte Form, die lebend sich entwickelt.«[53] Simmel vermutet, Goethe habe womöglich ein »theoretisches Bewußtsein« der darin liegenden Spannung vermissen lassen: »Denn das

---

[46] ECN 1, 218f.

[47] G. Simmel, Goethe (1913), im Folgenden zit. nach der 5. Auflage, Leipzig 1923.

[48] H. S. Chamberlain, Goethe, München 1912.

[49] F. Gundolf, Goethe, Berlin 1916.

[50] Vgl. Mandelkow, aaO., s. Anm. 39, Bd. 1, 267-280.

[51] AaO., 272.

[52] AaO., 54.

[53] Aus Goethes Gedicht Urworte. Orphisch, in: J. W. Goethe, Werke (Hamburger Ausgabe, hg. von E. Trunz), Bd. 1, München [16]1998, 359. Die Bedeutung dieser Goetheschen Anschauung für Cassirer hebt hervor Krois, Urworte: Cassirer als Goethe-Interpret, s. Anm. 38, 304f.

ist ja eben die Frage, die diese Formulierung gar nicht als Frage aner-
kennt: wie die Form leben kann, wie das schon Geprägte sich noch entwickeln kann, oder ob überhaupt Geprägtheit und Entwicklung nicht
eine Unvereinbarkeit sind.«[54] Dennoch sei dieser Gestaltbegriff das
Grundmotiv Goethescher Weltanschauung.[55] Die »Gestalt« sei selbst »die
wirksame Potenz in allem Geschehen«. Dies sei keine Teleologie, sondern
»die organisierende Kraft enthält das Gesamtbildende, Formbegrenzende
von vorneherein in sich, sie ist vielmehr ganz und gar dieses und bedarf
zu ihrer Dirigierung keines, dem menschlichen analogen Zweckes, dem
sie sich als bloßes Mittel zur Verfügung stellte.«[56] Gleichwohl baut Simmel
(mit Goethe) der Gestalt noch den ›Typus‹ unter. Der Typus als Gattung
oder »Art« lebt in der Gestalt: »die ›Gestalt‹ als das treibende, alles Werden
erklärende Movens in allen Elementen«, oder auch die »Gestalt als das
Gesetz«, das die Verwirklichung eines Typus bedeutet.[57] Schwierigkeiten
bereitet Simmel deswegen der in seinem Buch mehrfach nachgezeichnete
Prozeß, in dem das Ideal des jungen Goethe, die Persönlichkeit »von innen« aufzubilden und auszuleben, übergeht in das Motiv der Entsagung
des späten Goethe.

Am sinnfälligsten tritt dieser Wandel in den beiden Teilen des »Wilhelm
Meister« zutage. Das Thema der »Lehrjahre« ist gerade die »Befreitheit
von Lebensinhalten, die die sich selbst gehörende, aus dem Seinsideal folgende Entwicklung der Persönlichkeit in einer sachlichen und äußeren
Ordnung festlegen könnten.«[58] Hingegen liegt in den »Wanderjahren« »aller Ton auf dem objektiven Wirken, den sozialen Institutionen, der überindividuellen Vernunft. Die Menschen sind nur die eigentlich anonymen
Träger bestimmter, durch ihren Inhalt festgelegter Funktionen, an die
Stelle der auf sie selbst bezüglichen, für sie selbst wertvollen Ausbildung
tritt die für die Ausübung von Tätigkeiten, die sich in ein Ganzes einord-
nen.«[59]

Jene beiden Bildungsideale des 18. und 19. Jahrhunderts finden nun in
Goethe keinen tragischen Konflikt, sondern ihre Versöhnung. Simmel re-
sümiert angesichts der Gestalt Goethes: »Der Doppelsinn von ›Bildung‹
kam hier zu seinem Rechte: dadurch daß er lernend, forschend, produ-
zierend sich selbst bildete, ›bildete‹ er sich, das heißt formte er sein Sub-

---

[54] *Simmel*, Goethe, s. Anm. 47, 81f.
[55] AaO., 126.
[56] Ebd.
[57] AaO., 128; vgl. *Giacomoni*, aaO., s. Anm. 38.
[58] AaO., 221.
[59] AaO., 222.

jekt zu einer objektiven Gestaltung, die er nicht nur war, sondern die er als geformten Inhalt sich gegenüber sah.«[60] Goethe erreichte damit in seinem Leben und Schaffen eine »Einheit von Subjekt und Objekt«, die den »metaphysischen Sinn seiner Existenz ausmacht«.[61]

Das ist die herausgehobene Bedeutung Goethes, seine einzigartige Gestalt. Was Goethe gelang, die Versöhnung der beiden großen Typen von Individualität: derjenigen, die das schlechthin individuelle Dasein des Menschen als ein Leben von innen fordert, und derjenigen, die sich an den Inhalten und Forderungen der Welt bildet, bleibt dem modernen Menschen verschlossen. Die Moderne forciert scheinbar einseitig jenes »Fachmenschentum«, das dem Bildungsideal der »Wanderjahre« entspricht, allerdings ohne den dort sich aussprechenden ergänzenden Effekt, ohne die dort - zumindest auch - anklingende orchestrale Polyphonie.

Die Alternative der Bildung »von innen« und der Bildung »von außen« führt Simmel in immer neuen Typologien vor. Hier soll nur noch auf das in der »Philosophie des Geldes« entwickelte Schema eingegangen werden. Denn hier vor allem trägt Simmel zeitdiagnostische Elemente in die Typologie ein. Er stellt zwei Charaktertypen vor, die gleichsam das Maß an Individualität bewahren, das unter modernen Bedingungen noch gerettet werden kann. Es gibt den zur Systematisierung tendierenden Charakter, der auf »innere Ausgeglichenheit und äußere Geschlossenheit, die Harmonie der Teile und Berechenbarkeit ihrer Schicksale« gerichtet ist. Dieser Typus benötigt eine systematische Lebensführung, um »absolute Zweckmäßigkeit und Zuverlässigkeit der Bewegungen« zu erzielen. Ihm steht der »individualistisch-spontane« Charakter gegenüber. In ihm treten die »aristokratischen und individualistischen Tendenzen« hervor, die Neigung »jedes Element sich nach seinen eigenen Bedingungen ausleben« zu lassen.[62] Diese Charaktertypen treten bei Simmel als Alternativen auf. Seine Sympathie galt zweifellos jenem individualistisch-spontanen Charakter, dem er sich selbst zurechnete. Diesem Menschentyp bleibt aber nur der Bereich der Kunst als Refugium, ansonsten eine Zurückhaltung von der Welt. Das war auch die Form der Entsagung, die Simmel wählte. Darin suchte er gleichsam Leben und Werk die Gestalt zu geben.[63]

---

[60] AaO., 176.

[61] AaO., 177.

[62] PhG, 687ff.

[63] In einem Nachruf auf Simmel hat Ernst Troeltsch das Schöpfertum seines Freundes charakterisiert: »Simmel war ein Deuter und kein Gestalter und glaubte gerade im Verzicht auf das letztere Weisheit und Schicksal der Gegenwart auszusprechen«, *E. Troeltsch*, [Rez. von] Simmel: Grundfragen der Soziologie/Der Konflikt der modernen Kultur, in: Theologische Literaturzeitung 44 (1919), 207-208, 208.

V. Goethes Ideal der Bildung und Ernst Cassirer als Erzieher

»Goethes Idee der Bildung und Erziehung«, so lautet der Titel eines Aufsatzes von Cassirer, in dem er seinerseits Stellung zum Thema der Bildung nimmt. Cassirer verhandelt das Thema der Bildung als »Charakterbildung«[64] und der Gestaltung des »Menschentums«[65].

Auch Cassirer zeichnet jenen Wandel in Goethes Anschauung nach von dem Motiv der freien Entwicklung und Entfaltung jeder Einzelkraft, der aus der Durchdringung dieser Einzelkräfte entstehenden individuellen Ganzheit, wie sie in den »Lehrjahren« ihren Niederschlag findet, zu dem Motiv der Entsagung in den »Wanderjahren«. Diese Veränderung kennzeichnet er - anders als Simmel - als Wende in Goethes Anschauung: »das ästhetische Ideal der Humanität ist für Goethe durch eine neue Forderung, durch das soziale Ideal der Humanität verdrängt und berichtigt.«[66]

Anders als Simmel bringt Cassirer zudem diesen Wandel als willentlichen Entschluß Goethes zum Ausdruck, während Simmel ihn als organischen Prozeß der Gestalt Goethes zu verstehen suchte. Der Wandel Goethes ist bei Cassirer selbst als Entsagung gedeutet: »Das Grandiose, das Eigentlich-Erhabene dieser Selbstbegrenzung liegt darin, daß sie nicht einem Versagen oder Nachlassen der Kräfte entspringt, sondern an jenem Punkt einsetzt, an dem diese Kräfte ihre höchste Wirksamkeit erfahren haben. Mitten im Aufstieg setzt jetzt eine eigentümliche Umkehr, setzt die Goethische ›Entsagung‹ ein. Goethes Ziel ist jetzt nicht mehr unbedingt die Höhe, sondern es ist die Mitte des Daseins.«[67]

Die »Mitte« stellt das Symbol der Goetheschen Erziehung dar. Im Verständnis Cassirers wird Goethe durch diese entsagende Wandlung erst zum wahren Pädagogen. Die Selbstbildung wandelt sich nun zur Bildung des »Menschentums«[68], die Ehrfurcht vor dem, was über uns bzw. uns gleich ist, wird erweitert um die Ehrfurcht auch vor dem, was unter uns ist, und wird so erst zur Ehrfurcht vor dem Leben schlechthin. Der Verlust jener Höhe, in die sich das geniale Ich hinaufbildet, wird gemäß der neuen Axiomatik Goethes ausgeglichen durch die Hinaufbildung noch des »geringsten Menschen«[69], der innerhalb des sozialen Ganzen an den richtigen Ort gestellt seine Fähigkeiten und Fertigkeiten ausschöpft.

---

[64] E. Cassirer, Goethes Idee der Bildung und Erziehung (1932); jetzt in: Ders., Geist und Leben, s. Anm. 31, 94-122, 105.

[65] AaO., 107.

[66] AaO., 108.

[67] AaO., 111.

[68] AaO., 113.

[69] AaO., 112.

Aber nicht nur im Sinne einer Steigerung des sozialen Niveaus erfährt diese Entsagung ihren Ausgleich. Gerade unter modernen Bedingungen ist es diese Verantwortung für die anderen, die der höher gebildete Mensch auf sich nimmt, in der er sich zu bewähren und zu bilden hat, die zum eigentlichen Medium der Selbstgestaltung wird. Im Gegensatz zu jener solitären Höhe, in die sich das selbstschöpferische Ich fortentwickelt, bietet die verantwortungsvolle Rolle des Erziehers reale Zweckreihen und Befriedigungspunkte. So heißt es bei Cassirer: »Die wahre Herrschaft über sich selbst wird dem Menschen nicht in seiner bloß-individuellen Ausbildung zuteil, sie beweist und bewährt sich erst in der Gewalt, die er über das Ganze seiner Welt, den ethisch-sozialen Kosmos erringt.«[70]

Der Unterschied zu Simmels Goethe-Deutung könnte kaum größer sein. Cassirers Haltung als Erzieher erinnert dagegen viel stärker an die Goethe-Deutung eines anderen Freundes und zugleich Antipoden Simmels: Max Weber. In einer berühmten Passage aus der »Protestantischen Ethik« führt Weber aus, »daß die Beschränkung auf Facharbeit, mit dem Verzicht auf die faustische Allseitigkeit des Menschentums, welchen sie bedingt, in der heutigen Welt Voraussetzung wertvollen Handelns überhaupt ist, daß also ›Tat‹ und ›Entsagung‹ einander heute unabwendbar bedingen: dies asketische Grundmotiv des bürgerlichen Lebensstils ... hat auf der Höhe seiner Lebensweisheit, in den ›Wanderjahren‹ und in dem Lebensabschluß, den er seinem Faust gab, auch Goethe uns lehren wollen. Für ihn bedeutete diese Erkenntnis einen entsagenden Abschied von einer Zeit vollen und schönen Menschentums ... Der Puritaner wollte Berufsmensch sein, – wir müssen es sein.«[71]

Dem grandiosen, grimmig-heroischen Pathos Webers stellt Cassirer eine durchaus eindringliche und feinsinnige Analyse der Verlust- und Gewinnseite des modernen Fachmenschentums zur Seite. Im Aufsatz über Goethes »Pandora« konstatiert er die negative Seite der Entsagung. In ihr sei nicht nur der Verzicht auf individuelle Güter, »sondern auch der Verzicht auf den höchsten ideellen Gehalt verlangt.«[72] Entsagung sei insofern stets begleitet von »schmerzlicher Entbehrung«. Der Entbehrungsschmerz ist gleichsam die Erinnerung an den verdrängten, zurückgebildeten Individualitätssinn und zugleich Ehrfurcht vor der Wirklichkeit. Cassirer mißt

---

[70] AaO., 119.

[71] *M. Weber,* Die protestantische Ethik und der »Geist« des Kapitalismus. Textausgabe auf der Grundlage der ersten Fassung 1904/05, hg. von *K. Lichtblau, J. Weiß,* Bodenheim 1993, 153. Eine Nähe Cassirers zu Weber scheint auch *Vogl,* aaO., s. Anm. 7, 176, nahezulegen.

[72] *E. Cassirer,* Goethes Pandora, in: *Ders.,* Idee und Gestalt (1920), Darmstadt 1970 (Reprint der 2. Auflage 1924), 7-31, 28.

ihm deshalb große Bedeutung zu, denn die Entbehrung führt »nicht dazu, daß der Mensch sich gegen die Mächte, denen er sich unterworfen
fühlt, gewaltsam aufbäumt, noch dazu, daß er sich ihnen gegenüber in einem abstrakten und fühllosen Stoizismus, in ruhiger Passivität bescheidet.
Im Leiden selbst erlebt er noch eine Notwendigkeit und Gesetzlichkeit
des Daseins, die über allem individuellen Glück und Weh steht; aber er
ordnet sich anderseits dieser Notwendigkeit nicht in stumpfem Fatalismus
unter, sondern behauptet sich ihr gegenüber, auch indem er unterliegt.«[73]

VI. Entsagung und Sehnsucht: Die Bildungsdialektik im Urteil Cassirers

Die Betrachtung der verschiedenen Bildungskonzeptionen Simmels und
Cassirers weist die Vermutung zurück, Cassirers Betonung erkenntnis-
theoretischer Interessen habe ihm einen Simmel vergleichbaren Einblick
in die Dialektik der Aufklärung versperrt.[74] Vielmehr weist diese Betrachtung auf, daß Cassirer einen wesentlichen Impuls der Tradition der Kultursoziologie beerbt, von der sich Simmel im Laufe seiner Entwicklung
immer mehr zu entfernen scheint. Die Abhängigkeit des Individuums von
den überindividuellen Ordnungen entwickelt Cassirer in Richtung einer
perspektivischen Individualitätstheorie, ja Charakterologie, nach der die
Art und Weise des Weltverhältnisses in stets neuen Synthesen Individualität aus sich entläßt. Simmel und Cassirer teilen zwar die Ansicht, daß sich
Individualität allererst in Wechselwirkung mit den objektiven Lebensformen bilden kann. Während Simmels Tragödie der Bildung aber einen Typus der Individualität durch die moderne Kultur verneint sieht, läßt sich
mit Cassirer die Konstruktivität dieses Individualitätstyps behaupten. Die
moderne Kultur setzt aus sich heraus die Sehnsucht nach einem solchen
rein individuellen Dasein, das selber keinen anderen als eben einen derart
modernen, konstruierten Grad an Realität besitzt. Diese Sehnsucht ist
Cassirer nicht fremd: Im Entbehrungsschmerz bleibt sie bewahrt. Aber, so
Cassirer mit Goethe, gerade echte Sehnsucht »muß stets produktiv sein,
ein neueres Besseres schaffen.«[75] Cassirer setzt gleichsam Simmels romanti-
schem und nicht unsentimentalem Leiden einer schönen Seele eine welt-
zugewandte, verantwortungsethische Entsagung entgegen.

---

[73] AaO., 30.

[74] Zu dieser Auffassung tendieren die Vergleiche von *W. Geßner*, Tragödie oder Schauspiel, s. Anm. 24); *Chr. Möckel*, Georg Simmel und Ernst Cassirer. Anstöße für eine Philosophie der symbolischen Kulturformen, in: Simmel Newsletter 6/1 (1996), 31-43.

[75] So Goethe an Kanzler von Müller, zit. nach *E. Cassirer*, Goethe und die geschichtliche
Welt, in: *Ders.*, Goethe und die geschichtliche Welt, hg. von *R.A. Bast*, Hamburg 1995, 1-
26, 13.

Damit eignet der Kulturphilosophie Cassirers ein eminent praktischer Zug: Die von ihm behauptete Haltung des modernen Menschen, der sich entsagend auf die Wirklichkeit einläßt, ohne Fatalismus und ohne gewaltsames Aufbäumen, weiß darum, daß ein Wahrnehmen der sozialen Verantwortung zugleich immer Arbeit an der überindividuellen Kultur bedeutet. Dies hat aber schlechterdings nur Sinn, wenn erstens der erzieherische Nutzen der objektiven Kultur anerkannt wird, und zweitens zugleich an die Kultivierung dieser objektiven Kulturgüter in dem Sinne geglaubt wird, daß die Frucht solcher Kultivierung bessere, höhere Bildung des Menschen sein wird.

Ernst Wolfgang Orth hat den Vorschlag gemacht, Ernst Cassirers Philosophie als eine Theorie der »Lebensordnungen« zu verstehen und die »symbolischen Formen« als solche Lebensordnungen zu deuten.[76] »Lebensordnungen« stehen in der kultursoziologischen Tradition durchaus in dem Doppelsinn, einerseits den weiten Rahmen von »Kultur-« oder »Wertsphären« zu bezeichnen, andererseits aber auch den engen Rahmen konkreter Institutionen.

Wird dieser Begriff der Lebensordnungen in die hier eröffnete Bildungsthematik integriert, läßt sich den »symbolischen Formen« Cassirers eine kulturpraktisch relevante Perspektive abgewinnen.

Das bereits zitierte nachgelassene Fragment Cassirers sei hier nochmals herangezogen: Der »religiöse Genius ist an eine Welt ›objektiver‹ religiöser Formen, ja sogar mythischer Formen gebunden«. Unabhängig von der Frage, ob die Bezeichnung Simmels als »Mystiker« treffend ist - er selbst hat diese Bezeichnung abgelehnt[77] -, nimmt sich Cassirer hier auf dem Feld der Religion nochmals und in praktischer Zuspitzung der Individualismus-Thematik an.

Während Simmel auch hier wieder einen unversöhnlichen Antagonismus zwischen individueller Religiosität und objektiver Religion zeichnet, macht Cassirer in seiner »Philosophie der symbolischen Formen« den Übergang des Persönlichkeitsgedankens von der mythischen in die religiöse Dimension als Entwicklung und Bildung im Sinne der Aneignung objektiver Kultur geltend. Dies wohlgemerkt nicht in dem Sinn, daß er die spezifischen »Zusammenhänge zwischen Religionsform und Gesellschaftsform« darzulegen sucht - das ist nach Cassirers Auffassung die »Aufgabe der speziellen Religionssoziologie«.[78] Bemerkenswert ist, daß Cassi-

---

[76] E. W. Orth, aaO., s. Anm. 31.

[77] Zu Simmels Position und Selbstverortung in der Religionsdebatte der Jahrhundertwende vgl. V. Krech, Georg Simmels Religionstheorie, Tübingen 1998; Voigt, aaO., s. Anm. 26.

rer mehrfach die Bedeutung des mythisch-religiösen Gemeinschaftsge-
fühls, welches dem Selbstgefühl vorangeht, thematisiert.[79] In einem eindrucksvollen Abschnitt der »Philosophie der symbolischen Formen« ver-
gleicht er die Entwicklung der Persönlichkeit in verschiedenen mythisch-
religiösen Vergemeinschaftungsstadien: Je weiter der Umfang des von einer Gottheit repräsentierten sozialen Kreises bemessen sei, desto stärker
entwickle sich gerade das Gefühl des Wertes des Individuums. Denn in
dem Maß, in dem die Organisation der Gemeinschaft nicht mehr strukturell vorgegeben ist, wird die Verantwortung des Einzelnen gefordert.
Das Ich erkennt sich nun nicht mehr als ein »unpersönlich-Allgemeines,
das über und hinter all den besonderen Tätigkeiten stünde, sondern als
konkrete, mit sich identische Einheit, die alle verschiedenen Richtungen
des Tuns miteinander verknüpft.«[80]

Die Tendenz des universalistischen Monotheismus zum Gedanken der
individuellen Persönlichkeit bedarf also gleichwohl der gebundenen, mythisch integrierten Gemeinschaft. Der Mythos stellt somit jenes Medium
dar, an dessen sinnlicher Fülle sich der Einzelne entsagend zur Persönlichkeit bilden kann. Es ist ersichtlich nur ein kleiner Schritt, in dieser Dialektik von mythischer Vergemeinschaftung und religiöser Individualität
eine ekklesiologisch und religionssoziologisch relevante Theorie der Kirche als Lebensordnung zu erschließen[81], die im Rahmen der »Philosophie
der symbolischen Formen« zugleich als Gestaltung des menschlichen Geistes fundiert wird.

---

[78] PsF II, 212.

[79] O. *Schwemmer*, Die Vielfalt der symbolischen Welten und die Einheit des Geistes, in:
Ernst Cassirer. Werk und Wirkung, hg. von *D. Frede, R. Schmücker*, Darmstadt 1997, 1-57,
9f.

[80] PsF II, 246. Es war übrigens gerade Simmel, der für die hier von Cassirer verhandelte
Korrelation von Ausbildung der Individualität in Abhängigkeit von der Größe des sozialen
Kreises - einem wichtigen Thema seiner frühen Soziologie - das Christentum als das
»größte geschichtliche und zugleich metaphysische Beispiel« bezeichnete. Vgl. *G. Simmel*,
Soziologie (1908), hg. von *O. Rammstedt* (Georg Simmel Gesamtausgabe Bd. 11), Frankfurt a. M. 1992, 843f. Diese Relation spielt auch in Simmels »Die Religion« (1906/²1912)
eine wesentliche Rolle, aaO., s. Anm. 38, 39-118, 104ff u.ö.; ferner *Ders.*, Die Persönlichkeit Gottes, in: *Ders.*, Philosophische Kultur. Gesammelte Essais, jetzt in: Georg Simmel
Gesamtausgabe Bd. 14, s. Anm. 17, 159-459, 349-366.

[81] Vgl. *Vogl*, aaO., s. Anm. 7, 148, der ebenfalls bemerkt, die Realisierung der Freiheit
könne nicht als bloßes Sozialideal gedacht werden, sondern bedürfe soziologisch bestimm-
barer Umsetzungen.

VII. Das theologische Interesse an Cassirer: Erneuerung des Goethe-Christentums?

Die hier vorgeschlagene Perspektive auf die Bedeutung Cassirers für die Theologie ermöglicht es, einen Diskussionskontext zu beschreiben, in dem Cassirer und die zeitgenössische Theologie gemeinsam standen und den sie durch ihre Beiträge mitbestimmten. So wie Cassirers Philosophie im Blick auf die kulturpraktischen Fragen an dem Goethe-Diskurs partizipierte und mit den Codes dieses Diskurses seine kulturethischen Anliegen beschrieb, ist auch die (evangelische) Theologie an diesem Diskurs beteiligt. An dieser Stelle sind nur skizzenhafte Betrachtungen möglich.[82]

Auch für den theologischen Goethe-Diskurs ist die Bildungs-Thematik zentral. Der religiös-sittliche Charakter der Goetheschen »Bildungsreligion« als höchstes Prinzip von Gesinnung und Tat[83] wurde über die positionellen Grenzen der theologischen Richtungen hinweg wahrgenommen. Sehr unterschiedlich blieb dabei die jeweilige Haltung zu dieser Bildungsreligion.

Adolf Harnack - dessen »Lehrbuch der Dogmengeschichte« von Cassirer gelesen wurde[84] und der mit Simmel in persönlichem Kontakt stand[85] - steht in besonderer Weise für die Beschäftigung mit der Gestalt und der Religion Goethes. Ein exzellenter Kenner des Goetheschen Werkes von Jugend an, wurde Harnacks Beschäftigung mit Goethe weiter vertieft durch die Arbeiten seines Bruders Otto Harnack, eines renommierten Goethe-Forschers.[86] Es wurde von Harnacks »Goethe-Christentum« ge-

---

[82] Vgl. die Übersicht bei *Mandelkow*, aaO., s. Anm. 41, 48-59. Die folgenden Gedanken sollen ein erster Beitrag zu einer eingehenden Untersuchung der Goethe-Rezeption in der evangelischen Theologie der Jahrhundertwende sein. Eine solche Untersuchung auf neuer Forschungsbasis steht bisher noch aus.

[83] Vgl. *Harnack*, Das Wesen des Christentums, s. Anm. 1, 253. Vgl. auch *E. Troeltsch*, Protestantische Christentum und Kirche in der Neuzeit, in: Die Kultur der Gegenwart. Ihre Entwicklung und ihre Ziele, Teil I, Abt. IV/1, 2, hg. von *P. Hinneberg*, Leipzig/Berlin ²1922, 702f.

[84] *A. Harnack*, Lehrbuch der Dogmengeschichte, 3 Bde., Freiburg 1886-1890, von Cassirer nach der 3. Auflage, Freiburg 1894-1897, zit. in: PsF II, 297.

[85] Aus vier Briefen Simmels an Harnack ist bekannt, daß Simmel Harnacks Vorlesung über »Das Wesen des Christentums« besuchte. Der Kontakt zwischen Simmel und Harnack bestand zumindest bis zu Simmels Wechsel nach Straßburg 1914, s. die vier Briefe Simmels an Harnack in: Buch des Dankes an Georg Simmel, s. Anm. 16, 81f.

[86] *O. Harnack*, Goethe in der Epoche seiner Vollendung, Leipzig 1887; *Ders.*, Der deutsche Klassizismus im Zeitalter Goethes, Berlin 1906. Vgl. die einleitenden Bemerkungen von *F. W. Graf* zu: *A. v. Harnack*, Gundolfs ›Goethe‹, hg. von *F. W. Graf*, in: Zeitschrift für neuere Theologiegeschichte/Journal for the History of Modern Theology 1 (1994), 167-178, 167-175.

sprochen. Entgegen der damit beabsichtigten Stigmatisierung eines un-
kirchlichen Kulturidealismus suchte Harnack besonders für Goethes Spätwerk jene Einsicht in die Notwendigkeit der kirchlichen Tradierungs-
und Erziehungsleistungen des Christentums für die Entfaltung individueller Religiosität herauszuarbeiten.[87]

Goethes Religiosität, so Harnack, blieb zwar den kirchlichen Dogmen
und dem strengen Kirchenglauben gegenüber durchaus distanziert. So zitiert er Goethe: »Ich glaube an Gott und die Natur und an den Sieg des
Edlen über das Schlechte; aber das war den frommen Seelen nicht genug;
ich sollte auch glauben, daß drei Eins sei und Eins drei; das aber wider-
strebte dem Wahrheitsgefühl meiner Seele; auch sah ich nicht ein, daß mir
damit im mindesten wäre geholfen worden.«[88] Zugleich aber hebt
Harnack heraus, Goethe habe, mit der für das Spätwerk typischen Betonung des Symbolischen und Pädagogischen, der Kirche ein »relatives
Recht« eingeräumt: »Der Standpunkt der Kirche«, so Goethe, »ist mehr
menschlicher Art. Er ist gebrechlich, wandelbar und im Wandel begriffen;
doch auch er wird in ewiger Umwandlung dauern, solange schwache
menschliche Wesen sein werden.«[89]

Es ist für Harnack im Wesen des Christentums beschlossen, daß es in
der unabschließbaren Bildungsdialektik von kirchlicher Sicherung des
Heilsbesitzes und kultureller Entäußerung beweglich und eben deshalb
stets aktuell ist.[90] Diese Dialektik trägt für Harnack wie für Cassirer im
Prozeß der Kultur die Beharrlichkeit und Gestaltungskraft, die »Humani-
täts-Position«[91] zu realisieren: »Unser höheres Wesen kommt nicht in ei-

---

[87] *A. Harnack*, Die Religion Goethes in der Epoche seiner Vollendung, in: *Ders.*, Er-
forschtes und Erlebtes, Gießen 1923, 141-170; *Ders.*, Gedanken über einen Ausspruch
Goethes, in: *Ders.*, Vom inwendigen Leben. Betrachtungen über Bibelworte und freie Texte, Heilbronn 1931, 161-166; vgl. auch die Verteidigung der Harnackschen Goethe-Interpretation durch *E. Troeltsch*, Adolf von Harnack und Ferdinand Christian Baur, in: Festgabe
für A. von Harnack zum 70. Geburtstag, dargebracht von Fachgenossen und Freunden,
Tübingen 1921, 281-291, 289f.

[88] *Harnack*, Die Religion Goethes, s. Anm. 87, 168. Das Zitat Goethes stammt aus dem
Gespräch mit Eckermann vom 4. Januar 1824, in: *J. P. Eckermann*, Gespräche mit Goethe
in den letzten Jahren seines Lebens (Johann Wolfgang Goethe. Gedenkausgabe der Werke,
Briefe und Gespräche, hg. von *E. Beutler*, Bd. 24), Zürich ³1976, 547-551, Zitat: 548.

[89] *Harnack*, Die Religion Goethes, s. Anm. 87, 168. Das Zitat Goethes stammt aus dem
Gespräch mit Eckermann vom 11. März 1832, in: *Eckermann*, aaO., s. Anm. 90, 769-773,
Zitat: 769.

[90] Die Bedeutung des Bildungsthemas für Harnack wird herausgearbeitet von *Rendtorff*,
aaO., s. Anm. 8; *M. Schröder*, ›Wiedergewonnene Naivität‹. Protestantismus und Bildung
nach Adolf von Harnack, in: Das protestantische Prinzip. Historische und systematische
Studien zum Protestantismusbegriff, hg. von *A. v. Scheliha, M. Schröder*, Stuttgart u. a.
1998, 119-135.

nem ruhigen, sicheren Besitz, sondern im Kämpfen und Ringen zum
Ausdruck. Nur das, wonach wir mit Bewußtsein streben, ist unser Eigentum: was wir zu besitzen meinen, haben wir alsbald verloren.«[92] Wie bei
Cassirer so ist auch bei Harnack Goethes Haltung der Inbegriff jenes humanen Kulturethos.

Die scharfe und polemische Kritik der »dialektischen« Theologie an
diesem Goethe-Christentum, in deren Kern der Vorwurf liegt, das Huma-
nitätsanliegen sei zur menschlichen Selbstrechtfertigung überhöht[93] einerseits und die Position Ernst Troeltschs andererseits, der in dem recht verstandenen »Goethe-Christentum« Harnacks die Haltung eines »starken
Protestantismus und christlichen Humanitätsgedankens«[94] fand, bezeichnen die Pole der protestantisch-theologischen Stellungnahme zur »Lösung
Goethe«.

Es kann hier nicht darum gehen, diese voraussetzungsvollen Widersprüche zu relativieren oder gar aufzulösen. Von theologischer Relevanz ist an
Entwürfen wie demjenigen Cassirers die Analyse des ethischen Kerns der
Frage nach der Kulturbedeutung der Religion. Der Ausweg aus der kulturellen Dialektik - oder mit Cassirer: aus der dialektischen Struktur des
Kulturbewußtseins - ist letztlich nur durch die Flucht aus der Kultur
möglich. Aber auch Flucht, Kritik, Verweigerung oder Distanzierung stehen unter der Bedingung der Unhintergehbarkeit der Kultur. Damit ist
die Verantwortung für sie gegeben. Die Art ihrer Wahrnehmung hängt
wiederum entscheidend von der Haltung zu den Gütern ab, in denen sich
die Entwicklung der Menschheit symbolisiert. Cassirer zählte auch die
Religion zu diesen symbolischen Formen und seine Haltung war die des
modernen Menschen, der eine Kultur will.

Das theologische Interesse an Ernst Cassirers Kulturphilosophie bezieht
sich auf die Thematisierung des Zusammenhangs von Religion, Kultur
und Bildung. Es richtet sich damit, wenn nicht auf eine Erneuerung des
»Goethe-Christentums«, so doch zumindest auf die Reformulierung der
damit aufgegebenen theologischen Fragestellungen. Dies wäre etwa die
Aufgabe einer christentumstheoretischen Verhandlung der dialektischen
Struktur des religiösen Bewußtseins.

---

[91] *Troeltsch*, Adolf von Harnack und Ferdinand Christian Baur, s. Anm. 87, 290.

[92] *Harnack*, Die Religion Goethes, s. Anm. 87, 170.

[93] Vgl. etwa die briefliche Auseinandersetzung Harnacks mit Karl Barth, jetzt in: Anfänge der dialektischen Theologie. Teil I, hg. von *J. Moltmann*, München ⁵1985, 323-347; *F.
Gogarten*, Goethes Frömmigkeit, in: Zeitenwende 8 (1932), 161-173.

[94] *Troeltsch*, Adolf von Harnack und Ferdinand Christian Baur, s. Anm. 87, 289f. Vgl.
auch *W. Trillhaas*, Adolf Harnack, in: *Ders.*, Perspektiven und Gestalten des neuzeitlichen
Christentums, Göttingen 1975, 151-158, bes. 157f.

Christian Danz

Der Begriff des Symbols
bei Paul Tillich und Ernst Cassirer

»Das Symbol ist die Sprache der Religion. Es ist die einzige Sprache, in der sich die Religion direkt ausdrücken kann. Indirekt und reflektiert kann sie auch in theologischen und philosophischen Begriffen und in künstlerischen Bildern Ausdruck finden, aber ihr primärer Ausdruck ist das Symbol oder eine Gruppe von Symbolen, die wir Mythos nennen.«[1]

Mit der Formel »das Symbol ist die Sprache der Religion« räumt Paul Tillich in seiner Religionstheorie dem Symbol eine herausragende Stellung ein. Symbolische Kommunikation ist die Form der Kommunikation, in der sich das religiöse Bewußtsein in seiner ihm eigentümlichen Form ausdrückt. Damit wird der Umgang mit Symbolen zu einem entscheidenden Charakteristikum des religiösen Bewußtseins. Denn das religiöse Bewußtsein konstituiert sich genau dann als religiöses im Unterschied zu anderen kulturellen Funktionen, wenn es in der Lage ist, in einen symbolischen Kommunikationsprozeß einzutreten. Die Frage nach der Struktur eines solchen Begriffs des Symbols wird damit unausweichlich, soll es doch das Besondere der Religion in Unterschiedenheit und Bezogenheit zu anderen kulturellen Funktionen benennen.

Die hohe Wertschätzung des Symbolbegriffes verbindet den Religions- und Kulturtheoretiker Paul Tillich mit dem Philosophen der symbolischen Formen, Ernst Cassirer.[2] Ein Vergleich des Symbolbegriffes Paul Tillichs mit der Philosophie der symbolischen Formen Ernst Cassirers legt sich jedoch nicht nur aus diesem Grund nahe, sondern auch aus dem Umstand, daß Begriffe wie »Form«, »Gestalt« und »Stil« zu den systema-

---

[1] *P. Tillich*, Recht und Bedeutung religiöser Symbole, in: *P. Tillich*, Gesammelte Werke V: Die Frage nach dem Unbedingten, Stuttgart ²1978, 237-244, hier 237 (zit. RBS).

[2] Zur Auseinandersetzung Tillichs mit dem Symbolbegriff Cassirers siehe auch *H. Loof*, Der Symbolbegriff in der neueren Religionsphilosophie und Theologie, in: Kantst. Erg.-H. 69 (1955), 52ff; *W. Schüßler*, Der philosophische Gottesgedanke im Frühwerk Paul Tillichs (1910-1933). Darstellung und Interpretation seiner Gedanken und Quellen, Würzburg 1986, 75-80.

tisch zentralen Begriffen beider Denker gehören. Ebenso bildet für Tillich
wie auch für Cassirer ein – wie auch immer im Einzelnen differierender –
kritischer Idealismus Kantischer Provenienz den Hintergrund.

Tillich hat literarisch erstmals 1924 zu Cassirers Symbolbegriff in einer
Rezension in der »Theologischen Literaturzeitung« Stellung bezogen.[3] In
einer mit »Probleme des Mythos« überschriebenen Arbeit bespricht Tillich Cassirers 1921/22 erschienene Studie »Die Begriffsform im mythischen Denken« und Artur Lieberts 1922 erschienenen Aufsatz »Mythos
und Kultur«.[4] Die Kritik an Cassirers Symbolbegriff, welche diese Be-
sprechung formuliert, wird von Tillich in dessen explizit dem Begriff des
Symbols gewidmeten Arbeiten aus den zwanziger Jahren wiederholt. Diese Einwände, welche Tillich in dem 1928 erschienenen Aufsatz »Das religiöse Symbol«[5] und in dem Lexikonartikel »Mythos und Mythologie«[6]
von 1930 formuliert, setzen nicht nur einen anders konzipierten Begriff
des Symbols voraus, sondern lassen auch unterschiedliche Akzentsetzungen
in der Kulturtheorie erwarten.

Unter dem Stichwort »Religion als symbolische Vergegenwärtigung unbedingten Sinnes« soll in einem ersten Abschnitt der Begriff des Symbols
bei *Paul Tillich* rekonstruiert werden. In einem ersten Punkt wird den systematischen Voraussetzungen von Tillichs Symbolbegriff in dessen Sinntheorie nachgegangen (I.). Diese Sinntheorie bildet den Explikationskon-
text von Tillichs Theorie des Absoluten, in deren Rahmen der Symbolbegriff eingeführt wird (II.). Ausgehend von diesen beiden Theorieelemen-
ten soll abschließend nach dem Begriff der Religion und ihrer Stellung
innerhalb der kulturellen Funktionen gefragt werden (III.) Sodann soll
unter dem Stichwort »Kultur als symbolische Formung« dem Begriff des
Symbols *Ernst Cassirers* nachgegangen werden. In einem ersten Punkt
wird der Begriff des Symbols im Kontext der Philosophie der symbolischen Formen kurz skizziert (I.) Der für diesen Begriff des Symbols konstitutiven Repräsentationstheorie soll in einem zweiten Punkt nachgegan-

---

[3]   *P. Tillich*, Probleme des Mythos, in: ThLZ 49 (1924), Sp. 115-117.

[4]   *A. Liebert*, Mythos und Kultur, in: Kantstudien 27 (1922), 399-445.

[5]   *P. Tillich*, Das religiöse Symbol, in: *P. Tillich*, Gesammelte Werke V: Die Frage nach
dem Unbedingten, Stuttgart ²1978, 196-212 (zit. RS).

[6]   *P. Tillich*, Mythos und Mythologie, in: *P. Tillich*, Gesammelte Werke V, 187-195 (zit.
MM). In dem Artikel »Symbol and Knowledge« von 1941, in dem sich Tillich gegenüber
Einwänden, welche Wilbur M. Urban und Edwin E. Aubrey gegen seinen Symbolbegriff
vorgebracht hatten, verteidigt, kommt Tillich noch einmal auf Cassirers Symbolbegriff zu
sprechen und kritisiert dessen Symboltheorie als Pansymbolismus. Siehe *P. Tillich*, Symbol
and Knowledge. A response by Paul Tillich, in: *P. Tillich*, Main Works/Hauptwerke IV: Religionsphilosophische Schriften, hg. v. *J. Clayton*, Berlin/New York 1987, 273-276, hier
273.

gen werden (II.) Abschließend wird auf dem Hintergrund dieses Symbolbegriffs nach der Eigenart und Stellung der Religion innerhalb der symbolischen Formen zu fragen sein (III.) Die Stichworte »Religion als Vergegenwärtigung unbedingten Sinnes« und »Kultur als symbolische Formung« weisen auf einen Gegensatz, der scheinbar keine Vermittlung mehr zuläßt. Gleichwohl bearbeiten Tillich und Cassirer den Gegensatz von Religion und Kultur schon jeweils auf ihre Weise. Diese differenten Herangehensweisen an das Problem des Verhältnisses von Religion und Kultur machen die Frage unausweichlich, ob diese Differenz nicht ihrerseits als Ausdruck einer gesteigerten Pluralität von Deutungsansätzen zu begreifen ist, welche auf ein notwendiges Miteinander schließen läßt. Dieser Schritt von einem ausschließlichen Gegeneinander zu einem komplementären Miteinander ließe sich dann plausibilisieren, wenn die Rekonstruktion der unterschiedlichen Theorien auf Probleme stoßen würde, welche in der jeweils anderen thematisiert werden. Dieser Perspektive soll in einem abschließenden Abschnitt unter dem Stichwort »Religion und Kultur als Symbolprozeß« kurz nachgegangen werden.

Paul Tillich:
Religion als symbolische Vergegenwärtigung unbedingten Sinnes

I.

»Religion ist Richtung des Geistes auf den unbedingten Sinn, Kultur ist Richtung des Geistes auf die bedingten Formen. Beide aber treffen sich in der Richtung auf die vollendete Einheit der Sinnformen, die für die Kultur Abschluß ist, für die Religion aber Symbol, das vom Unbedingten her zugleich bejaht und verneint wird: das ist das allgemeine Resultat der metalogischen Sinnanalyse.«[7] Diese Bestimmung des Begriffs der Religion als Richtung auf den unbedingten Sinn, welche Tillich in seiner »Religionsphilosophie« von 1925 gibt, macht von der doppelten Einsicht Gebrauch, daß Religion weder bruchlos mit der Kultur zur Deckung kommt noch als abstrakte Negation der Kultur verstanden werden kann. Die Einsicht in das Mit- und Widereinander von Kultur und Religion, in deren Zusammenhang Tillich den Symbolbegriff einführt, faßt einen Argumentationsgang zusammen, der an der Explikation einer Sinntheorie orientiert ist. Die Charakterisierung der Religion als Symbolbewußtsein fußt auf sinntheoretischen Überlegungen, deren Funktion darin besteht,

---

[7] *P. Tillich*, Religionsphilosophie, in: *P. Tillich*, Gesammelte Werke I: Frühe Hauptwerke, Stuttgart ²1959, 295-364, hier 329 (zit. RP).

Eigentümlichkeit und Stellung der Religion im Ensemble der kulturellen
Funktionen unter den Bedingungen der Moderne zu bestimmen. Diese
sinntheoretischen Voraussetzungen von Tillichs Begriff des Symbols gilt es
daher zunächst zu explizieren.

Mit seiner Sinntheorie erhebt Tillich den Anspruch, eine Überwindung
der Alternative von realistischen und idealistischen Modellen der Erkenntnis zu leisten.[8] Beide Modelle erweisen sich in einer kritischen Reflexion
ihrer Leistungskraft insofern als ergänzungsbedürftig und unvollständig,
als sie jeweils auf Probleme stoßen, welche sich unter ihren Voraussetzungen nicht mehr aufklären lassen. Wie der Realismus auf Grund seiner erkenntnistheoretischen Voraussetzungen nicht in der Lage ist zu erklären,
wie die Natur dem Geist Gesetze geben kann, so kann der Idealismus
nicht erklären, wie ein an sich formloser Stoff Gesetze annehmen kann.
Aus der Perspektive einer Sinntheorie erweisen sich beide Modelle als
Abstraktionen von dem Umstand, daß Stoff und Form in jedem Sinner-
lebnis schon eine Einheit bilden. Die Sinnerfahrung kann demzufolge
weder als Sinngebung noch als Sinnerfassung adäquat beschrieben werden, sondern nur als Sinnerfüllung. »Der Begriff besagt, daß die Dinge in
der Richtung auf die unbedingte Form stehen und daß diese Richtung
ihre Erfüllung findet in den geistigen Schöpfungen. [...] Der Sinn ist
überhaupt nicht gegeben, weder real noch ideal, sondern er ist intendiert,
und er kommt im Geiste zur Erfüllung.«[9] Der Begriff der Sinnerfüllung
zielt darauf ab, daß in jedem Bewußtseinsvollzug Stoff und Form immer
schon eine Einheit bilden.

So sehr nun die Sinnerfüllung für einen einheitlichen Vollzug steht, so
sehr lassen sich doch Momente benennen, welche für diese selbst konstitutiv sind. »Die Notwendigkeit, selbständige Begriffe zu bilden, liegt
überall da vor, wo die Elemente einer einheitlichen Wirklichkeit sich als
unabhängig voneinander variabel erweisen. Auf diesem Tatbestand beruht
überhaupt die Begriffsbildung, die Heraushebung bestimmter Objekte
aus dem absolut einheitlichen Flusse der Wirklichkeit. Es besteht nun aber
die Tatsache, sowohl in der Ontologie wie in der Geschichtsphilosophie,
daß Sinnform und Sinngehalt auf allen Gebieten der Wirklichkeit in einem Spannungsverhältnis stehen und daß auf dieser Spannung der Reichtum sowohl der Gegenstände wie der Vorgänge beruht. Selbstverständlich
gibt es keine isolierten Elemente. Die Wirklichkeit ist immer in Integration.«[10] Sinnform und Sinngehalt bilden der zitierten Stelle zufolge die

---

[8] Vgl. zum Folgenden *P. Tillich*, Das System der Wissenschaften nach Gegenständen und
Methoden, in: *P. Tillich*, Gesammelte Werke I, 109-293, hier 222, 233 (zit. SWGM) und
RP, 307.

[9] SWGM, 233.

Strukturmomente, welche die Sinnerfüllung konstituieren und keine unabhängig voneinander vorliegenden Daten. Das Verhältnis von Sinnform und Sinngehalt muß somit als ein strenges Wechselverhältnis begriffen werden.[11] Die Sinnform ist somit nie ohne einen Gehalt und der Gehalt nie ohne eine Sinnform. Gibt man dieser These Tillichs eine weite Lesart, so muß man sagen, daß jede Formwahrnehmung schon sinnhaft ist sowie jede Sinnwahrnehmung auf die Vermittlung durch eine Form angewiesen ist. Zwischen den Strukturmomenten des Sinnes, Sinnform und Sinngehalt, waltet nicht nur eine durchgehende strenge Korrelation, sondern eine solche, die als unabhängig voneinander variabel zu verstehen ist.

Wenn die Sinnerfüllung als eine Einheit von Sinnform und Sinngehalt zu verstehen ist, so ist in dieser immer auch schon ein Moment beansprucht, welches sich weder aus der Sinnform noch aus dem Sinngehalt ableiten läßt. Dieses Moment ist die in der Sinnerfüllung immer schon beanspruchte Synthesis von Form und Gehalt. Tillich hat dieses dritte Moment, welches in jeder Sinnerfahrung schon am Werke ist, in unterschiedlichen Perspektiven unter verschiedenen Titeln thematisiert. In dem »System der Wissenschaften nach Gegenständen und Methoden« und in der »Religionsphilosophie« steht für diese Synthesis der Sinnbegriff[12] und der Begriff des Geistes.[13] In dem Aufsatz »Kairos und Logos. Eine Untersuchung zur Metaphysik der Erkenntnis«[14] von 1926 umschreibt er dieses dritte Moment mit »Wesensdeutung«, »geistigem Verstehen« und »Entscheidung«. Gegenüber realistischen und idealistischen Erkenntnistheorien macht er geltend: »Aber eine solche Erkenntnislehre übersieht ein drittes Element des Erkennens, das weder formal noch material ist und wodurch das Erkennen erst zu einer geistigen Angelegenheit wird.«[15]

---

[10] *P. Tillich*, Zu Tillichs Systematik, in: Blätter für religiösen Sozialismus 5 (1924), Nr. 5/ 6, 19 (zit. TS).

[11] Auf Grund dieses strengen Wechselverhältnisses zwischen Form und Gehalt ist es nicht möglich, das, was Tillich Gehalt nennt, mit dem Unbedingten und die Form mit dem Bedingten zu identifizieren. Zu solch einer Lesart dieses Wechselverhältnisses siehe *J. Ringleben*, Symbol und göttliches Sein, in: *G. Hummel* (Hg.), Gott und Sein. Das Problem der Ontologie in der philosophischen Theologie Paul Tillichs. Beiträge des II. Internationalen Paul-Tillich-Symposions in Frankfurt 1988, Berlin/New York 1989, 165-181, hier 166, 181. Liest man das Wechselverhältnis von Form und Gehalt so, daß der Gehalt für das Unbedingte steht und die Form für das Bedingte, dann ist es freilich auch nicht mehr abzusehen, wie der Symbolbegriff Tillichs gegenüber den Einwänden Ringlebens – eine abstrakte Diastase zwischen Unbedingtem und Bedingtem aufzubauen – zu verteidigen ist.

[12] Vgl. SWGM, 234.

[13] Vgl. SWGM, 210.

[14] In: *P. Tillich*, Gesammelte Werke 4: Philosophie und Schicksal. Schriften zur Erkenntnislehre und Existenzphilosophie, Stuttgart 1961, 43-76 (zit. KL).

Der Begriff des Sinnes bei Tillich baut sich damit durch eine Struktur
auf, welche sich nicht mehr mit einer zweistelligen Relation, etwa dem
Subjekt-Objekt-Schema, beschreiben läßt. Denn es war ja gerade dieses
Erkenntnismodell, welches die Alternative von Idealismus und Realismus
provozierte. Eine Überwindung dieser Alternative, wie sie Tillich mit seiner Sinntheorie beansprucht geleistet zu haben, kann daher nicht mehr
mit zweistelligen Relationen operieren, sondern muß auf dreistellige Relationen umstellen. Ansonsten bleibt die Behauptung einer Überwindung
dieser erkenntnistheoretischen Alternative eine bloße Versicherung. Tillich
vollzieht nun in der Tat mit seiner Sinntheorie der Sache nach diesen
Schritt von zweistelligen zu dreistelligen Relationen. So wenig nämlich
das Wechselverhältnis von Sinnform und Sinngehalt einsinnig auf die
Form oder den Gehalt reduziert werden kann, so wenig kann die Synthesis, vermöge welcher Sinnform und Sinngehalt das bestimmte Sinnerleb-
nis konstituieren, auf beide Relate reduziert werden.

Der skizzierte Sinnbegriff Tillichs, der sich durch die Momente Form,
Gehalt und Synthesis aufbaut, macht nun auch verständlich, inwiefern der
Sinnbegriff nur als Reihenbegriff gedacht werden kann. »Der einzelne
Sinn, der erfahren und vollzogen wird, steht immer mit anderen in Beziehung; ohne diese wäre er sinnloser Aphorismus. Sinn ist immer Sinnzusammenhang. Den Inbegriff aller möglichen Sinnzusammenhänge nennen wir objektiv gesprochen *Welt*, subjektiv gesprochen *Kultur*.«[16] Eine
bestimmte Erfahrung ist der zitierten Stelle zufolge erst dann als sinnvoll
zu charakterisieren, wenn sie in einer Reihe mit anderen Sinnerfahrun-
gen steht. Durch das Weiterschreiten in der Sinnreihe qualifiziert sich eine
Erfahrung als sinnhaft, indem sie eine bestimmte Stelle im Sinnzusammenhang einnimmt und damit durch den Sinnzusammenhang bestimmt
wird.[17] Die einzelne Sinnerfahrung muß daher von Tillich so verstanden
werden, daß sie ein Verhältnis von Bestimmtheit und Unbestimmtheit zur

---

[15] KL, 55f. Tillich fährt im unmittelbaren Kontext fort, dieses dritte Element zu erläutern: »Es handelt sich nicht um die Anwendung der Form auf das Material, des Evidenten
auf das Wahrscheinliche, also um die ›Urteilskraft‹. [...] Das dritte Element, von dem wir
reden, ist die Wesensdeutung, das geistige Verstehen der Wirklichkeit.« (KL, 56)

[16] *P. Tillich*, Kirche und Kultur, in: *P. Tillich*, Main Works/Hauptwerke II: Kulturphilosophische Schriften, hg. v. *M. Palmer*, Berlin/New York 1990, 101–114, hier 103 (zit. KK).
Siehe auch SWGM, 222f und RP, 318.

[17] Vgl. hierzu SWGM, 113: »Erkannt ist, was als notwendiges Glied einem Zusammenhang eingeordnet ist. Das Einzelne in seiner Vereinzelung ist kein Gegenstand der Erkenntnis.« Diesen Vorrang des Zusammenhangs vor dem Einzelnen, der gleichwohl nicht auf
Kosten des Einzelnen gehen soll, hat Tillich durch seine Gestalttheorie konzeptualisiert.
Siehe hierzu *H. Jahr*, Theologie als Gestaltmetaphysik. Die Vermittlung von Gott und Welt
im Frühwerk Paul Tillichs, Berlin/New York 1989.

Darstellung bringt. Erst wenn gesagt werden kann, daß jede bestimmte Sinnerfahrung einen Hof von Unbestimmtheit und somit einen Sinnüberschuß repräsentiert, dann kann auch von einer Nötigung zum Weiterschreiten in der Sinnreihe gesprochen werden. Der einzelne Sinn muß immer schon einen unbestimmten Sinnzusammenhang darstellen, damit es zu weiteren Sinnvollzügen kommt. In jeder Formung, »aesthetischer wie logischer, sozialer wie rechtlicher«, muß daher »die unbedingte Forderung nach absoluter Formung enthalten« sein.[18] In jedem Sinnakt ist somit schon ein Horizont von Sinnhaftigkeit mitgesetzt, der sich nicht aus den Strukturmomenten Form und Gehalt ableiten läßt, sondern sich der Synthesis verdankt, welche Tillich mit dem Sinnbegriff namhaft macht.

Die Sinnhaftigkeit des Sinnzusammenhanges, welche in jedem Einzelsinn mitrepräsentiert wird, ist jedoch nicht an ihr selbst darstellbar. »Es ist nun wichtig, festzustellen, daß diese Seite nicht etwas ist, das im Erkenntnisakt selbst zum Gegenstand der Erkenntnis werden könnte. Wo das versucht würde, da würde das dritte Element, das jenseits von Form und Material liegt, selbst wieder zu einem geformten Materialen werden. Damit wäre es aber seines Sinnes beraubt.«[19] Zwar ist in jedem Sinnakt Sinnhaftigkeit schon beansprucht, jedoch läßt sich diese nur in einer bestimmten Form vergegenwärtigen und nicht als diese selbst. Die für den Sinnvollzug selbst konstitutive Synthesis a priori kann durch das Bewußtsein nur als Synthesis a posteriori thematisiert werden. Damit kommt die Sinnhaftigkeit nicht mit den korrelativen Strukturmomenten Form und Gehalt zur Deckung, gleichwohl diese in jedem aktualen Sinnvollzug in Anspruch genommen ist.

II.

Es ist diese in jedem Sinnakt schon beanspruchte Sinnhaftigkeit, welche Tillich mit dem Titel des Unbedingten thematisiert. Das Göttliche, so Tillich in einem Brief an Emanuel Hirsch vom 9. Mai 1918, »ist Sinn, nicht Sein, und es ist ›anderer Sinn‹«[20]. Kann man davon ausgehen, daß in

---

[18] TS, 20.

[19] KL, 56.

[20] P. Tillich, Ergänzungs- und Nachlaßbände zu den Gesammelten Werken VI: Briefwechsel und Streitschriften. Theologische, philosophische und politische Stellungnahmen und Gespräche, Frankfurt a.M. 1983, 126. Während Tillich in dem Briefwechsel mit Hirsch Sinn und Wert noch identifizierte (»Wert‹ und ›Sinn‹ ergeben sich bei tieferer Analyse als identische Begriffe.« Ebd., 125), differenziert er im »System der Wissenschaften nach Gegenständen und Methoden« von 1923 zwischen Sinn und Wert. Vgl. hierzu SWGM, 221. Die Unterscheidung von Sinn und Wert ist zentral für den sogenannten Marburger Neukantianismus, während deren Identifizierung für die Rickertsche Variante des Neukan-

jeder Sinnerfahrung die unbedingte Sinnhaftigkeit schon in Anspruch genommen ist, ohne daß diese an ihr selbst darstellbar wäre, so fordert dieser
Umstand eine komplexere Gestalt des Gedankens des Absoluten. Dieser
muß nämlich ebenso der unmittelbaren Präsenz des unbedingten Sinnes
in allen Sinnvollzügen wie dessen Reflexionstranszendenz Rechnung tragen. Diesem Dilemma vermag nach Tillich keine gedankliche Selbstaufklärung des Sinnbewußtseins zu entgehen. Erkennt man jedoch an, daß
dieses Dilemma sich in jeder begrifflichen Selbstaufklärung des Bewußtseins einstellt, so ist damit anerkannt, daß es gerade diese Paradoxie ist,
welche den Gedanken des Absoluten selbst auszeichnet. »Nun aber gibt es
einen Punkt, wo Paradoxie nicht im Subjekt, sondern durchaus im Objekt begründet ist, wo Paradoxie zur Aussage ebenso notwendig gehört,
wie Widerspruchslosigkeit zu jeder erfahrungswissenschaftlichen Aussage:
Der Punkt, in dem das Unbedingte zum Objekt wird. Denn *daß* es das
wird, ist ja eben die Urparadoxie, da es als Unbedingtes seinem Wesen
nach jenseits des Gegensatzes von Subjekt und Objekt steht.«[21]
   Versucht man, begrifflich auseinanderzulegen, was mit dem Gedanken
der Urparadoxie des Absoluten gemeint sein könnte, welchen Tillich als
einzig mögliche adäquate begriffliche Form des Absoluten angibt, so wird
man auf einen gedoppelten Umstand geführt. Einerseits will Tillich damit
an der - cum grano salis Kantischen - Einsicht festhalten, daß es keinen
Weg vom Bedingten zum Unbedingten gibt und somit die Reflexion das
Absolute immer verfehlt. Und andererseits soll dem Aspekt Geltung verschafft werden, daß das Absolute in den Reflexionsleistungen des Bewußtseins immer schon beansprucht ist. Tillichs Gedanke der Urparadoxie des Absoluten stellt damit die Forderung, den unmittelbaren Vollzug
des Absoluten sowie dessen Reflexionstranszendenz dem Absoluten selbst
zugehörig zu denken.
   Die aus diesem Gedanken resultierende gedoppelte Fassung des Absoluten ist, wie ohne weiteres ersichtlich, eine Konsequenz der eigentümlichen Struktur des Sinnbewußtseins. Das Absolute ist demzufolge nie
ohne seine konkrete Vergegenwärtigung, und dieses Widereinander von
zwei gegenläufigen Bewegungen versucht Tillich mit dem Symbolbegriff
zu fassen. »Da nun aber das Bewußtsein keine anderen Formen hat als die
bedingten, so muß es diese benutzen, um das Unbedingte darin auszu-

---

tianismus maßgeblich ist. Vgl. zu der Differenzierung von Sinn und Wert auch *E. Cassirer*,
Form und Technik, in: *E. Cassirer*, Symbol, Technik, Sprache, hg. v. *E. W. Orth / J. M. Krois*,
Hamburg ²1995, 46.
   [21] *P. Tillich*, Die Überwindung des Religionsbegriffes in der Religionsphilosophie, in: *P.
Tillich*, Gesammelte Werke I, 365–388, hier 367 (zit. ÜRR).

drücken, d.h. es muß die wissenschaftlichen Begriffe symbolisch, nicht eigentlich verwenden.«[22] Das Symbol ist nach der zitierten Stelle ein Darstellungsverhältnis, in dem die Begriffe nicht eigentlich, sondern uneigentlich gebraucht werden. Daß Begriffe uneigentlich gebraucht werden, markiert zunächst die Differenz zum Aufbau der empirischen Sinnwirklichkeit. Diese Differenz hält Tillich auch durch die Rede von einem Schnitt zwischen Ausdrucks- und Geltungscharakter fest. »Die metaphysischen Begriffe haben Ausdruckscharakter und darum nicht in dem gleichen Sinne, wie die wissenschaftlichen, Geltungscharakter.«[23]

Mit diesem Begriff des Symbols handelt Tillich sich jedoch die Schwierigkeit ein, daß er angeben muß, unter welchen Bedingungen es möglich ist, daß ein Begriff als Symbol interpretiert wird. Wenn das Bewußtsein nur die bedingten Formen zur Verfügung hat, so muß es schon darum wissen, daß es diese Begriffe nicht eigentlich, sondern symbolisch gebraucht, wenn es sie zur Darstellung des unbedingten Sinnes verwendet. Dieses Wissen zu explizieren ist die Funktion von Tillichs Theorie des Absoluten. Unter der Prämisse, daß der Sinnprozeß für das Bewußtsein unhintergehbar sein soll, kann es für dieses selbst keine Möglichkeit geben, diesen aus einem externen Grund abzuleiten. Aus diesem Grund ist Tillich in der »Religionsphilosophie« bestrebt, die philosophische Analyse des Bewußtseins bis zu dem Punkt zu treiben, »wo sie sich selbst samt aller Kultur als Ausdruck des Religiösen erfaßt«.[24] Der Einsicht in die Unableitbarkeit des Bedingten korrespondiert die Einsicht in das unreduzierbare Wechselverhältnis von Unbedingtem und Bedingtem. Diese Konstruktion der Unableitbarkeit des Bedingten, wie sie Tillich in der Religionsphilosophie durchführt, ist zugleich die Konstruktion des Bedingten als Ausdruck des Unbedingten. Dieses Wissen des Bedingten um sich als Ausdruck des Unbedingten stellt die Bedingung dafür dar, daß das Bewußtsein Zeichen als Symbole verstehen kann. Denn nur wenn das Bewußtsein sich schon als Ausdruck des Unbedingten weiß, kann es die bedingten Formen symbolisch gebrauchen.

Zum Symbol wird ein Begriff dadurch, daß er vom Bewußtsein als Darstellung der Synthesis a priori interpretiert wird. In diesem Verfahren dient der Begriff nicht mehr zum Aufbau der Sinnwirklichkeit, sondern die Sinnhaftigkeit dieses Verfahrens soll selbst dargestellt werden. Diese Differenz, welche Tillich als Überschritt von dem Geltungscharakter von Begriffen zu deren Ausdruckscharakter namhaft macht, läßt sich als Diffe-

---

[22] RP, 302f. Vgl. auch SWGM, 254.
[23] SWGM, 254.
[24] RP, 329. Vgl. auch SWGM, 259.

renz von Symbolisierung und Schematisierung explizieren.[25] Da der Sinn
weder ideal noch real gegeben ist, kann er nicht schematisiert, sondern
nur symbolisiert werden. Um die Sinnhaftigkeit, die das Bewußtsein in
jedem Sinnvollzug schon beansprucht, zu vergegenwärtigen, kann dieses
keine Anschauungen zu Hilfe nehmen. Denn die Sinnhaftigkeit ist selbst
nicht empirisch. Die Vergegenwärtigung des unbedingten Sinnes kann
daher nur so geschehen, daß die Struktur des Sinnvollzuges selbst zu einer
Darstellung wird. Zeichentheoretisch formuliert ist das Symbol ein Zeichen, in dem der Zeichengebrauch selbst als Zeichen dient. Eine symbolische Darstellung ist somit nicht die Abbildung einer Wirklichkeit, sondern die Darstellung des Verfahrens des Sinnvollzuges. Dieser besteht in
der Überbrückung der unaufhebbaren Kluft zwischen unbedingtem Sinn
und bedingter Sinnerfüllung. Aus diesem Grund enthält jedes Symbol einen Sinnüberschuß, den Tillich als »transzendentes Bedeuten«[26] faßt: »Das
Heilige ist nicht unanschaulich. Aber es ist nicht gegenständlich. *Das Heilige wird ungegenständlich angeschaut*; es wird als transzendentes Bedeuten
angeschaut.«[27] Tillichs Begriff des Symbols steht damit für den Umstand,
daß die in jedem Sinnakt schon beanspruchte Sinnhaftigkeit für die endlichen Subjekte nicht an ihr selbst vergegenwärtigt werden kann, sondern
in einer Darstellung des Verfahrens des Sinnvollzuges selbst. Im Symbol
vergegenwärtigt das Bewußtsein ebenso die Differenz wie die Einheit von
Unbedingtem und Bedingtem.

III.

Die im Ausgang von der Sinntheorie in aller Kürze skizzierte Theorie des
Absoluten, welche auf den Gedanken eines gedoppelten Absoluten führte, läßt zunächst erkennen, daß der Symbolgedanke für Tillich seinen her-
vorragenden Ort dort hat, wo es um die Aufklärung der dem Bewußtsein
selbst verborgenen Genesis seiner selbst geht. Die Aufklärung der von
dem Bewußtsein in jedem seiner Akte schon beanspruchten Sinnhaftigkeit ist diesem jedoch nur als Deutung möglich. Diese Deutung der für

---

[25] Tillichs Begriff des Symbols folgt der Kantischen Unterscheidung von Symbolisie-
rung und Schematisierung, wie sie in der Kritik der Urteilskraft ausgeführt ist. Vgl. hierzu
I. Kant, Kritik der Urteilskraft, in: *I. Kant,* Werke 8, Darmstadt 1983, § 59, 458-463 = B
254-260. Zum Symbolbegriff Kants siehe *C. Dierksmeier,* Das Noumenon Religion. Eine
Untersuchung zur Stellung der Religion im System der praktischen Philosophie Kants,
Berlin/New York 1998, 40ff.

[26] *P. Tillich,* Der Protestantismus als kritisches und gestaltendes Prinzip, in: *P. Tillich,* Gesammelte Werke VII: Der Protestantismus als Kritik und Gestaltung. Schriften zur Theologie I, Stuttgart 1962, 29-53, hier 41 (zit. PKGP).

[27] PKGP, 41.

das Bewußtseins selbst nicht aufhellbaren Faktizität seiner selbst zu vollziehen, ist die eigentümliche Funktion der Religion.[28] »Religion ist Erfahrung des Unbedingten und das heißt Erfahrung schlechthinniger Realität auf Grund der Erfahrung schlechthinniger Nichtigkeit; es wird erfahren die Nichtigkeit des Seienden, die Nichtigkeit der Werte, die Nichtigkeit des persönlichen Lebens; wo diese Erfahrung zum absoluten, radikalen Nein geführt hat, da schlägt sie um in eine ebenso absolute Erfahrung
der Realität, in ein radikales Ja.«[29] Religion ist dieser Bestimmung zufolge
der Ort, an dem die für alle Bewußtseinsfunktionen selbst grundlegende
Synthesis a priori thematisiert wird. Aus diesem Grund kann sie selbst
keine Bewußtseinsfunktion sein, die neben anderen Bewußtseinsfunktionen steht, sondern sie steht für die Sinnhaftigkeit der Bewußtseinsfunktionen selbst.[30] Die Repräsentation dieser für das Bewußtsein selbst konstitutiven »Beziehung auf das Unbedingt-Transzendente«[31] ist das Symbol.
Tillich nennt diese symbolische Repräsentation Mythos. Der Mythos ist
daher für Tillich der Inbegriff derjenigen Symbole, »*in denen mittelbar oder
unmittelbar das Unbedingt-Transzendente angeschaut wird*«.[32] Symbole in einem strengen Sinne sind für Tillich die religiösen Repräsentationsformen
des Absoluten, da nur in ihnen die für das Bewußtsein selbst konstitutive
Synthesis apriori vergegenwärtigt wird.[33]

Für Tillichs Begriff des Symbols waren zwei Aspekte bestimmend. Einerseits die unmittelbare Präsenz des Absoluten in jedem Akt des Bewußtseins und andererseits die Differenz von unbedingtem Sinn und endlicher Sinnerfüllung. Aus beiden Aspekten resultiert eine Theorie des
Symbols, die Tillich eine »*symbolisch-realistische*«[34] nennt. Mit dieser Konzeption des religiösen Symbols bzw. des Mythos als Inbegriff der religiösen Symbole, erhebt Tillich den Anspruch, die Alternative zwischen einer
metaphysischen und einer erkenntnistheoretischen Theorie des Mythos
überwunden zu haben.[35]

---

[28] Zum Religionsbegriff Tillichs siehe vom *Vf.*, Religion als Selbstbewußtsein endlicher
Freiheit. Eine Studie zur Theologie als Theorie der Konstitutionsbedingungen individueller Subjektivität bei Paul Tillich, Habil. Jena 1999.

[29] *P. Tillich*, Über die Idee einer Theologie der Kultur, in: *P. Tillich*, Main Works/Haupt-
werke II, Berlin/New York 1990, 69-85, hier 74 (zit. ÜITK).

[30] RP, 329: »Sie [sc. die Religion], die in allen Sinnfunktionen grundlegend ist, kann
selbst keine Sinnfunktion sein.«

[31] RS, 201.

[32] RS, 205.

[33] Dies schließt nicht aus, daß Tillich auch von kulturellen Symbolen reden kann. Vgl.
etwa RS, 197.

[34] MM, 188.

[35] Vgl. hierzu MM, 188. Während in Tillichs Unterscheidung Schelling als Repräsentant
der metaphysischen Theorie des Mythos genannt wird, erscheint Cassirer als Exponent ei-

Tillichs symbolisch-realistische Theorie des Mythos räumt diesem eine konstitutive Funktion für den Geist überhaupt ein. Er ist die symbolische Form, in der das Bewußtsein seine für es selbst konstitutive Relation zum Absoluten vergegenwärtigt. Diese Repräsentation der religiösen Relation zum Unbedingt-Transzendenten ist jedoch immer schon auf die intentionalen Korrelate der Bewußtseinsakte angewiesen, vermöge deren sich für das Bewußtsein die gegenständliche Welt aufbaut. Dieses Relationsgefüge beschreibt Tillich als ein Ineinander von religiöser, wissenschaftlicher und mythischer Relation.[36] Ist damit die Form des Mythos jedem Bewußtsein als solchem eingeschrieben, so wird die Frage um so dringlicher, wie sich Mythos, Religion und Wissenschaft ihrerseits zueinander verhalten.[37]

Ausgeschlossen ist mit dieser Konzeption ein Verständnis der Kulturgeschichte, nach der sich Religion und Wissenschaft aus dem Mythos entwickeln und diesen überwinden. Was im Mythos gegründet ist, kann diesen schlechterdings nicht überwinden.[38] Soll jedoch dennoch an dem Gedanken einer Ausdifferenzierung des mythischen Bewußtseins wie auch an dem Gedanken einer konstitutiven Funktion des Mythos für das Bewußtsein überhaupt festgehalten werden, so kann dies nicht so geschehen, daß die genetische Perspektive in Gegensatz zu der geltungstheoretischen tritt.[39] An die Stelle des Widereinander von entwicklungsgeschichtlicher und geltungstheoretischer Auffassung des Mythos tritt daher bei Tillich der Gedanke einer »inneren Dialektik«[40] des Mythos. »Die Spannung ist gelöst, sobald feststeht, daß der Mythos überhaupt nicht aufgehört hat, sondern daß er nur seine Form geändert hat.«[41] Die Formel von der »inneren Dialektik« des Mythos hat den Sinn, das spannungsvolle Nebeneinander der beiden Perspektiven in eine interne Spannung zu überführen.

---

ner erkenntnistheoretischen Theorie des Mythos. Inwieweit diese Einordnung Cassirers diesem selbst gerecht wird, erscheint zumindest gegenüber dessen Selbstverständnis als fraglich. In dem Aufsatz »Schelling und die Anfänge des existentialistischen Protestes« von 1954 hat Tillich diese Sicht Cassirers auch revidiert. Vgl. *P. Tillich*, Gesammelte Werke IV, 134. Im Unterschied zu der Alternative metaphysische versus erkenntnistheoretische Mythostheorie expliziert Cassirer seine Theorie des mythischen Denkens in Auseinandersetzung mit der metaphysischen Deutung Schellings und der empirischen Deutung Wundts. Vgl. hierzu *E. Cassirer*, PsF I, 8–22.

[36] Vgl. RS, 204.

[37] Zur gegenständlichen Funktion vgl. RS, 203f und MM, 190f.

[38] Vgl. RS, 204.

[39] Ein derartiges Widereinander von genetischer und geltungstheoretischer Perspektive glaubt Tillich in der Mythostheorie Cassirers feststellen zu können. Vgl. hierzu RS, 202.

[40] RS, 203.

[41] RS, 202.

Entsprechend dieser internen Differenzierung, wie sie Tillich mit dem Gedanken einer inneren Dialektik des Mythos zum Ausdruck bringt, können Mythos und Religion nicht einfach nebeneinander stehen. Der Gedanke einer inneren Dialektik erfordert eine Verschränkung von Mythos und Religion derart, daß die Religion als Moment des Mythos und der Mythos als Moment der Religion begriffen wird. Das Verhältnis von Mythos und Religion wird somit von Tillich in die interne Dialektik des mythisch-religiösen Bewußtseins überführt. Der Mythos hört in der Religion nicht einfach auf, sondern er ändert »nur seine Form«.[42] Tillich erläutert diese Formänderung, welche das mythische im religiösen Bewußtsein erfährt, als eine Durchbrechung des »Mythos in seiner Unmittelbarkeit«.[43] Die Differenz von Mythos und Religion liegt somit nicht in deren Inhalten, sondern in einer veränderten Stellung des Bewußtseins zu seinen Inhalten. Das Bewußtsein kann jedoch nur dadurch eine veränderte Stellung zu seinen Inhalten bekommen, daß es sich als unterschieden von diesen erfaßt. Tillich beschreibt dieses Bewußtsein als ein Transzendenzbewußtsein.[44] In das Bewußtsein zieht damit die Reflexivität ein, vermöge derer sich ein Wissen um die Differenz von Symbol und Sinn herausbilden kann. Vermöge dieser gesteigerten Reflexivität kann das religiöse Bewußtsein seine Inhalte »gebrauchen unter ständiger Erinnerung an ihren symbolischen Charakter und den Sinn, den sie zwar anschaulich und lebendig, aber doch inadäquat ausdrücken«.[45] Indem das religiöse Bewußtsein um den Symbolcharakter der Symbole weiß, bricht es die Unmittelbarkeit der mythischen Vorstellungen. Die Differenz zwischen gebrochenem und ungebrochenem mythischen Bewußtsein ist somit als Differenz zwischen einem Bewußtsein, welches um den Symbolcharakter seiner Darstellungen weiß, und einem solchen Bewußtsein, welches nicht darum weiß, zu explizieren. Das ungebrochene mythische Bewußtsein nimmt die gegenständlichen Korrelate seiner Bewußtseinsakte für die Sache selbst, während das gebrochene mythische Bewußtsein darum weiß, daß die Bilder den unbedingten Sinn repräsentieren. Auch das gebrochene mythische Bewußtsein kann auf Grund der Struktur des Bewußtseins das Unbedingte nur in den Formen des Bewußtseins vergegenwärtigen. Denn die »unbedingte Transzendenz ist als solche nicht anschaubar. Soll

---

[42] RS, 202.

[43] RS, 203. Vgl. auch MM, 189f.

[44] MM, 190.

[45] *P. Tillich*, Rechtfertigung und Zweifel, unveröffentlichte Handschrift von 1919, Paul-Tillich-Archiv (Box 204) der Andover-Harvard Library der Harvard Divinity School in Cambridge, Mass. 94. Ich danke Herrn Prof. Dr. G. Hummel (Saarbrücken) für eine Einsicht in das Manuskript.

sie angeschaut werden – und sie muß es ja in der Religion –, so kann es nur sein in mythischen Vorstellungen«.[46]

So sehr das gebrochene mythische Bewußtsein einen Differenzgewinn darstellt, der immer auch einen Abstraktionszuwachs bedeutet, so wenig vermag es dem Mythos zu entrinnen. Denn die Religion kann sich nur so artikulieren, daß sie an die Stelle der negierten unmittelbaren Inhalte des mythischen Bewußtseins andere setzt. Für diese Einheit von Negation und Position oder von Kritik und Gestaltung steht Tillichs Formel »protestantisches Prinzip«.[47] Insofern das Wissen um die Differenz von Symbol und Sinn das religiöse Bewußtsein auszeichnet und es diese Differenz durch einen permanenten Prozeß von Kritik und Gestaltung bearbeitet, kommt der Religion eine entscheidende Funktion für den Kulturprozeß überhaupt zu. Die Eigenständigkeit der Religion gründet darin, daß sie etwas bearbeitet, was in den anderen Kulturfunktionen selbst nicht thematisch wird. In ihrem Vollzug von Kritik und Gestaltung dokumentiert sie nämlich die Einheit und Unterschiedenheit von Bedingtem und Unbedingtem. Hierin leistet die Religion nicht nur einen unentbehrlichen Beitrag zur Kulturgestaltung, sondern sie muß, um diese Funktion erfüllen zu können, auch von der Kultur unterschieden sein. Dieses Verhältnis von Religion und Kultur artikuliert sich im Begriff des Symbols. Insofern dieser Begriff des Symbols für die spezifische Leistung der Religion steht, die immer schon in Anspruch genommene Sinnhaftigkeit des Sinnes zu thematisieren, und zwar so, daß sie darum weiß, daß jedes ihrer Symbole hinter diesem zurückbleibt, muß er von anderen Repräsentationsformen kategorial unterschieden sein.

Ernst Cassirer: Kultur als symbolische Formung

I.

Gegenüber der Bestimmung des Symbols bei Tillich als Vergegenwärtigungsform der für das Bewußtsein selbst konstitutiven Relation auf das Unbedingte erhebt sich die Frage nach einem Symbolbegriff, der ohne ein Wissen um die Differenz von Symbolisierung und Schematisierung auskommt und gleichwohl in der Lage ist, der Eigentümlichkeit der Religion Rechnung zu tragen. Eine derartige Konzeption kann man in der Philosophie der symbolischen Formen Ernst Cassirers erblicken. In seinem 1921/22 erschienenen Artikel »Der Begriff der symbolischen Form im Aufbau der Geisteswissenschaft«[48] bestimmt Cassirer den Begriff des

---

[46] RS, 203.
[47] Vgl. hierzu PKGP.

Symbols in Abhebung gegen Fassungen, welche diesen nach dem Schema eigentlich – uneigentlich aufbauen: »Was dagegen hier durch den Begriff der symbolischen Form bezeichnet werden soll, ist ein anderes und allgemeineres.«[49] Ein Begriff des Symbols, der sich durch die Disjunktion eigentlich – uneigentlich aufbaut, rechnet mit der Möglichkeit eines gleichsam symbolfreien, eigentlichen Zugriffs auf die Wirklichkeit. Eine derartige Konzeption zieht jedoch nicht nur den Einwand einer Abbildtheorie der Erkenntnis auf sich, sondern sie reduziert den Symbolbegriff auf ein bestimmtes Gebiet. Diesen Konsequenzen will Cassirer mit einer weiteren Fassung des Begriffs des Symbols begegnen. Freilich sieht sich eine Erweiterung des Symbolbegriffs der Schwierigkeit ausgesetzt, daß sich durch diesen Schritt der Begriff des Symbols kaum noch »in die Grenzen einer festen definitorischen Bestimmung einschließen und sich in seinem Gebrauch und seiner Bedeutung eindeutig festlegen läßt«.[50] Mit einer Erweiterung des Symbolbegriffs zu einem solchen Medium, welches in allen Kulturfunktionen zum Zuge kommt, avanciert dieser nicht nur zu einem Grundbegriff, sondern entzieht sich zugleich einer eindeutigen Festlegung.

Die Einsicht in die differenzierte Verwendung des Symbolbegriffs in den verschiedenen Kulturfunktionen muß jedoch nicht die Konsequenz nach sich ziehen, daß dieser sich jeglicher Bestimmung entzieht. So wenig sich die mannigfaltigen Verwendungen des Symbolbegriffes auf eine eindeutige Bedeutung reduzieren lassen, so wenig ist damit die Möglichkeit ausgeschlossen, eine in allen diesen Verwendungen zum Zuge kommende Struktur zu bestimmen. »Wir versuchten mit ihm [sc. dem Symbolbegriff] das Ganze jener Phänomene zu umfassen, in denen überhaupt eine wie immer geartete ›Sinnerfüllung‹ des Sinnlichen sich darstellt; – in denen ein Sinnliches, in der Art seines Daseins und So-Seins, sich zugleich als Besonderung und Verkörperung, als Manifestation und Inkarnation eines Sinnes darstellt.«[51]

---

[48] *E. Cassirer*, Der Begriff der symbolischen Form im Aufbau der Geisteswissenschaften, in: *E. Cassirer*, WWS, 169-200 (zit. BSF).

[49] BSF, 174.

[50] *E. Cassirer*, Das Symbolproblem und seine Stellung im System der Philosophie, in: *E. Cassirer*, Symbol, Technik, Sprache, hg. v. *E.W. Orth/J.M. Krois*, Hamburg ²1995, 1-38, hier 1 (zit. SSSP). Cassirer fährt in diesem Zusammenhang, auf sein eigenes Unternehmen Bezug nehmend, fort: »Und diese Schwierigkeit steigert und verschärft sich noch, wenn man, wie es in den folgenden Betrachtungen geschehen soll, das Problem des Symbolischen so umfassend nimmt, daß es keinem einzelnen Gebiet des Geistigen ausschließlich angehört, sondern daß es zu einem systematischen Zentrum wird, auf das alle Grunddisziplinen der Philosophie – die Logik nicht minder wie die Ästhetik, die Sprachphilosophie so gut wie die Religionsphilosophie –, in gleicher Weise hinzielen.«

Für diesen Begriff des Symbols ist die jeweils schon vollzogene Synthesis von Sinnlichem und Sinn oder von Stoff und Form entscheidend. Cassirer zufolge nehmen wir nicht erst Stoffliches wahr, um es dann mit einem bestimmten Sinn zu verbinden, sondern jedes Sinnliche wird schon sinnhaft wahrgenommen. Auf Grund der in jedem Akt des Bewußtseins schon in Anspruch genommenen Synthesis beider Momente waltet zwischen Stoff und Form eine durchgehende Korrelation.[52] »Für uns jedenfalls steht fest, daß ›Sinnliches‹ und ›Sinnhaftes‹ uns rein phänomenologisch immer nur als ungeschiedene Einheit gegeben sind.«[53]

Es ist dieses Synthesiskonzept, welches den Symbolbegriff einer breiten Anwendung fähig macht. Denn gilt die These, daß wir Sinnliches immer schon sinnhaft erleben und wahrnehmen, dann kann von Symbol überall dort gesprochen werden, wo eine Sinnerfüllung im Sinnlichen stattfindet. Ein Verständnis des Symbols als einer »ganz bestimmte[n] *Richtung* geistiger Auffassung und Gestaltung«[54] greift auf Grund dieser durchgehenden Korrelation von Sinnlichem und Sinn zu kurz. Macht diese doch die Einsicht unausweichlich, daß selbst ein eigentlicher Zugriff auf die Sache schon symbolisch vermittelt ist.

Der bisher skizzierte Symbolbegriff Cassirers, wonach wir es bei einem Symbol mit einer immer schon vollzogenen Synthesis von Sinnlichem und Sinn zu tun haben, versucht die grundlegende Einsicht der Kantischen Transzendentalphilosophie mit einem phänomenologischen Zugang zu verbinden. Mit Kant geht Cassirer davon aus, daß »der Gegenstand [...] als Korrelat der synthetischen Einheit des Verstandes«[55] zu verstehen sei, so daß es sich bei der sinnlichen Erfahrung »nicht um ein einfach gegebenes und vorgefundenes Sinnliches, sondern um ein System sinnlicher Mannigfaltigkeiten, die in irgendeiner Form freien Bildens erschaffen werden«,[56] handelt. Dieser cum grano salis (neu)kantianischen Konstitutionstheorie nach ist nur das gegeben, was auch gemacht ist.[57]

---

[51] PsF III, 109.

[52] Zur Reichweite und den Problemen dieser These Cassirers vgl. *Ph. Dubach*, »Symbolische Prägnanz« – Schlüsselbegriff in Ernst Cassirers Philosophie der symbolischen Formen?, in: *E. Rudolph/B.-O. Küppers* (Hg.), Kulturkritik nach Ernst Cassirer, Hamburg 1995, 47-84, bes. 50-53.

[53] SSSP, 8.

[54] BSF, 174.

[55] PsF I, 9f.

[56] PsF I, 20.

[57] Zum Neukantianismus Cassirers siehe *Th. Knoppe*, Die theoretische Philosophie Ernst Cassirers. Zu den Grundlagen transzendentaler Wissenschafts- und Kulturtheorie, Hamburg 1992. Diese neukantianische Generalthese ist auch Tillich nicht fremd. Vgl. SWGM,

Diese transzendentale Konstitutionstheorie verbindet Cassirer mit einem phänomenologischen Zugang. Als Husserls entscheidende Einsicht hebt Cassirer hervor, daß er durch seine Konzeption von Phänomenologie »für die Verschiedenheit der geistigen ›Strukturformen‹ erst wieder den Blick geschärft und für ihre Betrachtung einen neuen, von der psychologischen Fragestellung und Methodik abweichenden Weg gewiesen hat«.[58] Dieser phänomenologischen Zugangsweise zufolge haben wir nicht nur mit erkenntnistheoretischen Strukturformen zu rechnen, sondern mit einer Pluralität von verschiedenen Formen. Aus dieser Einsicht der Phänomenologie in die unreduzierbar pluralistisch verfaßte Formenvielfalt und jener der transzendentalen Konstitutionstheorie in die Formbestimmtheit des unmittelbaren Erlebnisses resultiert Cassirers Programm: »Die ›Philosophie der symbolischen Formen‹ nimmt diesen kritischen Grundgedanken, dieses Prinzip, auf welchem Kants ›Kopernikanische Drehung‹ beruht, auf, um es zu erweitern. Sie sucht die Kategorien des Gegenstandsbewußtseins nicht nur in der theoretisch-intellektuellen Sphäre auf, sondern sie geht davon aus, daß derartige Kategorien überall dort wirksam sein müssen, wo überhaupt aus dem Chaos der Eindrücke ein Kosmos, ein charakteristisches und typisches ›Weltbild‹ sich formt.«[59] Von der Kritik der Vernunft, so Cassirers viel zitierte Formel, sei zur Kritik der Kultur fortzuschreiten.[60]

Insofern das Symbol das Medium ist, in welches beide Einsichten eingehen, dient es einer Steigerung der Pluralität. Dieser These Cassirers zufolge haben wir mit einer »unveräußerlichen Vielheit«[61] von symbolischen Formen zu rechnen, welche nicht aufeinander reduzierbar sind. So sehr damit die Frage nach der Einheit des Geistes nicht abgewiesen, sondern in neuer Form gestellt sein soll, zieht dies einen Einheitsbegriff nach sich, der von »Anfang an auf Einfachheit verzichtet«.[62] In Spannung zu dieser Pluralitätsthese, nach der wir es mit einer unreduzierbaren Vielheit von symbolischen Formen zu tun haben, steht eine im Anschluß an Hegels Phänomenologiekonzept artikulierte Progressionsthese vom Mythos zur Wissenschaft. »Gehen wir dagegen von den Worten der Sprache zu den

---

147: »Der Grundsatz: Nur was gedacht ist, kann nachgedacht werden, findet seine erkenntnistheoretische Begründung in der Kategorienlehre.«

[58] PsF II, 16 Anm. 1. Zur Phänomenologie Cassirers vgl. *E. W. Orth*, Phänomenologie in Ernst Cassirers Philosophie der symbolischen Formen, in: *E. Rudolph/H.J. Sandkühler* (Hg.), Symbolische Formen, mögliche Welten – Ernst Cassirer, Hamburg 1995, 47-60.

[59] PsF II, 39.

[60] Vgl. PsF I, 11.

[61] PsF I, 7.

[62] PsF I, 29.

Charakteren der reinen Wissenschaft, insbesondere zu den Symbolen der
Logik und der Mathematik fort, so scheint uns hier gewissermaßen ein
luftleerer Raum zu umfangen. Aber zugleich zeigt sich, daß hierdurch die
Bewegung des Geistes nicht gehemmt und vernichtet ist, sondern daß er
sich hier vielmehr erst wahrhaft als das entdeckt, was das Prinzip, was den
Anfang der Bewegung in sich selbst hat.«[63] Erfaßt sich der Geist in der
Wissenschaft erst als das, was den Anfang der Bewegung in sich selbst hat,
so zieht dies den Einwand auf sich, daß die Vielfalt der symbolischen Formen als Vorstufen der Wissenschaft zu gelten haben. Die These einer Vielfalt von symbolischen Formen, welche sich nicht auf eine verbindliche
Erfahrung reduzieren lassen, wäre damit tendenziell revoziert.[64]

II.

Cassirer entfaltet seine Philosophie der symbolischen Formen in durchge-
hender Auseinandersetzung mit der Abbildtheorie der Erkenntnis. Im
Symbol wird keine an sich schon fixierte Wirklichkeit abgebildet, es ist
»niemals ein Abdruck des Gegenstandes an sich, sondern des von diesem
in der Seele erzeugten Bildes«.[65] In den symbolischen Formen konstituiert
das Bewußtsein die Wirklichkeit, auf die es sich bezieht. Für das Bewußtsein gibt es kein Sein unabhängig von seiner Prägung. Gleichwohl ist dieser Aufbau von Weltperspektiven nicht der subjektiven Willkür anheimge-
stellt, sondern er erfolgt in den je verschiedenen Weltsichten nach bestimmten Regeln. In dieser Regelhaftigkeit gründet die Objektivität der
verschiedenen symbolischen Formen. Die Einheit einer Weltsicht ist die
Regel, durch welche diese bestimmt ist. »Findet sich in ihr bei allem
Wechsel der Einzelmotive eine relativ gleichbleibende ›innere Form‹, so
schließen wir von ihr nicht auf die substantielle Einheit des Geistes *zurück*, sondern diese Einheit gilt uns eben hierdurch als konstituiert und
bezeichnet. Die Einheit erscheint mit anderen Worten nicht als der
Grund, sondern nur als ein anderer *Ausdruck* eben dieser Formbestimmtheit selbst.«[66] Die Einheit einer symbolischen Form ist die Regel oder die
Gesetzmäßigkeit der Reihenbildung, nach der sich die Symbole in einem
Symbolsystem aufbauen. Identität wird von Cassirer auf Kontinuität um-
gestellt, so daß die Identität einer symbolischen Form in der kontinuierlichen Reihenbildung liegt, welche das Bewußtsein in ihr vollzieht.

---

[63] PsF III, 398. Siehe auch PsF II, VIII-XII. Vgl. hierzu *Th. Knoppe*, s. Anm. 57, 85ff.
[64] Wie sehr diese Spannung die Philosophie Cassirers durchzieht, wird nicht zuletzt an
dem Verhältnis von Religion und Kunst deutlich. Siehe hierzu PsF II, 311 und BSF 190f.
[65] BSF, 176.
[66] PsF II, 17.

Diese Reihenbildungen, durch welche sich symbolische Formen aufbauen, lassen sich als ein sukzessiver Aufbau von Bestimmtheit lesen.
Wenn das Zeichen als »Repräsentant für eine Gesamtheit, einen Inbegriff
möglicher Inhalte« steht, »deren jedem gegenüber es also ein erstes ›Allgemeines‹ darstellt«[67], dann muß das Zeichen in sich die Nötigung zur weiteren Bestimmung enthalten. Aus diesem Grund versteht Cassirer das
Zeichen selbst schon als Repräsentanten einer Regel. Ein einzelnes Zeichen ist damit genau in dem Maße ein Zeichen, als es die Gesamtform
des Bewußtseins repräsentiert.[68]

Die Objektivität eines Weltbildes »ist somit nichts anderes als der Ausdruck seiner vollständigen Geschlossenheit, als der Ausdruck der Tatsache,
daß wir in und mit jedem Einzelnen die Form des Ganzen mitdenken
und das Einzelne somit gleichsam nur als einen besonderen Ausdruck, als
einen ›Repräsentanten‹ dieser Gesamtform ansehen«.[69] Der zitierten Stelle
zufolge wird in jeder Wahrnehmung von Einzelnem schon die Gesamtform des Sinnzusammenhanges erfaßt, in dem die einzelne Wahrnehmung steht, so daß das Einzelne seine Bestimmtheit nicht nur durch den
Zusammenhang erhält, in dem es steht, sondern zugleich zum Repräsentanten dieses Sinnzusammenhanges wird. Dies setzt einen Erfahrungsbe-
griff voraus, der diese schon als Repräsentation versteht.[70] Im Unterschied
zu Kant versteht Cassirer Erfahrung nicht als Subsumtion von Wahrnehmung unter Regeln, sondern diese selbst schon als kategorial geformte.[71]
Vermöge dieses gegenüber Kant modifizierten Erfahrungsbegriffes, der
gleichwohl dessen kritische Grundeinsicht festhält, kann Cassirer Erfahrung als Repräsentation bzw. als Repräsentationsverhältnis verstehen. Repräsentation wird damit zur Grundfunktion des Bewußtseins. Cassirer
verhandelt diese Fassung des Bewußtseins in der Einleitung des ersten
Bandes der »Philosophie der symbolischen Formen« unter dem Titel »natürliche‹ Symbolik«: »Auf die ›natürliche‹ Symbolik, auf jene Darstellung

---

[67] PsF I, 22.

[68] So schon in »Substanzbegriff und Funktionsbegriff«: »Versteht man daher die Repräsentation als Ausdruck einer ideellen Regel, die das Besondere, hier und jetzt Gegebene an
das Ganze knüpft und mit ihm in einer gedanklichen Synthese zusammenfaßt, so haben
wir es in ihr mit keiner nachträglichen Bestimmung, sondern mit einer konstitutiven Bedingung alles Erfahrungsinhalts zu tun. Ohne diese scheinbare Repräsentation gäbe es
auch keinen ›präsenten‹, keinen unmittelbaren Inhalt«. SF, 377.

[69] PSF II, 42f.

[70] Zum Folgenden vgl. *D. Kaegi*, Ernst Cassirer: Über Mythos und symbolische Form,
in: *E. Rudolph* (Hg.), Mythos zwischen Philosophie und Theologie, Darmstadt 1994,
172ff.

[71] Vgl. *I. Kant*, Prolegomena zu einer jeden künftigen Metaphysik, die als Wissenschaft
wird auftreten können, in: *I. Kant*, Werke 5, Darmstadt 1983, § 20, 165ff = A 81ff.

des Bewußtseinsganzen, die schon in jedem einzelnen Moment und Fragment des Bewußtseins notwendig enthalten oder mindestens angelegt ist,
müssen wir zurückgehen, wenn wir die künstliche Symbolik, wenn wir
die ›willkürlichen‹ Zeichen begreifen wollen, die sich das Bewußtsein in
der Sprache, in der Kunst, im Mythos erschafft.«[72] Aus der Einziehung der
für die Kantische Erfahrungstheorie konstitutiven Differenz von Wahr-
nehmungs- und Erfahrungsurteilen ergibt sich ein Verständnis von Erfahrung, nach dem bereits das sinnlich Wahrgenommene kategorial geformt
ist. Wenn aber die Wahrnehmung schon eine Einheit von Stoff und Form
darstellt, dann ist hierbei immer schon etwas beansprucht, was sich aus
den Relaten Stoff und Form nicht ableiten läßt. Dies ist die Funktion der
Synthesis, welche ein unreduzierbar eigenes Element darstellt. Vermöge
dieser Synthesis ist die Wahrnehmung immer schon Erfahrung und das
Sinnliche immer schon geformte Sinnlichkeit. Weil die unterste zeichentheoretische Ebene schon kategorial strukturiert ist, vermag sie als Bestimmte nicht nur Unbestimmtheit zu repräsentieren, sondern zugleich
auch die Regel des Bestimmtheitsaufbaus. »Nur in dieser *Repräsentation*
und durch sie wird auch dasjenige möglich, was wir die Gegebenheit und
›Präsenz‹ des Inhalts nennen.«[73] Die Grundfunktion der Repräsentation
ermöglicht die Präsenz von Inhalten des Bewußtseins, so daß das Bewußtsein einen Inhalt nur dann hat, wenn es über diesen bereits hinaus
ist.[74]

Der Inhalt des Bewußtseins stellt vermöge dieser Funktion des Bewußtseins die Regel seiner Verknüpfung mit dar. Dieses Verhältnis von Erfahrung und Regel faßt Cassirer als ein symbolisches Verhältnis. Das symbolische Verhältnis reformuliert die Kantische Differenz von Anschauung und
Begriff derart, daß ein Dualismus von Anschauung und Begriff, von
mundus sensibilis und mundus intelligibilis vermieden werden soll. Die
einzelne Anschauung ist Cassirer zufolge dadurch symbolisch, daß sie die
für die Anschauungsreihe selbst konstitutive Regel darstellt. Sie exemplifi-
ziert das Gesetz ihrer Verknüpfung. Diese kategorialen Verknüpfungen,
welche die Erfahrung darstellt, stehen jedoch immer schon in einem
Sinnganzen. Denn jedes Zeichen erhält seine spezifische Bedeutung nur
dadurch, daß es auf ein anderes Zeichen verweist, durch das es interpretiert wird. Dieses andere Zeichen fungiert als Index des ersten Zeichens.
»Jede einzelne Beziehung gehört – unbeschadet ihrer Besonderheit – immer zugleich einem *Sinnganzen* an, das selbst wieder seine eigene ›Natur‹,

---

[72] PsF I, 41.
[73] PsF I, 33.
[74] Vgl. hierzu PsF III, 236 Anm. 1.

sein in sich geschlossenes Formgesetz besitzt.«[75] Die von Cassirer vorgenommene Unterscheidung von »Qualität« und »Modalität« formuliert der Sache nach die zeichentheoretische Differenz von Ikon und Index.[76] Diese Relation zwischen den kategorialen Verknüpfungen, sei es des Nebeneinander, des Nacheinander etc. und dem als Index fungierenden Sinnganzen kann als ein Interpretationsverhältnis angesprochen werden. Vermöge dieses Indexes wird die in der Anschauung sich darstellende Regel interpretiert.[77] Die künstliche Symbolik, wie sie sich in den symbolischen Formen Mythos, Kunst, Sprache und Wissenschaft darstellt, ist insofern eine Interpretation der natürlichen Symbolik oder der Repräsentation, auf Grund der das Sinnliche immer schon geformte Sinnlichkeit ist. Denn die sich in diesen symbolischen Formen artikulierende Tätigkeit soll, Cassirer zufolge, die Energie des Geistes sein, »durch welche ein geistiger Bedeutungsgehalt an ein konkretes sinnliches Zeichen geknüpft und diesem Zeichen innerlich zugeeignet wird«.[78] Die Synthesis oder Regel, welche in den Zeichen dargestellt wird, läßt unterschiedliche Stellungen des Geistes zu diesen zu.

Diese unterschiedlichen Verhältnisse des Geistes zu seiner eigenen Tätigkeit differenziert Cassirer in die Zeichenfunktionen Ausdruck, Darstellung und Bedeutung.[79] Während die Ausdrucksfunktion für eine derartige Relation steht, »wo irgend ein sinnliches Erlebnis sich für uns dadurch mit einem bestimmten Sinngehalt erfüllt, daß an ihm ein charakteristischer *Ausdruckswert* haftet, mit dem es gleichsam gesättigt erscheint«[80], macht die Darstellungsfunktion eine solche Relation namhaft, vermöge derer der Geist über jede seiner Setzungen hinaus ist. »Denn in jedem Satz ist stets eine bestimmte *Setzung* enthalten: und diese zielt auf einen objektiven Sachverhalt hin, den die Sprache in irgend einer Weise festhalten und beschreiben will.«[81] Die Bedeutungsfunktion, welche sich weder aus der Anschauungs- noch aus der Darstellungsfunktion ableiten läßt, steht für eine solche Relation, in der das »Zeichen im Sinne einer bloß abstrakten Zuordnung«[82] genommen wird. »Was in ihm festgehalten wird, ist eine wechselseitige Beziehung und Entsprechung, die in ihrem allgemeinen Gesetz erfaßt wird, während wir darauf verzichten müssen, uns

---

[75] PsF I, 29.

[76] Zu dieser Unterscheidung siehe *Ch. S. Peirce*, Schriften zum Pragmatismus und Pragmatizismus, hg. v. *K.-O. Apel*, Frankfurt 1991, 362-364.

[77] Vgl. hierzu *D. Kaegi*, s. Anm. 70, 180-183.

[78] BSF, 175.

[79] Vgl. hierzu SSSP, 9-11.

[80] SSSP, 9.

[81] SSSP, 10.

[82] SSSP, 10.

die Elemente, die in diese Beziehung eingehen, als selbständigen Bestand, als Inhalte, die außerhalb der Beziehung noch etwas sind und bedeuten, vorstellig zu machen.«[83] Erst mit der Bedeutungsfunktion ist das Zeichen als Zeichen gesetzt. Denn erst auf dieser Ebene fungiert das Zeichen nicht mehr als Abbild, sondern als Regel der Verknüpfung, welche auch als solche interpretiert wird. Entspricht die Ausdrucksfunktion einem ikonischen Verhältnis, so die Darstellungsfunktion einem Index. Ein indexikalisches Verhältnis ist jedoch ein solches Verhältnis, in dem ein Zeichen durch ein anderes bestimmt wird. Solange das Zeichen auf der Ebene des Indexes thematisiert wird, kommt es nur so in den Blick, daß es Zeichen vermöge einer realen Verbindung mit dem durch es denotierten Ikon ist.

Ausdruck, Darstellung und Bedeutung stehen für die unterschiedlichen Repräsentationen des Verhältnisses von Zeichen und Sinnzusammenhang. Diese Relation zwischen dem Zeichen und dem Sinnzusammenhang, welche sich in den drei Zeichenfunktionen unterschiedlich darstellt, nennt Cassirer »symbolische Prägnanz«: »Unter ›symbolischer Prägnanz‹ soll also die Art verstanden werden, in der ein Wahrnehmungserlebnis, als ›sinnliches‹ Erlebnis, zugleich einen bestimmten nicht-anschaulichen ›Sinn‹ in sich faßt und ihn zur unmittelbaren konkreten Darstellung bringt. Hier handelt es sich nicht um bloß ›perzeptive‹ Gegebenheiten, denen später irgendwelche ›apperzeptive‹ Akte aufgepfro[p]ft wären, durch die sie gedeutet, beurteilt und umgebildet würden. Vielmehr ist es die Wahrnehmung selbst, die kraft ihrer eigenen immanenten Gliederung eine Art von geistiger ›Artikulation‹ gewinnt – die, als in sich gefügte, auch einer bestimmten Sinnfügung angehört.«[84] Wahrnehmungen sind symbolisch prägnant, als sie immer schon in einem Sinnzusammenhang stehen, den sie selbst mitrepräsentieren. So sehr diese auch das Verhältnis von Zeichen und dem als Index fungierenden Sinnzusammenhang auf unterschiedliche Weise darstellen, so wenig ist es möglich, diese Struktur der Repräsentation zu unterschreiten. Das sinnlich Wahrgenommene stellt nicht nur sich dar, sondern wird immer schon in der spezifischen Modalität eines Sinnzusammenhanges repräsentiert.

Der skizzierte Begriff des Symbols Cassirers steht für den Umstand, daß die einzelne Erfahrung immer schon die Gesetzmäßigkeit des Erfahrungsganzen mitrepräsentiert. Die einzelne Wahrnehmung stellt die Regel eines Hinausgehens über sie mit dar und als Formung des Sinnlichen erfolgt sie immer schon in einem Sinnganzen, so daß sie in einer spezifischen Sicht erfolgt. Diese Relation beschreibt Cassirer mit dem Titel symboli-

---

[83] SSSP, 10.
[84] PsF III, 235.

sche Form. Symbolische Formen sind der Ausdruck für die unterschiedlichen Stellungen, welche der Geist zu seiner eigenen Tätigkeit einnehmen kann. Damit prallt jeder Einwand einer Abbildtheorie an Cassirers Symbolbegriff ab. Symbolische Formen sind spezifische Sinnwelten, welche der Geist konstituiert.

Es ist deutlich, daß sich dieser Begriff des Symbols nicht mehr mit den Mitteln einer zweistelligen Relation beschreiben läßt. Denn insofern für diesen Begriff des Symbols die Funktion der Repräsentation, verstanden als »Darstellung eines Inhalts in einem anderen und durch einen anderen«, nicht nur »eine wesentliche Voraussetzung für den Aufbau des Bewußtseins selbst« darstellt, sondern auch die »Bedingung seiner eigenen Formeinheit«[85] namhaft macht, stellt er von zweistelligen auf dreistellige Relationen um. Das Repräsentationsverhältnis stellt eine dreistellige Relation dar, welche nicht aus den Momenten Stoff und Form abgeleitet werden kann. Vielmehr ist die Repräsentation als Grundfunktion des Bewußtseins immer schon vorausgesetzt und in Anspruch genommen, damit es zu Erfahrung kommt. Die hierbei zur Anwendung kommende Synthesis kann nicht auf die Momente Vorstellung oder Gegenstand reduziert werden. Damit baut sich das Symbol immer schon durch die Dreistelligkeit des Repräsentationsverhältnisses auf, und jeder Versuch, das Symbol durch die Relate Vorstellung oder Gegenstand zu erklären, erweist sich als einseitige Reduktion.

III.

Dieser Begriff des Symbols, wie er von Cassirer im Rahmen seiner Philosophie der symbolischen Formen entfaltet wird, impliziert religionstheoretische Konsequenzen, welche es nun noch in den Blick zu nehmen gilt. Das religiöse Bewußtsein ist nach Cassirer durch einen eigentümlichen Widerstreit charakterisiert. »Mag die mythische Phantasie immerhin der substantielle Untergrund und gleichsam der Nährboden auch für alles Religiöse bleiben: die eigentliche charakteristische *Form* des Religiösen wird doch erst erreicht, wenn es sich in bewußter Energie von diesem Boden losreißt, und mit einer ganz neuen Kraft geistiger Kritik dem Inhalt der mythischen Bilder entgegentritt.«[86] Besteht die charakteristische Form der Religion darin, die Bilderwelt des Mythos zu negieren, so ist sie gerade durch eine gegenüber dem mythischen Bewußtsein veränderte Stellung des Bewußtseins zu seiner Tätigkeit ausgezeichnet. Die Differenz zwischen Mythos und Religion liegt nicht in den Inhalten, sondern in

---

[85] PsF I, 41.
[86] BSF, 188f.

der Relation, in welcher das Bewußtsein zu den Inhalten steht.[87] Damit erfüllt jedoch die Religion eine Tendenz, welche dem Mythos selbst schon eingeschrieben ist. Denn schon in der Welt des Mythos macht sich »ein neues Motiv geltend«[88], vermöge dessen das mythische Bewußtsein über sich hinaus treibt. Das mythische Bewußtsein hält sich zwar »ausschließlich in der Gegenwart seines Objekts, - in der Intensität, mit der es in einem bestimmten Augenblick das Bewußtsein ergreift und von ihm Besitz nimmt«[89], jedoch als Bewußtsein muß es über den einzelnen Moment immer schon hinaus sein.[90] Dem mythischen Bewußtsein ist damit ab ovo »die immanente Bedingung seiner künftigen Aufhebung«[91] eingeschrieben. So sehr das mythische Bewußtsein sich nicht damit begnügt, Eindrücke passiv hinzunehmen, sondern selbst schon eine Formung zur Welt in einer spezifischen Modalität vollzieht, so wenig vermag es seine eigene Leistung in seinen Produkten zu erkennen. Bild und Sache verschmelzen für das mythische Bewußtsein zu einer Indifferenz.

Demgegenüber ist die Religion durch eine veränderte Stellung des Bewußtseins zu seinen Gestaltungen charakterisiert. Zwar kann es der mythischen Bilderwelt nicht entbehren, aber diese »empfängt nun allmählich, durch das Medium der religiösen Fragestellung gesehen, einen neuen Sinn«.[92] In der Religion erschließt sich eine »neue Idealität«, durch welche in den Mythos erst der »Gegensatz zwischen ›Bedeutung‹ und ›Dasein‹«[93] eingeführt wird. Obwohl das religiöse Bewußtsein die Bilderwelt des Mythos negiert, kommt es nicht umhin, neue Bilder an dessen Stelle zu setzen. Die neue Idealität, welche für das Verhältnis des Bewußtseins zu seinen Gestalten unter der Form der Religion konstitutiv ist, macht sich daran geltend, daß die Religion die Bilder nicht nur benutzt, sondern zugleich darum weiß, daß die Bilder und Zeichen einen Sinn re-

---

[87] PsF II, 32: »Auch dieser Übergang ist [...] dadurch bedingt, daß der Geist sich zu der Welt der ›Bilder‹ und ›Zeichen‹ in ein neues freies Verhältnis setzt – daß er sie, indem er noch unmittelbar in ihnen lebt und sie gebraucht, doch zugleich in einer anderen Weise als zuvor durchschaut und sich damit über sie erhebt.«

[88] PsF III, 125.

[89] PsF II, 47.

[90] Die Schöpfungen des Mythos tragen noch nicht den Charakter der freien geistigen Tat. »Eben weil auf dieser Stufe noch kein selbständiges und selbstbewußtes, frei in seinen Produktionen lebendes Ich vorhanden ist, sondern weil wir hier erst an der *Schwelle* des geistigen Prozesses stehen, der dazu bestimmt ist, ›Ich‹ und ›Welt‹ gegeneinander abzugrenzen, muß die neue Welt des Zeichens dem Bewußtsein selbst als eine durchaus ›objektive‹ Wirklichkeit erscheinen.« PsF II, 31.

[91] PsF II, 32.

[92] PsF II, 286.

[93] PsF II, 286.

präsentieren, hinter dem sie als Bilder zurückbleiben. Damit vollzieht die Religion nach Cassirer einen »Schnitt, der dem Mythos als solchem fremd ist«.[94] Die der Religion eigentümliche Form des Bewußtseins ist somit die Differenz. Sie weiß um die Differenz von Ausdrucksmittel und dem Sinn, der durch diese repräsentiert wird. Auf Grund dieser Unterscheidung, welche die Form des religiösen Bewußtseins charakterisiert, weiß es um das Zeichen als Zeichen. Religion ist daher für Cassirer ein Zeichenprozeß, der es nicht mehr mit dem Dasein der religiösen Vorstellungen zu tun hat, sondern mit deren Bedeutung. Diese Bedeutung kann die Religion jedoch nur in einem permanenten Interpretationsprozeß artikulieren, der sich in der Dialektik von Kritik und Gestaltung oder von Negation und Position vollzieht. Denn die Kritik der mythischen Bilder kann sich nur so realisieren, daß an die Stelle der negierten sinnlichen Vorstellungen andere treten.[95] Es ist dieser Widerstreit von gegenläufigen Bewegungen, der der Religion ihr spezifisches Gepräge gibt. Das religiöse Bewußtsein bleibt »dadurch gekennzeichnet, daß in ihm der Konflikt zwischen dem reinen Sinngehalt, den es in sich faßt, und zwischen dem bildlichen Ausdruck eben dieses Gehalts niemals zur Ruhe kommt, sondern daß er in allen Phasen seiner Entwicklung stets aufs neue hervorbricht«.[96]

Dem religiösen Bewußtsein eignet so nicht nur ein Wissen um die Differenz von Bild und Sinn, sondern auch eine eigentümliche Form des Umgangs mit dieser Differenz, nämlich die beständige Kritik an den religiösen Vorstellungen und der Aufbau von neuen Vorstellungskomplexen. Damit bearbeitet die Religion auf eigene Weise einen Konflikt, der auch in den anderen symbolischen Formen auftritt, sofern auch diese »eine bestimmte *Richtung* des Aufbaus, eine Weise des Fortgangs von den elementaren Gestalten zu den komplexeren Gestalten«[97] durchlaufen. Durch ihre eigentümliche Form als Differenzbewußtsein repräsentiert sie die Dynamik des Kulturprozesses. Aus dieser Fassung der Religion als einem gesteigerten Zeichenbewußtsein, welches durch den beständigen Konflikt von Bild und Sinn charakterisiert ist, resultiert ein Verständnis der Relati-

---

[94] PsF II, 286.

[95] Auch für die Mystik, als deren Grundmotiv Cassirer das reine »Nein, Nein« ausmacht, gilt, daß sie als Position einer spezifischen Formung nicht entraten kann: »Aber eben als positive Gestalt enthält auch die letztere eine bestimmte und spezifische Weise der Formung in sich.« BSF, 200.

[96] PsF II, 300. Siehe auch BSF, 189f. Cassirers »Dialektik des mythischen Bewußtseins« erweist sich mit Tillichs Gedanken einer »inneren Dialektik« des mythischen Bewußtseins, wie es dessen »protestantisches Prinzip« artikuliert, strukturanalog.

[97] SSSP, 8.

on von Kultur und Religion, welches diese nicht in Konkurrenz zu anderen symbolischen Formen bringt.

Religion und Kultur als Symbolprozeß

Der Durchgang durch die Symboltheorien Tillichs und Cassirers machte ebenso deren Nähe wie deren Differenz deutlich. Während Tillich den Begriff des Symbols für die Vergegenwärtigung unbedingten Sinnes reserviert und demzufolge mit einem Wissen um die Differenz von Symbolisierung und Schematisierung rechnen muß, versucht Cassirer den Begriff des Symbols ohne einen Rekurs auf diese Unterscheidung zu explizieren. Diese unterschiedlichen Explikationsgestalten des Symbols führten auf eine unterschiedene Stellung der Religion im Kulturprozeß und damit auch auf eine differente Bestimmung des Verhältnisses von Religion und Kultur. Für Tillich ist die Religion der Ort, an dem die Einheit und Unterschiedenheit von Unbedingtem und Bedingtem zur Erscheinung kommt, so daß diese eine Deutungskompetenz für den gesamten Kulturprozeß beanspruchen kann. In der Perspektive Cassirers ist die Religion eine symbolische Form unter anderen kulturellen symbolischen Formen, die auf eigene Weise einen Konflikt bearbeitet, der auch in anderen symbolischen Formen auftritt.

Die Rekonstruktion von Tillichs Begriff des Symbols im Rahmen seiner Sinntheorie versuchte zu zeigen, daß eine Beschränkung des Symbols auf die Religion nicht dem Einwand einer Abbildtheorie der Erkenntnis ausgesetzt ist. Die Konzeption der Erkenntnis als Sinnerfüllung versuchte gerade dem Umstand Rechnung zu tragen, daß die Relation Form und Gehalt nicht unterschritten werden kann und somit die Behauptung oder der Rekurs auf eine ungeformte Wirklichkeit eine bloße Abstraktion darstellt. Insofern Tillichs Sinntheorie auf einer dreistelligen Relation fußt, erweist sie sich der Symbolkonzeption Cassirers durchaus vergleichbar. Der Symbolbegriff hat nun für Tillich im Unterschied zu Cassirer allein dort seinen Ort, wo es um die Vergegenwärtigung der in allen Sinnvollzügen schon beanspruchten Sinnhaftigkeit geht. Die von dem Bewußtsein in jedem seiner Akte schon in Anspruch genommene Synthesis a priori ist nicht gegeben und kann aus diesem Grunde nicht schematisiert, sondern nur symbolisiert werden. Tillich muß daher auf ein Moment rekurrieren, welches gleichsam quer zu dem Zeichenprozeß steht und mit der triadischen Sinnstruktur nicht zur Deckung kommt. Nur durch diesen Rekurs vermag Tillich ein Wissen um den Unterschied von Symbolisierung und Schematisierung zu erklären. Denn erst wenn gezeigt werden kann, wie das Subjekt um den Unterschied zwischen Symbolisierung und Schematisierung wissen kann, vermag es in einen Symbolprozeß zu treten und Symbole als Symbole zu verstehen. Dieses Wissen läßt sich jedoch zeichentheoretisch nicht mehr rekonstruieren. Soll der Zeichenprozeß unhintergehbar sein, dann kann das Wissen um die Differenz von Zeichen und Nichtzeichen nicht mehr erklärt werden. Tillichs Theorie des Absoluten läßt sich nun als eine solche Theorie lesen, welche diese für die Zeichentheorie nicht mehr einlösbare Aufgabe unter den Bedingungen einer sinntheoretisch gewendeten Zeichentheorie in Angriff nimmt. Indem diese Theorie des Absoluten ihre Pointe in der Konstruktion der Unableitbarkeit des Bewußtseins und in dessen Erfassung als Ausdruck des Absoluten hat, macht sie das Wissen namhaft, das in der Unterscheidung von Symbolen und Nichtsymbolen schon beansprucht ist.

Cassirer verwehrt sich diese Frage nach dem Grund des Zeichenprozesses. »Niemals kann es uns gelingen, die *Funktion*, die hier waltet, sozusagen unmittelbar zu betreffen: sie gibt sich uns nur in ihrem Ergebnis zu eigen und sie verschwindet immer wieder in diesem Ergebnis.«[98] Der Zeichenprozeß sei in seiner Entfaltung zu verfolgen. Gleichwohl kommt auch Cassirer nicht umhin, in dieser Progression ein gleichsam regressives Moment festzuhalten. Dieses liegt in dem Vorrang der Bedeutsamkeit gegenüber jeder Bedeutungssetzung. »Daß ein sinnlich-Einzelnes [...] zum Träger einer rein geistigen Bedeutung werden kann – dies wird zuletzt nur dadurch verständlich, daß die Grundfunktion des Bedeutens selbst schon vor der Setzung des einzelnen Zeichens vorhanden und wirksam ist, so daß sie in dieser Setzung nicht erst geschaffen, sondern nur fixiert, nur auf einen Einzelfall angewandt wird.«[99] Die Anerkennung dieses Vorsprungs der Bedeutsamkeit vor jeder Setzung einer einzelnen Bedeutung läßt den Einwand eines Fiktionalismus abprallen. Indem Cassirer jedoch darauf verzichtet, diesen Vorsprung der Bedeutsamkeit eigens zu thematisieren, vermag er ein Wissen um die Differenz von Zeichen und Nichtzeichen nicht mehr zu explizieren. Dieser Umstand schlägt sich darin nieder, daß der Übergang von der Ausdrucksfunktion zur Darstellungs- und Bedeutungsfunktion, bzw. vom mythischen zum religiösen Bewußtsein undeutlich wird.[100]

Tillichs Auszeichnung der Religion als dem Ort, an dem die in allen Kulturfunktionen schon in Anspruch genommene Sinnhaftigkeit selbst thematisiert wird, räumt dieser eine universale Deutungskompetenz ein. Die Religion kann damit nicht länger als eine Sinnfunktion unter ande-

---

[98] PsF III, 142.
[99] PsF I, 42.
[100] Vgl. hierzu *Th. Knoppe*, s. Anm. 57, 162f.

ren betrachtet werden, sondern nur als ein konstitutives Moment für alle
kulturellen Sinnfunktionen. Diese universale Deutungskompetenz der
Religion und ihrer Reflexionsgestalt als Theologie der Kultur tritt unwei-
gerlich in Konkurrenz zu anderen Totaldeutungen, wodurch sie selbst
wieder partikular wird. Mit Cassirers Konzept einer unreduzierbaren
Vielfalt von symbolischen Formen kann dieser Vorgang selbst noch einmal
durchsichtig gemacht werden. Verzichtet man mit dem Gedanken einer
unveräußerlichen Pluralität von Weltperspektiven auf eine normative
Weltperspektive, so impliziert dies die Anerkennung einer notwendigen
Partikularisierung von Weltperspektiven. Der Einsicht in die Partikularität
der religiösen Weltdeutung korrespondiert eine Anerkennung von differenten Weltdeutungen. Der damit einher gehende Verzicht auf eine theologische Totalperspektive stellt jedoch nicht nur einen Verlust dar, sondern
vielmehr eine Steigerung der eigenen Selbstdeutungskompetenz. Die
Religion würde dadurch nicht nur befähigt, sich selbst als eine symbolische Form im Unterschied zu anderen kulturellen Formen zu verstehen,
sondern auch auf Grund ihres spezifischen Differenzbewußtseins zum
Umgang mit kulturellen Differenzen anleiten können.

Wilhelm Gräb

Religion in vielen Sinnbildern

Aspekte einer Kulturhermeneutik im Anschluß an Ernst Cassirer

Der Begriff der »Kulturhermeneutik« ist kein Terminus von Ernst Cassirer. Deshalb ist im Untertitel meines Beitrags vom Anschluß an Cassirer die Rede. Gemeint ist gleichwohl, daß sich Cassirers »Philosophie der symbolischen Formen«[1] als die prinzipientheoretische Grundlegung einer Kulturhermeneutik lesen läßt und diese Lesart im folgenden auch vorgeführt werden soll. Wenn ich recht sehe, hat Cassirer die durch Heidegger eingeleitete Dehnung des Hermeneutikbegriffs nicht mitvollzogen. Heidegger und in seiner Folge dann Gadamer haben den Begriff der Hermeneutik zu einer ontologischen Fundamentalkategorie erhoben.

Auf der Linie Schleiermachers und Diltheys war es noch Aufgabe der Hermeneutik, Methoden für die Auslegung schriftlicher Überlieferungen zu entwickeln. Durch Heidegger und Gadamer rückte sie in die philosophisch grundlegende Arbeit der Erhellung des menschlichen Daseinsverständnisses überhaupt ein. Für Schleiermacher war dies nicht die Aufgabe der Hermeneutik, sondern der Philosophischen Ethik, also seiner Kulturphilosophie.[2] Bei Cassirer liegen die Dinge ähnlich. Will man ihn – was sich beim Studium seiner »Philosophie der symbolischen Formen« immer wieder nahelegt - mit Schleiermacher und dessen Aufnahme bzw. Fortführung der Kantischen Vernunftkritik ins Gespräch bringen, muß man sich an Schleiermachers Philosophische Ethik, nicht an dessen Hermeneutik halten. Wie dann später Cassirer mit seiner »Philosophie der symbolischen Formen«, hat bereits Schleiermacher in seiner Philosophischen Ethik die moderne Gesellschaft im Prozeß der Differenzierung von ei-

---

[1] E. Cassirer, Philosophie der symbolischen Formen. Erster Teil: Die Sprache (1923), Darmstadt [10]1994; Zweiter Teil: Das mythische Denken (1925), Darmstadt [9]1994; Dritter Teil: Phänomenologie der Erkenntnis (1929), Darmstadt [10]1994.
[2] Vgl. G. Scholtz, Ethik und Hermeneutik. Schleiermachers Grundlegung der Geisteswissenschaften, Frankfurt/M. 1995.

genständigen und gleichwohl aufeinander verwiesenen Kultursphären begriffen. Ebenso hat bereits Schleiermacher den Begriff der Kultur so bestimmt, daß alles unter ihn fällt, was als Schöpfung des menschlichen Geistes betrachtet werden kann. Was in Schleiermachers Kulturphilosophie so
jedoch noch keinen Eingang gefunden hatte, war, daß der Vorgang des
Sich-Erfassens des menschlichen Geistes in seinen Hervorbringungen für
diesen selbst ausdrücklich wird. Die symbolbildende Tätigkeit der Vernunft ist konstitutiver Bestandteil der Kulturphilosophie Schleiermachers,
nicht aber deren Übergang zur reflexiven Sich-Durchsichtigkeit in diesem
Tun. Das war dann auch der Grund, weshalb in Schleiermachers System
die subjektivitätslogisch gedachte Unmittelbarkeit des religiösen Selbstbewußtseins und die empirisch-historische Reflexion auf seine materialen,
positiv bestimmten Vorstellungsgehalte auseinanderbleiben mußten, weshalb auch sein spekulativer Entwurf der Kulturformen und die Erkenntnis
der kulturellen Überlieferungen, damit der religiösen Traditionen und
Ausdrucksformen, nicht ineinander überführt werden konnten. Sie sind
erst mit kritischen und technischen Verfahren, welche Begriff und Erfahrung aufeinander beziehbar machen, in Korrelation zu bringen. Zu den
technischen Verfahren gehörte für Schleiermacher auch die Hermeneutik
und zu den kritischen die Religionsphilosophie. Sie sind kein integraler
Bestandteil seiner Kulturphilosophie, weil diese sich auf den ins Metaphysische gesteigerten Dualismen von Idealem und Realem, Vernunft und
Natur, Allgemeinem und Individuellem aufbaut. Einen solch dualistischen
Grundansatz hat Cassirer bereits in seiner Erkenntnistheorie zu überwinden versucht, des näheren mit dem Aufweis dessen, was er »symbolische
Prägnanz« nennt.[3] Von dieser »symbolischen Prägnanz« her, die das wahr-
nehmungsphänomenologische Erschlossensein des Ineinander von Sinnlichem und Sinn, von Gestalt und Gehalt, von Realem und Idealem meint,
hat dann auch Cassirers »Philosophie der symbolischen Formen« ihre kulturhermeneutischen Implikationen gewonnen.

Cassirer hat in seine Kulturphilosophie, welche die Welt der Menschen
aus den Bedingungen der schöpferischen Kraft des menschlichen Geistes

---

[3] Vgl. PsF III, 222-237. »Unter ›symbolischer Prägnanz‹ soll also die Art verstanden werden, in der ein Wahrnehmungserlebnis, als ›sinnliches‹ Erlebnis, zugleich einen bestimmten
nicht-anschaulichen ›Sinn‹ in sich faßt und ihn zur unmittelbaren konkreten Darstellung
bringt.« Es ist »die Wahrnehmung selbst, die kraft ihrer eigenen immanenten Gliederung
eine Art von geistiger ›Artikulation‹ gewinnt – die, als in sich gefügte, auch einer bestimmten Sinnfügung angehört. In ihrer vollen Aktualität, in ihrer Ganzheit und Lebendigkeit,
ist sie zugleich ein Leben ›im‹ Sinn. Sie wird nicht erst nachträglich in diese Sphäre aufgenommen, sondern sie erscheint gewissermaßen als in sie hineingeboren.« A.a.O., 235. Vgl.
auch den Beitrag von Wilhelm Lütterfelds in diesem Band.

begreift, auch die Hermeneutik der geschichtlichen Prozesse eingebaut, die der menschliche Geist im Aufbau der Kultur durchläuft. Und er hat diesen Einbau der historischen Hermeneutik in die Kulturphilosophie so vorgenommen, daß sie ihren Platz an der Basis des Kulturprozesses findet, nicht nur in dessen philosophischem Überbau. Nicht erst die idealtypischen, historischen Reflexionsbegriffe, die Cassirer mit seinen »symbolischen Formen« entwirft, ermöglichen die kulturhermeneutische Arbeit. Cassirer hat vielmehr gezeigt, daß im geschichtlichen Prozeß der Bildung der Welt zur menschlichen Kulturwelt, des näheren bei ihrem Übergang zur Moderne, der menschliche Geist seiner formgebenden Kraft, somit seiner Freiheit zur Welterkenntnis und Weltgestaltung selber ansichtig wird. Seine Philosophie der symbolischen Formen ist zugleich eine Philosophie der (individuellen) Freiheit und eben darin eine Hermeneutik des kulturellen Wandels zur Moderne.

Nirgendwo deutlicher wird dies als in Cassirers Auslegung der mythischen Denkform und deren Wandel zum religiösen Bewußtsein. Meine Rekonstruktion der der Cassirer'schen Kulturphilosophie inhärenten Ansätze einer Kulturhermeneutik laufen deshalb auf seine Darstellung des religiösen Bewußtseins zu. Indem Cassirer zeigt, wie das religiöse Bewußtsein den mythischen Realismus von sich abstreift und sich als absolutes Sinnbewußtsein entdeckt, erfaßt er die geistige Signatur der Moderne. Und er zeigt auch, daß und wie die zum Sinnbewußtsein umgeformte Religion der modernen Gesellschaft zugehörig bleibt.

I. Kulturphilosophie als »Kritik der Kultur«

Cassirer hat in seiner »Philosophie der symbolischen Formen« einen Kulturbegriff entwickelt, der die Welt, den Inbegriff des Wirklichen, als Schöpfung des menschlichen Geistes beschreibt. Kultur ist alles, was für uns Menschen zur Wirklichkeit wird. Und alles, was für uns Menschen zur Wirklichkeit wird, hat eine »ursprüngliche Tat des Geistes zur Voraussetzung«[4]. Denn, sofern die Wirklichkeit eine solche für uns Menschen ist, ist sie eine von uns vorgestellte und gewußte. Sie steht somit immer schon unter der Bedingung derjenigen Formen der Tätigkeit des Geistes, in denen sich unser Vorstellen und Wissen vollzieht. Es gibt keine Wirklichkeit, die in einem substantiellen Sinn schlicht gegeben wäre. Zwar ist da, wo die Welt für uns wirklich wird, sinnlich Gegebenes, sind sinnliche Eindrücke. Aber diese werden, sofern sie uns gegeben sind, zugleich zu sinnhaften Vorstellungen von ihnen geformt. Die sinnlichen Eindrücke werden für uns nur unter der Bedingung, daß wir einen Sinn mit ihnen

---

[4] PsF I, 11.

verbinden können, sofern wir sie in einen größeren, gedachten Zusammenhang einstellen können, zur vorgestellten und gewußten Wirklichkeit einer Welt.

Was wir Wirklichkeit nennen, steht unter den Bedingungen unseres von ihr Wissen-Könnens. Und diese Bedingungen sind nicht von der Art des Bedingten. Wenn sie das wären, wenn die Bedingungen unserer Wirklichkeitsvorstellungen wie diese auf substanzhafte Weise wirklich wären, dann bliebe unerklärlich, weshalb dieselben sinnlichen Eindrücke von uns mit einer Vielfalt von Sinngehalten verbunden werden können. Daß es diese Vielfalt von kulturellen Sinnmustern und Sinnwelten gibt, daß es sie zurecht gibt, daß in ihr gerade die schöpferische Kraft des menschlichen Geistes sich zeigt und bewährt, daran war Cassirer gelegen. Das wollte er mit seiner Kulturphilosophie zeigen. Sie ist zugleich die Philosophie einer Vielfalt kultureller Formprinzipien, eine Philosophie der menschlichen Freiheit. Und sie ist die Durchführung der These, daß Freiheit nur in einer Kultur von Differenzen in den Weltauffassungen und Lebensformen, nur unter Pluralitätsverhältnissen gedeihen kann. Dort nur kann menschliche Freiheit wachsen, also im geschichtlichen Prozeß der Hervorbringung einer Welt frei bleiben, wo sie die Gefahr der Verdinglichung, der Substantialisierung ihrer selbst und dann auch ihrer Hervorbringungen überwindet, bzw. ihr widersteht. Wo solche Verdinglichung und Substantialisierung hingegen passiert, dort droht immer die mythische oder remythisierende Übersteigerung der Schöpfungen des menschlichen Geistes zu Mächten, denen dieser Geist dann sich unterworfen weiß. Er erkennt sich nicht oder nicht mehr in seinen Produkten und wird zum gefügigen Diener der Kräfte und Mächte, die er doch selber geschaffen hat. Daß dies geschehen kann und geschieht, hat sich für Cassirer in den politischen Ideologien des 20. Jahrhunderts, aber auch mit der Dogmatisierung eines naturwissenschaftlichen Weltbildes und einem mit den technischen Errungenschaften der Neuzeit verbundenen Fortschrittsglauben gezeigt.[5]

Weil es Cassirers Philosophie der Kultur um eine Verteidigung der menschlichen Freiheit geht, sie also eine implizit sozialethische Zielsetzung verfolgt, sieht er deren Aufgabe nicht darin, die Schöpfungen des menschlichen Geistes nach der Seite ihrer materialen Gehalte zu beschreiben. Sie ist keine materiale Philosophie der Geschichte, der Religion, der Kunst, des Rechts, der Wirtschaft und der Gesellschaft. Wo sie auf die materialen Gehalte der Kultursphären und Gesellschaftssysteme eingeht, und sie tut dies ständig, geht es ihr vielmehr darum, zum Verständnis zu bringen, »welche Grundformen und Grundrichtungen des geistigen

---

[5] Vgl. *E. Cassirer*, The Myth of the State, New Haven-London 1946.

Produzierens«[6] ihnen zugrundeliegen. Cassirers Kulturphilosophie enthält somit Ansätze einer Kulturhermeneutik in genau dem Sinn, daß sie verstehen will, aus welchen funktional zu bestimmenden Leistungen des menschlichen Geistes die Schöpfungen der menschlichen Kultur hervorgegangen sind und hervorgehen und dann auch, inwieweit sich der menschliche Geist in seinem schöpferischen Leisten bzw. in seinen kulturellen Hervorbringungen selber erfaßt. Cassirer wollte das »Sein« der menschlichen Kultur in einem »Tun« erfassen, aus dem es entspringt.[7] Und dieses hermeneutische Interesse hat er eben deshalb mit seiner Kulturphilosophie verbunden, weil nur auf dem Wege des Sich-selbst-Verstehens der menschlichen Kultur hinsichtlich der dem menschlichen Geist entspringenden schöpferisch-formenden Kraft diese Kultur vor dem Abfall in die Barbarei dämonischer Mythen und totalitärer Ideologien bewahrt werden kann. Cassirer hat diese der neuzeitlichen Moderne innewohnende Gefahr gesehen, die »Dialektik der Aufklärung« ebenso erkannt wie Adorno und Horkheimer. Ihr wollte er – früher als jene – durch seine pluralistische Kulturphilosophie, die er als eine kritisch-ethische entworfen hat, begegnen. Seine Philosophie der Kultur ist eine Kants »Kritik der Vernunft« in sich einbeziehende und zugleich überbietende bzw. erweiternde »Kritik der Kultur«[8].

Kants Vernunftkritik war für Cassirer darin maßgeblich, daß sie eine transzendentale Kritik des menschlichen Erkenntnisvermögens darstellt. Sie hat die konstitutiven Leistungen der Vernunft aufgedeckt, welche die objektive Gegenstandserkenntnis, dann auch die Erkenntnis des organischen Lebens und ein moralisches Handeln möglich machen. Kants Vernunftkritik war ihm im wesentlichen »Analyse der reinen Erkenntnisform«[9], Analyse somit des Formprinzips für die Hervorbringung einer Welt objektiver Gegenstände. Sie war das, was Cassirers kritische Kulturphilosophie auch sein wollte, eine Analyse der funktionalen Leistungen des menschlichen Geistes. Aber in Cassirers Augen hatte diese Analyse bei Kant doch die eigentümliche Beschränkung, allein die Erkenntnisform der mathematischen Naturwissenschaften, dann noch die Teleologie organischen Lebens und das Prinzip eines rein moralischen Handelns erklärt zu haben. Was in Kants Analyse der »reinen Erkenntnisform« nicht zum Thema wird, das ist die ebenso vorwissenschaftliche wie vormoralische Lebenspraxis und Weltansicht, diejenige somit, in der wir uns zunächst und zumeist bewegen, unsere Lebenswelt und Alltagskultur. In der mo-

---

[6] PsF I, 11.
[7] Ebd.
[8] Ebd.
[9] Ebd.

dernen Welt kommt der mathematisch-naturwissenschaftlichen Naturer-
kenntnis, kommt auch der daraus folgenden technischen Naturbeherr-
schung allerdings ein zentraler Stellenwert zu. Das wollte Cassirer nicht
bestreiten – im Gegenteil. Wichtig war ihm jedoch, daß die naturwissenschaftliche Wirklichkeitserkenntnis nicht als die einzige Erkenntnisform
Geltung erlangt und vor allem, daß auch sie eingebunden bleibt in ein
Projekt kultureller, damit auch ethisch-moralischer Selbstverständigung
über unsere Lebensinteressen, daß also auch Wissenschaft und Technik in
die verantwortliche Wahrnehmung der menschlichen Freiheit fallen.

Cassirers Kulturphilosophie ist eine kritische. Sie ist »Kritik der Kultur«
als Kritik der Alltagskultur. Ihr Ziel war es, die »Kraft der naiv-realisti-
schen Weltansicht«[10] zu brechen. Die »naiv-realistische Weltansicht« geht
vom substantialen Gegebensein der Dinge des Lebens und dieser Welt aus.
Als solche ist sie vielfach auch dem naturwissenschaftlich-technischen
Weltbild eigen. Alles scheint dem natürlichen Bewußtsein so zu sein, wie
es eben ist. Es ist von der Wahrheit seiner Gegenstände überzeugt. Es
glaubt, daß ihnen eine Realität entspricht. Die kritische Kulturphilosophie will - in der konsequenten Aufnahme und Erweiterung des transzendentalen Idealismus - diesen naiven Realismus unserer natürlichen Welt-
stellung überwinden. Sie will den falschen Schein vertreiben, als gäbe es
die Gegenstände, in denen uns die Welt zur Vorstellung wird und mit denen wir sie handelnd gestalten, unabhängig von den funktionalen Leistungen des menschlichen Geistes. Diese erst formen sie doch – will sie
zeigen - zu den Gegenständen, als welche sie uns erscheinen. Diese erst
bestimmen auch die Zwecke, zu denen sie uns in der Gestaltung unserer
Welt dienen. Die kritische Kulturphilosophie führt die Gegenstände, in
denen uns die Welt zur Vorstellung wird und vermittels derer wir sie zur
Kulturwelt gestalten, auf »das bedingende Gesetz ihres Aufbaus«[11] zurück.
Sie ist als kritische Kulturphilosophie eine transzendentale Hermeneutik
des kulturellen Weltaufbaus.

II. Kritische Kulturphilosophie als Kulturhermeneutik

Eine entscheidende Frage, die Cassirer mit seinem Vorhaben einer so bestimmten kritischen Kulturphilosophie selber aufgeworfen hat, ist die
nach dem Ort, die dem kritischen Vermögen des Geistes in der menschlichen Lebenswelt und Alltagskultur selber zukommt. Hat die »Kritik der
Kultur« im natürlichen Dasein der menschlichen Lebenswelt dergestalt
ihren Ort, daß sie sich im Selbstbewußtsein des menschlichen Geistes von

---

[10] Ebd.
[11] PsF I, 12.

seinen formgebenden, funktionalen Leistungen zur Geltung bringt? Oder
bleibt das Geschäft der Kritik, die Verständigung über die dem alltagswelt-
lichen Dasein zugrundeliegenden funktionalen Leistungen, dem philosophischen Bewußtsein des Kulturkritikers überlassen?

Es wird m.E. hinreichend klar, daß Cassirer auf ersteres hinausging, so
freilich, daß sich das transzendentale Selbstbewußtsein des menschlichen
Geistes, das im natürlichen Dasein und seiner Alltagswelt selber aufbricht,
in der Kulturphilosophie als solches artikuliert und in seiner kritischen
Kraft vollendet. Die sich zur »Kritik der Kultur« erweiternde »Kritik der
Vernunft« formuliert jedoch den erweiterten, kritisch-transzendentalen
Kulturbegriff. Und der besagt, daß »nicht nur der Wissenschaft, sondern
auch der Sprache, dem Mythos, der Kunst, der Religion ... es eigen (ist),
daß sie die Bausteine liefern, aus denen sich für uns die Welt des ›Wirklichen‹, wie des Geistigen, die Welt des Ich aufbaut«.[12] Die Kulturphilosophie differenziert lediglich die Begriffe, nach denen sich die formgebenden Leistungen des menschlichen Geistes im Aufbau der menschlichen
Kulturwelt unterscheiden lassen. Sie formuliert die transzendentale Einsicht, daß wir die unterscheidbaren Kulturphänomene »nicht als einfache
Gebilde in eine gegebene Welt hineinstellen, sondern wir ... sie als Funktionen begreifen (müssen), kraft deren je eine eigentümliche Gestaltung
des Seins und je eine besondere Teilung und Scheidung desselben sich
vollzieht«.[13] Was die Kulturphilosophie dergestalt auf den Begriff bringt,
ist jedoch – und das scheint mir der für den Ansatz einer Kulturhermeneutik entscheidende Aspekt zu sein - Resultat eines Verstehens dessen,
was im geschichtlichen Prozeß der Bildung des menschlichen Geistes zu
einer Welt kultureller Schöpfungen selber vor sich geht. Cassirer akzentu-
ierte diesen hermeneutischen Aspekt seiner Kulturphilosophie, indem er
sagte:

> »Wenn alle Kultur sich in der Erschließung bestimmter geistiger Bildwelten, bestimmter
> symbolischer Formen wirksam erweist, so besteht das Ziel der Philosophie nicht darin,
> hinter all diese Schöpfungen zurückzugehen, sondern vielmehr darin, sie in ihrem gestal-
> tenden Grundprinzip zu verstehen und bewußt zu machen. In dieser Bewußtheit erst er-
> hebt sich der Gehalt des Lebens zu seiner echten Form.«[14]

Der Sinngehalt des Lebens verharrt demnach - auch wenn ihn die Kulturphilosophie erst ins Licht seiner vollständigen Bewußtheit hebt und in
seiner eigentümlichen Form erfaßt - zuvor keineswegs in der Formlosig-
keit eines bloß materialen Gegebenseins von Lebensvollzügen. Was die
Kulturphilosophie mit der Bildung ihrer Kategorien bzw. historischen

---

[12] PsF I, 24.
[13] Ebd.
[14] PsF I, 51.

Reflexionsbegriffe aufdeckt, ist vielmehr, daß das formgebende, sinnhaft gestaltende Prinzip des Geistes in dessen Kulturarbeit immer schon am Werk ist und vor allem sich fortschreitend auch als solche Kraft der Sinngebung weiß.

Daß dies der Fall ist und wie es vor sich geht, hat Cassirer mit seiner »Philosophie der symbolischen Formen« im einzelnen gezeigt. Gezeigt hat er erstens, daß die Welt, die wir für die wirkliche halten und in der wir uns alltäglich bewegen, einem formgebenden, d. h. Bedeutung stiftenden Leisten des menschlichen Geistes entspringt. Gezeigt hat er zweitens, daß sich das Wissen um diese Ursprünglichkeit des weltschöpferischen menschlichen Geistes auch in den Strukturgesetzen der Bildung kultureller Formen Ausdruck verschafft.

III. Die kulturhermeneutische Potenz der »symbolischen Formen«

Sprache, Mythos und Religion, Kunst und wissenschaftliche Erkenntnis sind die kulturellen Formen, an denen die Kulturphilosophie dies beides deutlich machen kann, daß sie (1) funktionalen Leistungen des menschlichen Geistes entspringen und diese (2) auch selber davon wissen. Man wird nicht behaupten können, daß in den genannten und von Cassirer aufgeführten Phänomenen die kulturelle Wirklichkeit aufgeht. Denn Cassirer hat den Begriff der Kultur ja so gefaßt, daß sie das Gesamt dessen meint, was zu der von Menschen hervorgebrachten, gestalteten und gewußten Welt gehört. Und das sind Recht und Politik, Ökonomie und Technik zumindest genauso oder unter den Bedingungen der modernen Gesellschaft sogar gesellschaftlich prägender als etwa Religion und Kunst.[15] Aber für Sprache, Mythos und Religion sowie die Kunst und die Wissenschaft, die Cassirer ins Auge faßt und mit Bezug auf die er seine Kulturphilosophie durchführt, gilt, daß sie an sich selber das Strukturgesetz der Bildung von Welt zur Kulturwelt, also zur Sphäre der Realisie-

---

[15] F. Schleiermacher hat dem in seiner »Philosophischen Ethik« bekanntlich dadurch Rechnung getragen, daß er von dem in Sprache und Wissenschaft, Religion und Kunst sich zur Darstellung bringenden symbolisierenden Handeln der Vernunft das in Wirtschaft und Recht, Eigentum und geselligem Verkehr wirksame organisierende Handeln der Vernunft unterschieden hat. Letzteres fehlt bei Cassirer. Die Gründe dafür liegen m.E. in dem spezifisch kulturhermeneutischen Anspruch, den Cassirer mit seiner »Philosophie der symbolischen Formen« verbunden hat. Er hat ihn dazu geführt, diejenigen Kulturphänomene zu untersuchen, die das ihnen je eigentümliche Ineinander von »Sinn« und »Sinnlichkeit« für sich selbst ausdrücklich machen. Und das sind Sprache, Religion und Wissenschaft. Vgl. zu diesem Interpretationsproblem, das mit der von Cassirer selbst nirgendwo thematisierten Nähe zwischen seiner Kulturphilosophie und derjenigen Schleiermachers aufgegeben ist, auch den Beitrag von Martin Laube in diesem Band.

rung menschlicher Freiheit ausdrücklich machen. Sprache, Religion und Wissenschaft sind diejenigen Schöpfungen des menschlichen Geistes, die an sich selber zeigen, daß sie in der »Funktion des Bedeutens«[16] schließlich aufgehen, auf welchen kulturgeschichtlichen Wegen sie dazu gekommen sind, wie sie in der Erfüllung dieser »Funktion des Bedeutens« eine für uns Menschen sinnhafte Welt erschaffen haben und in der rechten Wahrnehmung ihrer selbst zu erschaffen nicht aufhören. Sprache, Mythos (wozu dann auch Religion und Kunst gehören) und Wissenschaft sind gleichermaßen kulturelle Schöpfungen, welche dominant die für alle Kultur konstitutive »Grundfunktion des Bedeutens«[17] erfüllen. Es ist damit ihre signifikative Kraft gemeint, daß sie einen allgemeinen Sinn auszudrücken in der Lage sind und sich eben dazu eines sinnlich wahrnehmbaren Einzeldinges als eines besonderen Hinweiszeichens auf diesen allgemeinen Sinn bedienen. Sprache, Religion und Wissenschaft kommen als die für alle Kulturbildung grundlegenden symbolischen Formen zu stehen, weil sie besondere sinnliche Eindrücke in allgemeine, Sinn gebende Ausdrücke verwandeln. Auch zeigen sie, daß die Kraft zu dieser Sinngebung nicht von Gnaden des sinnlich bedingten Zeichens ist, sondern der Unbedingtheit des menschlichen Geistes, somit seiner Freiheit entspringt. Dieser Unbedingtheitscharakter kommt der sinngebenden Bedeutungsfunktion des menschlichen Geistes zu, auch wenn er sie nur erfüllen kann, indem er sich an sinnlich wahrnehmbare Zeichen und damit Einzelwahrnehmungen heftet. Diese können jedoch zu Trägern höchst unterschiedlicher geistiger Bedeutungen werden. Die sprachliche, mythisch-religiöse und wissenschaftliche Welterschließung führen dies vor und zeigen eben damit an sich selber die sinngebende Freiheit des Geistes. Cassirer erläuterte dies gerne an dem Beispiel von einem graphischen Linienzug, der je nach der Richtung des sinngenerierenden Leistens die Bedeutung eines mythischen Symbols, eines kalligraphischen Ornaments oder einer geometrischen Figur annehmen kann.[18] Das sinnliche Substrat ist jeweils dasselbe, aber die sinnhafte Bedeutung, die es auf dem Weg seiner symbolischen Formung erfährt, ändert sich nach Maßgabe eben der »Bedeutungsfunktion«, welche die symbolischen Ausdrucksformen in ihrer Verbindung mit der sinnlichen Wahrnehmung auf verschiedene Weise erfüllen. Diese Formen stehen im konstitutiven, aber je differenten Sinne dafür, daß sinnliche Eindrücke in sinnhaften Ausdruck verwandelt werden. Dafür können sie jedoch nur stehen, weil sie nicht im sinnlich Be-

---

[16] PsF I, 42.
[17] Ebd.
[18] PsF III, 232f.

dingten, sondern im sinnlich Unbedingten, in der Bedeutung stiftenden
Kraft menschlichen Geistes gründen.

Dadurch, daß die symbolischen Formen diese sinnlich unbedingte,
gleichwohl nur in der Verbindung mit Sinnlichem funktionierende
»Grundfunktion des Bedeutens« erfüllen, werden sie unbeschadet ihrer
Funktionsdifferenzen zu einer ihnen eigentümlichen geistigen Einheit
verbunden. Sie erbringen eine für den Aufbau der Kulturwelt konstitutive
Leistung. Die liegt darin, daß sie eine Welt allgemeinen Sinnes für uns
Menschen schaffen. Sie setzen uns über die Welt ins Bild. Es gibt keine
Welt für uns, die nicht immer schon aus dieser bildschöpferischen, sinngebenden Kraft des Geistes geformt wäre. Die Bilder, die uns die Welt
von sich zeigt, sind deshalb aber auch keine bloßen Abbilder einer auch
unabhängig von der bildnerischen Formkraft der symbolischen Formen
gegebenen Wirklichkeit.

»Der Mythos und die Kunst, die Sprache und die Wissenschaft sind (in diesem Sinne) Prägungen zum Sein... Sie stellen die großen Richtlinien der geistigen Bewegung, des ideellen Prozesses dar, in dem sich für uns das Wirkliche als Eines und Vieles konstituiert.«[19]

Als Eines zeigt das Wirkliche sich uns dadurch, daß es Bedeutung hat. Es
steht im Horizont eines allgemeinen Sinnes. Es ist das von uns Gewußte.
Wir können uns zu ihm verhalten und es in Freiheit gestalten. Als Vieles
zeigt sich uns das Wirkliche zugleich dadurch, daß es differente Bedeutungen haben kann. Wir leben in einer Welt und doch sehen wir sie nicht
auf die gleiche Weise, gestaltet sie sich uns auch nicht einheitlich zu einem
in sich geschlossenen Sinn- und Handlungszusammenhang. Wir sprechen
verschiedene Sprachen. Wir haben verschiedene Religionen. Wir unterscheiden uns in den Formen und Gehalten unserer schöpferischen Phantasie, unserer künstlerischen Produktivität. Wir bilden differente Hypo-
thesen darüber aus, was als objektive Wirklichkeit nach Maßgabe wissenschaftlicher Erkenntnis soll gelten dürfen. Daß dies so ist, liegt an unhintergehbaren Differenzen, die in die weltkonstitutive Grundfunktion des
Bedeutens, in das Leben des Geistes selber eingelassen sind. Wer das nicht
sieht und dem nicht Rechnung trägt, verfehlt den Geist und damit auch
die menschliche Freiheit. Diese Freiheit bleibt nur dort wirklich frei, wo
sie als Freiheit zum Anderssein gelebt werden kann, in der Vielheit ihrer
Formen. Nur darin ist und bleibt sie lebendig.

---

[19] PsF I, 43.

IV. Vom »Bildzeichen« zum »Sinnzeichen« –
Kultur im Selbstbewußtsein menschlicher Freiheit

Die »Philosophie der symbolischen Formen« ist darin Philosophie der menschlichen Freiheit, daß sie die »Gestalt«[20] der Welt, die sich uns als eine plural gestaltete und gestaltbare, als in sich vielspältige zeigt, nicht auf substantiell-materiale Gegebenheiten zurückführt, die als solche von uns bloß hinzunehmen wären. Im Gegenteil, statt dem Determinismus und Fatalismus einer Welt von Sachzwängen, undurchschaubarer Mächte und absoluter Vorgegebenheiten das Wort zu reden, entfaltet die kritische Kulturphilosophie zugleich eine Ethik der menschlichen Freiheit. Es ist ihr daran gelegen, die »Gestalt«, welche die Welt gerade in der Vielfalt ihrer Sinnsphären für uns hat und auf immer wieder andere Weise gewinnen kann, von derjenigen »Wandlung«[21] her verstehbar zu machen, die dem sinnlich-materiell Gegebenen dadurch widerfährt, daß es zum bezeichnenden Medium der Bedeutungsfunktion des Geistes wird. Die Welt ist ein Resultat der Weisen unseres sinndeutenden uns zu ihr Verhaltens. Sie ist ein Produkt der menschlichen Freiheit. Sie wird deshalb auch nur dann und dort eine menschliche Welt bleiben, wo diese Freiheit frei bleiben darf, also in der Anerkennung der allen Menschen gleichermaßen zukommenden und zugleich individuell differenten Kraft zur schöpferischen Bildung und Weiterbildung ihrer Welt.

Die Kulturphilosophie macht damit jedoch lediglich im Begriff des geistigen Produzierens ausdrücklich, was in diesem selbst vor sich geht. Darin ist sie Kulturhermeneutik. Was im geistigen Produzieren vor sich geht, ist der Hervorgang einer Welt, die in dem Sinn, den sie für uns Menschen hat, uns auch erschlossen ist. Das versuchte Cassirer zu zeigen, indem er die Strukturgesetze der Bildung der Sprache, des Mythos und der wissenschaftlichen Erkenntnis aufdeckte, also derjenigen symbolischen Formen, derjenigen Zeichengebilde, welche die »Wandlung« sinnlicher Eindrücke vollziehen: von materiell gegebenen sinnlichen Eindrücken in bedeutsame, sinngebende Ausdrücke, in sinnhaft verweisende Zeichen bzw. Symbole. An Sprache, Mythos und Wissenschaft deckte Cassirer das ihnen eigentümliche Strukturgesetz einer Entwicklung auf, wonach sie den Weg vom mimetischen, bloß nach- und abbildenden Zeichen zum (reinen) symbolischen Ausdruck gehen. Auf diesem Weg geschieht immer auch dies, daß der menschliche Geist der ihm eigenen Erschließungsfunktion ansichtig wird. Er entdeckt sich selber in seinem Leisten. Er wird dessen ansichtig, daß die Welt, sofern sie für uns eine sinnhafte Gestalt annimmt,

---

[20] Ebd.
[21] Ebd.

sofern die Wirklichkeit also zu einer für uns bedeutsam erschlossenen wird, dies eben dadurch geschieht, daß wir uns sinndeutend auf sie beziehen. In der Bildung der Welt zur sinnhaft erschlossenen und somit auch durch uns Menschen sinnvoll gestaltbaren Kulturwelt vollzieht sich immer dieser Übergang von einer Zeichenbildung, die sich selbst noch nicht als solche weiß, der deshalb Zeichen und Bezeichnetes nahezu differenzlos zusammenfallen, zu einer solchen Zeichenbildung, die sich selbst darin erfaßt, eine reine Funktion des Bezeichnens zu sein. Das »Bildzeichen«, das Realität unmittelbar abzubilden meint, somit auch auf selber dinghafte Weise an ihr teilzuhaben und teilzugeben glaubt, wird im kulturellen Bildungsprozeß »zum reinen Sinnzeichen, zum Symbol«[22]. Ein »Sinnzeichen«, ein »Symbol« ist eben dadurch von einem bloßen »Bildzeichen« unterschieden, daß es Realität nicht auf vermeintlich realistische Weise abbildet, sondern weiß, daß es vermöge der Produktivität des Geistes den Sinn und die Bedeutung entwirft, die sie für uns hat. Das Bildzeichen zeigt auf die Wirklichkeit, macht sie somit auch bereits vorstellbar und gestaltbar. Aber es zeigt im Unterschied zum Symbol noch nicht den Sinn, den sie für uns hat. Und es weiß somit auch noch nicht, daß sie für uns nur dann und insofern Sinn hat, sofern wir ihr einen geben, uns sinngenerierend auf sie beziehen. Erst im Sinnzeichen, erst im Symbol entdeckt der menschliche Geist seine Freiheit, somit auch die Verpflichtung und Verantwortung für die Prägung der Welt zur menschen- und lebensdienlichen Kulturwelt.

Dieses Strukturgesetz in der Entwicklung der symbolischen Formen, das den Übergang vorsieht, vom abbildenden Bildzeichen zum vorbildenden Sinnzeichen, gilt für die Sprache, für den Mythos, für die Erkenntnis gleichermaßen. Im Kern – d.h. sowohl menschheitsgeschichtlich wie kulturbildungspraktisch - geht es jedoch um den Übergang, den die Bildung der Welt zur menschen- und lebensdienlichen Kulturwelt dadurch vollzieht, daß sich das mythische Realitätsbewußtsein zum religiösen Sinnbewußtsein wandelt.

V. Vom mythischen zum religiösen Bewußtsein – Von der absoluten Realität zum absoluten Sinn

Der Mythos stellt im Aufbau der symbolisch verfaßten Kulturwelt einerseits zwar nur eine symbolische Form neben den anderen dar. Andererseits kommt ihm sowohl genetisch, menschheitsgeschichtlich, wie vor allem strukturell, kulturbildungspraktisch, Ursprünglichkeit zu. Der mythi-

---

[22] PsF II, 285.

schen Wirklichkeitsauffassung ist die Welt über solche – in der Regel magisch verstandenen und gebrauchten – Bildzeichen erschlossen, die an der
vermeinten Realität unmittelbar Anteil geben. Diese Bildzeichen haben
in ihr somit auch unbedingte, göttlich-dämonische Macht über die sie
auffassenden Menschen. Das Bild, das die Menschen sich von der Wirklichkeit machen, schlägt sie zugleich in ihren Bann. Denn es ist nie ein
Bild bloß, sondern zugleich auf real wirksame Weise das, was es zeigt. Es
stellt also die Wirklichkeit so vor, daß diese Vorstellungen zugleich die
Wirklichkeit unhintergehbar durchprägen, sie diese Wirklichkeit sind. Alles, was die Menschen lassen und tun, steht im harten Gehäuse einer absoluten Realität, was sich eben in der Vorstellung ausdrückt, wonach sie
von göttlichen Mächten, heiligen Ordnungen und magischen Wirkzu-
sammenhängen durchwaltet ist.
In diese mythische Bildwelt sind Sprache und Kunst, Religion und Wissenschaft ursprünglich eingelassen. Alle kulturellen Prägungen teilen zunächst die mythische Realitätsauffassung. Alle stehen im Bann der Vorstellung einer absoluten Realität. Am Mythos selber bricht dann aber
auch diese Trennung auf, mit der die Bilder sich von dem durch sie Abge-
bildeten unterscheiden. Cassirer sah darin den Wandel der mythischen
Realitätsauffassung zur religiösen. Das mythische Bewußtsein steht im
Bann der Vorstellung einer absoluten Realität. Sie ist ihm mit seiner Welt-
vorstellung unmittelbar gegeben. Diese ist ihm das Resultat göttlicher
Mächte und göttlichen Handelns. Das religiöse Bewußtsein demgegen-
über unterscheidet zwischen der mythischen Realitätsauffassung und dem
Sinn, den sie für uns hat. Wohl kommt die Religion vom Mythos her.
Auch bleibt sie in ihren Vorstellungsinhalten dauernd auf ihn bezogen.
Das ist aber auch bei der Sprache, der Kunst und der Wissenschaft so.
Denn im Mythos blickt ja das Sein der Welt uns Menschen ursprünglich
an. Er verleiht dem ursprünglichen sinnlichen Eindruck, den wir von der
Welt haben, ersten sinnhaften Ausdruck. Aber eben, die mythische
Weltansicht weiß noch nicht, daß sie eine der Ausdrucksfunktion des
menschlichen Geistes entspringende Weltansicht ist. Sie glaubt, sie sei sel-
ber von der Art des Angesehenen, sich selbst durchsetzende, absolute, alles
bestimmende Wirklichkeit. Das wird im Wandel des mythischen zum religiösen Bewußtsein anders.
   Das religiöse Bewußtsein überführt die realistischen Bildwelten des
Mythos in ideelle Sinnbilder. Auch die Religion lebt in den Bildwelten
des Mythos. Aber sie gibt ihnen einen »neuen Sinn«[23]. Sie erfaßt sie über-

---

[23] PsF II, 286.

haupt daraufhin, daß sie nicht Realität abbilden, sondern den Sinn ansagen, den sie für uns Menschen haben.

»Die neue Idealität, die neue geistige ›Dimension‹, die durch die Religion erschlossen wird, verleiht nicht nur dem Mythischen eine veränderte ›Bedeutung‹, sondern sie führt geradezu den Gegensatz zwischen ›Bedeutung‹ und ›Dasein‹ erst in das Gebiet des Mythos ein. Die Religion vollzieht den Schnitt, der dem Mythos als solchem fremd ist: indem sie sich der sinnlichen Bilder und Zeichen bedient, weiß sie sie zugleich als solche, - als Ausdrucksmittel, die, wenn sie einen bestimmten Sinn offenbaren, notwendig zugleich hinter ihm zurückbleiben, die auf diesen Sinn ›hinweisen‹, ohne ihn jemals vollständig zu erfassen und auszuschöpfen.«[24]

Das religiöse Bewußtsein erfaßt den symbolischen Ausdruckssinn der mythischen Bilder. Die absolute Realität, die ihnen im mythischen Bewußtsein zukommt, verwandelt sich in die Absolutheit ihres Sinns. Dieser ist zwar immer noch an die sinnlich gegebenen Bilder vom Wirken göttlicher Mächte zur Entstehung und Erhaltung der Welt gebunden. Aber das religiöse Bewußtsein weiß, daß es Bilder sind, die unendlich mehr und anderes besagen können, als sich in den realistischen Vorstellungen, die sie vermitteln, ausdrückt. Das religiöse Bewußtsein weiß, daß es ein in sinnlichen Vorstellungen sich schematisierendes Sinnbewußtsein ist. Es weiß, daß es keine absoluten Wirklichkeitsbehauptungen aufstellt, über die Entstehung der Welt und die Ordnung, in der sie gefügt ist. Es weiß, daß die Vorstellungen vom Wirken göttlicher Mächte lediglich die sinnlich bedingten Ausdrucksmittel sind, um den absoluten Sinn zu bezeichnen, den die Welt und unser Leben in ihr hat und dies nur insofern, als wir ihn in Freiheit entwerfen und in sie hineinbilden. Dem religiösen Bewußtsein wandelt sich die absolute Realität des Mythos in die Absolutheit des Geistes. Und die göttlichen Mächte, denen der Mythos alle Wirklichkeit unterworfen weiß, formen sich zur Vorstellung vom göttlichen, transzendenten Grund der zur verantwortlichen Weltgestaltung bestimmten menschlichen Freiheit.

Die Trennung von der substanzhaften Realistik des Mythos, die das religiöse Bewußtsein im Aufbau seiner Sinnwelten vollzieht, ist freilich genau die Trennung, die dann auch in der Sprache, in der Kunst, in der Wissenschaft sich vollzieht. Sie tritt auch dort dergestalt auf, daß Sprache, Kunst, Wissenschaft ihrer sinnbildenden, rein symbolisierenden Zeichenfunktion, somit der Freiheit des Geistes zur Weltgestaltung und Welterkenntnis ansichtig werden. Auf dem Weg vom Mythos zur Religion geschieht, was das Wirklichkeitsverhältnis von uns Menschen überhaupt ausmacht, daß es uns nicht schicksalhaft gefügt ist, auch wenn es dem sinnlich-natürlichen Dasein zunächst so aussehen mag, sondern wir es unsrem freien Selbstentwurf verdanken, für den wir dann aber auch die Verantwortung

---

[24] Ebd.

tragen. Was es um unser Welt- und Selbstverhältnis in letzter Hinsicht ist, kommt im religiösen Bewußtsein zur Anschauung, eben dort, wo es sich in reflexive Distanz zum Mythos bringt, indem es ihn nach seinem symbolischen Sinn deutet. Die Überführung mythischer Bildwelten in religiöse Sinnbilder bedingt die eigentümliche Dialektik des mythisch-religiösen Bewußtseins. Sie steht jedoch für die Dialektik, in der sich unser Selbst- und Weltverhältnis überhaupt bewegt. Die spezifische Funktion der Religion in der Bildung der Welt zur Kultur – so könnte man daher auch sagen – ist die Entwicklung des Sinns für die uns aufgegebene Sinndeutung alles sinnlich Bedingten und Erfahrenen, die Entwicklung des Sinns für den Sinn des (Da-)Seins.

Jede Religion muß nach Cassirers Auffassung den Schritt vom mythischen zum religiösen Bewußtsein, von absoluter Realitätsauffassung zu absoluter Sinndeutung vollziehen. Das liegt im Strukturgesetz der in symbolischen Formen sich vollziehenden Weltbildung. Das zeigt aber auch die Religions- und Kulturgeschichte.

VI. Von der Einheit des »Seins« zur Vielfalt seines »Sinns« – der Blick auf die religiösen Überlieferungen

Cassirer führte die mythisch-religiösen Überlieferungen der persisch-iranischen, der jüdisch-christlichen und der buddhistischen Kulturwelt an. In der jüdisch-christlichen Welt sah er den Wandel vom Mythischen zum Religiösen mit dem Prophetismus und dem von ihm ausgesprochenen Bilderverbot vollzogen.[25] Das Gebot, daß man sich von Gott kein Bildnis noch irgendein Gleichnis machen soll, trifft das mythische Bewußtsein zwar insofern nicht richtig, als für dieses seine Bilder ja gar keine Zeichen, sondern die göttliche Wirklichkeit selber sind. Dem Bilderverbot liegt aber die gewonnene Einsicht zugrunde, daß der Sinn des Ganzen von Welt und Leben, den auch das mythische Bewußtsein meint, eben »durch kein Bild, das immer nur auf die sinnliche Gegenwart geht und in ihr verhaftet bleibt, zu fassen« ist.[26] Der Prophetismus geht den Weg »aus der Seinssphäre in die eigentliche religiöse Sinnsphäre, ... vom Bildhaften zum Bildlosen«[27]. Er führt so in das »›Herz‹ des Religiösen, kraft dessen die Bildwelt des Mythos als ein bloß Äußerliches und als ein bloß Dingliches sich zu erkennen gibt«[28]. Dieses »›Herz‹ des Religiösen« ist schließlich »die reine religiöse Subjektivität«[29]. Sie läßt sich »in nichts Dingli-

---

[25] PsF II, 287.
[26] Ebd.
[27] PsF II, 288.
[28] Ebd.

chem mehr abbilden«[30], sondern geht ganz auf in der Funktion der Sinndeutung der Wirklichkeit im Horizont eines ganzen, unbedingten Sinns,
der Gottesidee.

»In der prophetisch-monotheistischen Religion tritt, je deutlicher sich der religiöse Gedanke und der religiöse Affekt von allem bloß Dinglichen ablöst, um so reiner und energi-
scher die Wechselbeziehung von Ich und Gott zutage. Die Befreiung vom Bild und von
der Gegenständlichkeit des Bildes hat kein anderes Ziel, als diese Wechselbeziehung klar
und scharf heraustreten zu lassen.... Je weiter das Gegenständliche versinkt, je weniger es
als zureichender und adäquater Ausdruck des Göttlichen erscheint, um so deutlicher hebt
sich eine neue Form der Gestaltung: die Gestaltung im Willen und in der Tat heraus.«[31]

Die Transformation der Bildwelt des Mythos in die Sinnwelt der Religion
führt in der jüdisch-christlichen Kulturwelt zugleich zur Entdeckung und
Gewichtung der individuellen Subjektivität als der Instanz für den Entwurf des Sinnes, den die Welt auf dem Wege ihrer freien Gestaltung gewinnen kann und soll. Bei aller Verwandtschaft hinsichtlich des Weges
vom Bildhaften zum Bildlosen liegt in diesem Gewicht, das in der jüdisch-christlichen Kulturwelt auf der individuellen Subjektivität und ihrer
Bestimmung zur Freiheit der Weltgestaltung liegt, der entscheidende Unterschied zur östlichen, vom Buddhismus geprägten Kultur.

»Im Christentum, in dem das Problem des individuellen Ich, das Problem der Einzelseele
im Mittelpunkt steht, kann die Befreiung vom Ich immer nur so gedacht werden, daß sie
zugleich als Befreiung für das Ich gedeutet« wird.[32]

Den Weg ins Bildlose ist der Buddhismus am konsequentesten gegangen.
Er galt Cassirer deshalb als eines der bedeutendsten Beispiele für die Realisierung des Begriffs der Religion, dafür, daß diese nicht für die Behauptung eines absoluten Seins steht, sondern für die Erschließung des Sinnes,
die unser konkretes Dasein für uns hat.[33] Das Christentum ist den Weg ins
Bildlose mit dieser Konsequenz nie gegangen. Es unterscheidet sich darin
auch vom israelitischen Prophetismus. Die Ablösung von der mythischen
Bildwelt konnte und kann dem Christentum schon deshalb nie ganz gelingen, weil ihm bestimmte mythische Anschauungen, allen anderen voran die von der Menschwerdung des Gottesohnes, zutiefst eigen sind.
Darauf beruhte in der von Mythen durchprägten kulturellen Umwelt des
frühen Christentums nicht unerheblich seine Durchsetzungskraft. Daraus
resultierte aber auch der unaufhörliche Kampf, den das Christentum in
der Herausarbeitung der ihm eigentümlichen religiösen Sinnpotenz gegen seine mythischen Grundlagen führen mußte und führt. Cassirer
machte darauf aufmerksam, daß es schließlich die christliche Mystik ist,

---

[29] Ebd.
[30] Ebd.
[31] PsF II, 293.
[32] PsF II, 299.
[33] PsF II, 295f.

»die den Versuch unternimmt, den reinen Sinn der Religion als solchen, unabhängig von jeder Behaftung mit der ›Andersheit‹ des empirisch-sinnlichen Daseins und der sinnlichen Bild- und Vorstellungswelt, zu gewinnen«[34]. Die Mystik stößt »die mythischen, so auch die historischen Elemente des Glaubens von sich ab. Sie strebt nach der Überwindung des Dogmas, weil auch im Dogma, selbst wenn dasselbe in rein gedanklicher Fassung sich darstellt, noch das Moment des Bildhaften vorherrscht«[35]. Auch die christliche Mystik bleibt freilich - via negationis – auf die mythischen und dogmatischen Vorstellungen des Christentums immer noch bezogen. Sie stößt sich ja so von ihnen ab, daß sie sie in ihrem religiösen Sinn zu erfassen versucht, also als Gehalte der Deutung dessen, was es mit Welt und Leben in letzter Instanz auf sich hat. Sie faßt so auch das christliche Zentraldogma von der Menschwerdung Gottes nach der Seite seiner sinnstiftenden Potenz und entdeckt diese gerade in der unendlichen Bedeutung, die es der menschlich-endlichen, individuellen Subjektivität, dem einzelnen in seiner personhaften Würde zuschreibt. Sie legt die mythisch-realistische Vorstellung von der Menschwerdung Gottes so aus, daß sich nun vermöge ihrer die menschliche Freiheit ihres göttlichen Grundes versichert. Nicht um den Glauben an heilsmythische Geschehnisse oder göttliche Offenbarungstatsachen geht es somit dem religiösen Sinnbewußtsein, das sich in der christlichen Mystik entdeckt, wohl aber um die sinndeutende Auslegung der Bilder, die von ihnen erzählen, um ihre Überführung vor allem in die Form der eigenen Lebenspraxis.

»Die Menschwerdung Gottes soll nicht länger als ein, sei es mythisches, sei es geschichtliches Faktum gefaßt werden: sie wird als Prozeß gefaßt, der sich immer aufs neue im menschlichen Bewußtsein vollzieht.«[36]

So hat Cassirer unter dem Titel der »Mystik« die Umformung beschrieben, die der mythische Vorstellungshintergrund spezifisch des Christentums in der Enthüllung seines religiösen Sinns erfährt. Es ist dies die Umformung, mit der Cassirer auch den geschichtlichen Prozeß - und das ist der zur Moderne - beschreibbar gemacht hat, in dessen Verlauf das religiöse Bewußtsein den zeichenhaften, symbolischen Sinngehalt eben seiner sinnlich-realistischen Vorstellungsinhalte für sich selber erfaßt. Die christliche Religion hängt, sofern sie die Umformung zur Moderne vollzieht, nicht mehr an der substantialistischen Vorstellung vom tatsächlichen oder supranaturalen Geschehensein einer Heilsgeschichte. Es gibt für sie jedenfalls keine Heils- und Offenbarungstatsachen, auch keine göttlichen Mächte, keine heiligen Zeichen, Zeiten und Orte mehr. Es gibt das alles jedenfalls nicht mehr im Sinne einer absoluten, göttlichen Realität. Was es

---

[34] PsF II, 298.
[35] Ebd.
[36] Ebd.

immer noch gibt – und wovon die christliche Religion, in der alle religiösen Vorstellungen auf Jesus, den Christus, seinen Tod und seine Auferstehung bezogen werden, nach Cassirer nie ganz freikommen kann –, das sind die mythische Bildzeichen, die Bilder von einem gott-menschlichen Heilsgeschehen. Vom »sinnlichen Dasein«[37] der Bilder, damit von realistischen Vorstellungen des Absoluten kommt die christliche Religion nicht los. An ihnen hat sie das Material, das sie zu Sinnbildern formt, zu Symbolen, die, weit davon entfernt, die dingliche Realität, auf welche die Bilder verweisen, bloß abzubilden, deren Sinn erschließen, das, was sie über die Welt und unser Leben in ihr zu verstehen geben. Zu solchen Sinnbildern, zu Symbolen werden die mythischen Bildzeichen aber immer erst, indem sich die sinnproduktive Kraft des menschlichen Geistes an sie heftet, oder, so würden wir heute sagen, sofern sie sich als tragfähige Medien religiöser Kommunikation, somit der uns jeweils eigenen, letztinstanzlichen Sinnarbeit erweisen.

Das Christentum macht damit ein Wesensmerkmal des Religiösen kenntlich. Die religiöse Kommunikation, mit der es um die Arbeit an unserer Welt- und Lebensdeutung geht, braucht das Dasein der Bilder. Anders als im Medium der Bilder, sprachlicher Metaphern und anschaulicher Erzählungen, die ihm zum Ausdrucksmittel werden, kann der religiöse Sinn nicht zur Sprache kommen. Das ist so bei der Religion, obwohl zugleich gilt, daß das religiöse Bewußtsein sich auf seiner Suche nach Sinn in den Bildern, selbst wenn es sie als Sinnbilder nimmt, nie befriedigt finden kann, eben weil die Bilder den absoluten Sinn immer in einem einzelnen, sinnlich-realen Geschehen als substantiell gegeben vorstellen. Es gehört, so Cassirers kulturhermeneutische Diagnose,

»das Ineinander und Gegeneinander von ›Sinn‹ und ›Bild‹ zu den Wesensbedingungen des Religiösen. Könnte an Stelle dieses In- und Gegeneinander jemals das reine und völlige Gleichgewicht treten, so wäre damit auch die innere Spannung der Religion aufgehoben, auf der ihre Bedeutung als ›symbolische Form‹ beruht.«[38]

Die Forderung nach einem solchen Gleichgewicht, wo also das Bild zum reinen Ausdruck des Sinnes geworden ist, den der schöpferische menschliche Geist hervorbringt und entwirft, es nicht mehr auf substantial-reale Vorgegebenheiten zeigt, gehörte für Cassirer in eine andere Sphäre, in die »symbolische Form« des Ästhetischen, in die (moderne) Kunst.[39]

Die Religion strebt zwar danach, zum reinen Sinnbewußtsein zu werden, im Unterschied zum mythischen Bewußtsein, das an die dingliche Realität höherer Mächte glaubt. Sie befreit sich auf dem Weg ihrer eige-

---

[37] PsF II, 310.

[38] PsF II, 311.

[39] Vgl. dazu *Th. Vogl*, Die Geburt der Humanität. Zur Kulturbedeutung der Religion bei Ernst Cassirer, Hamburg 1999.

nen Modernisierung – in geschichtlichen Prozessen von »Aufklärung« -
dazu, keine Wirklichkeitsbehauptungen mehr aufzustellen. Sie sagt den
Sinn an, den ihre Sinnbilder in der verantwortlichen Übernahme unserer
Freiheit zur Kulturarbeit gewinnen können. Dennoch kommt die Religion vom Problem der »Existenz« nicht los. Sie bleibt elementar an der metaphysischen oder historischen Referenz dessen interessiert, was ihre
Sinnbilder an sinnlichen Vorstellungsinhalten mit sich führen. Die (moderne) Kunst erst hat nach Cassirer dieses Existenzproblem hinter sich gelassen. Sie bekennt sich zur Produktion von bloßem »Schein«, stellt es damit dem Betrachter aber gerade anheim, in dessen Aufscheinen einen
Sinn zu entdecken, der seine eigene Wahrheit hat, diejenige, in welcher
der schöpferische Geist seiner Freiheit ansichtig werden kann, eher jedenfalls als in all dem, was sich als die reale Realität aufdrängt und vielleicht
doch nur reale Realität zu sein scheint.[40]

Die religionstheoretische und -praktische Frage, die sich aus Cassirers
Kulturhermeneutik ergibt, dürfte denn auch genau die sein, ob es immer
noch stimmt, daß die Religion absolute Vorgegebenheiten braucht, bzw.
ob ihr Umgang mit den aus mythischen Ursprüngen überkommenen
Sinnbildern so sein und bleiben muß, daß an ihnen immer wieder das
Problem der »Existenz« aufbricht und dies mit Bezug auf eine intentional
vorgestellte dingliche Realität. Muß sie nach der metaphysischen oder
auch nur historischen Realität dessen fragen, was ihre Sinnbilder inhaltlich zeigen? Oder geht es ihr nicht sehr viel eher darum, sie in ihrem existentiellen Sinngehalt zu erfassen? Cassirer war der Meinung, daß die Religion, die christliche jedenfalls, aber dann doch auch jede andere, von
der Fixierung auf das Existenzproblem (im intentionalen Sinn) nicht freikommen kann. Überwunden sah er diese Fixierung erst in der modernen
Kunst bzw. der ästhetischen Erfahrung. Der modernen Kunst erst sind die
Bilder von der Art, daß sie »eine rein immanente Bedeutsamkeit« erlan-
gen.[41] Das Existenzproblem stellt sich nicht mehr. Der menschliche Geist
wird frei zum Spiel mit vielen Sinnbildern, in denen er den Entwurf seiner eigenen Möglichkeiten zur Realisierung von mehr Menschlichkeit
erkennen kann, stammen sie nun aus den großen religiösen Überlieferungen oder auch aus anderen kulturellen Kontexten. Aber könnte es nicht
sein, daß Cassirer mit dem, was er von der Kunst sagt, zugleich ein ent-
scheidendes Moment in der Religion der Moderne getroffen, er mit seinem Verweis auf das Existenzproblem, von dem die Religion nicht los-
komme, aber auch das die Religion von der Kunst Unterscheidende fest-

---

[40] PsF II, 311.
[41] Ebd.

gehalten hat? Worauf es dann – über Cassirers Fassung dieses Existenzproblems hinausgehend - nur ankäme, wäre, das Existenzproblem umzuformen, weg vom intentionalen Dingbezug, hin zum existentialen Sinnbezug.

Die Religion fragt, sofern sie Religion nach der Aufklärung ist, sie also um ihre projektiven Leistungen im Entwurf symbolisch orientierender Sinnwelten und eben auch um deren Plural weiß, nicht mehr nach der realen, metaphysischen oder historischen »Realität« dessen, was die mythischen Bilder von Schöpfung und Fall, Versöhnung und Erlösung zeigen, was das Geflecht von Metaphern und anschaulichen Erzählungen über das Handeln Gottes zu verstehen gibt. Das religiöse Bewußtsein fragt nicht nach ihrer Wahrheit in der Form der Dingwahrheit, ihrer Entsprechung zu einer substantiell vorgestellten »Sache«. Es fragt jedoch – im Unterschied zur ästhetischen Einstellung – danach, ob die Bilder, Metaphern, Erzählungen, die das göttliche Heilshandeln vorstellig machen, eine Sinn- und Beziehungswahrheit eröffnen, eine solche, welche die eigene Existenz in ihren Kontingenzen, Brüchen und Umbrüchen, in ihrer Endlichkeit als sinnhafte erschließt. Anders als der Kunst geht es der Religion nicht um den ästhetischen Reiz bloß, den ihre Sinnbilder auslösen. Es geht ihr immer auch um die Lebensform, die sie eröffnen. Auch die religiösen Sinnbilder stehen unter modernen Bedingungen freilich im Plural. Und weil die moderne Kunst den Freiheitsgewinn, der darin liegt, realisiert, hat Cassirer für sie plädiert. Auch das der Religion Eigene, die existentielle Sinngewißheit, sollte jedoch nicht verlorengehen. Recht verstanden hat Cassirer uns deshalb auf eine Religionspraxis verwiesen, welche an der existentiellen Wahrheit ihrer überkommenen Sinnbilder festhält, ohne sie jedoch dogmatisch zu immunisieren oder ihre Anerkennung mit moralischem Druck einzufordern. Er verweist auf die Ästhetik einer Religionspraxis, die sich eine glückende Inszenierung ihrer Sinnbilder zutraut, einen ansprechenden Gebrauch ihrer Metaphern, eine einleuchtende Umsetzung ihrer Erzählungen – im Vertrauen darauf, daß Evidenzerfahrungen sich einstellen, eine Lebensdeutung erkennbar wird, die zwanglos zur jeweils eigenen werden kann. Nicht weil sich ihre göttliche Wahrheit im substanzhaft realistischen Sinne verbürgen ließe, sondern weil ihre symbolische Form imponiert - als für uns Menschen gut.

Siglen
der Texte Ernst Cassirers

ECN: Nachgelassene Manuskripte und Texte, hg. v. K. Chr. Köhnke/J. M. Krois/O. Schwemmer, Bd. 1, Hamburg 1995; Bd. 2, Hamburg 1999.
BPh: Über Basisphänomene, ebd. 123-195.
PsF IV: Symbolische Formen. Zu Band IV, ebd. 199-258.
SB: Beilage. Symbolbegriff: Metaphysik des Symbolischen, ebd. 261-271.
ZMsF: Zur Metaphysik der symbolischen Formen, ebd. 3-109.

EoM: An Essay on Man. An Introduction to a Philosophy of Human Culture, New Haven/London 1944, deutsch zitiert nach: Versuch über den Menschen (s.u.).

EP: Das Erkenntnisproblem in der Philosophie und Wissenschaft der neueren Zeit (1906, 1907, 1920, 1950), unveränd. Nachdruck Darmstadt 1973/74.

GL: Geist und Leben. Schriften zu den Lebensordnungen von Natur und Kunst, Geschichte und Sprache, hg. v. E. W. Orth, Leipzig 1993.

IK: Individuum und Kosmos in der Philosophie der Renaissance, Leipzig/Berlin 1927 (= Studien der Bibliothek Warburg 10).

LKW: Zur Logik der Kulturwissenschaften. Fünf Studien (1942), 6. unveränd. Aufl., Darmstadt 1994.
TdK: Die »Tragödie der Kultur«, ebd. 103-127.

MS: Vom Mythus des Staates (1945), Zürich 1949.

PsF: Philosophie der symbolischen Formen, 1. Teil: Die Sprache (1923), 10., unveränd. Aufl., reprograph. Nachdr. der 2. Aufl., Darmstadt 1953 – 1997. 2. Teil: Das mythische Denken (1925), 9., unveränd.

Aufl., Darmstadt 1964 – 1997. 3. Teil: Phänomenologie der Erkenntnis (1929), 10., unveränd. Aufl., reprograph. Nachdr. der 2. Aufl., Darmstadt 1954 – 1997.

SF: Substanzbegriff und Funktionsbegriff. Untersuchungen über die Grundfragen der Erkenntniskritik, (1910), 7. Aufl, reprograph. Nachdruck der 1. Aufl., Darmstadt 1994.

STS: Symbol, Technik, Sprache. Aufsätze aus den Jahren 1927-1933, hg. v. E. W. Orth/J. M. Krois/J. M. Werle, Hamburg 1985.
SSSP: Das Symbolproblem und seine Stellung im System der Philosophie, ebd. 1-38.

WWS: Wesen und Wirkung des Symbolbegriffs, 8., unveränd. Aufl., Darmstadt 1954 – 1997.
SM: Sprache und Mythos, ebd. 71-167.
BSF: Der Begriff der symbolischen Form im Aufbau der Geisteswissenschaften, ebd. 169-200.

VM: Versuch über den Menschen. Einführung in eine Philosophie der Kultur (1944), Hamburg 1996.
WM: Was ist der Mensch? Versuch einer Philosophie der menschlichen Kultur. Übertragen von W. Krampf, Stuttgart: Kohlhammer 1960.

Namensregister

Begriffsregister

Hinweise zu den Autoren

Christian Danz, Dr. theol., geb. 1962, Privatdozent für Systematische Theologie an der Friedrich-Schiller-Universität Jena, Veröff. u.a. Die philosophische Christologie F.W.J. Schellings, 1996. Religion als Selbstbewußtsein endlicher Freiheit. Eine Studie zur Theologie als Theorie der Konstitutionsbedingungen individueller Subjektivität bei Paul Tillich (Habil. Jena 1999)

Wilhelm Gräb, Dr. theol., geb. 1948, Professor für Praktische Theologie an der Humboldt-Universität zu Berlin, Veröff. u.a. Humanität und Christentumsgeschichte. Eine Untersuchung zum Geschichtsbegriff im Spätwerk Schleiermachers, 1980. Predigt als Mitteilung des Glaubens. Studien zu einer prinzipiellen Homiletik in praktischer Absicht, 1988. Lebensgeschichten, Lebensentwürfe, Sinndeutungen. Eine praktische Theologie gelebter Religion, 1998.

Jürgen Hädrich, geb. 1970, studiert Philosophie und evangelische Theologie an der Ruhr-Universität Bochum, arbeitet zur Zeit an einer Magisterarbeit zum Thema Relativismus in den Geisteswissenschaften.

Dietrich Korsch, Dr. theol., geb. 1949, Professor für Systematische Theologie an der Philipps-Universität Marburg, Veröff. u.a. Der Grund der Freiheit. Eine Untersuchung zur Problemgeschichte der positiven Philosophie und zur Systemfunktion des Christentums im Spätwerk F.W.J. Schellings, 1980. Glaubensgewißheit und Selbstbewußtsein. Vier systematische Variationen über Gesetz und Evangelium, 1989. Religion mit Stil. Protestantismus in der Kulturwende, 1997.

Martin Laube, Dr. theol., geb. 1965, Wissenschaftlicher Mitarbeiter an der Evangelisch-theologischen Fakultät der Ludwig-Maximilians-Universität München, Veröff. u.a. Im Bann der Sprache. Die analytische Religionsphilosophie im 20. Jahrhundert, 1999. Er arbeitet zur Zeit an einer Habilitationsschrift über systemtheoretische Religionssoziologie.

Wilhelm Lütterfelds, Dr. phil., geb. 1943, Professor für Philosophie an der Universität Passau, Veröff. u.a. Kants Dialektik der Erfahrung, 1977. Fichte und Wittgenstein, 1989. Der Konflikt der Lebensformen in Wittgensteins Philosophie der Sprache (Hg.), 1999.

Michael Meyer-Blanck, Dr. theol., geb. 1954, Professor für Praktische Theologie an der Rheinischen Friedrich-Wilhelms-Universität Bonn, Veröff. u.a. Wort und Antwort. Geschichte und Gestaltung der Konfirmation am Beispiel der Ev.-Luth. Landeskirche Hannovers, 1992. Leben, Leib und Liturgie. Die praktische Theologie Wilhelm Stählins 1994. Vom Symbol zum Zeichen. Symboldidaktik und Semiotik, 1995.

Cornelia Richter, Mag. Theol., geb. 1970, Wissenschaftliche Mitarbeiterin am Fachbereich Ev. Theologie der Philipps-Universität Marburg, arbeitet zur Zeit an einer Dissertation über Kulturphilosophie und Theologie bei Ernst Cassirer und Friedrich Schleiermacher.

Enno Rudolph, Dr. theol., geb. 1945, Professor für Religionsphilosophie an der Ruprecht-Karls-Universität Heidelberg und Wissenschaftlicher Referent für Philosophie an der FEST, Veröff. u.a. Skepsis bei Kant, 1977. Zeit und Gott bei Aristoteles, 1986. Theologie – diesseits des Dogmas, 1994. Kulturkritik nach Ernst Cassirer, 1995.

Philipp Stoellger, Dr. theol., geb. 1967, Wissenschaftlicher Assistent an der Theologischen Fakultät der Universität Zürich, Vf. u.a. Metapher und Lebenswelt. Hans Blumenbergs Metaphorologie als Lebensweltthermeneutik und ihr religionsphänomenologischer Horizont (Diss. Zürich 1999). Arbeitet zur Zeit an einer Habilitationsschrift über Passion und Passivität.

Friedemann Voigt, Dr. theol., geb. 1967, Stipendiat der Deutschen Forschungsgemeinschaft, Eberhard-Karls-Universität Tübingen, Veröff. u.a. ‚Die Tragödie des Reiches Gottes‘? Ernst Troeltsch als Leser Georg Simmels, 1998. Arbeitet zur Zeit an einer Habilitationsschrift über die Religionstheorie der geisteswissenschaftlichen Psychologie.

Dietrich Korsch bei Mohr Siebeck:

Dialektische Theologie nach Karl Barth

„To read this book, to understand it, means to agree not necessarily with its arguments, but with its style of thinking. In this sense Dietrich Korsch is a true follower of his theological hero Karl Barth."
Georg Pfleiderer in *Zeitschrift für Neuere Theologiegeschichte* (1998), Band 5, S.160–164.

„Eine Pointe des theologischen Stils von Korsch ist, dass auf die Problematisierung christlicher Grundgewissheiten und theologischer Üblichkeiten nicht mit Enttheologisierung und nicht mit religiöser Vagheit zu reagieren ist, sondern mit gründlicher und gegenwärtiger Theologie."
Philipp Stoellger in *Reformierte Presse* vom 28. Mai 1999, S. 11.

1996. XVIII, 322 Seiten. Fadengeheftete Broschur.

Glaubensgewißheit und Selbstbewußtsein
Vier systematische Variationen über Gesetz und Evangelium

1989. X, 290 Seiten (Beiträge zur historischen Theologie 76). Leinen.

Religion mit Stil
Protestantismus in der Kulturwende

„In den zeitdiagnostisch präzisen und kulturell aufschlußreichen Analysen sowie in der Profilierung protestantisch-theologischer Grundeinsichten zeichnet Dietrich Korsch einen gesellschaftlich reflektierten und selbstbewußten Aufbruch des Protestantismus in die Kultur der Zukunft. Ein anspruchsvolles Lesebuch für kritische Protestanten mit gesellschaftlich-kulturellem Interesse."
Gerson Raabe in *Nachrichten der Evangelisch-Lutherischen Kirche in Bayern* (1998), Heft 1, S. 26.

1997. X, 192 Seiten. Fadengeheftete Broschur.

Religion und Aufklärung

Einen Gesamtkatalog erhalten Sie gerne vom Verlag
Mohr Siebeck · Postfach 2040 · 72010 Tübingen.
Neueste Informationen im Internet unter http://www.mohr.de.

Mohr Siebeck